China's Rural Development Report（2025）
Rural Development in China during the 15th Five-Year Plan Period

中国农村发展报告

"十五五"时期的中国农村发展

魏后凯　杜志雄　主　编
于法稳　张海鹏　郜亮亮　副主编

中国社会科学出版社

图书在版编目（CIP）数据

中国农村发展报告. 2025 ："十五五"时期的中国农村发展 / 魏后凯，杜志雄主编. -- 北京：中国社会科学出版社，2025.7. --（中社智库年度报告）.
ISBN 978-7-5227-5341-6

Ⅰ．F32

中国国家版本馆 CIP 数据核字第 20256VA854 号

出 版 人	季为民
责任编辑	刘晓红
责任校对	周晓东
责任印制	戴　宽

出　　版	中国社会科学出版社
社　　址	北京鼓楼西大街甲 158 号
邮　　编	100720
网　　址	http://www.csspw.cn
发 行 部	010-84083685
门 市 部	010-84029450
经　　销	新华书店及其他书店
印刷装订	北京君升印刷有限公司
版　　次	2025 年 7 月第 1 版
印　　次	2025 年 7 月第 1 次印刷
开　　本	710×1000　1/16
印　　张	38.75
字　　数	453 千字
定　　价	239.00 元

凡购买中国社会科学出版社图书，如有质量问题请与本社营销中心联系调换
电话：010-84083683
版权所有　侵权必究

编委会

主　编　魏后凯　杜志雄
副主编　于法稳　张海鹏　郜亮亮
编　委　（按拼音排序）

包晓斌　陈　慧　崔　凯　刁虹月　董泽群
杜志雄　冯　伟　郜亮亮　顾庆康　韩　磊
胡凌啸　胡晓燕　孔银花　李　昊　李　艳
廖永松　林　珊　刘翰云　刘　津　柳　荻
芦千文　罗千峰　马翠萍　孟　媛　彭　华
苏红键　苏岚岚　孙　涵　檀学文　田雅群
魏后凯　杨园争　于法稳　于元赫　余家林
张海鹏　张延龙　曾俊霞　赵宏兵　赵　黎
朱文博

主要编撰者简介

魏后凯 经济学博士,中国社会科学院学部委员,第十三、十四届全国人大代表、农业与农村委员会委员,中国社会科学院农村发展研究所所长、研究员、博士生导师。兼任中国社会科学院城乡发展一体化智库常务副理事长,中国农村发展学会和中国林牧渔业经济学会会长,国务院学位委员会农林经济管理学科评议组成员,农业农村部乡村振兴专家咨询委员会委员,国家粮食和物资储备安全政策专家咨询委员会专家委员。入选国家哲学社会科学领军人才和文化名家暨"四个一批"人才。主要研究领域:区域经济、城镇化、农村发展。

杜志雄 日本东京大学农学博士,第十四届全国政协委员、农业与农村委员会委员,中国社会科学院农村发展研究所党委书记、二级研究员、博士生导师,享受国务院政府特殊津贴专家。兼任中国社会科学院城乡发展一体化智库副理事长、农业农村部农村社会事业专家咨询委员会委员、中国生态经济

中国农村发展报告（2025）

学学会理事长、中国农业经济学会副会长、中国县镇经济交流促进会会长和第四届国家食物与营养咨询委员会委员等。获得全国文化名家暨"四个一批"人才、国家"万人计划"哲学社会科学领军人才称号。主要研究领域：中国农业农村现代化理论与政策等。

于法稳 管理学博士，国务院政府特殊津贴专家、中国社会科学院长城学者、中国社会科学院农村发展研究所生态经济研究室主任、二级研究员、博士生导师。兼任中国社会科学院生态环境经济研究中心主任、《生态经济》副主编。生态环境部土壤生态环境保护专家咨询委员会委员。主要研究领域：生态经济理论与方法、资源管理、农村生态治理、农业农村绿色发展等。

张海鹏 管理学博士，中国社会科学院农村发展研究所副所长、研究员，博士生导师。兼任中国国外农业经济研究会会长。主要研究领域：林业经济。

郜亮亮 管理学博士，中国社会科学院农村发展研究所纪委书记、副所长、研究员、博士生导师。兼任中国县镇经济交流促进会秘书长。主要研究领域：制度经济学、城镇化与区域发展、土地经济、农业农村现代化、农业农村人才。

目　录

主　报　告

"十五五"时期中国农村发展的总体思路、

　　重点任务及政策建议 ························ 主报告课题组（3）

综　合　篇

"十五五"时期国家粮食安全形势及

　　保障策略 ························ 韩　磊　刁虹月（75）

"十五五"时期中国食物供需预测及对策建议 ··· 朱文博（103）

"十五五"时期建立分层分类帮扶制度的

　　思路与重点任务 ····························· 檀学文（129）

"十五五"时期新型城镇化趋势、难点与

　　战略转型 ·································· 苏红键（153）

"十五五"时期推进城乡融合发展的

　　挑战与应对 ···················· 胡凌啸　顾庆康（180）

经 济 篇

"十五五"时期农业经济发展的主要挑战、战略重点与
　　发展策略 ……………………… 罗千峰　董泽群（217）

"十五五"时期乡村产业高质量
　　发展战略 ……………… 廖永松　冯　伟　赵宏兵（245）

"十五五"时期促进农民持续增收的主要难点与
　　对策建议 …………………………………… 李　艳（266）

"十五五"时期新型农村集体经济
　　发展思路与路径 …………………………… 赵　黎（293）

"十五五"时期县域经济高质量发展的
　　推进策略 …………………………………… 李　昊（319）

"十五五"时期农村金融高质量发展的重点任务与
　　实现路径 …………………………………… 田雅群（340）

社 会 篇

"十五五"时期乡村治理的挑战、
　　目标及对策 ……………………… 张延龙　陈　慧（365）

"十五五"时期优化农村基本公共服务的
　　挑战及对策 ……………………… 杨园争　刘　津（385）

"十五五"时期农村精神文明建设的重点任务与
　　推进路径 …………………………………… 芦千文（412）

"十五五"时期乡村人才振兴挑战及对策 ……… 曾俊霞（437）

目　录

"十五五"时期推进数字乡村建设的

　　思路与对策 ………………………………… 崔　凯（460）

生态环境篇

"十五五"时期耕地保护和利用面临的

　　挑战及出路 ………………………… 马翠萍　殷博厚（483）

"十五五"时期农业水资源可持续利用

　　问题及对策 ………………………… 包晓斌　孙　涵（510）

"十五五"时期农业发展全面绿色转型的目标、

　　重点及对策 ………………………… 于法稳　林　珊（535）

"十五五"时期农村生态环境治理

　　问题及对策 ………………………… 柳　荻　孟　媛（559）

"十五五"时期农村防灾减灾的总体

　　思路与对策 ………………………… 胡晓燕　刘翰云（585）

主 报 告

"十五五"时期中国农村发展的总体思路、重点任务及政策建议

主报告课题组[*]

摘　要： "十五五"时期是中国实现第二个百年奋斗目标第一阶段任务、加快迈向 2035 年基本实现现代化的关键时期。系统厘清"十五五"时期中国农村发展的总体思路、重点任务和施策方向对加快乡村全面振兴和农业农村现代化具有重要的意义。"十四五"时期中国农村发展在粮食生产能力提升、脱贫攻坚成果巩固拓展、农业质量与效益提升、农村新业态新模式发展、农村居民收入和生活水平改善、乡村建设与治理现代化等方面取得了积极的成效，同时也面临种粮农民增收压力大、农产品价格波动较大，城乡间、地区间和群体内部收入差距明显，农村

---

[*] 主报告课题组成员：魏后凯，经济学博士，中国社会科学院农村发展研究所所长、研究员，主要研究方向为区域经济、城镇化与农村发展；郜亮亮，管理学博士，中国社会科学院农村发展研究所副所长、研究员，主要研究方向为制度经济学、城镇化与区域发展、土地经济；于法稳，管理学博士，中国社会科学院农村发展研究所生态经济研究室主任、研究员，主要研究方向为生态经济理论与方法、农村生态治理、农业农村绿色发展；苏岚岚，管理学博士，中国社会科学院农村发展研究所助理研究员，主要研究方向为农村金融、数字经济与农村转型；于元赫，经济学博士，中国社会科学院农村发展研究所助理研究员，主要研究方向为生态经济、减贫与福祉；余家林，经济学博士，中国社会科学院农村发展研究所助理研究员，主要研究方向为新型农村集体经济、地方财政、劳动经济。

老龄化与"空心化"叠加等突出问题。建立在"十五五"时期中国农村发展主要关键目标值测算基础上，提出巩固粮食等重要农产品稳定安全供给"一个确保"、锚定推进乡村全面振兴和加快建设农业强国"两个目标"，强化科技赋能与体制机制改革"两大动力"，聚焦提升乡村发展、乡村建设与乡村治理水平"三大重点"，建设美丽、数字、人文、善治、共富"五个乡村"的总体发展思路。立足"十五五"时期中国农村发展的总目标及分领域目标，综合考虑现阶段乡村振兴实际进展以及今后一段时期中国农村发展的内生需求，突出趋势性、紧迫性、重要性和前瞻性，本报告提出"十五五"时期中国农村发展的六大重点任务。具体包括：践行大农业观大食物观，持续强化粮食等重要农产品稳定安全供给；统筹推进"扩中提低"系列工程，完善强农惠农富农支持机制；因地制宜发展农业新质生产力，推进农业科技和产业体系的融合创新；深化要素市场改革，加快县域城乡融合发展进程；对标农村基本具备现代生活条件目标，推进乡村建设提档升级；聚焦减负、提质与增效，加快乡村治理体系和治理能力现代化。依循前述总体思路、瞄准六大重点任务，本报告提出"十五五"时期推进农村发展的政策建议。具体包括：强化统筹协调机制建设、健全实施保障体系，深化城乡分区分类改革、提升政策瞄准性，完善现代农业经营体制机制、激发发展内生活力，健全多元投融资机制、提升财政金融协同支农质效，创新乡村土地保护与高效利用机制、夯实农村发展的土地保障，构建有利于新质生产力发展的人才振兴体系、强化新型人才支撑，完善农村产权交易机制、释放资源要素活力。

关键词：农村发展；"十五五"时期；总体思路；重点任务

"十五五"时期中国农村发展的总体思路、重点任务及政策建议

Overall Thinking, Key Tasks and Policy Implications for the Development of Rural Areas in China during the 15th Five-Year Plan

General Report Research Group

Abstract: The 15th Five-Year Plan period is a crucial stage for China to complete the tasks of the first phase of the second centenary goal and accelerate its march towards basic modernization by 2035. It is of great significance to clarify the overall thinking, key tasks, and future policies for China's rural development during the 15th Five-Year Plan period to accelerate the comprehensive rural revitalization and the modernization of agriculture and rural areas. During the 14th Five-Year Plan period, China has made much progress in rural development in aspects such as the enhancement of grain production capacity, the consolidation and expansion of the outcomes of the poverty alleviation, the improvement of the quality and efficiency of agriculture, the development of new business and models in rural areas, the enhancement of rural residents' income and living standards, the upgrade of rural construction and governance. However, it also faces many challenges such as the pressure on increasing the income of grain-growing farmers, fluctuations in agricultural product prices, income gaps between urban and rural areas, among different regions and within groups, and the superposition of aging and "hollowing out" in rural areas. Based on some key targets for China's rural development during the 15th Five-Year Plan period, this report puts forward the overall thinking to facilitate the rural development, which includes "one prerequisite" of ensuring the stable and secure supply of important agricultural products such as grain, "two goals" of promoting the comprehensive rural revitalization and accelerating the construction of China's strength in agriculture, "two driving forces" of technological empowerment and institutional and mechanism reform, "three key aspects" of improving the level of rural development, construction, and governance, and "five types of countryside" like beautiful countryside, digital countryside, humanistic countryside, well-governed countryside, and countryside of common prosperity. Aiming at the overall goals and sub-sector goals of China's rural development during the 15th Five-Year Plan period, and considering the progress of rural revitalization at the present stage and the demands for rural development in the future, especially the trends, urgency, and importance, this report proposes the main tasks for China's rural development during the 15th Five-Year Plan period. Specifically, the central and local governments are expected to strengthen the stable and secure supply of important agricultural products such as grain guided by an all-encompassing approach to food, carry out a series of projects for expanding

"十五五"时期中国农村发展的总体思路、重点任务及政策建议

the middle-income group and raising the income of the low-income group to enrich farmers, develop new quality productive forces in agriculture according to local conditions and promote the integrated innovation of agricultural technologies and the industrial system, deepen the reform of the factor market to accelerate the urban-rural integration at the county level, promote the upgrade of rural construction to achieve the modern living condition in rural areas, accelerating the modernization of rural governance capacity and governance system with focuses on reducing burdens and improving quality and efficiency. To finish the six key tasks following the aforementioned overall thinking, this report puts forward several policy implications for facilitating rural development during the 15th Five-Year Plan period, which include the construction of the coordination mechanism across departments and the improvement of the implementation and guarantee system, the promotion of reform by regions and categories to enhance the precision of policies, the improvement of modern agricultural operation system to stimulate internal vitality for development, the innovation in agricultural investment and financing models to enhance the quality and efficiency of the coordinated support for agriculture by the fiscal department and financial institutions, the advancement of the protection and utilization of farmland to consolidate the farmland guarantee for rural development, the establishment of a talent system conducive to the cultivation of new quality productive forces to strengthen the support of new types of talents, and the optimization of the rural property rights transaction system to release the vitality of various elements.

Key Words：Rural Development；The 15th Five-Year Plan；Overall Thinking；Key Tasks

"十四五"时期，中国开启了全面建设社会主义现代化国家新征程，农业农村现代化取得了重要进展。在这一重要战略机遇期，围绕巩固拓展脱贫攻坚成果、稳步推进乡村振兴，中央和地方各级政府制定出台了一系列强农、惠农、富农政策。得益于这些政策的实施，中国在牢牢守住保障国家粮食安全和不发生规模性返贫致贫两大底线任务的基础上，大力提升了农业发展质量与效益，有序推进了乡村发展、乡村建设和乡村治理领域重点工作，使农民收入和生活水平等方面的福祉得以明显改善。与此同时，当前和今后一段时期，中国农村发展仍然面临诸多问题和复杂挑战，亟待创新发展思路和政策支持体系，强化关键领域改革和重点环节突破，以期为中国式农业农村现代化持续注入新活力。

"十五五"时期是中国实现第二个百年奋斗目标第一阶段任务、加快迈向2035年基本实现现代化的关键时期。近年来，以生物技术、人工智能、绿色技术等为代表的农业科技应用加快农业发展方式转型升级，乡村经济新业态、新模式持续涌现，"双碳"目标倒逼农业绿色转型，乡村生态价值向经济价值转化的路径日益清晰，不断释放农村经济增长潜力。随着城乡要素市场改革的推进，土地、资本、人才等要素双向流动持续增强，有望加快打破城乡融合发展的制度壁垒。

与此同时，乡村建设与治理中的人口老龄化、村庄"空心化"以及农村公共服务与社会保障供给中的供需不匹配等问题

"十五五"时期中国农村发展的总体思路、重点任务及政策建议

不断加剧,资源环境约束日益趋紧;加之,国际农产品贸易壁垒升级和供应链安全存在较大不确定性,中国农村发展仍然面临错综复杂的国际国内环境。基于"十四五"时期的发展经验积累以及中国农村发展面临的新形势,系统厘清"十五五"时期农村发展的总体思路、重点任务和政策路径对加快实现农业农村现代化和乡村全面振兴具有重要的意义。

一 "十四五"时期中国农村发展成效评价

"十四五"时期,中国"三农"工作重心历史性转向全面推进乡村振兴,在巩固拓展脱贫攻坚成果与衔接乡村振兴中取得显著成效。这一时期,农业综合生产能力稳步提升,现代农业技术装备和数字化应用加速推广,乡村直播电商等新业态蓬勃发展;农村产权制度改革纵深推进,新型经营主体和集体经济活力增强,农民人均可支配收入持续增长。与此同时,乡村基础设施和公共服务短板加快补齐,人居环境整治成效显著,绿色发展与生态保护协同推进,彰显了政策统筹与制度创新的实践效能。当然,还应看到,尽管"十四五"时期为中国农业农村现代化奠定了坚实基础,但仍面临人口老龄化、村庄"空心化"、区域发展不平衡、农民增收压力大、公共服务短板多等多重挑战。

(一)"十四五"时期中国农村发展取得的主要成效

"十四五"时期,中国农村发展在保障粮食安全、巩固拓展脱贫攻坚成果、提高农业质量与效益、激发新业态和社会化服务

活力、促进农民增收致富、加快乡村建设与治理等方面成效显著。

1. 粮食安全保障能力稳步提升

党的十八大以来，中国始终将保障粮食安全置于国家战略的核心地位，不断夯实粮食生产基础，确立了"确保谷物基本自给，口粮绝对安全"新时代粮食安全观。"十四五"时期，中国的粮食安全保障能力稳步提升，粮食安全形势持续向好。

粮食产量稳定提升，粮食单产不断提高。自2020年以来，中国粮食总产量连续5年保持在6.6亿吨以上，2024年首次突破7亿吨大关，标志着粮食综合生产能力迈上新台阶。其中，玉米贡献最大（累计增长13.1%），稻谷、小麦等主要粮食作物产量分别稳定在2亿吨和1.3亿吨以上（见图1）。粮食作物单位面积产量持续提升，2024年，全国粮食单产比2020年提高了3.27%。其中，小麦、玉米、稻谷分别提高了3.43%、4.34%和1.57%。得益于粮食产能的持续提升，中国粮食作物供给保障能力明显提高。据预测，2025年全国粮食总产量将稳定在7亿吨以上。

实现谷物基本自给、口粮绝对安全要求。粮食自给率是衡量一个国家或地区粮食安全的核心指标[①]，直接反映其粮食生产能力与保障水平。国家粮食和物资储备局数据显示，目前中国谷物自给率在95%以上，人均粮食占有量超过500千克，高于国际公认的400千克粮食安全线。中国的口粮主要指小麦和稻谷，本部

---

① 粮食自给率=粮食总产量/粮食总需求量×100%，其关键在于计算粮食总需求量。按照流向统计法，粮食总需求量=粮食总产量+粮食进口量-粮食出口量-年度粮食库存变化量。

"十五五"时期中国农村发展的总体思路、重点任务及政策建议

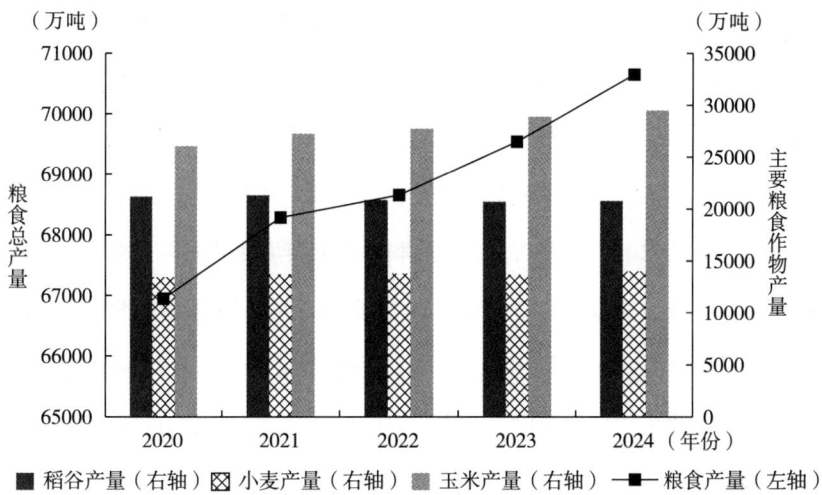

图1　2020—2024年中国粮食总产量及主要粮食作物产量变化

资料来源：国家统计局网站年度数据。

分采用流向统计法，计算2020—2024年的口粮自给率，结果如表1所示。2020—2024年中国的口粮自给率虽有所下降，但历年均超过95%，基本实现了口粮绝对安全、谷物基本自给的目标。

表1　　　　2020—2024年中国口粮及其自给率

年份	口粮总产量（万吨）	口粮进口量（万吨）	口粮出口量（万吨）	口粮库存变化量（万吨）	口粮总需求量（万吨）	口粮自给率（%）
2020	28255.0	1553.9	340.7	1089.5	28489.4	99.6
2021	28593.6	1572.3	217.2	586.1	29337.8	97.4
2022	28366.9	1587.9	160.2	434.1	29301.7	96.6
2023	28121.0	1503.5	110.0	791.5	28673.0	97.9
2024	28600.0	1300.0	100.0	0	29789.0	96.0

资料来源：美国农业部（USDA）2023年12月和2024年12月 Grain：World Markets and Trade。

非粮农产品供给稳定增长，居民食品消费结构向多元化转变。"十四五"时期，畜产品、水产品、瓜果类、蔬菜、油料、糖料等农产品产量基本保持稳定增长态势。2019年以来，居民在其他食品方面的人均消费量已经大幅超过粮食，并呈现稳定增长态势（见图2），其中，蔬菜消费占比超过40%，肉蛋奶消费占比超过25%。2023年，人均其他食品消费量较2019年提高了19.5%。2020年和2021年，受新冠疫情影响，人均粮食消费量有所增加，随后保持下降态势。2023年人均粮食消费量较2019年仅提高了3.3%。可以看出，近年来，中国居民食品消费结构不断升级，消费观念也从"吃得好"向"吃得营养、健康"转变，食品消费由主食型向"粮肉菜果鱼"多元化转变。

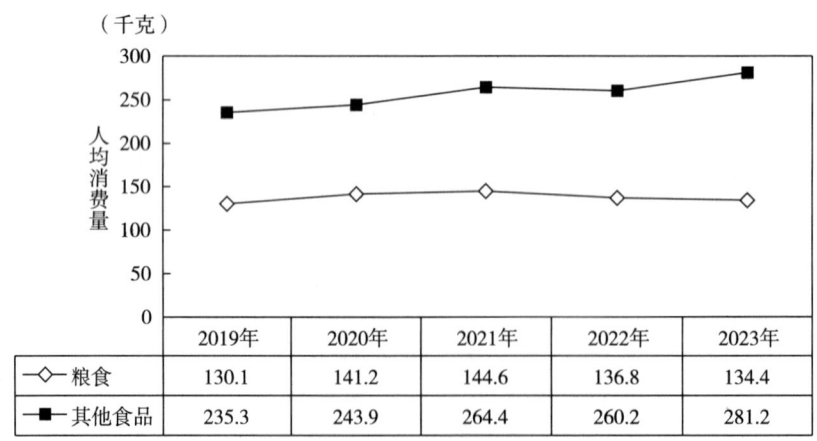

图2 2019—2023年全国居民人均主要食品消费量

资料来源：国家统计局网站年度数据。

2. 脱贫攻坚成果持续巩固拓展

"十四五"时期，中国坚持把巩固拓展脱贫攻坚成果与乡村振兴有效衔接摆在突出位置，通过制度创新、政策优化和精准施策，推动脱贫攻坚成果持续巩固拓展，为推进乡村全面振兴奠定了坚实的基础。

脱贫人口就业保持稳定，收入持续增长。"十四五"时期，脱贫劳动力稳岗就业稳步推进，各地全面开展防止返贫就业攻坚行动。2024年，全国脱贫人口务工就业总规模达到3305万人，超年度目标任务285.9万人，连续4年保持在3000万人以上（见图3）。2024年，全国累计开发乡村公益性岗位超过400万个，建成帮扶车间3.9万个，高质量完成了脱贫人口稳岗就业目标任务。农业农村部数据显示，832个脱贫县均培育形成了2—3个主导产业，总产值超过1.7万亿元，近3/4的脱贫人口与新型农业经营主体建立了利益联结机制。2024年，脱贫县农村居民人均可支配收入为17522元，比2020年大幅提高了39.2%，年均增速达到8.6%，比全国农村居民人均可支配收入增速高0.8个百分点（见图3）。

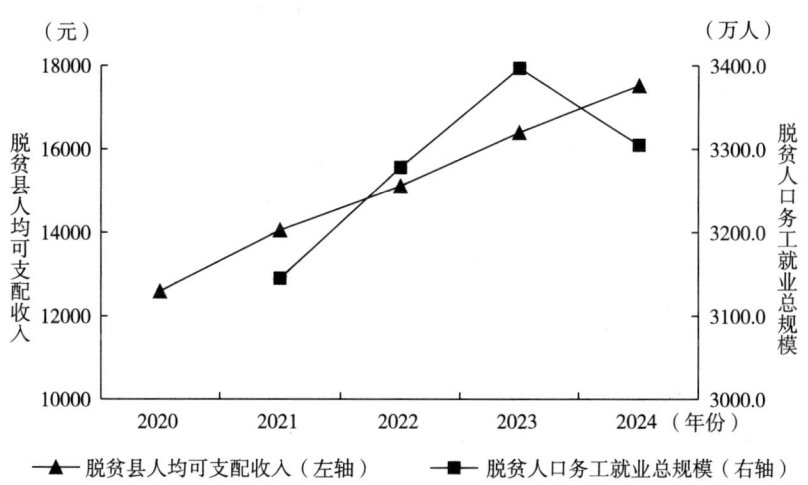

图3　2020—2024年脱贫县农村居民人均可支配收入和
脱贫人口务工就业总规模情况

资料来源：国家统计局网站年度数据和《中国农村统计年鉴》历年数据。

防止返贫致贫监测与帮扶取得积极成效。农业农村部数据显示，2024年，全国累计帮扶534万人（占比超过60%）防止返贫致贫监测对象稳定消除风险。中国乡村振兴综合调查（CRRS）2022年和2024年的数据显示，有义务教育阶段学生的防止返贫监测对象家庭100%享受了教育帮扶，家庭拥有高中及以上学生的比例从21.2%提高至23.0%。在医疗保障方面，63.4%的受访农民反映近两年村卫生室服务水平明显提升，86.6%的受访农民表示足不出镇即可满足日常就诊需求。在各项社会保障政策加持下，防止返贫致贫监测对象自评的幸福感和生活满意度均为8.3分（满分10分），较2022年分别提高了0.5分和0.7分，牢牢守住了不发生规模性返贫致贫的底线。

3. 农业发展质量与效益明显提升

"十四五"时期，中国持续加强农业基础设施建设，不断发展壮大新型农业经营主体和高素质农民队伍，强化农业发展的科技支撑，加快农业绿色低碳转型，农业发展质量与效益稳步提高。

农业基础设施建设成效显著。灌溉设施进一步完善，截至2024年底，全国耕地有效灌溉面积已达10.75亿亩，占全国耕地面积的56%。高标准农田建设持续推进，截至2024年底，全国已累计建成高标准农田超过10亿亩，其中13个粮食主产省（区）累计建成面积约占70%。同时，黑土地保护、盐碱地治理等重点工程在全国各地深入实施，耕地质量等级全面提高，土地生产效率明显提升。

"十五五"时期中国农村发展的总体思路、重点任务及政策建议

新型农业经营主体快速发展壮大。以家庭农场和农民合作社为代表的新型农业经营主体蓬勃发展，极大地提高了农业生产经营的组织化水平。农业农村部数据显示，截至2024年10月底，纳入全国家庭农场名录系统的家庭农场近400万家，依法登记的农民合作社达214万家，从事社会化服务的农业经营主体超过109万个，年服务面积超过21.4亿亩，服务小农户9400多万户，对农业生产各环节的支撑能力持续提升。其中，种粮家庭农场174.9万个、粮食类合作社55.1万家，占新型农业经营主体总数的38.0%，稳产保供作用持续凸显。

现代农业科技支撑持续强化。"十四五"时期，农业技术装备条件持续改善，智慧农业技术加快推广应用。2020—2024年，全国农业科技进步贡献率从60.7%提高至63.0%，上升了2.3个百分点；全国农作物耕种收综合机械化率由71.3%提高到75.0%以上，小麦、水稻、玉米等主要粮食作物耕种收综合机械化率超过85.0%。目前，全国主要农作物良种已经实现全覆盖，自主选育品种超过95.0%。2014—2024年，中国植保无人机保有量从695架增加至25.1万架，作业面积从426万亩次增长至26.7亿亩次（农民日报，2025）。截至2023年底，全国安装北斗终端的农机数量超过220万台，北斗农机自动驾驶应用已达20多万台/套，实现了农田精准化、标准化和智能化作业，有效提升了土地生产效率（科轩，2024）。

农业绿色低碳转型保持良好势头。与2020年相比，2023年全国农用化肥施用折纯量和农药使用量分别下降了4.4%和12.0%，连续7年保持下降趋势。《中国农业绿色发展报告（2023）》显示，2022年全国农业绿色发展指数达到77.90，三大主粮的化肥

和农药利用率分别为 41.3% 和 41.8%。截至 2023 年底，全国畜禽粪污综合利用率达 78.0%，秸秆综合利用率超过 88.0%，农膜处置率稳定在 80.0% 以上（郁琼源，2024）。绿色优质农产品供给能力明显增强，2023 年全国新发展绿色、有机农产品 8221 个，建成绿色食品原料标准化生产基地约 1.77 亿亩。

4. 农村产业融合发展和新业态、新模式发展协同互促

"十四五"时期，中国农村产业融合新载体持续涌现、联农带农作用得到有效发挥，休闲农业、乡村旅游、电商直播等新业态、新模式加快发展，有力推动了乡村产业高质量发展。

农村产业融合发展取得显著成效。农村产业融合发展示范园、田园综合体、特色产业集群以及农业现代化示范园是推动农业产业融合发展的重要载体。国家发展改革委数据显示，截至 2023 年底，全国已创建认定 300 个国家级农村产业融合发展示范园、300 个国家现代农业产业园、300 个优势特色产业集群，以点带面推动农村产业融合发展。2023 年，平均每个国家农村产业融合发展示范园吸纳就业 2.9 万人，示范园内农村居民人均可支配收入达 27858 元。根据《乡村振兴战略规划（2018—2022 年）》关于推进田园综合体建设试点部署，财政部开展的 21 个试点已结束，中央财政已累计投入 16.8 亿元。2021 年，财政部继续在 13 个省份新启动 13 个田园综合体试点，农村产业融合发展进入新阶段。

农村新业态、新模式发展迅速。截至 2023 年底，农业农村部累计创建并公布 568 个全国休闲农业和乡村旅游示范县（市），累计推介 1983 个美丽休闲乡村。休闲农业、乡村旅游、

"十五五"时期中国农村发展的总体思路、重点任务及政策建议

电商直播等新业态、新模式发展迅速。农业农村部数据显示，2023年，全国休闲农庄、观光农园等休闲农业经营主体达30多万家，休闲农业和乡村旅游接待人数32亿人次，营业收入超过8500亿元。商务部数据显示，2023年，全国各类涉农电商超过3万家，农村网络零售额达2.49万亿元，比2014年增长近13倍；其中，全国农产品网络零售额达5870.3亿元。抖音电商数据显示，2023年9月至2024年9月，平均每天有1740万单农特产包裹销往全国各地，年销售额突破百万元的农货商家超过3.3万个。另外，认养农业、康养农业、垂直农业等农业新业态也得到不同程度的发展。

5. 农民收入和生活水平稳步提高

"十四五"时期，中国农村居民收入和消费支出年均增速快于城镇居民，农民收入和生活水平稳步提高，城乡居民收入和消费水平差距进一步缩小。2024年，农村居民人均可支配收入达到23119元，较2020年增加了5988元，年均增速为7.8%，比城镇居民收入年均增速高2.4个百分点，城乡居民人均可支配收入比由2020年的2.64下降至2024年的2.34（见图4）。

"十四五"时期，农村居民人均消费支出由13713元增加至19280元，年均增速为8.9%，比城镇居民消费年均增速高2.5个百分点，城乡居民人均消费支出比从2.11进一步缩小至1.79（见图5）。从消费质量来看，中国农村居民恩格尔系数由32.7%下降至32.3%，充分反映了近年来农民生活质量显著改善和消费结构持续优化，正逐步向联合国划分的生活富足标准（20%—30%）迈进。

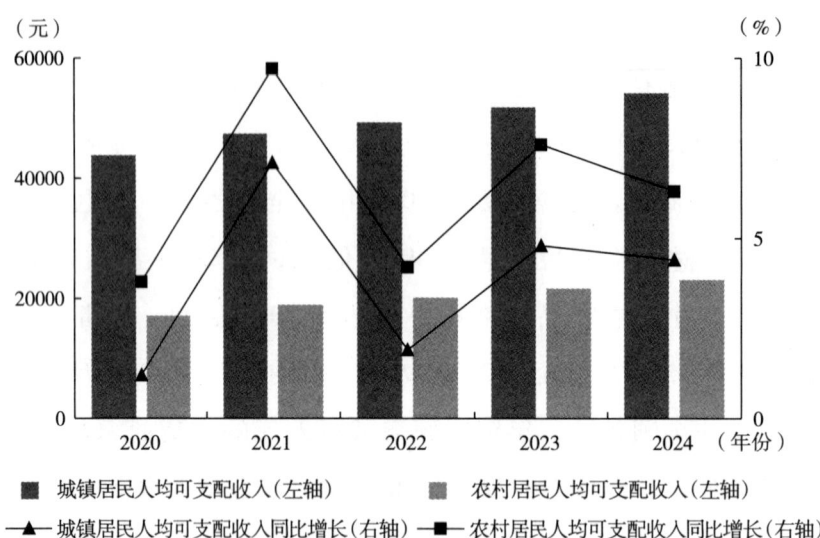

图4　2020—2024年城乡居民人均可支配收入变化

资料来源：国家统计局网站。

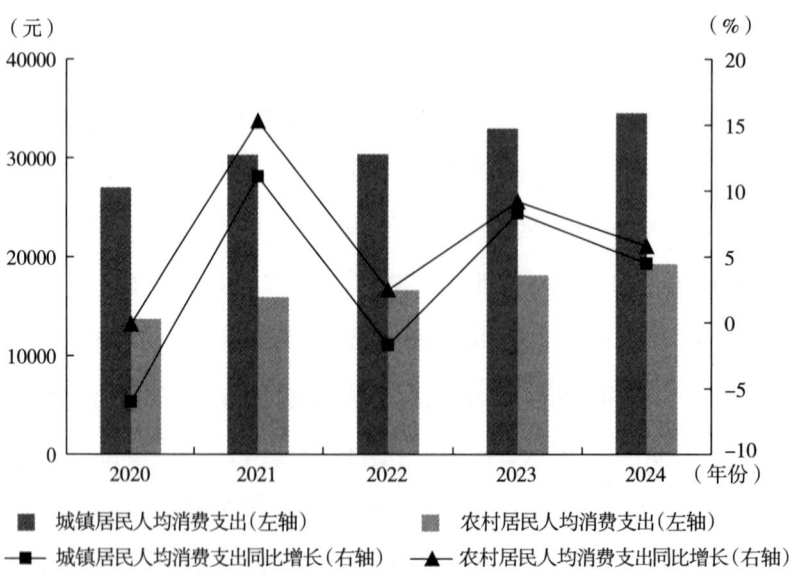

图5　2020—2024年城乡居民人均消费支出变化

资料来源：国家统计局网站年度数据。

6. 乡村建设与治理取得积极成效

"十四五"时期，中国乡村建设水平不断提高，农村人居环境以及医疗、教育、养老等基本公共服务条件持续改善，数字乡村建设稳步推进，乡村治理现代化水平持续提升。乡村基础设施不断完善。乡村道路、卫生、环境等设施条件得到明显改善。交通运输部数据显示，2024年，全国乡镇和建制村通硬化路比例已分别达到100%和99.8%，基本实现了"村村通"目标。农村人居环境整治也取得积极进展，农业农村部数据显示，2024年，全国农村卫生厕所普及率达到75%左右，农村生活垃圾得到收运处理的行政村比例稳定保持在90%以上，农村生活污水治理（管控）率超过45%，村庄环境基本实现干净整洁有序，村容村貌明显改善。

基本公共服务水平明显提高。农村医疗、教育、养老等基本公共服务条件持续改善，2024年，全国累计建设基层医疗卫生机构104.0万个，其中乡镇卫生院3.3万个，社区卫生服务中心（站）3.7万个，村卫生室57.1万个。教育部数据显示，截至2022年，全国农村义务教育阶段本科以上学历专任教师占比达76.01%，比2012年提高了35.3个百分点，农村教师整体学历和能力水平持续提升。各地结合实际探索多元化农村养老模式。如江苏宿迁充分利用乡村闲置设施、富余民房等资源，建成63个农村互助养老睦邻点，农村老人在家门口就能享受养老服务。

数字乡村建设稳步推进。国家统计局数据显示，2024年，全国农村地区互联网普及率为67.4%，比2020年提高了11.5个百分点。随着互联网快速渗透，利用网络平台开展技能培训的规模不断扩大。2024年，依托全国农业远程教育平台，农业农村科技人员知识更新培训超过400万人次。据中央网信办数据，截至2024年，全国已建成约10万个村级数字服务站点，直接服务农村人口超2亿人。"互联网+政务"加快向农村延伸，"互联网+基层党建"全面展开，平安乡村数字化平台初步建立。

乡村治理现代化水平显著提升。农村基层组织建设不断完善。《中国共产党党内统计公报》显示，中国农牧渔民党员从2018年的2544.3万名增加到2023年底的2607.5万名，在新发展党员中，农牧渔民党员数量位列第二。2020年换届后，村"两委"成员中高中（中专）以上学历者占比74.0%，较之前提高了16.7个百分点。村级小微权力清单制度得以广泛推行，2023—2024年全国纪检监察机关立案现任或原任村党支部书记、村委会主任近17万人。第一书记和驻村干部的作用得到充分发挥。与此同时，乡村自治、德治和法治体系融合加深。各地区因地制宜探索出多元主体带动型、便民代办服务型、积分评价管理型、产业融合互促型、数智应用管服型等典型治理模式。一些地方成立村民议事会、民主协商理事会等组织，并引入专业法律顾问规范工作程序和标准制定，强化村规民约的作用。

（二）"十四五"时期中国农村发展存在的主要问题

虽然"十四五"时期中国农村发展取得了显著成效，但也应当注意到，当前农业农村发展仍然面临一些不足和挑战。在波谲云诡的国际经济形势和产业转型升级浪潮的冲击下，中国粮食安全仍存在一些潜在的风险，城乡间、地区间和群体间居民收入差距明显，农村"空心化"加剧与养老服务短板问题相互交织。

"十五五"时期中国农村发展的总体思路、重点任务及政策建议

1. 农民种粮收益较低，部分大宗农产品价格波动较大

"十四五"时期，全国粮食产量和粮食播种面积呈现出稳定增加态势，2024年比2020年分别增加了5.5%和2.2%；与此同时，农民种粮每亩收益较"十三五"时期的连续4年亏损状况有所改善。但应该看到，近年来小麦、玉米、大米三种粮食作物生产成本仍然在高位持续攀升，2023年每亩总成本接近1300元（见图6），而粮食生产净利润在经历3年的回升后又出现下降，2023年每亩净利润仅为75.1元。种粮收益较低且不稳定，严重影响了农民种粮积极性，将对未来的粮食安全构成挑战。

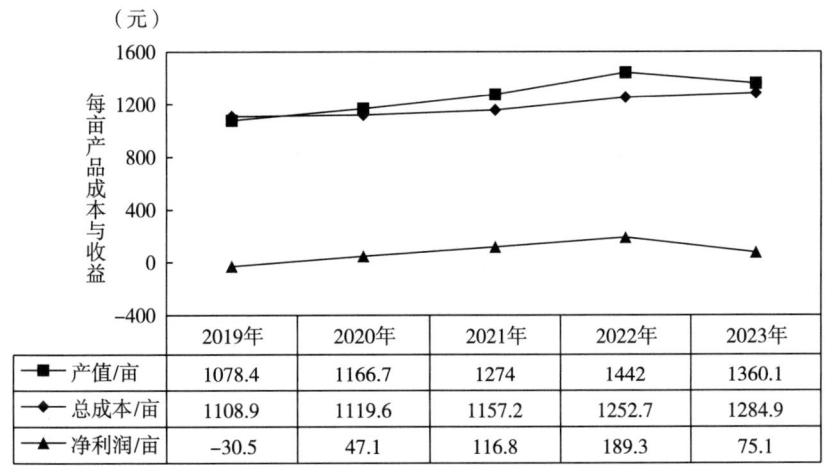

图6 2019—2023年三种粮食作物每亩成本与收益变化

资料来源：历年《中国农村统计年鉴》。

同时，"十四五"时期，部分大宗农产品价格大幅波动，稳产保供面临挑战。2020年以来，受国际猪肉、牛肉进口价格压

制，全国畜牧业产品生产价格指数持续走低。其中，猪肉价格指数下降最为明显，2020年为155.7，2021年急剧降至64.9。2023年恢复至86.0。近年来，随着生猪养殖成本高位攀升，净利润大幅降低，甚至出现亏损。2020年，每头生猪的净利润达到1392元，而2021年和2023年每头生猪净利润分别为-7.7元和-256元，导致生猪饲养量波动较大，从2020年的40650万头增加至2022年的45255万头，又下降至2023年的43422万头。部分大宗农产品供需矛盾突出，使近年来农产品生产价格指数大幅波动，2020年为115.0，2021年跌至97.8，2022年回升至100.4，2023年又跌至97.7。

2. 城乡间、地区间和农民群体内部收入差距不容忽视

当前城镇居民和农村居民依然存在明显的收入差距。"十四五"时期，城乡居民人均可支配收入比持续下降，2024年为2.34，相较于2020年下降了0.22，仍远高于1985年1.86的水平。然而，城乡居民人均可支配收入绝对差距呈现持续扩大趋势，2024年为31069元，较2020年的绝对收入差距扩大了4366元。农民持续稳定增收压力加大。当前，农民增收越来越依赖于工资性收入和经营净收入，2020—2024年工资性收入对农民增收的贡献率为47.2%，经营净收入的贡献率为29.5%，两者合计为76.7%，转移净收入贡献率为20.6%（见图7）。2020—2024年，农民人均工资性收入、经营净收入、财产净收入和转移净收入均呈增长态势，年均增速分别为8.9%、6.6%、8.5%和7.5%，可见，经营净收入的增速最慢，比农民人均可支配收入年均增速还要低1.2个百分点；财产净收入虽然增速较快，但对农民增收的贡献率仅有 2.7%，短期内难以得到大幅提升。

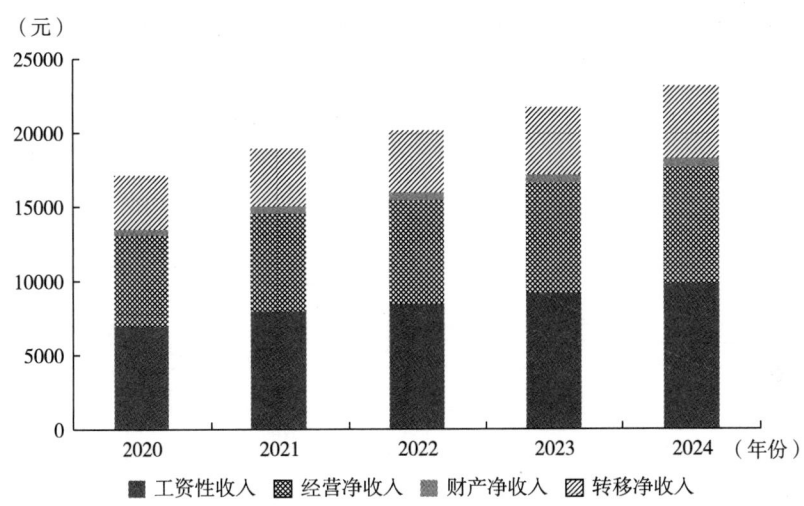

图7　2020—2024 年农村居民人均可支配收入及其结构变化

资料来源：国家统计局网站年度数据。

近年来，随着国家区域协调发展战略的深入实施，东部与中西部农村地区间差距总体上呈缩小态势，但东部与东北地区间差距以及不同收入水平间农民收入差距在不断拉大。如表2所示，东部与西部农民人均可支配收入相对差距以及31个省（区、市）农民人均可支配收入变异系数在不断缩小，四大区域的农民人均可支配收入变异系数先缩小后逐步稳定在 0.180 左右，而东部与中部地区间相对差距系数先升后降，从 2019 年的 23.5 扩大至 2021 年的 24.2，又降至 2023 年的 23.7，东部与东北地区间相对差距系数则由 2019 年的 23.2 不断扩大至 2023 年的 24.6。此外，按五等份分组的农民人均可支配收入变异系数呈持续扩大趋势，从 2019 年的 0.727 增加至 2023 年的 0.762。上述统计表明，农村发展面临的区域和群体不均衡问题不容忽视。

表2 2019—2023年中国农村居民人均可支配收入地区差距与群体差距情况

年份	四大区域 东部与西部间相对差距系数	四大区域 东部与中部间相对差距系数	四大区域 东部与东北间相对差距系数	变异系数	31个省（区、市）变异系数	按五等份分组变异系数
2019	34.8	23.5	23.2	0.183	0.338	0.727
2020	33.7	23.8	22.1	0.178	0.328	0.728
2021	33.7	24.2	22.4	0.179	0.326	0.737
2022	33.6	23.8	24.4	0.180	0.318	0.749
2023	33.4	23.7	24.6	0.180	0.317	0.762

注：相对差距系数=（高值-低值）/高值×100%。变异系数=标准差/平均值，是测度数据变异程度的相对统计量，用于比较平均数不同的两个或多个样本数据的变异程度。

资料来源：笔者根据2020—2024年《中国统计年鉴》整理计算得到。

3. 农村老龄化趋势日益加剧，农村养老问题突出

近年来，随着城镇化的深入推进，农村地区老龄化现象日益严峻。数据显示，2019—2023年，全国乡村60岁以上人口比重从2019年的20.85%快速增加至2023年的26.49%，提高了5.64个百分点，而同期全国城市60岁以上人口比重仅相对提高了1.98个百分点，乡村与城市差值从5.01个百分点扩大至8.66个百分点；与此同时，全国乡村65岁以上人口比重从2019年的14.69%增加至2023年的19.96%，提高了5.27个百分点，而同期全国城市65岁以上人口比重仅提高了1.88个百分点，乡村与城市差值从3.99个百分点扩大至7.37个百分点（见表3）。截至2023年底，全国农村60岁以上人口超过1.3亿人。这表明，"十四五"时期中国乡村地区已步入中度老龄化阶段，并逐渐接近重度老龄化①。随着老年人口比重增加，老年抚养比持续攀升。2023年，乡村老年抚养比达32.16%，较2019年提高9.9个百分点，而同期城市仅增加了2.81个百分点，乡村比城市高出14.83个百分点，接近城市的两倍。截至2023年底，全国农村60岁以上人口约35%未纳入养老保险体系。即便参保，绝大多数农村居民只缴纳最低标准，因此到60岁以后只能领取每月100多元的基础养老金，难以保障其基本生活。

表3　　　　2019—2023年中国城市和乡村老龄化情况

指标	地区	2019年	2020年	2021年	2022年	2023年
60岁以上人口比重（%）	城市	15.84	15.42	15.79	16.58	17.82
	乡村	20.85	23.75	24.04	25.01	26.49
	乡村与城市差值	5.01	8.33	8.24	8.44	8.66
65岁以上人口比重（%）	城市	10.71	10.77	11.43	12.03	12.59
	乡村	14.69	17.72	18.57	19.30	19.96
	乡村与城市差值	3.99	6.96	7.14	7.27	7.37
老年抚养比（%）	城市	14.52	14.64	15.61	16.51	17.33
	乡村	22.26	28.13	29.71	30.94	32.16
	乡村与城市差值	7.74	13.49	14.10	14.43	14.83

资料来源：笔者根据2020—2024年《中国人口和就业统计年鉴》整理计算得到。

4. 县域经济发展滞后，农村"空心化"趋势加剧

县域经济发展整体滞后，难以满足农民本地就业的需求。2020年受新冠疫情影响，全国农民工数量比2019年减少了517

---

① 当一个国家或地区60岁以上老年人口占总人口比重的10%，或65岁以上老年人口占总人口比重达到7%，即进入老龄化社会；当60岁及以上人口比重超过20%，65岁及以上人口比重超过14%，即进入中度老龄化社会；当60岁及以上人口比重超过30%，即进入重度老龄化阶段。

万人。虽然2021年有所反弹，较2020年增长了2.4%，但2021—2024年的增长趋势明显放缓。其中，本地农民工数量年均增速仅为0.1%，而外地农民工数量年均增速达1.3%，两者差值也从2021年的5093万人扩大至2024年的5769万人。此外，外出农民工数量呈稳定增加态势，而本地农民工数量起伏较大；相较2022年，2023年本地农民工数量大幅减少了277万人，2024年仅比上年增加了7万人（见图8）。未来农民的工资性收入增长需要更多依靠本地就业来实现，经营净收入增长需要乡村产业振兴发挥更大带动作用，而这些均对加快发展县域经济提出越发迫切的要求。

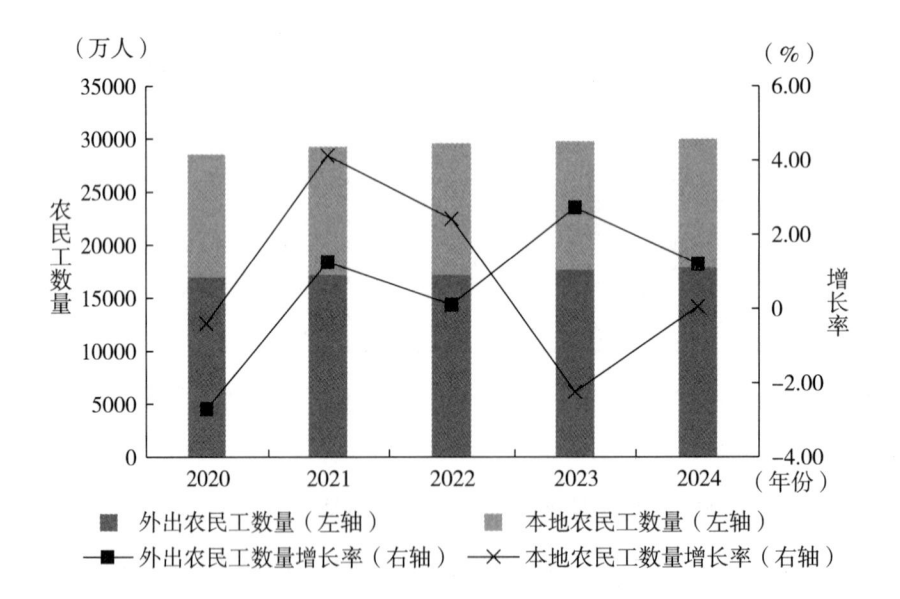

图8 2020—2024年全国农民工数量及增长情况

资料来源：国家统计局网站年度数据。

近年来，受资源配置、地理位置、发展策略、城乡融合等影响，农村地区村庄分化现象日益凸显，农村"空心化"问题不断加剧，农房闲置现象也越来越多。中国乡村振兴综合调查（CRRS）数据显示，2023年，村庄户籍人口净流出率约占30%，季节性闲置农房数量约占11%，常年性闲置农房数量约占4%，东北地区农房闲置比例较高，季节性和常年性闲置农房的比例分别为14%和9%。因此，亟待推动闲置农房资源高效利用、助力破解农村"空心化"难题。

二 "十五五"时期中国农村发展的目标与总体思路

（一）"十五五"时期中国农村发展的关键指标预测与目标设定

根据"十四五"时期中国农村发展现状、历史基础和国内外经济形势，本报告重点选择若干关键指标进行预测和分析，并明确2030年关键指标的目标值，在此基础上提出"十五五"时期农村发展的主要目标。

1. 预测方法

结合《乡村全面振兴规划（2024—2027年）》《"十四五"时期推进农业农村现代化规划》《加快建设农业强国规划（2024—2035年）》等政策规划的主要目标和要求，本报告聚焦粮食安全、农业现代化、农民就业与收入、农村人居环境、农村基础设施与基本公共服务等有关农村发展的重点领域与薄弱环节，设计关键指标。这些指标所对应的系统数据往往具有信息不完全确定的"灰色"特征，在这种情况下，灰色系统理论作为一种有效的分析工具，在预测方法的选择上可予以优先考虑。灰色系统理论通过将随机序列视为灰色过程，将原始数据转化为具有规律性的生成数列，从而建立动态模型，其核心模型是 GM（1，1），该模型能够有效揭示系统的动态规律，也能通过改进和优化来提高预测精度，尤其适用于小样本、非平稳序列的预测。因此，基于 10 年以上的时间序列数据，通过灰色模型来预测短期目标，可实现较高的预测精度。本报告采用基于灰色动态系统的 GM（1，1）模型，并结合模型精度，选择离散型 DGM（1，1）模型，采用新陈代谢方法来调整 DGM（1，1）模型的参数，从而预测和分析"十五五"时期中国农村发展的关键指标。

2. 关键指标预测

鉴于表征农村发展的指标范围较广，本报告拟选取常住人口城镇化率、第一产业就业人员比重、乡村 60 岁以上人口比例、乡村 65 岁以上人口比例、粮食综合生产能力、谷物自给率和城乡居民收入比等关键经济社会指标进行重点预测。在此基础上，本报告还对农业科技进步贡献率、农作物耕种收综合机械化率、农产品加工业与农业总产值之比、乡镇（街道）范围具备综合功能的养老服务机构覆盖率、农村自来水普及率、畜禽粪污综合利用率等其他关键指标进行简单预测。

（1）农村人口转移、就业结构与老龄化。根据"十四五"时期中国农村发展特征和趋势，本报告以常住人口城镇化率、第

"十五五"时期中国农村发展的总体思路、重点任务及政策建议

一产业就业人员比重、农村60岁和65岁以上人口比例等指标分别表征农村人口、就业结构和老龄化趋势。其中，常住人口城镇化率主要反映一定时期内农村人口向城镇转移和积聚情况，反映了城镇化进程中的城乡人口变动；第一产业就业人员数量占全部就业人员数量的比重反映了劳动力就业结构；农村老年人口比例可直观反映农村老龄化问题的严重程度。

以上指标的测算需要首先预测中国人口总量变化。基于2000—2024年中国总人口数量数据，采用离散型DGM（1，1）模型预测得到2030年中国人口总量为13.98亿人。在人口老龄化加速、经济不确定性增加、婚育意愿下降等因素影响下，2022—2024年连续三年全国人口出现下降趋势。随着未来出生人口减少、人口增长动力减弱，2030年前后中国人口最有可能在14亿人左右，这与联合国最新发布的《世界人口展望（2024）》（*World Population Prospects* 2024）以及陈卫（2021）的研究结论相似，因此预测结果较为可信。预计到2030年，中国城镇化率将达到73%。结合这一预测结果，2030年末中国城镇常住人口将达10.2亿人，较2024年末增加7600万人以上。

预测第一产业就业人员数量占全部就业人员数量的比重，需要分别对2025—2030年中国全部就业人员数量和第一产业就业人员数量进行预测（见图9）。根据短期人口变动趋势可知，2019—2024年，第一产业就业人员数量占全部就业人员数量的比重下降了2.23个百分点，平均每年下降0.37个百分点。按此趋势，第一产业就业人员数量占比将从2024年的22.5%下降至2030年的19.5%，下降约3个百分点。综合考虑现阶段的经济形势，将2030年第一产业就业人员占比的预测值设定为19%左右较为合理。

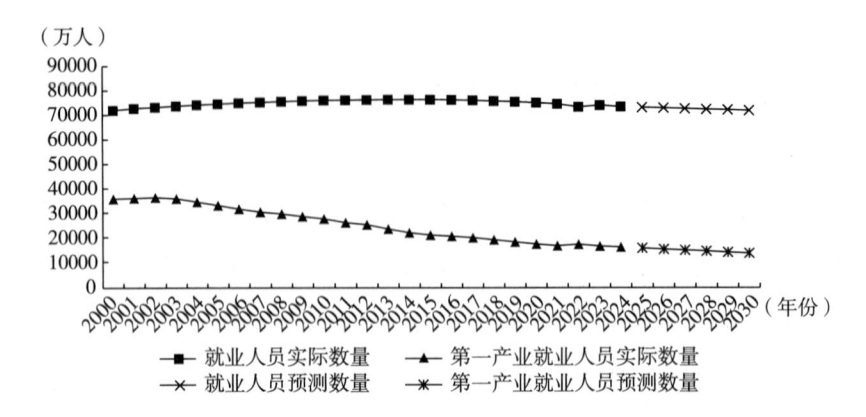

图9　中国全部就业人员数量和第一产业就业人员数量趋势预测

资料来源：笔者根据国家统计局年度数据计算得到。

利用2001—2023年中国乡村60岁以上人口比例和65岁以上人口比例数据，进一步对"十五五"时期农村老龄化程度进行预测（见图10）。预测结果表明，到2030年，中国乡村60岁以上人口比例为28.2%，乡村65岁以上人口比例为22.2%。根据人口预测结果，到2030年乡村60岁以上人口约为3.94亿人，乡村65岁以上人口约为3.05亿人。

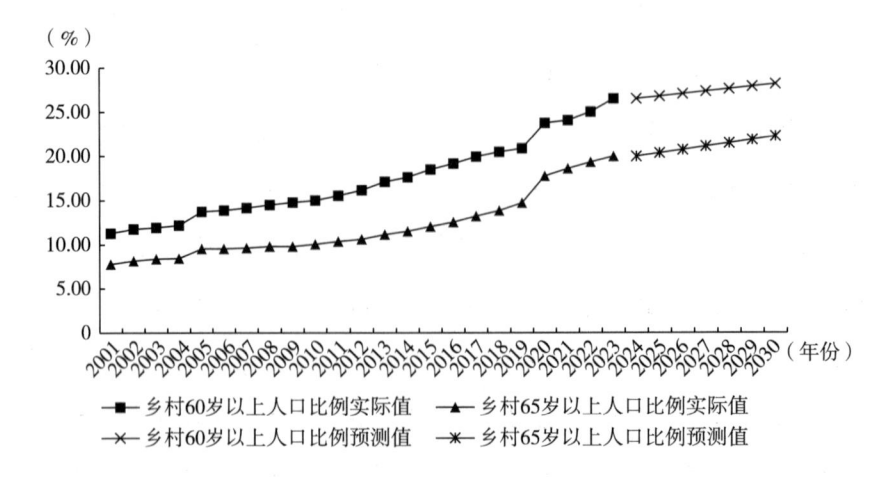

图10　中国农村老龄化趋势预测

资料来源：《中国人口和就业统计年鉴》历年数据和笔者预测。

"十五五"时期中国农村发展的总体思路、重点任务及政策建议

（2）粮食安全保障。根据《"十四五"时期推进农业农村现代化规划》和《乡村全面振兴规划（2024—2027年）》中"确保谷物基本自给、口粮绝对安全"的要求，本报告选择自给率作为衡量粮食安全保障能力的关键指标，对"十五五"时期的粮食自给率和谷物自给率进行预测①。自给率等于总产量除以总需求量，在测算口粮自给率和谷物自给率过程中主要采用表观消费量和流向统计两种方法，其中表观消费量为国内总产量加净进口量，流向统计法在前文有介绍，此处不再赘述。

表观消费法。基于2000—2024年谷物产量和口粮进出口数据，采用表观消费量替代总需求量，计算得出历年粮食自给率和谷物自给率（见图11）。2000—2019年，按照表观消费量计算的谷物自给率一直保持在95%以上，2020—2024年，受国内供需结构、国际贸易等多重因素影响，谷物进口量明显增加，导致谷物自给率有所降低，但仍超过90%。2000—2024年，粮食自给率下降明显，2024年按照表观消费量计算的粮食自给率为81.8%。粮食自给率大幅下降的原因在于大豆进口量显著增加，中国大豆需求量每年在1.1亿吨左右，90%依赖于进口。2024年中国大豆进口1.05亿吨，约占全年粮食进口量的67%。事实上，中国居民口粮是以小麦、大米为主的谷物类，饲料用粮大部分来自玉米，而大豆进口主要用于食用油生产和饲料豆粕，因此谷物自给率更能反映粮食安全状况。

---

① 口粮指的是小麦和稻谷。谷物是粮食的重要组成部分，小麦、稻谷和玉米称为三大谷物，也称作主粮。

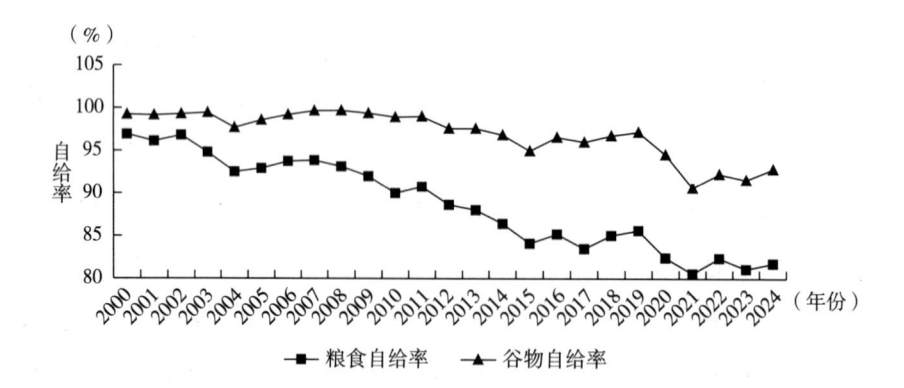

图11 2000—2024年按照表观消费量计算的粮食自给率和谷物自给率

资料来源：笔者根据国家统计局和海关总署发布的年度数据计算得到。

关于粮食安全保障的目标，《国家粮食安全中长期规划纲要（2008—2020）》明确提出中国粮食自给率不低于95%的目标，但自2012年开始，粮食自给率长期不足90%，近些年已接近80%（见图11）。2013年中央经济工作会议明确提出"谷物基本自给、口粮绝对安全"的新目标，《中华人民共和国粮食安全保障法》再次明确这一目标，并将"谷物基本自给"量化为谷物自给率达95%，目标的转换既能够协调前后矛盾，又能延续政策方向。主要是因为中国粮食生产以谷物为主，近十年谷物产量占粮食总产量的90%以上，而稻谷、小麦、玉米三大主粮占谷物的98%以上。因此，谷物自给率更能反映新形势下粮食安全状况，只要谷物基本供给有保障，中国粮食安全就有保障。

流向统计法。基于2001—2024年的历史数据，通过小麦、稻谷和玉米历年产量、进口量、出口量和库存变化量，采用流向统计法测算谷物自给率①，计算得出谷物需求量和谷物自给率。经测算，2024年中国谷物总需求量为59498万吨。据海关统计数据，2024年中国谷物净进口量为2537万吨，占谷物总需求量的4%左右，因此本报告计算结果在合理范围内。

综上所述，采用表观消费法测算的谷物自给率，2000—2019年始终高于95%，2020—2024年略有下降，但仍高于90%（见图11）；而采用流向统计法测算的谷物自给率，自2005年以来始终高于95%（见图12），达到谷物基本自给的粮食安全目标。

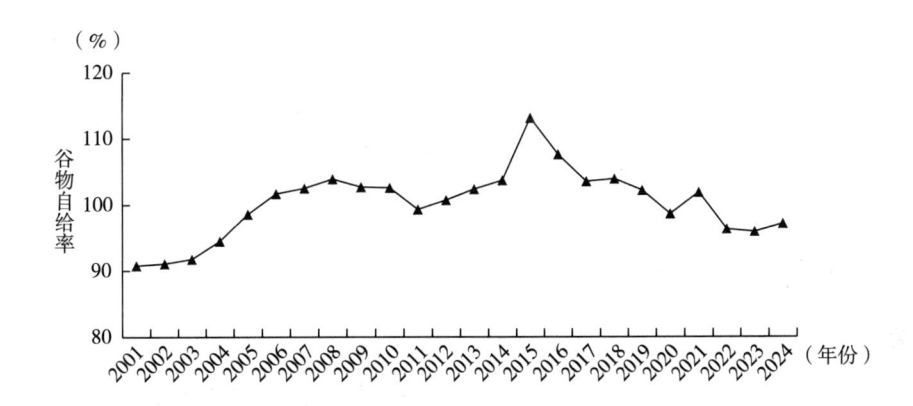

图12　2010—2024年按照流向统计法计算的谷物自给率

资料来源：笔者根据美国农业部（USDA）发布的年度数据计算得到。

为进一步评估"十五五"时期粮食安全形势，需要对粮食产量和谷物产量进行预测和分析。"十四五"时期，中国粮食产量和谷物产量稳步增长，2024年首次突破7亿吨。本报告选择

---

① 按照流向统计法，谷物总需求量=谷物总产量+谷物进口量−谷物出口量−年度谷物库存变化量（期初库存减期末库存）。

2010—2024年的粮食产量、谷物产量、谷物需求量作为原始数据①，预测结果如图13所示。根据预测结果，2030年粮食产量为75242.1万吨，谷物产量为68608.4万吨，谷物自给率为95.4%，谷物产量占粮食产量的比重保持在90%以上。这一预测结果与《新一轮千亿斤粮食产能提升行动方案（2024—2030年）》中明确要求到2030年新增产能5000万吨（千亿斤）以上目标相近，预测结果较为可信。因此，"十五五"时期中国可以实现谷物基本自给的目标和要求。

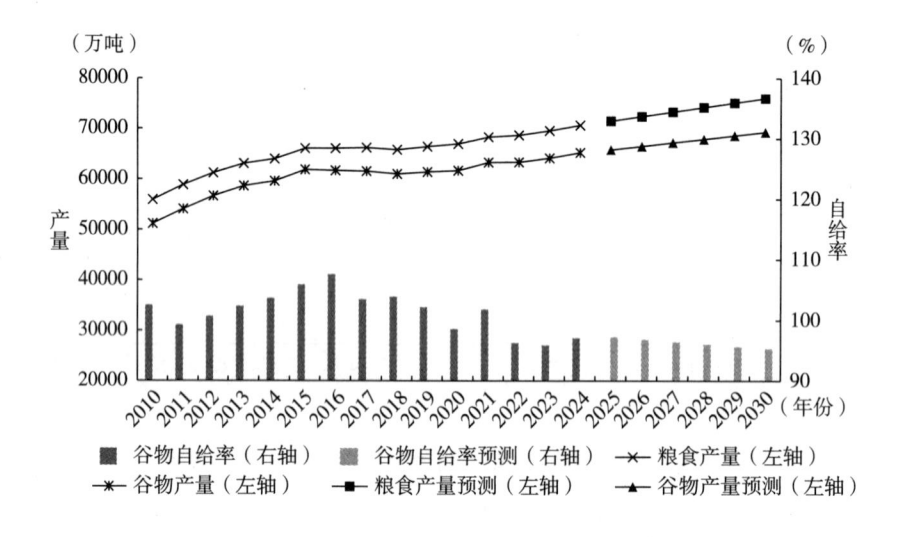

图13 中国粮食产量、谷物产量和谷物自给率预测情况

资料来源：笔者根据国家统计局和美国农业部（USDA）发布的年度数据计算得到。

另外，预计2030年全国谷物产量与消费量之间将出现约3369.9万吨的小幅产需缺口。根据当前中国谷物库存情况，完

---

① 粮食产量和谷物产量数据来自国家统计局网站，谷物需求量数据来源于美国农业部（USDA）网站，通过流向统计方法测算得到。

"十五五"时期中国农村发展的总体思路、重点任务及政策建议

全可以应对未来的谷物产需缺口。对粮食安全底线的目标，考虑到国际粮食安全标准为人均400千克，若以此标准来计算，结合前文的全国人口数量预测结果，2030年至少需要5.6亿吨粮食。然而，由于粮食生产极易遭受自然灾害、市场价格波动等不确定因素影响，2030年也可能出现粮食产量低于7.5亿吨的情况。因此，中国粮食综合生产能力稳定地保持在7亿吨以上是必要的。综合2024—2030年谷物产量预测结果，谷物自给率已有所下降，但随着居民消费升级以及人口总量下降的趋势，"十五五"时期继续保持95%以上的谷物自给率是基本可以实现的。

（3）城乡收入差距。缩小城乡收入差距是全面推进乡村振兴和加快建设农业强国的重要目标。"十四五"时期，中国城乡居民收入差距呈现持续缩小的良好态势，2024年城乡居民人均可支配收入比为2.34，较2020年的2.56缩小了0.22，但城乡居民人均可支配收入绝对差额仍在扩大。为了反映城乡收入差距的发展形势，本报告利用2000—2024年中国城镇居民和农村居民人均可支配收入原始数据，分别对"十五五"时期的城乡收入进行预测，预测结果如图14所示。2024—2030年，城镇居民人均可支配收入年均增长4.5%，同期农村居民人均可支配收入年均增长6.9%，到2030年，城镇居民人均可支配收入达70566元，农村居民人均可支配收入达34500元（按当年价格计算），城乡收入比为2.05，较2024年有望缩小12.8%。为了对标2035年基本实现农业农村现代化、农业强国建设取得显著成效以及全体人民共同富裕迈出坚实步伐的目标，未来十几年仍需要大幅缩小城乡收入差距。综合考虑城乡收入比的下降趋势、目标合理性和可行性，将2030年城乡收入比目标值设定为2.1以下是较为合理的。

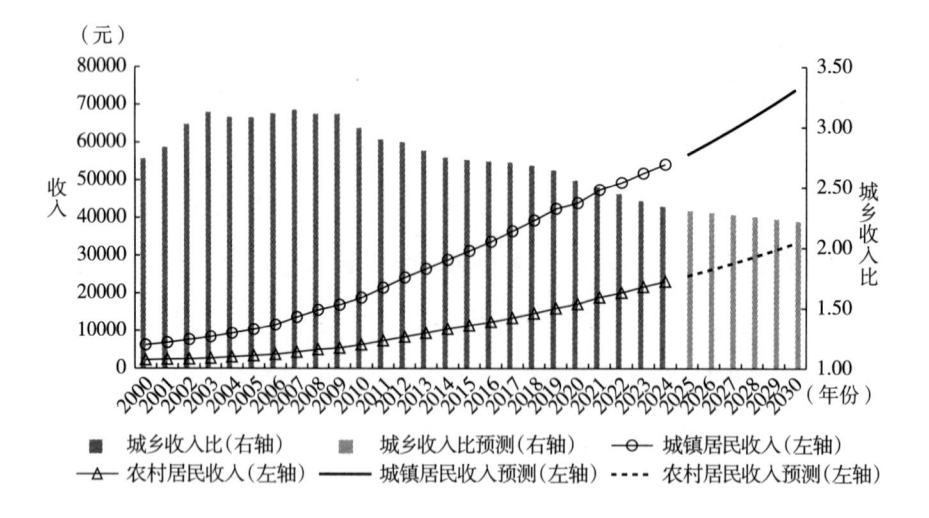

图 14　中国城乡居民收入趋势预测

资料来源：国家统计局年度数据和笔者预测。

（4）其他关键指标。鉴于农村发展涵盖领域广泛，在上述关键指标预测基础上，本报告还选择了农业科技进步贡献率、农作物耕种收综合机械化率、农产品加工业与农业总产值比、乡镇（街道）范围具备综合功能的养老服务机构覆盖率、农村自来水普及率、畜禽粪污综合利用率等其他关键指标进行目标值估计。具体如表4所示。

表4　"十五五"时期中国农村发展关键指标预测及其目标值设定

核心指标	2030年预测值	2030年目标值
粮食综合生产能力（亿吨）	7.5	>7
谷物自给率（%）	95.4	>95
常住人口城镇化率（%）	73	70
第一产业就业人员比重（%）	19.5	19左右
乡村60岁以上人口比例（%）	28.2	—

"十五五"时期中国农村发展的总体思路、重点任务及政策建议

续表

核心指标	2030年预测值	2030年目标值
乡村65岁以上人口比例（%）	22.2	—
城乡居民收入比	2.05	<2.1
农业科技进步贡献率（%）	—	>68
农作物耕种收综合机械化率（%）	—	>80
农产品加工业与农业总产值比	—	3.2
乡镇（街道）区域养老服务机构覆盖率（%）	—	66
农村自来水普及率（%）	—	99
畜禽粪污综合利用率（%）	—	>85

在农业科技进步贡献率方面，2024年中国农业科技进步贡献率为63%，《"十四五"时期推进农业农村现代化规划》（以下简称《规划》）将2025年目标值设为64%，2020—2025年将累计提高4个百分点，按此增速，将2030年农业科技进步贡献率目标值设定为68%。在农作物耕种收综合机械化率方面，2020—2024年中国农作物耕种收综合机械化率从71.3%提高到75%以上，累计提高将近4个百分点，按此增速，将2030年农作物耕种收综合机械化率目标值设定为80%。在农产品加工业与农业总产值比方面，《规划》将2025年目标值设为2.8，2020—2025年累计提高0.4，按此增速，将2030年农产品加工业与农业总产值比目标值设定为3.2。在农村基础设施和基本公共服务方面，乡镇（街道）区域养老服务机构覆盖率能够反映农村养老服务情况，《规划》将2025年目标值设为60%，2020—2025年累计扩大6%，按此增速，将2030年乡镇（街道）区域养老服务机构覆盖率目标值设定为66%；农村自来水普及率能够反映农村供水服务情况，水利部最新数据显示，2024年

全国农村自来水普及率已达到94%,《规划》年均增速（累计）设定为5%,按此增速,将2030年农村自来水普及率目标值设定为99%。在农业绿色发展方面,畜禽粪污综合利用率能够反映农业污染资源化利用,农业农村部数据显示,2024年全国畜禽粪污综合利用率达到79.4%。《规划》将2025年目标值设为80%以上,2020—2025年累计增加5%,按此增速,将2030年畜禽粪污综合利用率目标值设定为85%以上。

3. 主要目标

结合"十四五"时期中国农村发展取得的成效,本报告根据关键指标预测结果和目标值设定,着重从粮食安全保障、脱贫攻坚成果、乡村产业发展、农民收入、乡村建设和乡村治理等方面,提出"十五五"时期中国农村发展的主要目标。

第一,粮食等重要农产品安全保障能力稳步增强。以高标准农田建设为核心抓手,以农业科技创新为驱动引擎,推动粮食综合生产能力稳步提升,重要农产品保持合理自给水平,粮食生产结构和区域布局明显优化。"十五五"时期,全国粮食综合生产能力稳定在7亿吨以上,谷物自给率保持在95%以上,累计建成高标准农田面积12亿亩左右,确保谷物基本自给、口粮绝对安全。

第二,建立健全农村低收入人口和欠发达地区分层分类帮扶机制。"十五五"时期,农村低收入人口持续增收面临诸多不确定性,欠发达地区发展瓶颈亟待突破。为此,需立足各地资源禀赋与发展实际,构建差异化帮扶机制,激活农村低收入人口和欠发达地区的内生发展动力。到2030年,完善覆盖全部农村人口的常态化防止返贫致贫机制，农村低收入人口和欠发达地区分层分类帮扶制度更加完善与精准，推动农村中等收入群体规模明显提升。

第三，乡村产业发展质量稳步提升。现代乡村产业体系进一步健全，乡村产业布局明显优化，绿色低碳循环的农业产业体系初步构建，农业绿色低碳发展全面推进，乡村新产业、新业态加快发展，智慧农业重点领域应用有效拓展。到2030年，农业科技进步贡献率达到68%以上，农作物耕种收综合机械化率达到80%以上，农业生产信息化率达到32%以上；主要农作物绿色防控覆盖率达到60%以上，畜禽粪污综合利用率达到85%以上。

第四，农民收入和生活水平大幅改善。农民收入稳定增长，农民稳岗就业和权益保障机制基本建立，农村生活条件不断改善，城乡收入差距进一步缩小。"十五五"时期，农民人均可支配收入增速快于GDP增长，到2030年，城乡居民收入比下降至2.1以内，农民家庭恩格尔系数下降至26.5%左右。

第五，城乡融合发展水平显著提高。农业转移人口市民化行动有序推进，人才、技术、资金、数据等要素在城乡间合理有序流动，城乡统一的建设用地市场逐步建立，适应乡村人口布局变化的村庄分类标准加快完善，城乡融合发展布局进一步优化。到2030年，城乡基本公共服务均等化水平明显提升。

第六，农村基础设施和人居环境更加完善。农村基础设施提档升级，长效管护机制基本形成，农村社区服务设施进一步完善，数字乡村建设加快发展，农村人居环境显著改善，宜居宜业和美乡村基本形成。到2030年，农村无害化卫生厕所普及率超过90%，农村自来水普及率达到99%，对生活垃圾进行处理的行政村比例达到95%以上。

第七，乡村治理体系不断健全。农村基层组织建设整体性提升，自治、法治、德治、智治相结合的乡村治理体系进一步健全，乡风文明程度和乡村治理效能显著提升，农民精神文化生活不断丰富，乡村应急管理能力显著增强，乡村社会和谐稳定基石更加坚实。

（二）"十五五"时期中国农村发展的总体思路

立足"十五五"时期中国农村发展的新形势，本报告提出应锚定乡村全面振兴和建设农业强国战略目标，以确保粮食等重要农产品稳定供给为前提，以深化体制机制改革和加快科技赋能为核心动力，以提升乡村产业发展水平、乡村建设水平和乡村治理水平为重点，加快推进美丽乡村、数字乡村、人文乡村、善治乡村和共富乡村建设，为确保到2035年基本实现农业农村现代化奠定坚实基础。一句话，就是要"巩固一个确保、锚定两个目标、强化两个动力、聚焦三大重点、建设五个乡村"。

1. 巩固"一个确保"

确保粮食等重要农产品稳定安全供给，这是"十五五"时期农业农村高质量发展的物质基础。特别是在国际关系格局多变、国际贸易摩擦不断、重要农产品海外供应链面临安全风险、极端自然灾害频发等不确定性条件下，全方位夯实粮食安全根基是保障国家安全的头等大事。必须高度重视粮食等重要农产品安全问题，落实藏粮于地、藏粮于技战略，稳定粮食播种面积和产量，提升粮食等重要农产品生产水平，健全粮食生产扶持政策，牢牢守住国家粮食安全底线和耕地保护红线。

2. 锚定"两个目标"

"十五五"时期，中国农村发展将以推进乡村全面振兴和建设农业强国为核心目标，在城乡融合发展的框架下统筹推进农业现代化、农村现代化和农民现代化。一是锚定乡村全面振兴战略目标，分区分类深化各地的农村改革与创新实践，在新的发展阶段统筹推进农村经济、政治、文化、社会、生态文明和党组织建设，实现乡村全面振兴在取得实质性进展的基础上更进一步。二是锚定建设农业强国的战略目标，在加大保障粮食等重要农产品稳定安全供给基础上，大力发展农业新质生产力，加强现代农业经营体系、现代乡村产业体系和科技装备支撑体系，不断提升农业的国际竞争力，实现农业强国建设在取得明显进展基础上更进一步。

3. 强化"两大动力"

"十五五"时期，中国农村高质量发展离不开科技赋能和体制机制改革两大动力。科技尤其是具有前瞻性和颠覆性的科技赋能是推动农业农村现代化的核心动力，要加快生物技术、数字技术、绿色技术、装备技术等向农业农村更广泛领域渗透，加强农业关键核心技术的联合攻关和融合创新，加快培育农业新质生产力。体制机制改革是破除各类制度藩篱、激发农村内生发展活力的重要保障，要加强顶层设计，进一步深化农村土地制度、农村集体产权制度、县域城乡融合制度和农村金融服务制度等方面的改革，探寻加快新时期农村高质量发展的系统性、整体性和创新性解决方案。

4. 聚焦"三大重点"

"十五五"时期，中国农村发展仍需要聚焦乡村产业发展、乡村建设、乡村治理三大重点领域来开展谋篇布局，并更加凸显水平、效能、效益等质量导向。一是提升乡村产业发展水平。要大力培育现代乡村产业，根据不同地区资源禀赋，因地因时制宜发展特色优势产业，形成优势特色产业集群，深化农村第一、第二、第三产业融合发展，培育壮大新型农业经营主体，完善产业联农带农机制。二是加快乡村建设提档升级。深入推进农村水电路网基础设施提档升级，健全农村公共基础设施运行管护机制，持续改善农村人居环境，分类推进农村教育、医疗、养老等基本公共服务城乡均等化，建设宜居宜业和美乡村。三是大力提升乡村治理效能。以党建为引领，加强农村基层党组织建设。创新乡村治理方式，推动数字赋能乡村治理，加强乡村应急管理和消防安全体系建设，整体提升乡村治理效能。

5. 建设"五个乡村"

"十五五"时期，中国农村发展将致力于建设美丽乡村、数字乡村、人文乡村、善治乡村、共富乡村，全面探索未来乡村的建设路径和可行方案。一是以农村垃圾、生活污水、厕所整治等为重点，持续推进乡村人居环境综合整治，加强天然林保护和生态修复，深入实施清洁能源、森林村庄、庭院美化等行动，打造升级版美丽乡村。二是以数字化技术为支撑，加快农村 5G 基站、光纤网络等新基建建设，壮大直播带货、社区团购等新业态，搭建乡村数字化管理平台，加快推进数字乡村建设。三是以文化振兴为引领，完善农村公共文化设施，培育建设乡村文艺传承队伍，传承乡村优秀传统文化，培育文明乡风，打造文明和谐的人文乡村。四是不断完善基层治理体系，实现法治、德治、自治"三治融合"，落实"四议两公开"决策制度，运用数字平台实现网格化管理，提升乡村治理效能，全面推进善治乡村建设。五是以共同富裕为目标，完善乡村产业振兴和利益共享机制，积极盘活土地、宅基地等资源，进一步完善农村医保、养老、低保制度，缩小城乡、地区和群体间收入差距，加快推动共富乡村建设。

三 "十五五"时期中国农村发展的重点任务

依据党的二十届三中全会所擘画的中国式现代化发展蓝图、《乡村全面振兴规划（2024—2027年）》与《加快建设农业强国规划（2024—2035年）》所提出的农业农村现代化阶段性目标以及前文所提出的"十五五"时期中国农村发展的总目标及分领域目标，综合考虑现阶段乡村振兴实际进展以及今后一段时期中国农村发展的内生需求，突出趋势性、紧迫性、重要性和前瞻性，本报告从持续强化粮食等重要农产品稳定安全供给、完善强农惠农富农支持政策、因地制宜发展农业新质生产力、构建城乡融合发展新格局、推进乡村建设提档升级、加快乡村治理提质增效等方面提出"十五五"时期中国农村发展的重点任务。

（一）践行大农业观大食物观，持续强化粮食等重要农产品稳定安全供给

粮食等重要农产品稳定安全供给始终是建设农业强国的头等大事，也应成为推进乡村全面振兴、加快农业现代化发展的重中之重。面对粮食产能提升存在多重约束、农业资源环境压力加剧、全球极端气候多发、多元化食物需求日益增长、粮食产销区利益分配矛盾不断凸显等方面挑战，需从以下几个方面重点强化粮食等重要农产品的安全供给保障。

1. 全面提升粮食综合生产能力

粮食产能提升是强化粮食稳定安全供给的基础。这要求在扩大粮食单产提升工程实施规模基础上，加快推进包括高标准农田建设、种业振兴、粮食绿色生产、农业机械化智能化升级、农业防灾减灾、盐碱地综合利用、粮食加工仓储物流能力建设等在内的系列工程，加力落实新一轮千亿斤粮食产能提升行动，加强不同工程衔接配合和不同技术集成创新，强化粮食综合生产能力建设。与此同时，要统筹强化耕地数量保护和质量提升，严格耕地总量管控和"以补定占"，完善补充耕地质量评价和验收标准，并高质量推进高标准农田建管护一体化，完善农民全过程参与机制。此外，还应加强黑土地保护，大规模推广秸秆还田、测土配方施肥等地力培肥技术，持续推进酸化、盐碱化等退化耕地的治理。

2. 加快发展现代化大农业和构建多元化食物供给体系

践行大农业观和大食物观是新时期强化粮食等重要农产品稳

定安全供给的重要保障。这要求制定出台现代化大农业发展专项计划，加快构建环境适配性强、潜能得到充分激活的现代农业大资源格局，全产业链深度融合、创新升级的现代农业大产业格局，各类经营主体有机衔接、服务多元高效的现代农业大服务格局，绿色低碳、可持续的现代农业大生态格局，以及立体开发、复合经营的现代农业大空间格局（中国社会科学院农村发展研究所课题组，2024）。与此同时，还要求践行大食物观，加快构建食物生产力与生态系统资源承载力相平衡的大食物体系，形成同市场需求相适应、同资源环境承载力相匹配的生产布局，促进食物资源开发与生态保护一体互促，稳妥开发森林食物资源、加快发展深远海养殖、培育发展生物农业、发展壮大食用菌产业。践行大食物观需要从只关注基于农区耕地的食物生产系统向以农区耕地为主和以国土其他资源以至全球资源为辅的大食物生产系统的战略转变，并深入探索与大食物观各生产领域发展相适应的制度、政策和投资等方面的创新（黄季焜，2023）。

3. 推进现代设施农业更新升级

设施农业发展有助于拓展粮食等重要农产品安全供给的潜力。这要求统筹粮食与"菜篮子"产品稳产保供，重点建设节能宜机的现代设施种植业、高效集约的现代设施畜牧业、生态循环的现代设施渔业，加快老旧设施改造和设施农业机械与装备水平提升，推进设施农业全产业链发展，打造现代设施农业引领区。与此同时，还要加强产地仓储保鲜设施、冷链集配中心、烘干服务中心等现代农业配套设施建设，有效减少粮食和特色农产品产后损失和流通环节浪费。此外，推动设施农业优势产地、产品加工基地与生鲜电商合作,创新营销方式,加快培育设施农业新产业、新业态。

4. 加快建立粮食产销区省际横向利益补偿机制

省际横向利益补偿机制关系整个粮食产业的健康发展和国家长期粮食安全目标的实现。这要求加快探索构建中央财政垂直补偿与省际政府横向补偿相结合的利益补偿总体架构,明确中央和地方、粮食主产区和非主产区、政府和市场等关于粮食生产利益补偿的责任关系;在财政转移支付基础上,探索通过签订购销合同、设立产销对接平台、加强技术援助等方式,建立粮食产销区粮食供需联动与利益联结机制,着力解决利益倒挂问题(杜志雄,2024)。要建立粮食主销区支持资金的多元化筹集机制,既包括设立财政资金支持主产区发展的专项资金,也包括引入社会资本设立粮食产业发展基金、发展专项债券等方式拓展补偿资金来源。设立专门监管账户,对资金使用情况进行定期审计和评估,确保资金按既定用途合理使用。与此同时,统筹考量粮食产量、质量、生产成本以及价格等多方面因素,厘定粮食主产区的补偿标准,并建立动态优化机制。

(二)统筹推进"扩中提低"系列工程,完善强农惠农富农支持机制

强农惠农富农是乡村振兴战略一以贯之追求的核心目标,加快完善相应的支持机制也应成为下一阶段推进农村各项工作的重点任务。面对城镇化进入减速期、欠发达地区全面振兴和低收入人口增收的需求日益增长、农民就业不充分且整体质量不高、农

"十五五"时期中国农村发展的总体思路、重点任务及政策建议

民增收难度日益加大且群体内部收入分化加剧等方面的新形势，需从以下几个方面重点完善强农惠农富农支持机制。

1. 加快建立低收入人口和欠发达地区分层分类帮扶机制

针对低收入人口和欠发达地区的帮扶有助于持续激发低收入人口内生发展动力、筑牢强农惠农富农的基础。这要求创新工作方法、标准体系和技术手段，科学开展分层分类，完善包括资金投入、人才支撑以及监督考核等在内的常态化帮扶机制，强化帮扶措施的多元性和灵活性。在低收入人口分层分类帮扶方面，应加快建立健全低收入人口精准识别机制、动态监测和预警机制，将符合条件的对象全部纳入常态化帮扶范围，对有劳动能力的低收入人口，落实产业就业等开发式帮扶措施，对缺乏劳动能力、无法通过产业就业获得稳定收入的低收入人口，完善相关社会救助政策。在欠发达地区常态化帮扶方面，需要加快构建涵盖产业结构、基础设施建设、公共服务能力等多维度的评价体系，以县域为基本单元重新划定欠发达地区并按照欠发达程度进行地区分层，按照短板弱项将欠发达地区划分为产业提升型、城乡融合型等不同类型，进而制定差异化的帮扶措施。此外，对脱贫期间形成的庞大扶贫资产，还要健全脱贫攻坚国家投入形成资产的长效管理机制。

2. 建立中等收入群体规模倍增的支持机制

持续扩大中等收入群体规模是共同富裕目标导向下推进强农惠农富农的关键。这要求协同推进面向扩大中等收入群体规模重点培育群体的增收型、减负型、共享型和补偿型等支持政策的设

计。在增收型政策方面，针对性开发公益性岗位并加大上岗培训力度，吸纳困难人员就业；加大对重点培育群体发展智慧农业、直播电商、设施农业等新业态的财政奖补支持；鼓励金融机构针对重点培育群体的多元化金融需求，开发出更多兼顾安全、流动和盈利的理财产品。在减负型政策方面，大力提高低保救助和大病救助标准，减轻困难群众就医负担；加大对学前教育和义务教育阶段困难学生的财政转移支付支持；提升农村困难家庭危房改造补贴标准，并加快城市公共租赁住房保障体系建设。在共享型政策方面，加快培育区域性托养机构并改进服务质量，加大对失能失智困难对象的照护力度，扩大困难老人长期护理保障制度试点，持续开展留守儿童关爱保护专项行动。在补偿型政策方面，加大对残疾人共富基地的扶持力度，探索"培训+就业"一体化帮扶机制；对收入群体的经营活动给予个税减免，完善专项附加扣除项目。

3. 持续推进农民高质量充分就业

农民高质量充分就业有助于激活内生发展动力，为强农惠农富农提供持续支撑。这要求持续推进脱贫劳动力稳岗就业。深入开展防止返贫就业攻坚行动和"雨露计划+"就业促进行动，用好东西部劳务协作、就业帮扶车间、公益性岗位等渠道，扩大以工代赈规模。常态化实施"志智双扶"行动，加大力度培育乡村工匠和脱贫地区特色劳务品牌，强化就业服务。与此同时，引导农民发展适合家庭经营的产业项目，因地制宜发展庭院经济、林下经济、民宿经济。此外，还要发挥多元数字技术与平台作用，激发县域零工经济发展活力，持续扩大新业态领域的就业容量，并不断健全人岗匹配机制。

4. 发展县域富民产业、拓宽农民增收渠道

县域富民产业高质量发展直接关系强农惠农富农目标的实现。这要求依托特色种养殖业和乡村产业发展基础，统筹加强县域乡村产业园区、产业平台、产业强镇、特色旅游景点等建设，着力打造特色农业产业集群与乡村特色产业集群。引导农村产业融合发展项目提质增效，通过技术创新和标准化生产，提高农产品品牌附加值，提升市场竞争力。强化新型农业经营主体对乡村产业发展和农民就业增收的带动力，拓展农民"在干中学"的机会，让农民更多分享产业链增值收益。推进县域数字经济与县域各类产业的全方位融合，持续拓展数字技术应用场景，加快培育乡村新产业新业态新模式，激发县域富民产业发展活力。

（三）因地制宜发展农业新质生产力，推进农业科技和产业体系融合创新

鉴于农业新质生产力是当前和今后一段时期加快农业农村现代化的新引擎，加快培育和发展农业新质生产力也应成为下一阶段推进农业农村高质量发展的重点。近年来，中国农业新质劳动者明显增加、新质劳动资料加速生成、新质劳动对象不断丰富、生产力要素组合方式加快跃升，但农业新质生产力的发展仍面临产业载体薄弱、要素支撑不足、生产关系与生产力发展矛盾突出等多重挑战（魏后凯、杜志雄，2024）。立足部分农业关键技术存在短板、农业绿色化发展滞后、智慧农业全产业链发展水平不高、农业领域低空经济发展需求日益增长等方面的现实情况，需

从以下几个方面重点推进农业科技与产业体系的融合创新。

1. 加强农业关键核心技术攻关

农业关键技术原始创新能力事关农业新质生产力发展的根本。这要求推进涉农领域全国重点实验室及重大科学设施建设，聚焦农业生物种质资源、农业知识模型、农业高端机器人等领域核心底盘技术及"卡脖子"技术开展集中攻关，形成一批重大原始创新基础研究成果。瞄准现代农业领域融合性技术的应用前沿，以场景应用推进数字技术与生物技术、绿色技术的联合攻关和融合创新。聚焦智能温室、立体种养殖、戈壁农业、沙漠农业等领域突出短板和核心技术需求，深化数字技术与生物技术的双向融合。此外，还要深入实施种业振兴行动，扎实推进国家育种联合攻关和畜禽遗传改良计划，加快攻克一批突破性品种，继续推进生物育种产业化。

2. 加快以农业科技赋能农业全面绿色转型

农业绿色转型是2030年前碳达峰目标导向下加快农业新质生产力发展的重要方面。这要求启动实施农业绿色发展重点研发计划，组织开展绿色关键技术攻关，重点研发一批绿色品种、绿色技术、绿色装备和绿色投入品。加强农业面源污染防治，实施科学施肥用药增效行动，提升畜禽粪污处置水平，加快创制稳定高效低成本修复治理技术，提升受污染耕地安全利用水平。大力推进大数据、人工智能、卫星遥感等数字技术在农业生产智能决策、农业生态环境监测、农产品流通等领域的创新性应用，促进农业投入品全过程减量、废弃物全量资源化利用、能源结构低碳化转型，全产业链拓展现代农业智慧化和绿色化协同发展空间。编制农业生态产品价值核算技术指南，明确农业生态产品价值核算的指标体系、核算方法等，开展特定区域农业生态产品价值核算，构建农业生态产品认证体系，持续推动农业生态产品增值溢价。

3. 加快智慧农业高质量发展

农业智慧化发展是形塑农业新质生产力的重要驱动因素。这要求加快制修订智慧农业共性关键标准与通用技术规范，持续拓展物联网、无人机、人工智能、大数据、区块链等数字技术在农业生产、加工、销售、服务等场景中的创新性应用。推进农业传感器与专用芯片、农业核心算法、农业机器人等关键核心技术研发攻关，加快主要作物种植、畜牧养殖、渔业生产等领域数字化智能化改造，创新智慧农业新业态、新模式，提升农业全产业链数字化水平，试点布局一批无人农场，加快打造智慧农业引领区。实施智慧农业和设施农业协同发展工程，并加快设施结构、智能装备以及农机农艺等方面技术研发与集成配套，强化高效农机、先进智能装备和管理系统推广应用。

4. 探索发展农业领域低空经济模式

农业领域低空经济发展是加快培育农业新质生产力的潜力所在。这要求围绕农业低空生产作业、低空监测、低空服务、低空运输、低空治理、低空文旅消费等领域的差异化需求，不断拓展低空技术的应用场景，激发低空经济的发展活力。加快布设一批满足农用无人机快速补能需求的实用充电装置，鼓励建设一批无人机"机槽"和起降平台。加快培育农用无人机相关的技术研发、装备制造、产业服务等链主型企业，拓展现代化农事服务中心在飞防等方面的社会化服务。推动地方政府、高职院校联合开展农业农村领域低空经济人才培训，并将农用无人机飞手培训融入高素质农民和新农人队伍培训中。

（四）深化要素市场改革，加快县域城乡融合发展进程

健全要素保障与优化配置机制以构建城乡融合发展新格局是统筹推进新型城镇化与乡村全面振兴的重要切入点。近年来，中国城乡融合发展体制机制不断完善，但依然存在城乡要素配置机制有待优化、城乡公共资源配置机制有待均衡、城乡产业融合机制有待健全、城乡社会治理体制有待融合等问题（魏后凯等，2025）。面对农村土地产权制度不完善、农业转移人口社会融入不足、县域城镇化发展滞后、城乡公共服务均等化程度偏低等困境，应着重从以下几个方面加快推进县域城乡融合发展进程。

1. 持续深化土地制度改革

土地制度改革可为城乡融合发展提供重要驱动力。这要求稳步推进农村承包地改革，出台第二轮土地承包到期后延包方案及其配套政策，持续探索赋予土地经营权更充分权能的有效形式；稳慎推进农村宅基地改革，允许农户合法拥有的住房通过出租、入股、合作等方式盘活利用。有序推进以发展壮大农村集体经济为导向的农村集体经营性建设用地入市改革，健全土地增值收益分配机制。推进包括农业设施、农村集体资产等在内的更多农村

产权权证化，有序扩大产权交易地域范围，完善农村产权流转交易市场机制。

2. 加快推进新一轮农业转移人口市民化

农业转移人口市民化水平是城乡融合发展程度的直观体现。这要求放开放宽除个别超大城市外的落户限制，推行以经常居住地登记户口制度，完善全国公开统一的户籍管理政务服务平台。要健全常住地提供基本公共服务制度，增加常住人口可享有的基本公共服务项目，按照常住人口规模优化基本公共服务设施布局。以公办学校为主将随迁子女纳入流入地义务教育保障范围，保障随迁子女在流入地受教育权利。加大农业转移人口经济可承受的小户型保障性租赁住房供给。完善农民工等重点群体就业支持体系，促进农业转移人口在城镇稳定就业。加快探索"人钱挂钩"的有效形式，可考虑将农业转移人口市民化与金融机构利率优惠、企业上市补贴、地方政府债券发行以及适度提高地方政府分享增值税比例等政策措施相结合，调动地方政府推动农业转移人口市民化的积极性。

3. 着力推进县域城乡基本公共服务均等化

县域城乡基本公共服务均等化是共同富裕战略的内在要求，也是推进城乡融合的重要路径。这要求加快推进县域内城乡学校共同体建设，充分利用互联网教育资源，促进城乡义务教育均衡发展。推进紧密型县域医共体建设，并通过专家派驻、远程协同、科研和项目协作等方式，提升县域医共体服务能力和管理水平。健全县域三级养老服务网络，统筹城乡养老资源，加快探索社会化的养老服务运营模式，实现养老选择多元化；实施特困人员分类供养，提升服务供给的针对性。此外，加快探索"县城—中心镇—重点村"系统治理机制，尽快建成县域城乡统一的劳动力、土地、资本、技术和数据市场，形成城乡统一的要素市场制度规则，尤其是加快培育县域城乡一体的数据要素市场，优先推进城乡基础设施与公共服务等方面平台整合、数据共享与多重价值开发，赋能城乡基本公共服务均等化。

4. 构建城乡基础设施、产业发展、公共服务一体化的良性互动机制

城乡基础设施、产业发展、公共服务的有机联动事关城乡融合发展质量。这要求加快推进城乡基础设施的一体规划建设，统筹完善城乡道路、管网、绿化等传统设施以及5G网络、智慧物流、智慧交通、基础数据资源体系等新型基础设施建设，健全运营管护长效机制，为城乡产业与公共服务一体化发展提供基础设施条件。要大力发展县域富民产业，尤其是智慧农业、直播电商、农文旅等新经济业态以及生产性服务业，实现城乡生产与消费的多层次对接，激活城乡基础设施与公共服务一体化的潜在需求。要推进城市公共服务向农村延伸，不断提高农村基本公共服务标准和水平，完善城乡统一的居民社会保障体系，为城乡产业融合发展提供必要保障。

（五）对标农村基本具备现代生活条件目标，推进乡村建设提档升级

乡村建设是实施乡村振兴战略的重要任务，也是农村现代化

"十五五"时期中国农村发展的总体思路、重点任务及政策建议

建设的重要内容。近年来,虽然中国乡村建设面貌发生显著改变,但农村基础设施和公共服务体系仍不健全,与农民群众日益增长的美好生活需要还有差距。为此,应瞄准薄弱环节和短板领域,重点从以下几个方面加快乡村建设提档升级。

1. 适应乡村人口变化趋势,优化村庄规划布局

在农村"空心化"日益加剧的背景下,优化村庄布局、创新乡村建设模式至关重要。这要求统筹加强县域农业空间、生态空间和建设空间等各类空间的系统治理,持续优化县域土地利用和功能布局,推动农用地集中连片、建设用地高效集聚以及生态用地功能提升。发挥乡镇规划的空间统筹和要素保障作用,加强区域统筹,引导用地指标、建筑规模等空间资源要素向人口聚集、产业发展的重点乡镇精准投放,引导基础设施、公共服务配套设施向新市镇、重点发展的村庄布局投放,实现空间资源供给与人口、经济社会发展高效协同。加快打破地区、行业壁垒,在更大范围内整合更多资源,创新探索村村联合、村企联合、片区组团等多种"跨村联建"新模式,形成跨地域、跨行业、跨所有制等新型集体经济组织。此外,还要综合考量组织融合、地域相邻、产业相近、人文相亲等因素,划定乡村社区生活圈,并完善相应的公共服务设施和基础配套设施。

2. 统筹推进农村住房升级换代和人居环境整治提档升级工程

农村人居环境与住房条件协同改善直接关系乡村建设质量和农村生活品质整体跃升。这要求推进农村人居环境整治和住房建设理念革新与互嵌。立足村庄区位条件、自然资源与文化历史资

源禀赋以及经济基础，强调农村住房升级改造与人居环境整治的方案衔接，把保护传统村落和特色民居与引入现代元素相结合，力求"安全、适用、绿色、环保、美观"五大理念深度融合。以公益性和市场化等形式，引入创意设计、规划建筑、园林景观等专业规划力量，提升住房建设规划的前瞻性以及住房建设规划和人居环境整治措施的协同性。要推进农村人居环境整治和住房建设标准革新与互促。高质量推进厕所革命、生活污水垃圾治理、村容村貌提升等人居环境整治重点工作，加大新型基础设施建设力度，完善相关领域设施设备的运行管护、监测评估、管理服务等标准体系建设。同时，因地制宜推广新型房屋建造方式，完善信息化接入条件、建设区域性农村住房管理综合信息平台，推广太阳能、沼气等清洁能源应用，确保农民住房所具备的"舒适栖息、清洁厨房、卫生厕所、家庭学习、信息化条件"五大功能协同改善。

3. 加快补足农村基本公共服务短板

农村基本公共服务提质增效是乡村建设迈向更高阶段的关键。这要求加快改善乡镇寄宿制学校办学条件，通过就近捆绑、整体推进等方式优化乡村中小学校布局，完善托管、接送等服务，不断提升农村学校规范化、制度化、精细化管理水平。加强乡镇卫生院和村卫生室服务能力建设，逐步提高县域内医保基金在乡村医疗卫生机构使用的比例，加快将村卫生室纳入医保定点管理；推动村医职业化、专业化，提高村医福利待遇。因地制宜推进区域性养老服务中心建设，综合利用闲置农村公共服务设施，将其优先改建为养老机构、老年食堂、村级邻里互助点、农村幸福院等养老服务场所，探索采取公建民营方式委托养老服务公司或乡镇医疗机构参与运营，建设区域养老服务网络，鼓励发展农村老年助餐和互助服务。加快探索社区服务和治理支持下的居家养老模式，在纵向上连接覆盖城乡的三级养老服务网络，在横向上贯通居家、社区与机构三类养老服务形态。

4. 协同推进乡村生态环境改善和生态产品价值实现

持续优化乡村生态环境和促进生态资源资产权益转化是加快乡村发展方式绿色转型、推动农村现代化的重要路径。这要求在推广农业绿色生产技术、强化农业面源污染治理的同时，持续完善耕地轮作休耕、草原保护等制度，开展重点河湖治理修复，推进耕地草原森林河湖休养生息。加强农村生态环境突出问题治理，重点推进地下水超采、水土流失、土壤重金属污染防治，建立农村生态环境监测评价制度。加快完善农村生态产品价值实现机制，开展生态产品总值核算，完善生态产品确权、量化、评估方法，建立农产品碳标签制度，健全碳排放权、排污权、用水权交易机制。完善农村生态保护补偿制度，推进生态综合补偿，健全横向生态保护补偿机制。此外，还要有序推进乡村生态产品经营开发，打造生态产品区域公用品牌。

（六）聚焦减负、提质与增效，加快乡村治理体系和治理能力现代化

乡村治理体系和治理能力建设对落实全面推进乡村振兴战略、加快农村现代化进程发挥重要的支撑作用。面对一些地区村庄共同体日渐式微、基层治理效率和效益偏低、基层治理负担较

重、乡风文明建设滞后等困境，需从以下几个方面重点推进乡村治理提质增效。

1. 加强党建引领基层治理和基层政权建设

完善基层治理机制是提升基层治理效能的根本保障。这要求充分发挥党建引领基层治理协调机制作用，加强党委社会工作部门与乡镇政府等部门的工作协同，进一步强化党建引领，有效整合力量，提升工作效能。探索建立健全党建引领基层治理评价机制，持续加强跟踪问效。推动健全乡镇（街道）职责和权力、资源相匹配制度，加强乡镇（街道）服务管理力量，探索建立村（社区）事项准入制度、推行村级议事协商目录制度，健全为基层减负长效机制。加强社区工作者职业体系建设，健全教育培训、管理监督、激励保障等制度机制，组织引导社会工作专业人才、志愿者在基层治理中发挥积极作用。

2. 创新推广新型治理模式

创新治理手段和模式为持续提升基层治理效能提供重要驱动力。这要求因地制宜地制定积分程序和积分增减原则，将积分乡情化、动态化、透明化；探索物质奖励、精神奖励、养老时间积分奖励等多种形式，充分发挥积分制的精神引导和文化教化作用。聚焦群众多元化、个性化需求，通过日常走访、调研、座谈等方式，广泛收集、梳理归纳各类"群众需求清单"，力求为群众开展个性化、精准化服务。创新互联网、大数据、云计算、人工智能等数字技术在党群教育、村务管理、民主监督、公共安全保障等领域的创新性应用，并有序推广"数字化+网格化"治理模式，将数字治理效率和网格员作用充分结合。

3. 整治形式主义、持续推动基层减负

基层减负有助于从源头上提高基层治理效率。这要求着力纠治基层治理中脱离实际定政策、督检考过多过频、过度留痕、层层加码等问题，整合多头考核事项、精简优化涉农考核，建立容错纠错机制，把工作成效、群众口碑作为评判工作的重要标尺，突出重实干、重实绩、重担当的用人导向，推动领导机关和领导干部树立和践行正确政绩观，增强基层干部群众减负获得感。要聚焦干部群众的业务工作和办事服务需求以及使用习惯，做好政务应用程序的顶层设计和架构，优化界面设计，促进电子政务应用互联互通，及时清理整合面向基层的政务应用平台和 App 小程序，避免重复建设和使用，减少指尖上的形式主义。要加大数据共享交互力度，推进区域政务数据目录体系的建设与应用。

4. 加强乡村特色文化资源挖掘

乡村传统文化资源开发利用及其创造性转化有助于持续激发基层治理活力。这要求推动村史馆、文化广场、文创馆、乡村书屋等传统文化基础设施提档升级，实施数字影院、智慧图书馆、智慧书屋等一系列乡村工程。依托现代科技手段，加强乡村古迹、建筑群、遗址等物质文化遗产的修复、保护和利用，注重推动非物质文化遗产保护与现代文化市场有机衔接。加快盘活乡村的历史文化、民俗文化、风土人情等文化资源，促进乡村文旅、文化创意产业的融合发展。鼓励乡村居民通过自媒体平台参与文化资源的数字化传播，挖掘活化乡村优秀传统文化资源。发挥数字文化企业的平台和技术优势，加强特色数字文化产品的创作与传播。鼓励各地结合农民丰收节、"村晚"等活动，探索培育地方特色乡村文化品牌活动。此外，要开展乡村居民文化素养提升行动，依托乡村文化礼堂、文化大院等载体，充分发挥乡村文化和旅游能人、非物质文化遗产代表性传承人、民间艺人等的"传帮带"作用，挖掘培养更多乡土文化人才。

5. 加快培育新时代文明乡风

文明乡风建设有助于为乡村振兴铸魂，塑造良好社会风气和农民精神风貌。这要求创新移风易俗的抓手与载体，强化村规民约激励约束功能，持续推进高额彩礼、大操大办、散埋乱葬等突出问题综合治理。鼓励各地利用乡村综合性服务场所，为婚丧嫁娶等提供普惠性社会服务，降低农村人情负担。将约束性规范和倡导性标准相结合，完善婚事新办、丧事简办、孝老爱亲等方面的标准体系。依托村级新时代文明实践站建设与改造，持续开展理论宣讲、政策宣讲、教育培训、志愿服务等文明实践活动。

四 "十五五"时期加快中国农村发展的政策措施

"十五五"时期是中国到2035年基本实现社会主义现代化的关键五年，具有承上启下的战略意义。锚定"十五五"时期中国农村发展的总目标及关键子目标，遵循总体发展思路，高质量完成前述所厘定的各项重点任务，应强化统筹协调、凝聚政策合力，深化城乡分区分类改革、提升政策瞄准性，完善现代农业经营体制机制、激发发展内生活力,健全多元投融资机制、提升财政金融协同支农质效,创新土地保护与高效利用机制、强化土地保障,构建有利于新质生产力发展的人才振兴体系、强化新型人才支撑,完善农村产权交易机制、释放资源要素活力,确保"十五五"时期中国农村发展的各项重点任务取得实质性进展。

(一)强化统筹协调与执行保障,充分发挥各类政策叠加效能

"十五五"时期推进农村发展的关键在于加强各类政策有机联动、推动各项重点任务落实。如果农村发展的政策实施缺乏有力执行和有效协调,那么无论政策设计多么完备,也难以实现预期目标。为此,应强化各项涉农政策之间的系统集成与协同配合,在推动既定政策落地见效基础上,充分释放增量政策效能,并完善对政策实施全过程的跟踪评价机制,规范政策上传下达渠道管理、切实减轻基层负担。

建立统筹协调工作机制,强化农村发展相关政策系统集成。完善农村发展的重大决策制定和组织实施保障机制,确保农村经济社会发展各项政策的系统性和一致性。推进跨部门协作,建立健全农业农村、自然资源、生态环境、水利等部门的联合决策与一致行动机制,持续完善农业农村发展相关政策和标准。强化信息共享,构建跨部门交流协作平台,联合开展规划评估、政策实施和监督执法工作。整合乡村治理、农业对外合作、农村集体产权制度改革等涉农领域的部际联席会议,提高各类政策制定与执行的协同性。加强区域间尤其是发达地区与欠发达地区间的交流协作,鼓励加强前沿农业科技与优质人才资源共享以及发展经验

互鉴，实现不同区域农业农村现代化的整体性跃升。

完善动态跟踪、统计监测与评估体系，提升农村发展各类政策执行精准性。构建科学合理的政策实施进展监测体系。针对不同区域和产业的特点，综合运用大数据分析、遥感监测等现代技术手段，创新产业类与公共服务类数据采集方式，提高监测数据的时效性和精准度，动态跟踪主要"三农"政策实施进展，准确掌握关键领域的变化趋势。加强农村发展各类政策统计监测成果应用，强化政策执行的考核评价。各类"三农"政策实施效果的考核评价应更加凸显发展的质效与惠民导向，严格落实监督问责制度，及时纠治政策执行中的形式主义问题，确保各项改革措施真正落地见效。

规范任务沟通传达机制，切实减轻基层负担。一是严格执行正式公文规范传达制度，督促所有政策、任务要求通过正式文件下发，减少仅通过微信群、短信等非正式渠道布置工作，确保基层干部有明确、可追溯的政策依据，避免"指令式"管理增加基层负担。二是优化会议管理制度。严格控制会议频次和参会人员范围，减少与基层部门无关的会议列席要求，推广"少而精"的会议模式，鼓励采用线上视频会议、简化会议流程等方式，增强会议机制的灵活性，避免基层干部因频繁开会影响日常工作。三是坚持"减上补下"，推进编制资源向基层倾斜。合理优化行政编制结构，提高基层一线工作人员编制占比，缓解乡镇政府人员不足的问题。完善乡镇公务员选拔和晋升机制，保障基层干部职业发展空间。

（二）深化城乡分区分类改革，提升政策匹配性与精准度

"十五五"时期推进农村发展，必须顺应人口流动趋势，满足城乡融合发展的现实需要。推进城乡分区分类改革，已成为当前和今后一段时期提升各类政策精准性和有效性的必要路径。为避免涉农政策被错配到名义上是农村事实上已是城市的区域，应完善城乡分类标准与管理体制，推动城乡概念界定科学化、动态化调整。同时，结合不同区域的发展基础和功能定位，分区分类推动农村现代化。

推进城乡分类改革，确保政策设计因地施策。一是改变以政府驻地为主要依据的城乡划分标准，探索建立基于人口密度与规模的新型城乡分类标准。参考城乡界定的国际经验，将城乡细化为城市、市镇及人口半稠密区、乡村三类。明确城乡划分标准，将目标区域按每平方公里面积划分为连续的单元，根据每个单元的人口密度与规模以及每个单元与相邻单元的连续情形划定城乡（党国英，2021）。二是渐进式推进城乡分类改革，创新行政管理体制。结合新型城镇化战略的实施，对符合条件的建制市特别是建制镇，推进放权赋能改革，进行城市化管理，防止涉农政策和资源被错配到这些区域；对仍属农村地区的村庄，加强科技、人才、金融等相关支持政策的倾斜与精准投放。同时，建立城乡划分动态调整机制，确保农村发展政策实施能够顺应城乡格局变化趋势。

结合各地资源禀赋、发展基础和功能定位，建立分区域、分阶段的乡村振兴推进机制，明确不同区域的重点任务和推进时

序。针对传统农区，应优先强化高标准农田建设、农业科技推广和粮食安全保障；针对城郊融合地区，应重点推进农村产业链延伸、乡村基础设施互联互通和公共服务一体化；针对生态脆弱地区，需持续完善生态保护与修复、生态补偿、绿色产业发展等方面的政策支持体系。按照"短期见效、中期巩固、长期突破"的思路，制定各地区可量化的阶段性目标，并建立动态调整机制。

（三）完善现代农业经营体制机制，激发农村发展内生活力

农业经营体系建设事关农业强国建设质量。"十五五"时期，应在坚持家庭经营基础地位的前提下，着力健全新型农村集体经济运行机制、持续增强集体经济组织"统"的功能，推动制度供给与实践需求的深度匹配。同时，依托新发展环境和新技术条件完善农业社会化服务体系，推动服务供给数字化、专业化和高效化，促进小农户与现代农业有机衔接。

健全新型农村集体经济运行机制。一是增强农村集体经济组织"统"的能力。持续推动政经分离，促进农村集体经济组织、村民委员会和村党组织各司其职，即村民委员会和村党组织聚焦公共管理职能，农村集体经济组织聚焦经济职能。在此基础上，建立经营范围负面清单，将农村集体经济组织的职能聚焦在承接国家战略、经营管理集体资产、发展壮大集体经济、服务农村经营主体上。二是巩固提升农村集体产权制度改革成果，实现农村集体资产保值增值。支持集体经济组织盘活农村存量资产，推进集体"三资"交易全流程信息化管理，通过资源开发、入股合

作等方式拓宽经营性收入来源。提高村级财务收支管理水平，强化债务监管，建立常态化的集体"三资"和财务收支审计制度，规范农村集体经济运行。完善新型农村集体经济收益分配机制，增加扩大再生产和公共服务分配比重，创新收益分配与乡村治理结合机制，让农民更多分享村集体经济发展红利。

优化农业社会化服务体系。鼓励不同类型社会化服务主体之间有序分工协作，以资金、技术、服务等要素为纽带，大力发展服务联合体、服务联盟等新型组织形式，打造一体化的服务组织体系，推动农业服务全链条升级。引导和支持各类服务主体创新服务模式，发展托管式、订单式、平台式、站点式等综合性服务模式，并进一步健全农业社会化服务标准体系和操作规范体系。鼓励电商平台设立"农业社会化服务数字专区"，试点上线托管耕作、农资配送、农机租赁、统防统治等服务模块。鼓励创新社会化服务分期付款、订单融资等模式，持续提高农业社会化服务的供给能力和农户的服务购买能力。

（四）健全多元投融资机制，提升财政金融协同支农质效

"十五五"时期推动农村发展，必须健全多元投融资机制，提升财政和金融服务能力。财政支持引导经营主体投资方向，应优化财政支农中长期规划，确保资金的高效使用和精准投放。多种金融工具的组合使用有助于提升金融服务质效，应持续加大农业农村投融资模式创新力度。社会资本支农作用的充分发挥需要有效的激励约束机制和收益共享机制。

优化财政支农规划与机制，提升资金配置效率。加快推动涉

农资金统筹整合，减少专项资金碎片化问题，健全财政支农资金动态监测机制。瞄准高标准农田建设、农产品仓储、冷链物流等农村基础设施和农村人居环境整治等公共服务短板领域，持续加大财政支持力度，提高财政支持政策与乡村发展、乡村建设等政策的协同配合程度。有序扩大设施农业信贷贴息、智能农机购置与应用补贴试点范围，对试点省份按实际支出贴息资金给予差异化奖补。逐步合并农资补贴、耕地地力补贴等，取消效果较差的补贴项目，集中资金建立基于种植成本、产量与价格的阶梯递增式粮食安全补贴体系。逐步改变过去"垒大户"或堆典型的财政补贴方式，更多采取普惠性而非选择性的农业支持方式，对所有符合补贴条件的农业主体给予公平的支持。

加快构建多层次农村金融服务体系。优化大中型银行的"三农"业务结构，强化政策性金融机构对农村基础设施建设、农业现代化等领域的支持。增强农村中小金融机构支农支小功能，深化农村信用社改革化险，推动村镇银行结构性重组。创新推广种业双向订单质押、"林票+信贷"、生物资产与活体抵押信贷、林业区块链信贷等间接融资模式以及农村产业融合发展专项债券、县城新型城镇化建设专项债、绿色债券等直接融资模式。将农业植保、森林防火、乡村物流、文旅拓展等低空经济重大项目纳入农业农村基础设施融资项目库，加快创新低空航空器购置贴息贷款以及租赁、抵押融资模式。基于家庭资产负债表融资模式的推广应用，加快农业农村信用大数据归集、共享与价值开发，助力提升涉农金融服务效率。从产品、保费来源、机构等层面健全多层次农业保险体系，完善农业再保险制度和农业保险大灾风险分散机制。

持续拓宽社会资本进入农业农村渠道并完善相应的激励约束机制。鼓励社会资本以乡村振兴基金等模式支持农村基础设施和产业发展，并探索农村闲置资源资产证券化的有效路径，持续拓宽农村资产融资渠道。建立社会资本投资范围负面清单，确保社会资本进入前明确"可为"与"不可为"的边界，加强全过程监管，及时遏制违法违规行为。对负面清单以外的投资领域，优化营商环境，创新利益联结机制，为社会资本进入创造有利条件。

（五）创新土地保护与高效利用机制，夯实农村发展土地基础

土地保护与合理利用直接关系到粮食安全和乡村振兴。鉴于土地调查的工作分散在政府多个职能部门，存在一定程度的工作重复和职能交叉，"十五五"时期，要加快提高土地调查工作效率，做好耕地保护和质量提升工作，健全土地流转价格形成机制，并以城乡建设用地增减挂钩政策为抓手深化土地制度改革。

加快整合土地调查工作。将土地调查、土壤普查、耕地质量等级调查等相关工作进行整合，在厘清现有各类土地数据和调查标准基础上，建立统一的调查标准和指标体系，由自然资源部统一负责。建立健全数据共享平台，实现调查数据在各级政府和相关部门之间的共享与交流，提升土地管理和决策的科学性。

持续加强耕地保护、提升耕地质量。一是完善耕地地力保护补贴政策。探索将耕地地力保护补贴发放与耕地保护责任落实相挂钩，根据土壤肥力、耕地质量等级等因素，同步调整补贴标准。利用卫星遥感等现代信息技术，对耕地保护责任落实情况开

展动态监测和实地核查，对改变用途的耕地不再给予补贴，对抛荒一年以上的，可取消次年补贴资格。二是实施高标准农田建设提质升级行动。推进"良田倍增计划"，逐步将永久基本农田升级为高标准农田，支持已建高标准农田智慧化改造升级。建设智慧农田综合管控平台，强化高标准农田生产环节作业质量全过程数字化监管。推广高标准农田工程设施长效管护保险。

健全土地流转价格形成机制。探索推广"产权交易市场公开竞价+限价熔断"模式，以县域为单位综合考量农业生产盈亏平衡点、预期利润率、当地土地流转价格指数，确定最高限价。在最高限价内，出价最高者中标，一旦达到最高限价，则启动熔断机制。同时，无违约行为的原受让主体和本集体经济组织成员可享有优先中标权。对出价达到最高限价的竞标人中有两个或两个以上具有优先中标权的主体，由县农业农村部门牵头组成评委会，对竞标人的征信情况、粮食规模经营能力、主体资格等进行综合评分来确定。

优化建设用地指标配置，提升建设用地指标供需适配性。建立健全用地指标配置全国一盘棋机制，允许人口净流出地区推动闲置建设用地复耕，纳入建设用地增减挂钩项目，出让指标给人口净流入地区。加快完善城乡建设用地增减挂钩节余指标以及补充耕地指标跨区域交易机制，激活存量土地蕴含的市场价值，为农民财产性收入增加创造更多可能，实现区域间优势互补、协调发展。

（六）构建促进新质生产力发展的人才振兴体系，强化新型人才支撑

人才振兴是乡村全面振兴的核心动力。当前，农村发展面临

"十五五"时期中国农村发展的总体思路、重点任务及政策建议

人才结构不优、数量不足、支撑力不强等突出问题,迫切需要实施乡村人才振兴行动,构建系统完备、协同高效的乡村人才支持体系,持续激发农业新质生产力形塑中的人才活力与创造力,为"十五五"时期农村发展注入持久动能。

加强乡村多层次复合型人才梯队建设。建立乡村人才分类目录,完善认定标准体系,健全乡村各类人才库,加强分层分类统计与信息化管理。将乡村人才划分为产业振兴类、科技创新类、技术技能类、治理服务类、创业兴乡类共五大类,并基于人才类型设置不同的培育目标与职业发展路径,实施差异化的中长期培养计划。加快构建以科技型、产业型、改革型人才为引领,以乡村发展型、建设型、治理型人才为主体,以技术型、技能型、服务型人才为基础的乡村人才梯队。

动态完善乡村人才振兴体制机制。集成整合各类优质培训资源,建立党校(行政学院)、高校、职业院校、科研院所和农广校等多元主体共同参与的乡村人才培养体系,推广农民职称评定的有益经验。充分发挥企业和职业院校在农业农村技能人才培养中的"双主体"作用,拓展校企联合培养试点范围。创新乡村人才评价机制,加快形成以创新能力和实际贡献为导向的人才分级分类评价体系,把各类人才参与乡村振兴战略的业绩成果作为考核评价的重要内容,并将评价结果与薪酬待遇、岗位聘用、项目支持等挂钩。对长期服务基层的乡村人才,在绩效奖励、职务职级晋升等方面给予政策倾斜。

加大乡村新产业、新业态人才培育力度。实施农民数字素养提档升级行动和数字新农人培育计划,培养兼具产业数字化运营能力和数字治理能力的复合型人才,并在基层干部选拔中予以优

先录用。依托高校与职业院校，创新智慧农业与数字治理交叉学科方向和课程设置，推动"智慧农业管理师""数字治理专员"等职业资格认证。鼓励发展数字游民基地，促进乡村新业态创业孵化。因地制宜推进乡村低空生产、低空流通、低空服务与低空管理等领域专业人才的培育。

（七）完善产权交易机制，释放农村资源要素活力

健全农村产权交易机制是推动农村资源要素市场化配置、激发农业农村发展内生动力的关键环节。"十五五"时期，要聚焦农村产权特别是集体产权和数据产权等，创新市场交易机制，健全相关产权交易平台功能，充分释放产权制度改革促进农村发展的巨大潜力。

推进农村集体和非集体产权权证化和资产化。推进农村产权交易品种增加补全（如农业生产设施、小型水利设施、农村非集体企业股权和农民住房财产权）和交易范围进一步扩大（交易范围由本村扩至本县乃至本省份）。完善各地农村产权线上交易信息发布和撮合平台建设，提升农村产权交易服务中心与机构的服务能力，在全国层面形成数个区域性农村产权交易中心。通过增加交易次数和活跃市场，逐步实现产权价格发现和增加资产可处置性和流动性。

加快建立健全数据产权制度。探索建立数据提供方、接入方、需求方"三方联动"模式，在确保数据所有权的基础上放活数据使用权，推动定制化的数据产品或服务交易，促进数据基础资源优势加快转化为农村发展新优势。引导平台建立数据使用授权制度和收益分配机制，推动数据提供方通过合法合规的方式

出让数据使用权并获得合理收益，激励数据资源持续开发与高效利用。同步完善数据交易的监管框架和信用评价体系，防止滥用和垄断，确保平台运行规范、安全、有序。同时，加快农业数据应用场景落地，推动农业数据在生产管理、供应链优化、精准营销等环节的广泛应用，提高农业经营主体的数字化管理水平，加快农业数据资源开发利用。

参考文献

陈卫：《中国人口负增长与老龄化趋势预测》，《社会科学辑刊》2022年第5期。

党国英：《科学界定城乡概念 促进乡村振兴》，《农民日报》2021年5月1日。

杜志雄：《探索建立粮食产销区省际横向利益补偿机制》，魏后凯等《坚持不懈抓好"三农"工作，形成城乡融合发展新格局——权威专家研究阐释2023年中央经济工作会议和中央农村工作会议精神》，《中国农村经济》2024年第1期。

黄季焜：《践行大食物观和创新政策支持体系》，《农业经济问题》2023年第5期。

科轩：《2024中国卫星导航与位置服务产业发展白皮书》，《中国航天报》2024年5月22日。

《数说"三农"｜25万架植保无人机：春耕时节的科技新军》，《农民日报》2025年2月19日。

魏后凯、杜志雄主编：《中国农村发展报告（2024）——以新质生产力推进乡村全面振兴》，中国社会科学出版社2024年版。

魏后凯等：《面向中国式现代化的城乡融合发展：障碍、目标与长效机制》，《财贸经济》2025年第1期。

魏后凯等：《坚持不懈抓好"三农"工作，形成城乡融合发展新格局——权威专家研究阐释2023年中央经济工作会议和中央农村工作会议精神》，《中国农村经济》2024年第1期。

郁琼源：《我国农业绿色发展和农村环境治理成效显著》，https://www.gov.cn/yaowen/liebiao/202409/content_6973535.htm，2024年9月10日。

中国社会科学院农村发展研究所课题组：《农业农村现代化：重点、难点与推进路径》，《中国农村经济》2024年第5期。

综合篇

"十五五"时期国家粮食安全形势及保障策略

韩 磊 刁虹月[*]

摘 要:"十四五"时期,中国将粮食安全作为国家战略的重中之重,粮食供给的稳定性、可持续性和供应链韧性均有所提高。"十五五"时期,粮食安全面临资源约束和气候变化下满足持续增长的粮食需求有压力、全面提高农民收入与优化粮食生产区域布局难统筹、粮食生产经营体系与现代农业技术发展不匹配、产能保障与节粮减损管控政策设计难协同、贸易环境恶化和对外高度依赖下保障粮食安全有挑战等形势。在此背景下,"十五五"时期,保障粮食安全需以优化粮食安全保障目标、调整粮食安全保障路径和健全粮食保供激励机制为思路,从供给端、需求端和流通端三个层面综合施策。

关键词:粮食安全;资源约束;国际贸易环境;节粮减损

---

[*] 韩磊,管理学博士,中国社会科学院农村发展研究所副研究员,主要研究方向为粮食安全、农产品市场等;刁虹月,中国社会科学院大学应用经济学院硕士研究生,主要研究方向为粮食安全。

中国农村发展报告(2025)

The Situation and Strategies of Food Security in China during the Period of 15th Five-Year Plan

Han Lei　Diao Hongyue

Abstract: During the 14th Five-Year Plan period, China has prioritized food security as a top national policy priority. The stability, sustainability and resilience of food supply have all improved. During the 15th Five-Year Plan period, the food security in China is confronted with the following situations: resource constraints and climate change pose pressure on meeting the continuously increasing food demand; it is difficult to coordinate the comprehensive improvement of farmers' income and the optimization of regional layout for grain production; the grain production and operation system does not match modern agricultural technology development; it is difficult to achieve synergy in policy design for ensuring production capacity and controlling grain loss and waste; it is challenging to ensure food security under the deteriorating trade environment and high degree of external dependence. In the context of above situations, to ensure food security during the 15th Five-Year Plan period, China need to optimize the goals of food security, adjust the paths for safeguarding food security and improve the incentive mechanisms for ensuring food supply. Comprehensive measures should be taken from the supply side, the demand side and the circulation side.

Key Words: Food Security; Resource Constraint; International Trade Environment; Save the Food and Reduce the Loss

党的十八大以来，以习近平同志为核心的党中央把粮食安全作为治国理政的头等大事，提出"确保谷物基本自给、口粮绝对安全"的新粮食安全观，实施"以我为主、立足国内、确保产能、适度进口、科技支撑"的国家粮食安全战略，为新时代牢牢端稳"中国饭碗"、牢牢把住粮食安全主动权指明了战略方向，提供了根本遵循。"十四五"时期，中国粮食安全工作取得了重大成就，粮食产量迈上7亿吨新台阶，地方抓粮和农民种粮的积极性不断提高，粮食市场供应和市场价格保持稳定，粮食供应链抗风险能力有所提高。"十五五"时期，在大食物观背景下，随着国内资源环境约束的不断加强、国际贸易不确定性的持续增加、居民食物消费需求的不断升级等，粮食安全在生产、流通、消费和贸易等领域面临众多挑战。为此，研判"十五五"时期国家粮食安全的形势，并提出保障粮食安全的实现策略，对促进"十五五"时期经济高质量发展和农业强国建设具有重要的意义。

一 "十四五"时期中国粮食安全取得的成就

"十四五"时期，中国将粮食安全作为国家战略的重中之重，深入实施"藏粮于地、藏粮于技"战略，不断完善政策保障体系，有效开展市场调控，持续构建多元化进口格局，粮食供给的稳定性、可持续性和供应链韧性均有所提高。

（一）深入实施"藏粮于地、藏粮于技"战略，粮食生产能力迈上新台阶

"十四五"时期，国家为夯实粮食生产基础，深入实施"藏粮于地、藏粮于技"战略，紧紧抓住耕地和种子两个要害。一方面，耕地保护与质量提升取得突破。中共中央、国务院印发实施《全国国土空间规划纲要（2021—2035年）》，统筹划定耕地和永久基本农田保护红线、生态保护红线、城镇开发边界三条控制线。根据2023年度全国国土变更调查结果，全国耕地面积为19.29亿亩，与第三次全国国土调查时相比，耕地面积增加了1120.4万亩（刘国洪，2024），耕地总量持续下降趋势得到逐步遏制。同时，国家通过加强高标准农田建设、实施黑土地保护工程等措施不断提升耕地质量，2020—2024年累计新增约2亿亩高标准农田，截至2024年底，全国已累计建成高标准农田超过10亿亩，建成各类田间灌排渠道1000多万公里，农田抗灾减灾能力有了明显提升。

另一方面，种业振兴实现关键进展。自2021年《种业振兴

行动方案》实施以来，中国在加强种质资源保护利用、推进种业创新攻关、扶持优势种业企业发展等方面取得了重要进展。2021—2024年完成第三次全国农业种质资源普查，新收集粮食作物种质资源6.3万余份，占新收集资源的45.4%，夯实了国家粮食安全的资源基础。中国种业企业快速发展，2014—2023年全国实际开展经营活动的种业企业数量从5064家增加到8721家（农业农村部种业管理司等，2024），年均增长6.2%，其中2020—2023年年均增长5.8%。当前中国农作物良种覆盖率达96%以上，良种对粮食增产的贡献率超过45%；自主选育品种面积占比超过95%，其中水稻、小麦两大口粮作物品种完全自给。2023年"超级稻"测产亩均达到1251.5公斤，创造了杂交水稻单季亩产的世界新纪录。

随着"藏粮于地、藏粮于技"战略的深入实施，"十四五"时期，中国粮食生产能力显著提高。全国粮食产量自2015年以来一直保持在6.5亿吨以上，2024年达到7.07亿吨，迈上了7亿吨的新台阶。2020—2024年，中国粮食产量从6.69亿吨增长到7.07亿吨，增长了5.5%；人均粮食产量从474.1公斤增加到501.7公斤，增长了5.8%；粮食单位面积产量从5733.5公斤/公顷提高到5921.1公斤/公顷，增长了3.3%（见图1）。

（二）完善政策保障体系，地方抓粮和农民种粮积极性不断提高

"十四五"时期，国家不断完善政策保障体系，不断压实政府粮食安全责任、健全种粮农民收益保障机制。一方面，全面落实粮食安全党政同责，强化对粮食主产区和主产县的激励。

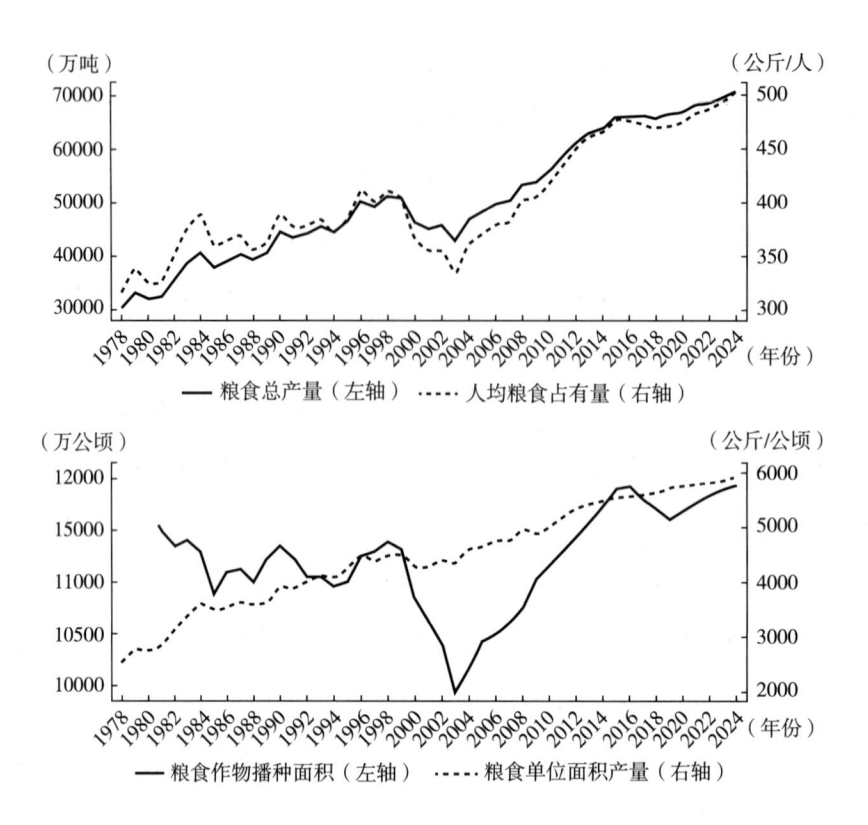

图1 中国粮食生产能力变化（1978—2024年）

资料来源：国家统计局年度数据库。

2024年实施《中华人民共和国粮食安全保障法》，明确建立粮食安全责任制，"粮食安全党政同责"首次进入中国法规中。优化产粮大县奖励政策，提高对粮食主产区和主产县的财政奖补力度，2024年财政产粮大县奖励资金支出达到571.14亿元。2025年中央一号文件又提出"启动实施中央统筹下的粮食产销区省际横向利益补偿"，进一步激励粮食主产区重农抓粮。

另一方面，健全价格、补贴、保险"三位一体"的种粮农民收益保障政策体系，不断提高支持力度①。坚持与完善稻谷和小麦最低收购价政策，2020—2024年，小麦最低收购价从2.24元/公斤上调到2.36元/公斤，早籼稻最低收购价从2.42元/公斤上调到2.54元/公斤。2017年以来，国家耕地地力补贴维持在1204.85亿元，2023年和2024年又进一步提高到1214.85亿元。中央财政安排农业保险保费补贴专项用于实施三大粮食作物完全成本保险和种植收入保险，实现粮食主产区826个产粮大县全覆盖。2020—2024年，中央财政农业保险保费补贴从285.31亿元增加到530.53亿元，增长了85.9%。

在以上政策保障下，"十四五"时期地方抓粮食生产和农民种粮的积极性均有所提高，粮食播种面积呈恢复性增长趋势（见图1）。2020—2024年，全国粮食播种面积从11676.8万公顷增长到11931.9万公顷，增长了2.2%，为粮食产量迈上7亿吨的新台阶提供了有力支撑。

（三）有效开展市场调控，粮食市场供应和市场价格保持稳定

近年来，为加强粮食供应链韧性、稳定粮食市场价格，中国多举措开展粮食市场调控。

第一，逐步健全粮食市场监测预警体系。根据国家粮食和物资储备局数据，2020年全国有1072个国家级粮食市场信息直报点和9206个地方粮食市场信息监测点。2024年，国家级粮食市场信息监测点增加至1200多个，建立库存、价格、销售等粮油

---

① 本段中粮食最低收购价格数根据《小麦最低收购价执行预案》和《早籼稻最低收购价执行预案》整理得到；财政补贴数据根据中华人民共和国财政部相关文件整理得到。

市场信息日、检测日报告制度，随时掌握粮食供求变化及价格动态，便于精准调控和预期管理。

第二，认真落实收储调控政策，完善粮食储备体系。国家统筹抓好政策性和市场化收购，引导多元主体积极入市，充分发挥储备轮换吞吐调节作用，保障粮食市场平稳运行。近年来，国家粮食收购量保持在较高水平，2023年和2024年连续两年粮食收购量稳定在8000亿斤以上。国家粮食储备体系不断完善，形成涵盖中央储备、地方储备、社会储备的多层次、全方位粮食储备体系，且不断提升储备管理的规范化水平。2021年发布的《政府储备粮食仓储管理办法》明确了粮食仓储管理原则及有关单位的责任，确保库存粮食数量真实、质量良好、储存安全、管理规范。

第三，持续推进粮食应急保障机制建设。国家积极推进《国家粮食应急预案》修订，已基本形成省、市、县三级粮食应急保障中心体系，基本建成涵盖储运、加工、配送、供应等全链条的粮食应急保障体系。截至2024年10月，全国共有5100余家粮食应急储运企业，6900余家应急加工企业，3900余家应急配送中心及5.9万余个应急供应网点。这使国家在面对重大突发事件和灾害时，依然能够做好粮食保供稳价工作。

通过以上监测预警、宏观调控、应急保障等制度机制，中国粮食市场供应稳定，粮食价格相对平稳发展。2002年以来，中国谷物价格指数波动明显小于国际谷物价格指数的波动（见图2）。"十四五"时期，在国内外粮食市场深度融合、国际粮食价格频繁大幅波动的背景下，国内谷物价格保持相对稳定，2021—2024年国内、国际谷物价格指数的标准差分别为8.6和21.4。

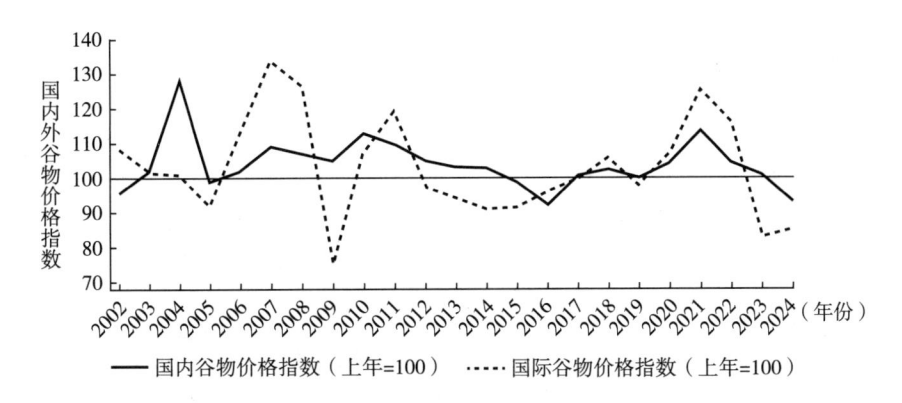

图 2　国内外谷物价格指数走势（2002—2024 年）

注：国内谷物价格指数为谷物生产者价格指数，国际谷物价格指数为谷物实际价格指数。

资料来源：国内谷物价格指数来自中经网数据库；国际谷物价格指数来自 FAO。

（四）持续构建多元化进口格局，粮食供应链抗风险能力有所增强

粮食进口是保障粮食安全的必要选择，不仅能弥补国内供需缺口、满足国内多样化的消费需求，也有助于中国优化资源配置，提高农业生产效率。在新的国家粮食安全战略下，中国在立足国内的坚实基础上，注重运用国内国际"两种资源""两个市场"保障粮食安全。"十四五"时期，中国粮食进口量一直处于高位，2021—2024 年年均粮食进口量为 15773 万吨，比"十三五"时期年均粮食进口量 12298 万吨增加了 28.3%。以国内产量与表观消费量（国内产量与净进口量之和）的比值来衡量自给率，在"谷物基本自给、口粮绝对安全"目标稳步实现的基础上，"十四五"时期中国粮食自给率有所上升。2021—2024 年，谷物自给率从 91.0% 提高到 93.0%，粮食自给率从 80.9% 提高到 82.0%（见图 3）。

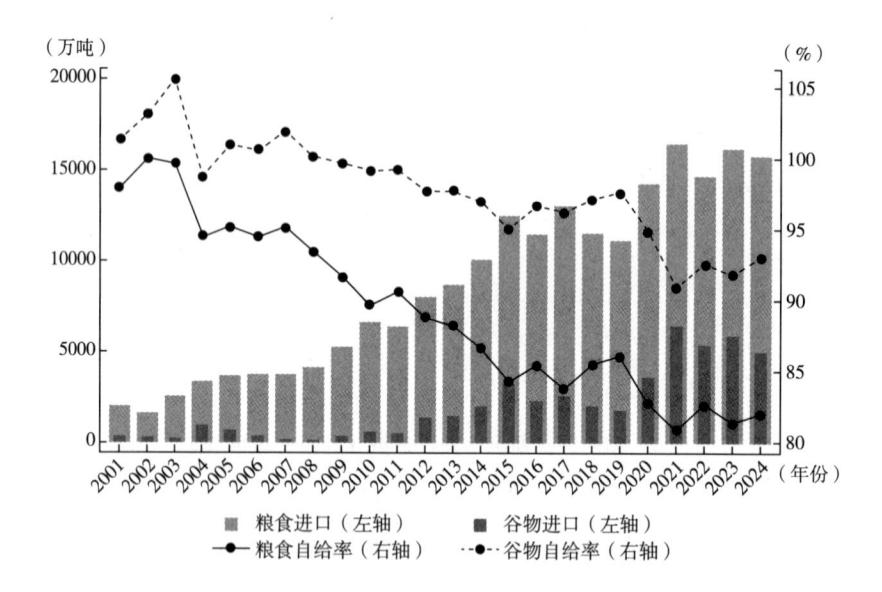

图 3　中国粮食和谷物进口趋势及自给率变化（2001—2024 年）

资料来源：谷物和粮食产量来自国家统计局年度数据库，粮食和谷物进口量来自中国海关总署。

在粮食进口持续增长的同时，中国积极推进粮食进口来源多元化，粮食进口渠道不断拓展，与更多国家和地区建立了稳定的粮食进口贸易关系，规避粮食进口渠道单一带来市场风险的能力有所提升。一方面，国家不断加强与"一带一路"共建国家在粮食贸易领域的深度合作。2022 年和 2023 年国家陆续开辟了缅甸、巴西玉米输华通道，允许俄罗斯小麦全境进口，2023 年在第三届"一带一路"国际合作高峰论坛上开通中俄陆地粮食走廊。另一方面，国家鼓励企业"走出去"，开展国际农业投资与粮食加工、储运、贸易等产业链环节合作，推进粮食生产基地和物流体系建设，努力掌握一手粮源。2022 年《区域全面经济伙伴关系协定》（RCEP）的正式生效，显著降低了市场准入和投资成本，便于开展区域农业产业链合作（黄孝岩、李国祥，2024）。中粮集团积极响应国家战略，利用自身全产业链优势，不断扩大全球采购覆盖面，推进农产品进口渠道多元化，截至2024年已在40余个国家进行资产布局，物流网络覆盖全球粮食主产区和主销区。

二 "十五五"时期中国粮食安全面临的挑战

"十五五"时期，中国保障粮食安全在生产、流通、消费和贸易等层面仍面临众多挑战，需要引起广泛关注。

（一）资源约束和气候变化下满足持续增长的粮食需求有压力

长期以来，为满足经济社会发展对农产品不断增长的需求，中国农业以增产为导向，高强度利用农业资源，为农业可持续发展和保障粮食安全带来挑战。在水资源利用方面，中国地下水超采区大多是重要粮食生产区，华北平原已成为世界最大的地下水"漏斗区"，截至2011年，华北平原东部深层承压地下水水位降落漏斗面积达7万多平方公里（环境保护部，2011）。2014—2020年华北平原浅层地下水超采11.22亿立方米/年，深层地下水超采17.46亿立方米/年（冀云，2022）。2012年，国家提出"到2030年全国用水总量控制在7000亿立方米以内"的水资源开发利用控制红线，给农业用水和扩大耕地灌溉面积带来"天花板"式约束。在土地资源利用方面，虽然当前耕地总量持续减少的趋势得到控制，但现有耕地质量不高，为粮食稳产保供带来了挑战。根据2023年度全国国土变更调查数据显示，全国耕地面积19.29亿亩,虽然比第三次全国国土调查时略有增加,但比第二次全国国土调查时减少1.02亿亩。从耕地质量状况来看,中国耕地资源禀赋较差、本底薄弱,土壤相对贫瘠,全国旱地高达9.68亿亩,占比50.2%;坡度25度以上的耕地面积达6205.64万亩(刘国洪,2024),难以长期稳定利用。

除资源约束外,气候变化对农业发展和粮食安全的影响也日益得到社会的高度关注。农业作为与气候联系紧密的产业,气候变化背景下保持农业生产的稳定性,尤其是粮食产量的稳定性,将会面临巨大挑战(于法稳,2024)。气候变化对粮食安全的影响深远且复杂,涉及农业生产、粮食供应、价格稳定及营养健康等多个方面。一方面,干旱、洪涝、飓风等极端天气会造成粮食产量的直接损失,进而影响农业生产主体的生产决策和经营行为。另一方面,温度的升高、降雨模式的改变、大气中二氧化碳(CO_2)浓度升高等气候变化会导致农作物物候期①发生变化,进而影响作物产量和营养。例如,作为保障国家粮食安全"压舱石"的东北黑土区对气候变化最为敏感,其农作物的物候期容易因气候变化而改变,突出表现为作物生长季开始期显著延后,而结束期提前,缩短农作物生长周期(高江波等,2022)。据相关数据显示,2024年全球气温、二氧化碳浓度和海温均创历史新高,气候变化对粮食生产的影响不容忽视。

从需求端来看,居民消费结构的转型升级带动饲用消费的粮食数量和比例不断提高,粮食消费总量仍呈绝对增长趋势。随着中国居民收入水平不断提高,居民食物消费由传统的粮食消费为

---

① 物候期是指动植物的生长、发育、活动等规律与生物的变化对节候的反应,正在产生这种反应的时候叫物候期。

主向注重营养搭配转变，肉蛋奶等动物性食品消费比例增加。根据国家统计局数据，2013—2023 年，中国居民人均粮食消费量减少 9.6%，人均肉类、蛋类和奶类消费量分别增长 55.5%、82.9% 和 12.8%（见图 4）。肉蛋奶消费需求的大幅增长带动饲料粮需求增加，2013—2024 年，中国饲料产量从 24037.9 万吨增加到 31636.0 万吨，增长了 31.6%，年均增长了 2.5%。根据国家粮油中心数据，2013/2014 年度至 2021/2022 年度，中国谷物饲料消费量从 13820 万吨增加到 23500 万吨，年均增长了 6.9%，谷物饲用消费占国内谷物总消费的比重从 28.1% 提高到 37.7%。因此，在资源约束和气候变化对粮食生产的不利影响下，稳定粮食生产，满足居民不断增长的粮食消费需求具有较大压力。

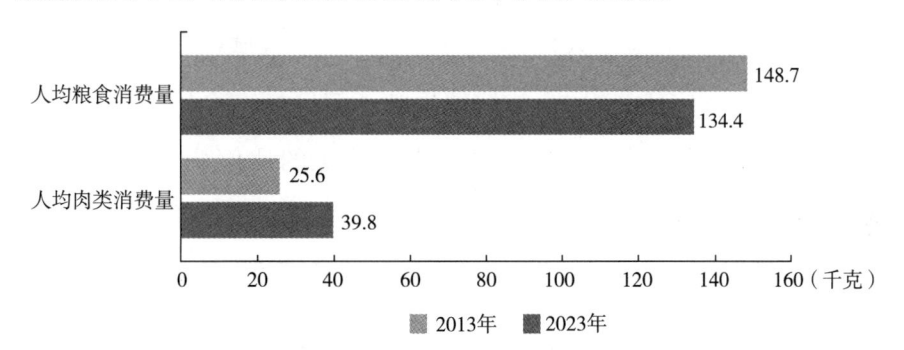

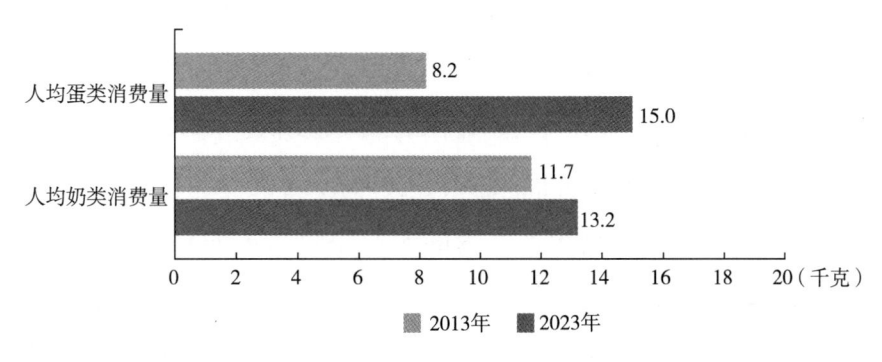

图 4　中国人均食物消费变化（2013—2023 年）

资料来源：国家统计局年度数据库。

（二）全面提高农民收入与优化粮食生产区域布局难统筹

确保国家粮食安全和促进农民增收对推进中国式现代化至关重要。近年来，在各项惠农支农政策下，中国粮食产量和农民收入均呈现快速增长趋势。从粮食生产布局来看，近年来，中国粮食生产逐步向核心主产区集中。从三大区域粮食产量占全国粮食产量的比重的变化趋势来看［见图5（a）］，2000—2023年，粮食主产区粮食产量占全国粮食产量的比例从70.6%上升到77.9%，产销平衡区粮食产量占比从19.8%下降到17.8%，主销区粮食产量占比从9.7%下降到4.3%。在忽略消费结构与人均消费水平差异的情况下，粮食市场分布可以简单地以人口分布来衡量，一个区域粮食产出占全国的比重与人口占全国的比重的比值反映了该区域在全国粮食市场中的供求对比关系。粮食产出比重与人口比重的比值变化趋势显示，2000—2023年主产区该比值从1.16上升到1.38，产销平衡区该比值从0.88下降到0.81，主销区该比值从0.57下降到0.20［见图5（b）］。这表明，主产区在保障全国粮食安全方面具有越来越重要的作用，而主销区的粮食供需缺口呈现持续扩大的趋势。

从农民收入的结构来看，经营性净收入和农业净收入占比呈持续下降趋势，农业对农民增收的贡献较低。2013—2023年，经营性净收入占农村居民可支配收入的比例从41.7%下降到34.3%，其中包括粮食生产在内的农业净收入占农村居民可支配收入的比例从22.9%下降到16.2%［见图6（a）］。同期，农业净收入对农民增收的贡献率仅有11.1%，粮食生产在农民收入结构中的重要性显著下降。

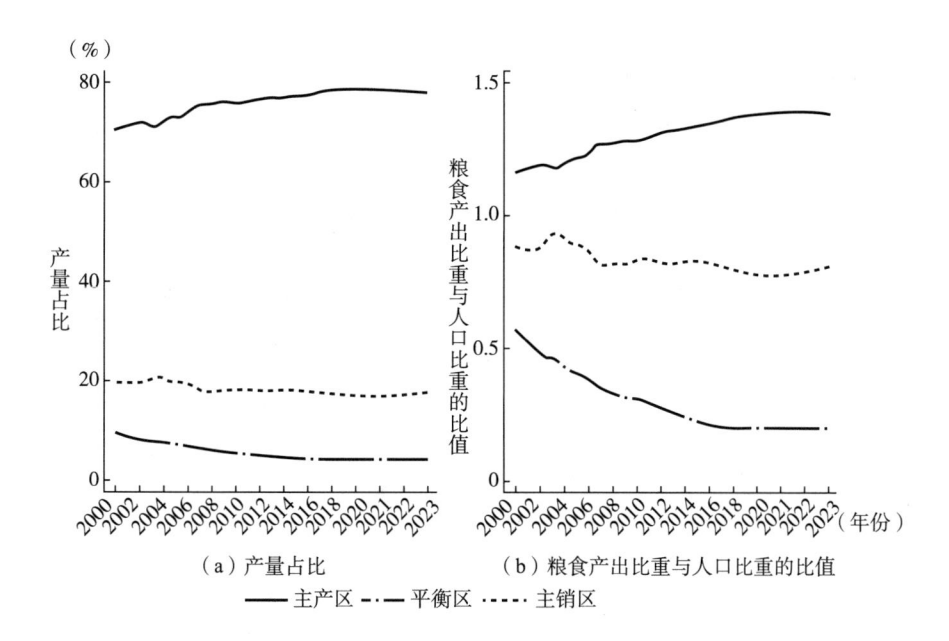

图5　中国不同地区粮食产量占比与粮食人口分布变化（2000—2023年）

资料来源：国家统计局年度数据库。

种粮农民增收难度大的一个重要原因在于，粮食生产成本不断攀升，粮食生产比较效益低。近几年，小麦、稻谷、玉米三大粮食生产的总成本持续提高，2013—2023年，三大粮食生产总成本从1026.2元/亩增加到1284.9元/亩，增加了25.2%，其中物质与服务费用增加了38.4%，土地成本增加了66.6%［见图6（b）］。在成本不断攀升和粮食价格低迷的共同作用下，粮食生产在2016—2019年一直为亏损状况。2020年以来，粮食生产转为盈利并且净利润有明显增长，但2023年三大粮食平均生产净利润又大幅下降到75.1元/亩，同比下降了60.3%。

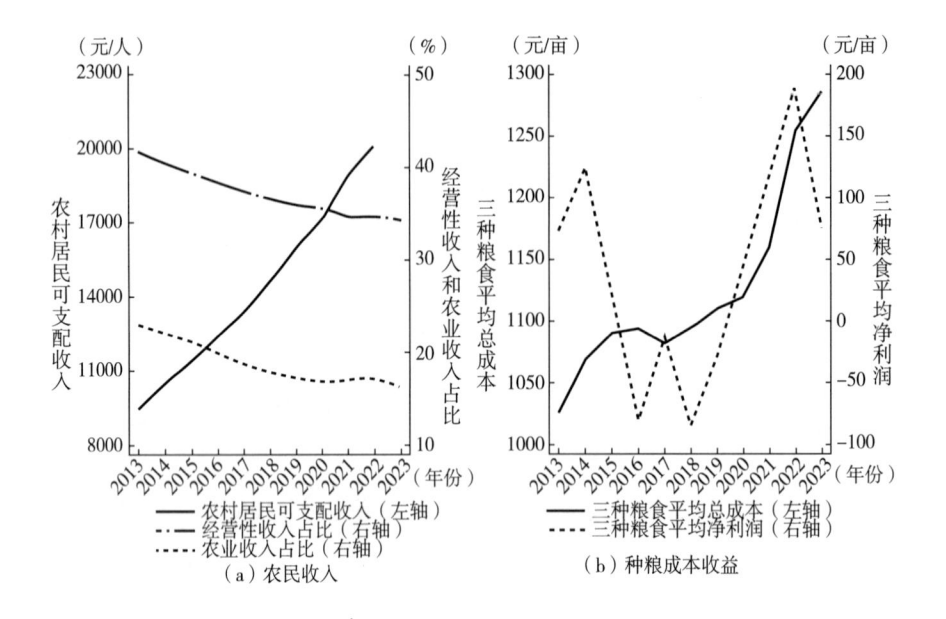

图 6　中国农民收入与种粮成本收益（2013—2023 年）

资料来源：农村居民收入数据来自国家统计局农村社会经济调查司编《中国农村统计年鉴》，中国统计出版社 2014—2024 年版；种粮成本收益数据来自国家发展和改革委员会价格司编《全国农产品成本收益资料汇编》，中国统计出版社 2014—2024 年版。

在种粮成本不断提高、种粮农民增收难的情况下，粮食生产向主产区集中的趋势给主产区农民增收带来了巨大的挑战。如何统筹全面提高农民收入水平与优化粮食生产区域布局，特别是如何统筹全面提高农民收入与稳定粮食主产区农民种粮积极性的难度在不断提高。

（三）粮食生产经营体系与现代农业技术发展不匹配

生产力和生产关系二者相互作用，共同构成社会生产方式。在粮食生产领域，二者的匹配程度直接影响农业现代化进程和粮食安全。近年来，中国高度重视现代农业技术的发展和应用，出台一系列政策支持现代农业技术特别是信息技术与农业深入融合。当前,现代农业技术在粮食生产、加工、销售等环节都得到了普遍应用,2024年,中国农作物耕种收综合机械化率超过74%,农业物联网、遥感监测、精准施肥等技术在粮食主产区广泛应用。但是与现代农业技术的发展相比,中国粮食生产经营体系还不完善,与现代农业技术还不匹配,突出表现在以下两个方面。

第一,生产组织方式与现代农业技术不匹配。"大国小农"是中国的基本国情,根据第三次农业普查数据,全国小农户数量占农业经营主体的98%以上,小农户从业人员占农业从业人员的90%,小农户经营耕地面积占总耕地面积的70%。近年来,随着土地流转的推进,农业规模经营和新型经营主体快速发展,但土地经营细碎化的局面仍然没有被打破。2023年,中国户均耕地仅有6.5亩,仍有85.4%的农户经营面积小于10亩(见表1);如果剔除没有经营土地的农户,那么户均经营耕地面积也仅有7.7亩,70.6%经营土地的农户经营面积小于10亩[①]。土地经营的细碎化对机械化、智能化和精准农业等现代农业技术的推广和应用具有显著制约,无人机、农业大数据、区块链溯源等技术主要服务于规模化农场或企业,小农户缺乏接入能力。

表1　中国不同经营规模农户占比变化趋势(2010—2023年)　　单位:%

年份	小于10亩	10—30亩 (含10亩)	30—50亩 (含30亩)	50—100亩 (含50亩)	100—200亩 (含100亩)	200亩以上 (含200亩)
2010	85.79	10.83	2.33	0.77	0.19	0.09

---

① 笔者根据《中国农村政策与改革统计年报(2022年)》中耕地面积、农户数、未经营耕地的农户数等数据计算得到。

续表

年份	小于10亩	10—30亩（含10亩）	30—50亩（含30亩）	50—100亩（含50亩）	100—200亩（含100亩）	200亩以上（含200亩）
2015	85.74	10.32	2.60	0.90	0.31	0.13
2020	85.06	10.71	2.57	1.07	0.40	0.19
2023	85.36	10.49	2.50	1.06	0.40	0.19

资料来源：2010年和2015年数据来自农业农村部农村合作经济指导司、农业农村部政策与改革司编《中国农村经营管理统计年报》，中国农业出版社2010年、2015年版；2020年和2023年数据来自农业农村部政策与改革司编《中国农村政策与改革统计年报》，中国农业出版社2020年、2023年版。

第二，劳动力构成和素质与现代农业技术不匹配。近年来，中国乡村人口和乡村就业人口快速流失，且乡村就业人员面临老龄化和受教育水平不高等问题。根据国家统计局数据，2013—2023年，乡村人口占比从45.5%下降到33.8%，乡村就业人口减少1.08亿人，第一产业从业就业人数减少0.69亿人。根据第三次全国农业普查数据，全国农业生产经营人员中年龄55岁及以上的农业从业人员占比约为33.6%，初中及以下受教育程度农业从业人员占比约为91.7%。2023年，农村居民家庭户主受教育程度在初中及以下的占85.1%。留在农村从事粮食种植的中老年及妇女群体大多采用粗放型种植方式，对良种改善、先进机械设备和技术以及绿色生产技术采用的积极性与主动性较低，进而影响粮食生产效率和质量（杜志雄、韩磊，2020）。

（四）产能保障与节粮减损管控政策设计难协同

在国家供需整体偏紧、粮食刚性需求不断扩大的同时，中国粮食消耗和浪费问题凸显。《2023年中国食物与营养发展报告》

指出，中国粮食总体损耗浪费率为 22.7%，2022 年损耗浪费总量为 4.6 亿吨，损耗浪费的食物量可满足 1.9 亿人 1 年的营养需求，造成经济损失 1.88 亿元。一方面，粮食在储藏、运输、加工等流通环节损耗较大，根据中国农业科学院估算，中国粮食每年损失量在 3500 万吨以上，粮食全产业链总耗率为 12%。《中国农业产业发展报告（2023）》指出，稻谷、小麦和玉米的全产业链损失率分别为 26.2%、16.7% 和 18.1%，损失量约占三大主粮总产量的 20.7%（中国农业科学院，2023）。另一方面，消费环节仍是粮食浪费的"重灾区"，根据中国科学院地理科学与资源研究所的调查数据，中国餐饮食物浪费量约为每年 1700 万—1800 万吨，相当于 3000 万—5000 万人一年的口粮。

国家保障粮食安全的政策体系呈现出明显的"重生产、轻减损"特征。在激励粮食生产方面，国家实施价格支持、财政补贴等政策及高标准农田建设、种业振兴行动等重大工程，持续强化粮食产能保障。然而，在节粮减损和粮食高效利用方面，政策保障和执行力度仍不足。虽然近年来出台了《中华人民共和国反食品浪费法》（以下简称《反食品浪费法》）、《粮食节约和反食品浪费行动方案》等政策文件，但在具体实施中存在诸多短板：一是缺乏系统性的全产业链减损政策体系，对粮食收获、储藏、运输、加工等环节的损耗缺乏强制性标准和有效监管；二是财政支持力度不足，减损技术研发、设施改造等关键领域的投入远低于生产环节投入；三是政策执行机制不健全，对粮食过度加工、餐饮浪费等问题的约束措施偏软，缺乏量化考核和问责机制；四是社会化参与度低，对农户科学储粮、企业减损技术应用等缺乏有效激励。这种政策失衡导致中国粮食全产业链损耗率居高不下，据测算，到2035年，若粮食收获、储藏、加工和消费环节损失率分别减少1—3个百分点，则可实现粮食减损1078亿斤（中国农业科学院，2023），相当于粮食减损再造"千亿斤增产行动"、增加"无形良田"。

（五）贸易环境恶化和对外高度依赖下保障粮食安全有挑战

在资源环境和生产成本等约束下仅依靠国内生产难以满足居民多样化、多层次、高增长的食物消费需求，积极利用国际农产品市场弥补国内供需缺口、丰富食物供应结构是保障粮食安全不可或缺的重要组成部分。在经济全球化背景下，中国与全球粮食供需形势联系越来越紧密。但我们需要意识到，当前中国部分粮食品种的对外依存度较高，而且个别粮食品种的进口市场集中度也较高，在国际贸易环境不断恶化的条件下，通过稳定国际供给来保障国内粮食安全面临更多风险。

从贸易来源地来看，21世纪以来中国粮食贸易伙伴不断增多，进口渠道更加多元化，但是粮食核心进口来源地仍比较集中。当前，稻谷进口来源地主要是东南亚和南亚国家和地区，小麦进口来源地主要是澳大利亚、加拿大、美国等国家和地区，玉米进口来源地主要是巴西、乌克兰和美国等国家和地区，大豆进口来源地主要是巴西、美国等国家和地区。2024年中国34.1%的进口稻谷来自缅甸，30.0%的进口小麦来自澳大利亚，47.4%的进口玉米和71.1%的进口大豆均来自巴西，15.2%的进口玉米和21.1%的进口大豆均来自美国（见表2）。

表2　　　　　中国粮食进口来源地构成（2000—2024年）　　　单位：%

年份	稻谷		小麦		玉米		大豆	
	来源地	占比	来源地	占比	来源地	占比	来源地	占比
2000	泰国	99.6	加拿大	68.3	美国	70.1	美国	52.0
	美国	0.2	美国	17.2	法国	10.0	阿根廷	26.7
	中国台湾省	0.1	澳大利亚	11.5	澳大利亚	8.5	巴西	20.3
	荷兰	0.0	日本	1.2	中国香港	3.0	加拿大	0.5
2012	越南	65.2	澳大利亚	65.7	美国	98.2	美国	44.5
	巴基斯坦	24.5	美国	17.4	老挝	1.0	巴西	40.9
	泰国	8.4	加拿大	10.9	缅甸	0.4	阿根廷	10.1
	老挝	0.9	哈萨克斯坦	5.5	泰国	0.3	乌拉圭	3.3
2024	缅甸	34.1	澳大利亚	30.0	巴西	47.4	巴西	71.1
	泰国	28.0	加拿大	22.6	乌克兰	33.1	美国	21.1
	越南	16.9	法国	20.6	美国	15.2	阿根廷	3.9
	巴基斯坦	9.6	美国	17.0	缅甸	1.3	乌拉圭	1.9

注：表中只列出了进口量占比排前四位的进口来源地情况。

资料来源：笔者根据中国海关总署数据计算得到。

如果用进口市场集中度（Concentration Rate，CR）来衡量进口渠道的多元化程度，CR_n表示中国从排在前n名的进口来源地所进口的粮食比例，进而判定粮食进口渠道风险。统计结果显示，2000年以来稻谷和小麦的进口市场集中度有所降低，玉米和大豆的进口市场集中度基本稳定且居于高位（见图7）。具体而言，2000—2024年，稻谷进口的CR1从99.6%下降到34.1%，CR3从99.9%下降到79.0%；小麦进口CR1从68.3%波动下降到30.0%，CR3从97.0%波动下降到73.2%。与稻谷和小麦不同，玉米和大豆进口渠道的多元化并没有明显降低进口市场集中度。2000年以来，玉米进口的CR1在45%—98%大幅波动；大豆进口的CR1在2000—2016年比较稳定，保持在40%—50%，2017年以来呈上升趋势。2000—2024年，玉米进口的CR3均值为95.5%，大豆进口的CR3均值为97.2%。

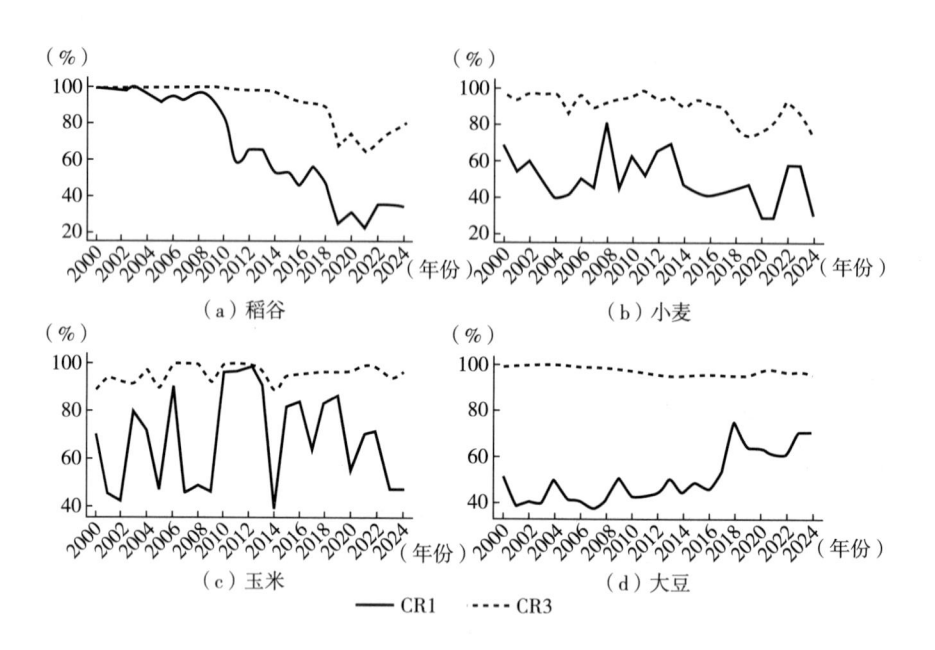

图7　中国粮食进口市场集中度（2000—2024年）

资料来源：笔者根据中国海关总署数据计算得到。

从国际贸易环境来看，近年来，国际农产品贸易环境日益复杂多变，地缘政治冲突和贸易保护主义的抬头对全球粮食供应链造成了严重冲击。特别是2025年4月，美国对所有中国输美产品加收"对等关税"，中国也采取了相应的反制措施。粮食是中美双边贸易的重要内容，2024年，美国对中国大豆出口额占美国大豆出口总额的51.7%，美国是中国进口玉米的第三大来源国和进口大豆的第二大来源国。中美经贸斗争的持续发酵，使中国粮食进口面临更大的不确定性和风险。此外，全球气候变化、自然灾害频发以及疫情等突发事件也对全球农业生产和贸易带来了重要影响。在此背景下，粮食对外依存度过高，且过度依赖单一国家的粮食进口局面，不仅会加剧粮食市场波动风险，甚至会威胁国家粮食安全。

三 "十五五"时期保障粮食安全的思路

为应对当前国家粮食安全面临的众多挑战，"十五五"时期保障粮食安全的主要思路在于，优化粮食安全保障目标、调整粮食安全保障路径和健全粮食保供激励机制。

（一）优化粮食安全保障目标

粮食安全的内涵和目标都应根据经济社会发展适时调整。2024年，中国人均GDP达到13313美元，已经开始向高收入国家迈进，人均可支配收入达到41314元，与2014年相比翻了一番。随着居民收入水平的提高，居民对粮食的消费需求已经从农产品短缺时代的"吃得饱"向"吃得好、吃得健康、吃得营养"转变，粮食安全的目标也应从主要追求数量增长向"保产量、提质量、优结构"多元平衡转变。

（二）调整粮食安全保障路径

传统保障粮食安全的路径重点在供给端，主要通过提升国内产能和稳定国外供给等措施来实现粮食的稳定供给。进入新时代,在资源约束加剧、气候影响深化和国际贸易环境动荡的背景下,传统单一维度的粮食安全策略已经难以应对系统性风险,需构建"全产业链协同治理"的新路径,通过供给端提质增效、需求端节粮减损、流通端疏堵保畅三维联动保障粮食安全。

(三) 健全粮食保供激励机制

健全粮食保供激励机制根本上是要优化政府调控与市场调节之间的关系。党的二十大报告再次强调,要"充分发挥市场在资源配置中的决定性作用,更好发挥政府作用"保障粮食安全,要在发挥好政府宏观调控作用的基础上,让市场成为资源配置的主要机制。其核心是完善价格形成机制,让价格真正成为调节粮食供给数量和质量以及供需关系的信号。

四 "十五五"时期保障粮食安全的对策建议

"十五五"时期保障粮食安全应以优化目标、调整路径、健全机制为思路,从供给端、需求端和流通端三个层面综合施策。

(一) 供给端:提质增效,夯实产能基础

在供给端,应在优化粮食种植结构、提高农民种粮积极性的基础上,通过"藏粮于地、藏粮于技"战略的实施,不断夯实产能基础,持续提高粮食生产效率和品质,同时多措并举提升国际供给的稳定性。

第一,优化粮食种植结构,重视饲料粮生产。现有对粮食安

全的讨论大多没有区分不同粮食类型，在不同粮食品种供需形势差别较大的背景下，容易造成对粮食安全问题误判。当前"谷物基本自给、口粮绝对安全"的目标已稳步实现，畜牧业发展带来的饲料粮短缺是粮食安全的突出问题（韩磊，2023）。为此需要以需求为导向，合理调整粮食品种结构，重视玉米、大豆等饲料粮及饲草的生产。

第二，健全主产区利益补偿机制，提高种粮积极性。粮食主产区承担着保障国家粮食安全的重任，但也因此面临"粮财倒挂"、农民增收难等问题。在纵向利益补偿机制的基础上，2025年中央一号文件提出，启动实施中央统筹下的粮食产销区省际横向利益补偿。粮食省际横向利益补偿机制还需深入研究和实践，建议在补偿内容上，除资金补偿外，要加强产销区在农业技术援助等方面的合作；在补偿资金使用上，要兼顾主产区基础设施建设、耕地地力提升、农民增收等方面。

第三，发展农业新质生产力，提高粮食生产效率和品质。在粮食生产领域，发展农业新质生产力是突破资源约束和应对气候变化的关键突破口。一是强化种业科技创新，加快突破关键育种技术，加快培育抗逆性强、养分高效利用的新品种，全面提升粮食单产水平和品质，增强粮食作物应对气候变化能力。二是提高数字技术在粮食生产中的应用水平，通过无人农机、水肥一体化、全链条质量溯源系统等的推广应用实现粮食生产中资源利用效率和产品品质的提升。

第四，加强国际合作与风险预警，提升国际供给稳定性。充分利用国际资源和国际市场来满足国内对粮食数量、结构、品质等方面的需求，是保障国家粮食安全的重要途径。为提升国际粮食供给的稳定性，要构建"多元供给+深度合作+风险对冲"的国际供应链。一是推动粮食进口在区域结构、渠道来源、运输路线等方面的多样化。二是推进与俄罗斯、中亚等"一带一路"共建国家的农业产能合作，建立相对稳定的海外粮源基地。三是完善国际粮食市场监测预警系统，运用期货套保等金融工具平抑粮食价格波动，提高应对国际市场波动和风险的能力。

（二）需求端：节粮减损，引导理性消费

在需求端，要通过加强食物需求管理缓解粮食供给端压力。重点需要从推动膳食结构合理转型和构建节粮减损责任体系两个方面切入。

第一，引导居民合理膳食，推动膳食结构合理转型。与《中国居民平衡膳食宝塔》给出的食物最高限量相比，中国居民膳食存在精细粮、食用油、肉类摄入较多而奶类摄入不足等问题。为此，可通过加大宣传、将营养教育纳入国民教育体系、定期发布膳食结构健康指数、对购买健康食品给予补贴等方式，引导居民合理膳食，通过"政府引导+科技支撑+社会参与"的方式推动膳食结构转型。

第二，构建节粮减损责任体系，形成社会多元主体共治格局。在消费端推进节粮减损，一要强化制度约束，制定《反食品浪费法》实施细则，约束餐饮企业和就餐人员的浪费行为。二要创新技术在监测食物浪费中的应用，对餐饮企业和消费者的浪费情况进行监测和问责。三要加大对节约文化的宣传力度，在学校和社区开展"光盘行动"等内容的宣传，建议餐饮企业提供"半份菜"。通过以上措施，努力形成"政府大力促进、企业

积极自律、社会全面协同、公众广泛参与"的多元共治格局。

(三) 流通端：疏堵保畅，强化供应链韧性

在流通端，应重点提高跨区域调运效率，完善应急响应机制，强化供应链韧性，同时通过推进数字化升级降低流通损耗率。

第一，提高跨区域调运效率，完善应急响应机制。技术创新是提升粮食流通效能的核心驱动力，应加快建设国家级粮食物流大数据平台，整合生产、仓储、运输等全链条信息，通过智能算法优化调运路径，降低物流成本。完善跨区域协同机制，制定粮食应急运输"绿色通道"标准，对参与保供企业给予税收优惠和运力补贴。同时，开展供应链压力测试，模拟极端天气、国际冲突等场景下的保供能力，完善应急响应机制。

第二，多环节共同发力，降低粮食流通损耗。在仓储环节，重点推进智能化升级，应用低温储粮、氮气气调等绿色技术，控制仓储损耗率。在运输环节，发展散粮专列和集装箱联运模式，配备温湿度监控设备，实现全程可视化管控。在装卸环节，升级装卸设备，提升装卸技能，强化装卸管理。

参考文献

安宁：《冬藏时节看大国粮仓"成绩单""计划表"》，《中国经济导报》2024年12月28日第2版。

杜志雄、韩磊：《供给侧生产端变化对中国粮食安全的影响研究》，《中国农村经济》2020年第4期。

高江波等：《气候变化和物候变动对东北黑土区农业生产的协同作用及未来粮食生产风险》，《地理学报》2022年第7期。

国家统计局农村社会经济调查司编:《中国农村统计年鉴(2024)》,中国统计出版社 2024 年版。

韩磊:《大食物观下我国重要农产品稳产保供的现实困境与政策思路》,《当代经济管理》2023 年第 4 期。

黄孝岩、李国祥:《RCEP 对中国农产品进口与国家粮食安全的影响》,《中国农业大学学报》2024 年第 10 期。

冀云:《揭秘华北平原地下水降落漏斗的"前世今生"》,中国地质调查局网站,http://www.iheg.cgs.gov.cn/jdxw_5190/202204/t20220422_697835.html,2022 年 4 月 22 日。

刘国洪:《国务院关于耕地保护工作情况的报告——2024 年 12 月 22 日在第十四届全国人民代表大会常务委员会第十三会议上》,中国人大网,http://www.npc.gov.cn/c2/c30834/202412/t20241223_441882.html,2024 年 12 月 25 日。

农业农村部种业管理司等编:《中国农作物种业发展报告(2024)》,中国农业科学技术出版社 2024 年版。

《全国地下水污染防治规划(2011—2020 年)》,环境保护部,https://www.mee.gov.cn/gkml/hbb/bvvj/201111/t20111/09_2019 754.htm,2011 年 10 月 28 日。

于法稳:《气候韧性农业:内涵特征,理论阐释及推进策略》,《中国特色社会主义研究》2024 年第 6 期。

中国农业科学院组织编写:《中国农业产业发展报告(2023)》,中国农业科学技术出版社 2023 年版。

"十五五"时期中国食物供需预测及对策建议

朱文博[*]

摘　要： 进入新时代以来，中国粮食生产迈上新台阶，多元化食物供给能力显著增强，食物贸易规模稳步扩大，食物自给能力处于较高水平，食物消费结构转型升级，居民饮食健康状况明显改善。进入"十五五"时期，食物供需发展将呈现新特点：粮食总需求（总供给）预计达到8.8亿吨，粮食产量稳步增长，粮食进口有所回落，畜牧业生产将进入稳定调整期，肉类供给总量增长并伴随结构优化，食物自给能力继续保持在安全稳定范围，粮食的食用需求明显下降、工业等其他需求较快增长，动物类食物食用需求继续增长。为实现"十五五"时期中国食物高质量供需平衡发展，应树立和践行大食物观，构建与需求相适应的多元化食物供给体系，设定更加科学合理的食物自给率目标水平，化解饲料粮等重点食物的国际供应链风险，引导符合中国人自身特点的健康饮食消费。

关键词： 粮食安全；大食物观；食物供需预测；自给率

---

[*] 朱文博，管理学博士，中国社会科学院农村发展研究所助理研究员，主要研究方向为食物经济与管理。

Forecast and Strategic Recommendations for China's Food Supply-Demand Balance During the 15th Five-Year Plan Period

Zhu Wenbo

Abstract: Since the inception of the new era, China has reached new heights in grain production, significantly enhanced diversified food supply capacity, steadily expanded food trade volumes, maintained robust food self-sufficiency, and witnessed transformative upgrades in dietary consumption patterns alongside marked improvements in dietary health. Entering the 15th Five-Year Plan period, food supply-demand dynamics will exhibit novel characteristics: Total demand (total supply) of grain is projected to reach 0.88 billion tons, with domestic production steadily increasing and net imports experiencing a decline. Livestock production will enter a phase of structural stabilization, characterized by total meat supply expansion and quality optimization. Food self-sufficiency capacity is expected to remain within secure parameters, while food demand of grain will decline notably amid accelerated growth in industrial and alternative uses. Concurrently, food demand for animal-based foods will persist in rising. To achieve high-quality supply-demand equilibrium during this critical period, China must adopt all-encompassing approach to food, establish a diversified food supply system aligned with evolving demands, formulate scientifically grounded self-sufficiency rate targets, mitigate international supply chain risks for strategic commodities like feed grains, and promote health-oriented dietary consumption patterns tailored to Chinese physiological and cultural traits.

Key Words：Food Security；All-Encompassing Approach to Food；Food Supply-Demand Forecast；Self-Sufficiency Rate

国以民为本，民以食为天。进入新时代以来，以习近平同志为核心的党中央把粮食安全作为治国理政的头等大事，提出了"确保谷物基本自给、口粮绝对安全"的新粮食安全观，确立了以我为主、立足国内、确保产能、适度进口、科技支撑的国家粮食安全战略，推动树立与践行大农业观、大食物观，构建多元化食物供给体系，持续增强粮食等重要农产品稳产保供能力，更高质量满足人民群众多元化食物消费和营养健康需求，走出了一条中国特色粮食安全之路，在实现食物高水平供需平衡发展上取得了巨大成就。与此同时，中国食物供需仍处于紧平衡状态，结构性矛盾较为突出，贸易形势复杂严峻，消费需求变化前景未知。2024年9月发布的《国务院办公厅关于践行大食物观 构建多元化食物供给体系的意见》提出要"加强粮食和重要农产品分品种供需平衡分析"，2024年中央农村工作会议以及2025年中央一号文件均提出，要"完善农产品贸易与生产协调机制"。"十五五"时期保障国家粮食安全的战略机遇和风险挑战并存，加强食物供需平衡分析与预测研究至关重要。本报告分析进入新时代以来中国食物供需变化特征，进一步对"十五五"时期主要食物的供需发展态势开展预测，并提出针对性对策建议，为保障国家粮食安全、建设农业强国等政策优化提供理论支撑。

一 进入新时代以来中国食物供需变化特征

（一）粮食生产迈上新台阶，多元化食物供给能力显著增强

粮食生产能力不断增强，总产量首次迈上7亿吨新台阶（见图1）。全国粮食总产量达到70649.9万吨，在连续九年稳定在6.5亿吨以上的基础上，首次突破7亿吨，比2013年增长了12.1%，年均增幅1.0%。2024年，人均粮食占有量达到501.7千克，比2013年增加了40.5千克，远高于国际公认的400千克粮食安全线。粮食增产的背后是农业科技支撑作用的充分发挥，单产提升对粮食增产的贡献持续增加。2013—2024年，粮食平均单产水平从362.6千克/亩增长到394.7千克/亩，单产提升对粮食增产的贡献率从54.9%提高到81.6%。为适应消费需求升级及饲用需求增长，粮食生产结构不断优化。2013—2024年，小麦产量占比基本保持稳定，稻谷产量占比从32.7%下降到29.4%，玉米和大豆产量占比分别从39.4%和2.0%增长到41.7%和2.9%。

"十五五"时期中国食物供需预测及对策建议

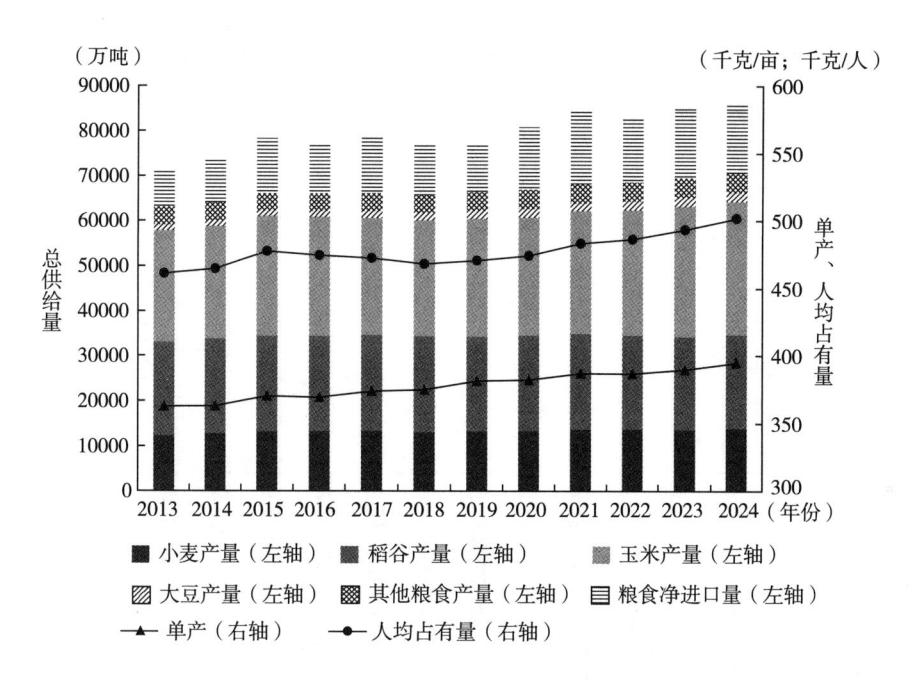

图1 中国粮食总供给变动（2013—2024年）

资料来源：笔者根据国家统计局、海关总署等数据整理计算。

畜牧业生产稳定发展，多元化食物供给能力显著增强（见图2）。2024年，肉类产量达到9663.0万吨，比2013年增长了13.6%，年均增幅1.2%。人均占有量也从2013年的62.2千克增长到2024年的68.6千克。畜牧业生产虽经历了非洲猪瘟、新冠疫情以及进口冲击等多种因素共同造成的行业"寒冬"，但在国家政策支持下及时纾困，产能水平及时恢复并稳步增长。2024年，猪肉、牛肉、羊肉和禽肉产量分别达到5706.0万吨、779.0万吨、518.0万吨和2660.0万吨，分别比2013年增长了1.6%、27.1%、26.4%和42.9%。同时，蛋奶水产品的产量也呈现全面增长的态势，2013—2024年，蛋类、奶类和水产品产量分别增长了23.5%、35.9%和28.2%。粮食等重要农产品供给保障能力持续增强，粮食安全根基逐步筑牢，依托国内生产自给的多元化食物供给体系初步形成。

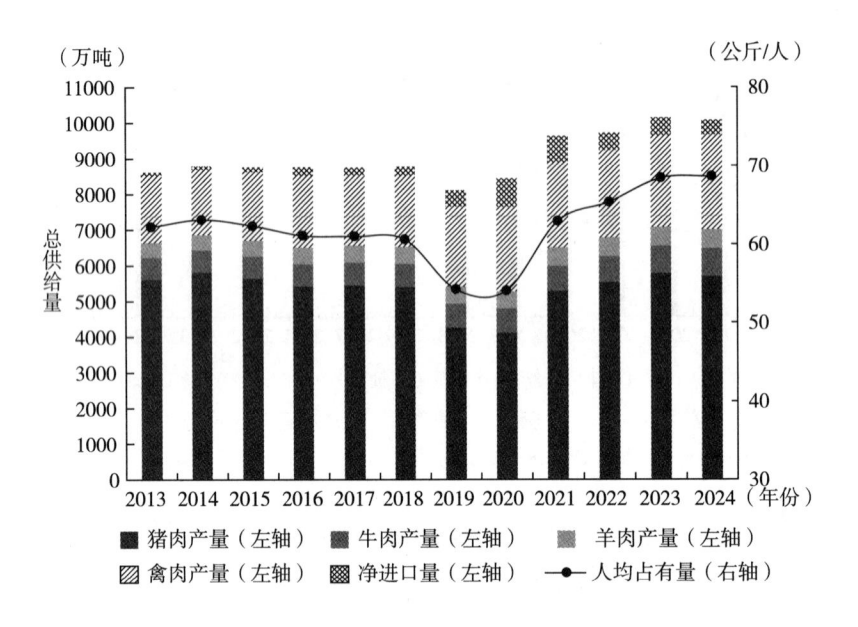

图 2　中国肉类总供给变动（2013—2024 年）

资料来源：笔者根据国家统计局、海关总署等数据整理计算。

（二）食物贸易规模稳步增长，食物自给能力处于较高水平

食物贸易规模稳步增长，国际贸易地位和影响力显著增强。进入新时代，中国继续扩大农业领域对外开放，推动食物贸易高质量发展。中国食物贸易在经历了加入世界贸易组织前十年的高速增长期后，已进入稳步增长期。2013—2024 年，中国农产品进出口总额由 1867.0 亿美元增长至 3181.6 亿美元，年均增速达 5.0%，其中，出口额由 678.3 亿美元增至 1030.0 亿美元，年均

增速达 3.9%；进口额由 1188.7 亿美元增至 2151.6 亿美元，年均增速达 5.5%。中国稳居世界第二大农产品贸易国和世界第一大农产品进口国，国际影响力显著增强。

食物贸易逆差呈现扩大态势（见表 1）。随着国内居民多样化食物消费潜力快速释放，食物进口充分发挥了调节余缺的重要作用。2013 年和 2024 年，中国农产品贸易逆差从 510.4 亿美元扩大到 1121.6 亿美元，年均增长 7.4%。从具体品种来看，2024 年，粮食净进口量为 15527.0 万吨，比 2013 年的 8402.0 万吨增长了 84.8%。其中，小麦、玉米和大豆的净进口量分别达到 1106.2 万吨、1363.7 万吨和 10496.4 万吨，比 2013 年增长 1.1 倍、3.3 倍和 66.2%，而稻谷净进口量有所下降。在动物类食物中，猪肉、牛肉、羊肉、奶类和水产品的净进口量均呈现不同程度的增长，增幅最高的是牛肉（9.5 倍）、奶类（1.9 倍）和猪肉（1.2 倍）。

表 1　　　　　　中国主要食物净进口量及自给率变动

单位：万吨；%；百分点

食物类别	净进口量			自给率		
	2013 年	2024 年	增减	2013 年	2024 年	增减
粮食	8402.0	15527.0	7125.0	88.2	82.0	-6.3
谷物	1100.6	2548.8	1448.1	98.1	96.2	-1.9
口粮	781.8	1185.1	403.2	97.7	96.7	-1.0
小麦	525.7	1106.2	580.5	95.9	92.7	-3.2
稻谷	256.2	78.9	-177.3	98.8	99.6	0.8
玉米	318.8	1363.7	1044.9	98.7	95.6	-3.2
大豆	6316.6	10496.4	4179.8	16.4	16.4	0.0
其他粮食	984.8	2481.8	1497.1	80.1	63.6	-16.6

续表

食物类别	净进口量			自给率		
	2013年	2024年	增减	2013年	2024年	增减
肉类	112.9	418.5	305.6	99.2	95.8	-3.4
猪肉	47.6	104.2	56.7	99.2	98.2	-1.0
牛肉	27.3	286.9	259.7	95.7	73.1	-22.7
羊肉	25.6	36.8	11.3	94.1	93.4	-0.8
禽肉	12.5	-9.5	-22.0	101.8	100.4	-1.4
蛋奶水产品	653.5	2264.8	1611.3	94.7	86.8	-7.9
蛋类	-9.3	-16.7	-7.4	100.3	100.5	0.1
奶类	743.2	2144.8	1401.6	80.1	66.2	-14.0
水产品	-80.4	136.7	217.1	101.4	98.1	-3.3

注：自给率=产量/（产量+进口量-出口量）×100%。

资料来源：笔者根据国家统计局、海关总署等数据整理计算。

主要食物仍然能够保持较高的自给水平（见表1）。自20世纪末期的"布朗之问"开始，中国的粮食安全问题得到广泛关注。中国用连续的粮食增产丰收和多元化的食物供给能力等事实有力回击了国际舆论，证明了中国完全可以依靠自身力量实现食物自给。2024年，中国粮食综合自给率为82.0%，虽然比2013年略有下降，但是谷物和口粮自给率仍然可以达到96.2%和96.7%，实现了谷物基本自给，并确保了口粮绝对安全。2024年大豆自给率仅为16.4%，基本保持2013年的水平，在饲料粮需求快速增长的现实压力下保持稳定而不继续下降已是不易。在动物类食物中，除牛肉（73.1%）和奶类（66.2%）的自给率水平较低外，其他食物均保持较高的自给水平。现阶段，中国人自己的饭碗已经牢牢端在了中国人自己手中，而且装的主要是中国粮和中国食物。

(三) 食物消费结构转型升级，居民饮食健康状况明显改善

居民食物消费结构转型升级，农村消费升级速度更快。随着食物生产、加工能力不断提升，流通体系逐步完善，居民收入水平持续增长和饮食观念逐渐优化，中国城乡居民食物消费实现了跨越式升级，由"吃得饱"向"吃得好、吃得健康、吃得营养"不断迈进。粮食人均食用需求下降，2023年城乡居民粮食人均消费量分别为140.0千克和180.5千克，比2013年下降了2.5%和8.2%。动物类食物的人均食用需求快速上升，2023年城乡居民肉类的人均消费量分别为59.6千克和60.4千克，比2013年增长了52.7%和92.3%（见图3）。其中，牛肉增幅最高，2013—2023年城乡居民的人均牛肉消费分别增长了1.0倍和2.2倍，农村居民的羊肉和禽肉增长也超过了1倍，而猪肉消费增幅相对较小，城乡分别增长了45.0%和80.3%。同时，城乡居民蛋类人均消费量分别增长了57.2%和1.3倍，水产品消费量分别增长了29.9%和97.4%。城镇居民奶类消费量有所下降，降幅为3.5%，农村奶类消费增长了61.2%。

居民饮食健康状况明显改善，城乡居民饮食健康水平差距逐步缩小。食物消费结构直接关联居民的营养摄入状况及饮食健康水平。2023年城乡居民的每日人均能量摄入量分别达到2136.9千卡和2459.7千卡，比2013年提高了7.8%和11.9%，基础热量需求得到充分保障。蛋白质、脂肪、维生素以及微量元素的摄入量也明显提高，进一步满足了人体所需的多样化营养物质需求，但是仍需警惕脂肪摄入过量、钙元素摄入不足等隐性健康问

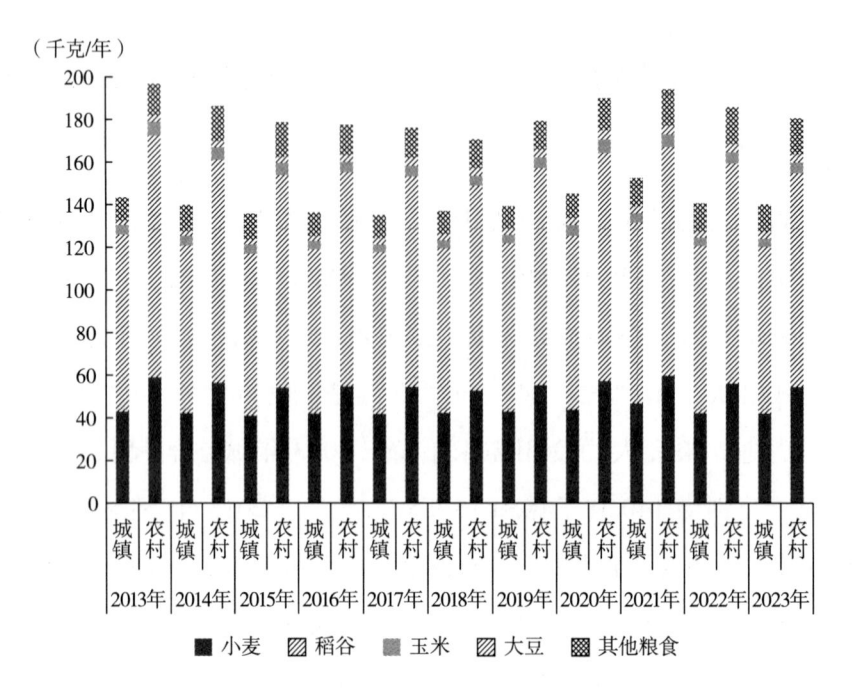

图 3　中国粮食人均食用消费量及结构变动（2013—2023 年）

资料来源：笔者根据国家统计局数据整理计算。

题。中国居民的总体饮食健康水平呈现上升趋势，中国饮食模式也成为仅次于日本饮食模式和地中海饮食模式的地域性健康饮食方案，对改善全球居民饮食健康状况作出了重要贡献。城镇居民饮食健康水平始终高于农村居民，但两者的波动上升趋势高度同步且差距逐渐缩小。尤其是在 2017 年之后，城乡居民饮食健康指数比稳定在 1.1 以下的低位区间，表明现阶段城乡居民食物消费结构已达到较高的趋同水平。

食物需求结构发生较大变化，动物类食物消费增长推动饲料粮需求规模的扩大。2013—2023 年，猪肉、牛肉、羊肉和禽肉的总食用需求从 4861.5 万吨增长到 8438.6 万吨，增幅高达 73.6%，

"十五五"时期中国食物供需预测及对策建议

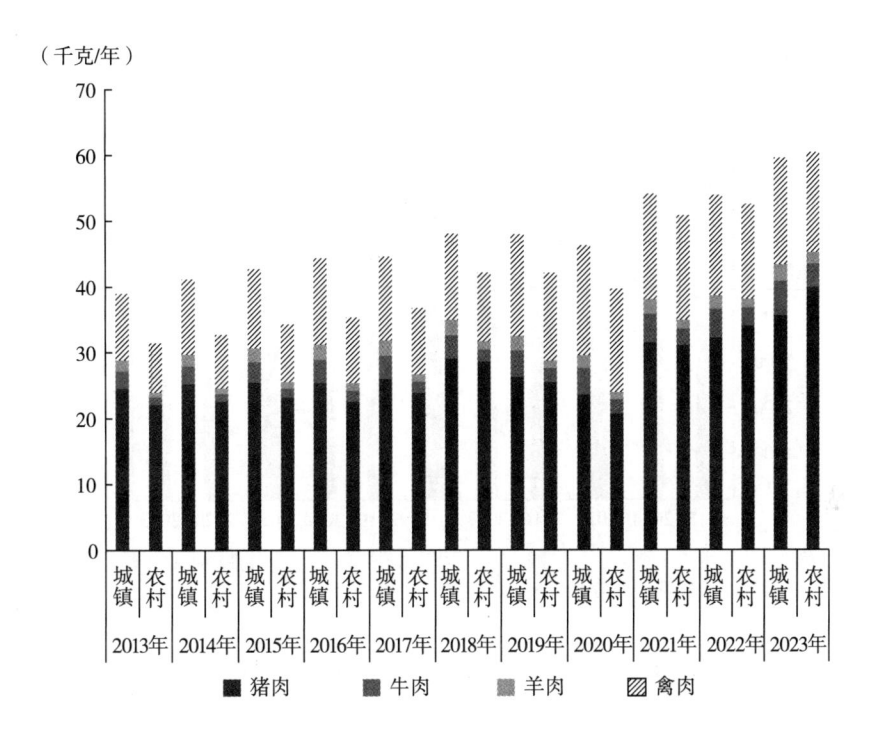

(千克/年)

图4 中国肉类人均食用消费量及结构变动（2013—2023年）

资料来源：笔者根据国家统计局数据整理计算。

蛋类、奶类和水产品的食用需求也分别实现了87.8%、3.9%和59.4%的增长。动物类食物供需规模的扩大可以间接反映为粮食需求结构变化。2024年，粮食的食用需求量为21672.5万吨，占当年粮食需求总量的25.4%，分别比2013年下降了5.5%和6.7个百分点；饲用需求量为30284.8万吨，占粮食需求总量的35.4%，分别比2013年增长94.5%和13.6个百分点（见图5）。在其他需求中，粮食工业需求的占比最高，也呈现出明显的增长趋势。

113

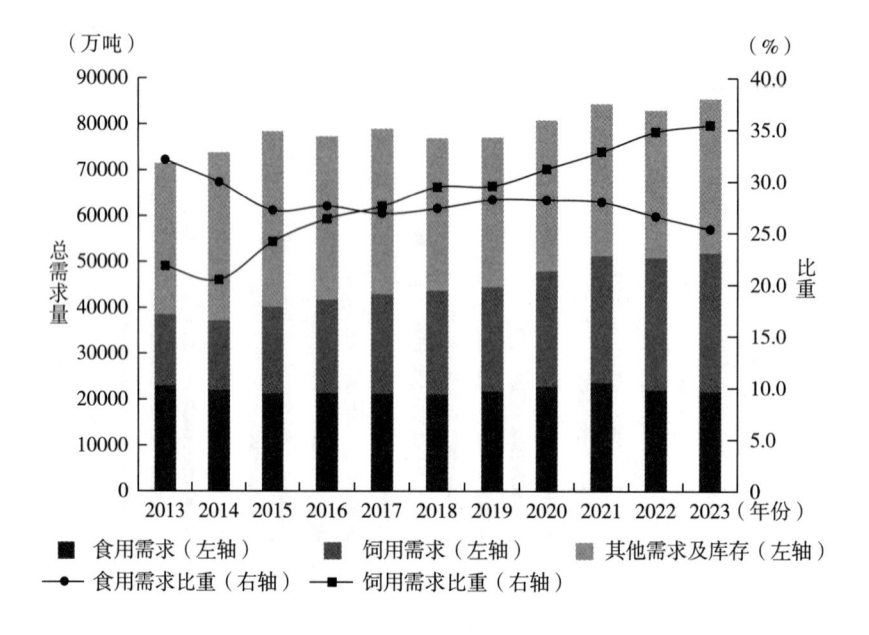

图 5　中国粮食总需求变动（2013—2023 年）

资料来源：笔者根据国家统计局、联合国粮农组织等数据整理计算。

二　"十五五"时期中国食物供需预测

进入新时代以来，中国食物供需特征变化显著，取得了历史性成就，也面临风险挑战与战略机遇，比如新一轮千亿斤粮食产能提升行动开始实施，食物营养过剩与不足并存的健康饮食问题开始引人关注，国际食物贸易环境的不确定性增强，等等。因此，科学研判"十五五"时期中国主要食物的供需形势具有必要性、重要性和紧迫性。

"十五五"时期中国食物供需预测及对策建议

（一）数据说明

本报告预测的食物品种主要有三大类，即粮食、肉类和蛋奶水产品。其中，粮食包括小麦、稻谷、玉米、大豆和其他粮食，肉类包括猪肉、牛肉、羊肉和禽肉，蛋奶水产品包括蛋类、奶类和水产品，共涵盖了12种具体食物品种。本报告的历史期设定为2000—2023年，预测期设定为2024—2030年。

历史期数据为笔者构建的2000—2023年涵盖12类品种的中国食物供需平衡表。在粮食供需平衡表中，总供给=国内产量+进口量-出口量。总需求=食用需求+饲用需求+工业需求+种用需求+损耗+其他需求+库存变化。其中，国内产量=单产×种植面积，食用需求=［城镇人均食用消费量×城镇化率+农村人均消费量×（1-城镇化率）］×总人口。为实现供需平衡，按照以下方式计算库存变化：库存变化=总供给-（食用需求+饲用需求+工业需求+种用需求+损耗+其他需求）。在肉类和蛋奶水产品的供需平衡表中，总供给=国内产量+进口量-出口量。总需求=食用需求+其他需求。其中，食用需求=［城镇人均食用消费量×城镇化率+农村人均消费量×（1-城镇化率）］×总人口。为实现供需平衡，按照以下方式计算其他需求：其他需求=总供给-食用需求。总人口和城镇化率为两个外生变量，需要在预测前给定历史期及预测期的具体数值。

单产、种植面积、国内产量数据均来源于中国国家统计局。进口量和出口量数据主要来源于中国海关总署，2015年以前年份贸易数据来源于历年《中国农产品贸易发展报告》，部分缺失品类数据从联合国粮农组织数据库（FAOSTAT）获取，稻谷及大米进出口量均折算为原粮,分类奶制品进出口量均折算成生鲜乳。城乡居民人均食用消费量原始数据来源于国家统计局,笔者对原始数据进行了二次清理和折算,统一口径并补充了在外饮食消费量,具体步骤可参考全世文和张慧云（2024）以及朱文博等（2024）的研究。同时,将粮食消费量按照FAOSTAT数据库人均消费比例拆分成小麦、稻谷、玉米、大豆和其他粮食。饲用需求、工业需求、种用需求、损耗和其他需求的数据均来源于FAOSTAT数据库的食物供需平衡表。总人口和城镇化率两个外生变量的历史期数据来源于国家统计局,预测期数据分别来源于中国人口与发展研究中心与《中国农业展望报告（2024—2033）》。

相较以往研究,本报告构建的中国食物供需平衡表实现了两个方面的优化:一是供给侧变量的数据口径完全对应于国家统计局及海关总署等中国官方口径,可以实现更广泛范围的数据可比性。二是优化调整了需求端的食用需求部分,充分考虑了城乡食物消费差异及在外饮食情况,可以获得更加稳健精准的食用需求数据。

（二）方法说明

供需平衡表中的变量包括基础变量和建构变量,其中需要预测的是基础变量,建构变量可以运用预测出来的基础变量进行二次计算得到。粮食的预测变量有11个,包括种植面积、单产、进口量、出口量、城镇人均食用消费量、农村人均食用消费量、饲用需求、工业需求、种用需求、损耗、其他需求。需二次计算的建构变量包括总供给、国内产量、总需求、食用需求、库存变化。肉类和蛋奶水产品的预测变量有5个,包括国内产量、进口量、出口量、城镇人均食用消费量、农村人均食用消费量。需二次计算的建构变量包括总供给、总需求、食用需求、其他需求。

在基础变量的预测中，本报告采用时间序列方法和机器学习方法的组合预测。其中，时间序列方法采用Prophet模型，其是由Facebook开发的时间序列预测工具，该方法主要用于开展结构化时间序列分析，是ARIMA模型等传统统计学方法的现代化扩展。其核心思想是采用加性回归模型（趋势项+季节项+节假日项），通过分段线性或逻辑函数拟合非线性趋势，并内置自动检测突变点的机制，在中短期预测中适用于趋势主导型变量，具有较强的趋势稳定性。机器学习方法采用XGBoost模型，其是监督学习的代表性方法。该模型属于集成学习（Ensemble Learning）中基于决策树的梯度提升框架，其核心思想是通过集成多棵弱分类树实现高精度预测，能够处理结构化特征间的复杂关系，在中短期预测中适用于政策敏感型变量，具有较强的灵活适应性。本报告最终采用二者的加权组合模型，既能利用Prophet模型对时间序列规律的捕捉能力和建模优势，确保基本趋势稳定性，又能发挥XGBoost模型处理复杂特征关系的优势，在保证预测稳定性的同时提升对突发事件的响应能力，最终在预测稳定性与灵活性之间达到最优平衡。本报告的预测方法不完全依赖于数理模型，还同时嵌入专家经验判断。

（三）预测结果分析

表2展示出了"十五五"末期（2030年）中国食物供给侧重点变量的预测结果，包括总供给、国内产量、经济口粮以及自给率。表3展示出了食物需求侧重点变量的预测结果，包括总需

求、食用需求、饲用需求、工业等其他需求。

1. 粮食总需求预计突破 8.8 亿吨，国内自给能力稳中有增

"十五五"时期，粮食总需求（总供给）持续增长，预计突破 8.8 亿吨。预测结果显示，2030 年，中国粮食总需求将达到 88478.1 万吨，比 2023 年增长 3.5%。与现有机构的预测结果相比（见表 4），本报告对粮食总需求的预测结果相对稳健，略低于经合组织与粮农组织（OECD-FAO）的预测结果（91551.3 万吨）和中国农业科学院（89712.9 万吨）的预测结果，但是略高于农业农村部农产品市场分析预警团队（86007.0 万吨）和美国农业部（USDA）（86869.0 万吨）的预测结果。

"十五五"时期，粮食产量预计突破 7.4 亿吨。2030 年粮食产量达到 74806.2 万吨，比 2023 年增长 7.6%，可以实现千亿克的粮食增产，粮食综合生产能力进一步增强。其中，种植面积保持稳定，略降 0.6%，仍然保持在 17.5 亿亩以上；单产提高是粮食增产的关键动力，2030 年粮食单产达到 421.8 千克/亩，增幅达到 8.2%，实现了每亩 420 千克左右的目标。背后原因在于，新一轮千亿斤粮食产能提升行动开始实施，稳面积、增单产、提品质、强科技是未来五年的主攻方向，尤其是粮油等主要作物大面积单产提升行动将进入深入推进期，以大面积单产提升为核心动能的粮食增产模式将在"十五五"时期发挥关键效能。从具体品种来看，2030 年，小麦、稻谷、玉米和大豆的产量分别达到 15151.4 万吨、21643.6 万吨、31366.8 万吨和 2161.3 万吨，分别比 2023 年增长 10.9%、4.8%、8.6% 和 3.7%，受限于国内资源环境约束及农作物间比较收益较低的劣势，大豆增产难度依然较大，幅度略低于谷物。

"十五五"时期，粮食净进口量将有所减少，自给能力稳中有增。预测结果显示，2030年，粮食净进口量预计下降至13613.8万吨，比2023年下降14.6%，背后原因在于，农产品贸易与生产协调机制逐步完善，在国内产量增长、消费增速放缓以及国际市场环境趋紧的多重背景下，粮食进口动力有所减弱。粮食自给率预计达到84.6%，谷物和口粮自给率分别为95.3%和96.9%，呈现稳中有增的趋势。其中，小麦和玉米的净进口量将明显回落，降幅分别为17.7%和18.8%，主要原因是国内产能不断提升降低了进口需求。稻谷净进口增长较快，主要原因在于，国际稻谷出口紧缩和价格上涨导致2023年是中国稻谷进口量的低谷，从而拉高了2023—2030年的增长率。大豆净进口量在2030年将高位下降至8517.8万吨，比2023年下降14.3%，大豆自给率提高至20.2%。主要原因可能是，人口基数下降、健康饮食意识增强、生猪产能稳定以及饲用豆粕减量替代政策等因素导致大豆总需求显著下降，在国内供给增长和国际贸易摩擦存在的背景下，大豆净进口明显下降。

2. 粮食食用需求将持续下降，工业等其他需求较快增长

"十五五"时期，粮食食用需求呈现下降趋势，饲用需求小幅增长，工业等其他需求增长较快。预测结果显示，2030年，粮食食用需求量预计为17444.9万吨，比2023年下降19.5%。食用需求主要来源于口粮，其中，小麦和稻谷的食用需求分别下降29.4%和12.5%，主要原因：一方面是总人口规模的下降，另一方面是食物消费升级及人口老龄化等因素导致的城乡居民人均

表2 "十五五"末期（2030年）中国食物供给预测结果

食物类别	总供给（万吨）基期(2023年)	总供给 预测期(2030年)	较基期增减	国内产量 基期(2023年)	国内产量 预测期(2030年)	较基期增减	净进口量 基期(2023年)	净进口量 预测期(2030年)	较基期增减	自给率（%；百分点）基期(2023年)	自给率 预测期(2030年)	较基期增减
粮食	85475.0	88478.1	3.5	69541.0	74806.2	7.6	15934.0	13613.8	-14.6	81.4	84.6	3.2
谷物	67248.4	71537.1	6.4	63203.5	68161.8	7.8	4044.9	3375.3	-16.6	94.0	95.3	1.3
口粮	35652.2	37967.8	6.5	34319.3	36795.0	7.2	1332.9	1172.8	-12.0	96.3	96.9	0.6
小麦	14848.4	16130.4	8.6	13658.9	15151.4	10.9	1189.5	979.0	-17.7	92.0	93.9	1.9
稻谷	20803.8	21837.3	5.0	20660.4	21643.6	4.8	143.4	193.7	35.1	99.3	99.1	-0.2
玉米	31596.2	33569.4	6.2	28884.3	31366.8	8.6	2711.9	2202.6	-18.8	91.4	93.4	2.0
大豆	12018.0	10679.1	-11.1	2084.2	2161.3	3.7	9933.9	8517.8	-14.3	17.3	20.2	2.9
其他粮食	6208.5	6261.9	0.9	4253.3	4483.2	5.4	1955.3	1778.8	-9.0	68.5	71.6	3.1
肉类	10142.5	10334.7	1.9	9641.0	9758.3	1.2	501.5	576.4	14.9	95.3	94.4	-0.8
猪肉	5942.9	5938.5	-0.1	5794.3	5697.2	-1.7	148.6	241.3	62.4	97.5	95.9	-1.6
牛肉	1025.7	1001.8	-2.3	752.7	744.1	-1.1	273.0	257.7	-5.6	73.4	74.3	0.9
羊肉	574.5	603.7	5.1	531.3	561.0	5.6	43.2	42.7	-1.3	92.5	92.9	0.5
禽肉	2599.4	2790.8	7.4	2562.7	2756.0	7.5	36.7	34.8	-5.2	99.4	98.8	-0.7
蛋奶水产品	17140.7	17977.1	4.9	14875.9	15759.8	5.9	2264.8	2217.3	-2.1	86.8	87.7	0.9
蛋类	3546.3	3660.5	3.2	3563.0	3676.3	3.2	-16.7	-15.7	-5.6	100.5	100.4	0.0
奶类	6341.4	6659.2	5.0	4196.7	4525.6	7.8	2144.8	2133.7	-0.5	66.2	68.0	1.8
水产品	7252.9	7657.4	5.6	7116.2	7558.0	6.2	136.7	99.4	-27.3	98.1	98.7	0.6

资料来源：笔者根据相关资料计算。

"十五五"时期中国食物供需预测及对策建议

表3　"十五五"末期（2030年）中国食物需求预测结果

食物类别	总需求（万吨）基期（2023年）	总需求（万吨）预测期（2030年）	总需求较基期增减	食用需求（万吨）基期（2023年）	食用需求（万吨）预测期（2030年）	食用需求较基期增减	饲用需求（万吨）基期（2023年）	饲用需求（万吨）预测期（2030年）	饲用需求较基期增减	工业等其他需求（%；百分点）基期（2023年）	工业等其他需求预测期（2030年）	工业等其他需求较基期增减
粮食	85475.0	88478.1	3.5	21672.5	17444.9	-19.5	30284.8	31030.9	2.5	33517.6	40002.3	19.3
谷物	67248.4	71537.1	6.4	19204.4	15589.1	-18.8	27980.7	28929.6	3.4	20063.4	27018.4	34.7
口粮	35652.2	37967.8	6.5	18599.1	15168.1	-18.4	4852.9	4744.4	-2.2	12200.2	18055.3	48.0
小麦	14848.4	16130.4	8.6	6537.5	4616.5	-29.4	3500.2	3865.3	10.4	4810.8	7648.7	59.0
稻谷	20803.8	21837.3	5.0	12061.6	10551.6	-12.5	1352.8	879.1	-35.0	7389.4	10406.7	40.8
玉米	31596.2	33569.4	6.2	605.3	421.1	-30.4	23127.7	24185.2	4.6	7863.2	8963.1	14.0
大豆	12018.0	10679.1	-11.1	457.8	371.8	-18.7	—	—	—	11560.5	10307.2	-10.8
其他粮食	6208.5	6261.9	0.9	2010.6	1483.9	-26.2	2304.2	2101.3	-8.8	1893.7	2676.7	41.3
肉类	10142.5	10334.7	1.9	8438.6	9109.4	7.9	—	—	—	1703.8	1225.4	-28.1
猪肉	5942.9	5938.5	-0.1	5220.2	5574.9	6.8	—	—	—	722.7	363.6	-49.7
牛肉	1025.7	1001.8	-2.3	659.9	750.8	13.8	—	—	—	365.8	251.0	-31.4
羊肉	574.5	603.7	5.1	316.8	336.2	6.1	—	—	—	257.6	267.5	3.8
禽肉	2599.4	2790.8	7.4	2241.8	2447.5	9.2	—	—	—	336.1	343.3	2.2
蛋奶水产品	17140.7	17977.1	4.9	8649.0	7448.8	-13.9	—	—	—	8491.7	10528.3	24.0
蛋类	3546.3	3660.5	3.2	2404.9	2460.0	2.3	—	—	—	1141.4	1200.5	5.2
奶类	6341.4	6659.2	5.0	3456.2	2107.9	-39.0	—	—	—	2885.3	4551.3	57.7
水产品	7252.9	7657.4	5.6	2787.9	2880.9	3.3	—	—	—	4465.0	4776.5	7.0

注："—"表示无此类需求，大豆无直接饲用需求，其压榨需求归于工业需求。
资料来源：笔者根据相关资料计算。

粮食食用消费量的下降。2030年,粮食的饲用需求预计达到31030.9万吨,比2023年增长2.5%。其中,口粮的饲用需求略有下降,在畜牧业生产稳定发展的态势下,饲料粮的饲用需求继续增长。同时,粮食的工业等其他需求较快增长,比2023年增长19.3%,主要原因在于食品科技进步、食品工业发展以及食品产业链延伸将会促进粮食加工业快速崛起,小麦、稻谷和玉米的工业等其他需求预计增长59.0%、40.8%和14.0%。

3. 畜牧业生产将进入稳定调整期,动物类食物食用需求将持续增长

"十五五"时期,肉类的总需求量(总供给量)将稳中有增。预测结果显示,2030年,中国肉类总需求量将达到10334.7万吨,比2023年增长1.9%,年均增长0.3%。本报告的预测结果(10334.7万吨),与农业农村部农产品市场分析预警团队(10155.8万吨)以及经合组织与粮农组织(OECD-FAO)(10298.4万吨)的预测结果相近,但是略高于中国农业科学院(9922.0万吨)以及美国农业部(USDA)(8927.8万吨)的预测结果。

"十五五"时期,畜牧业生产将进入稳定调整期,供给结构逐步优化。预测结果显示,2030年,肉类产量预计达到9758.3万吨,比2023年增长1.2%。肉类生产结构持续优化,猪肉和牛肉产量将略有回落,分别下降1.7%和1.1%,羊肉和禽肉产量显著增长,增幅分别为5.6%和7.5%。生猪产能调控将进入稳定发展期,猪肉产量虽有所下降,但仍处于历史高位,超过2013—2023年的平均水平约400万吨,猪肉市场供应充足。2030年,肉类净进口量预计达到576.4万吨,比2023年增长

14.9%。除猪肉净进口量继续增长外，牛肉、羊肉和禽肉的净进口量均呈现不同程度的下降，降幅分别为5.6%、1.3%和5.2%。牛肉进口下降的原因可能是，国内牛羊肉产品的市场竞争力不断增强，叠加部分保护国内产业的进口限制性措施影响，中国对国际牛羊肉的依赖性明显下降，羊肉和禽肉的进口规模本身很小，进口变化对国内供给的影响较小。

"十五五"时期，动物类食物食用需求将持续增长，肉类消费仍未达到饱和。预测结果显示，2030年，中国肉类食用需求预计达到9109.4万吨，比2023年增长7.9%，年均增长率为1.1%，明显低于2013—2023年的年均增长速度（5.7%）。其中，猪肉、牛肉、羊肉、禽肉的食用需求分别增长6.8%、13.8%、6.1%和9.2%，虽仍未呈现饱和点，但增速已明显放缓。在蛋奶水产品中，蛋类和水产品的食用需求分别呈现出2.3%和3.3%的增幅，但是奶类食用需求呈现下降趋势。随着居民收入稳步增长与城镇化水平不断提高，动物类食物的食用消费需求呈现出边际递减式的增长趋势，主要因为居民的健康饮食观念增强，逐步控制肉类消费来避免营养过剩和超重肥胖，同时更偏向于脂肪含量相对较低的牛肉和禽肉。

表4　　　2030年中国食物总供给（总需求）预测结果的比较　　单位：万吨

食物类别	《中国农村发展报告（2025）》	农业农村部农产品市场分析预警团队《中国农业展望报告（2024—2033）》	中国农业科学院《中国农业产业发展报告（2024）》	经合组织与粮农组织（OECD-FAO）Agricultural Outlook 2024—2033	美国农业部（USDA）2024 International Long-term Projections to 2033
粮食	88478.1	86007.0	89712.9	91551.3	86869.0

续表

食物类别	《中国农村发展报告（2025）》	农业农村部农产品市场分析预警团队《中国农业展望报告（2024—2033）》	中国农业科学院《中国农业产业发展报告（2024）》	经合组织与粮农组织（OECD-FAO）Agricultural Outlook 2024—2033	美国农业部（USDA）2024 International Long-term Projections to 2033
谷物	71537.1	68865.0	70937.6	68777.3	69524.0
口粮	37967.8	36670.0	37163.1	35806.9	36842.6
小麦	16130.4	15082.0	15033.8	14616.3	15203.9
稻谷	21837.3	21588.0	22129.3	21190.7	21638.7
玉米	33569.4	32195.0	33774.6	32970.4	32681.4
大豆	10679.1	11320.0	11991.0	12980.5	15028.1
其他粮食	6261.9	5822.0	6784.3	9793.6	2316.9
肉类	10334.7	10155.8	9922.0	10298.4	8927.8
猪肉	5938.5	5559.0	5878.8	6051.7	6209.0
牛肉	1001.8	1096.0	1139.6	1171.9	1195.9
羊肉	603.7	627.8	614.8	591.3	—
禽肉	2790.8	2873.0	2288.8	2483.4	1522.8
蛋奶水产品	17977.1	18766.0	18227.2	14574.2	—
蛋类	3660.5	3663.0	3141.1	3577.6	—
奶类	6659.2	7114.0	6785.2	3821.2	—
水产品	7657.4	7989.0	8300.9	7175.4	—

注："—"表示数据缺失。根据原始数据调整并统一了总供给（总需求）的计算方式以便横向比较，即总供给=国内产量+进口量-出口量=总需求。

资料来源：笔者根据相关资料整理计算。

三 "十五五"时期实现食物高质量供需平衡的对策建议

根据本报告预测，"十五五"时期，粮食总需求预计突破

8.8亿吨，畜牧业生产将进入稳定调整期，肉类供给结构优化，粮食食用需求明显下降，工业等其他需求较快增长，动物类食物食用需求继续增长。同时，也面临增产难度加大、贸易不确定性增强、出口竞争力不足、优质食物消费不振等一系列风险与挑战。为实现"十五五"时期中国食物高质量供需平衡发展，提出以下四个方面对策建议。

（一）构建与需求相适应的多元化食物供给体系

转变粮食安全战略思维。为了更高质量满足居民多元化食物消费和营养健康需求，需将大食物观深度融入国家粮食安全战略中，立足新发展阶段推动粮食安全战略思维从底线思维向发展思维转变，在确保"谷物基本自给、口粮绝对安全"的基础上，向持续增强粮食等重要农产品供给保障能力转变，兼顾品种供需平衡、区域供需平衡以及群体供需平衡，切实有效实现供给适配需求的食物高质量动态平衡。

分层次构建多元化食物供给体系。为适应消费需求变化，按照保能量底线、保蛋白发展、保全面营养的梯度，设置三层级的供给保障优先序。第一层级为口粮、食用油、猪肉与蔬菜。据笔者测算，2023年这四类食物提供的能量占中国居民能量摄入量的87.1%，这意味着，确保第一层级食物的充足安全供给能够实现能量保障的底线目标。第二层级是饲料粮、奶制品、牛羊肉、水产品。这四类农产品的进口依存度高，且主要用于满足居民的优质蛋白需求，确保第二层级食物充足安全供给能够实现蛋白摄入保障。第三层级是蛋类、水果、食糖、功能性食品以及新型食品等其他食物。三个层级的食物供给体系可以充分满足消费者对食物的品质化、营养化、多元化需求。

（二）设定更加科学合理的食物自给率目标水平

设定差异化的食物自给率目标水平。根据不同层级的食物供给优先序，实施战略食物品种差异化管理。坚持"谷物基本自给、口粮绝对安全"，以底线思维科学设定小麦、稻谷和玉米的自给率目标。针对大豆、牛肉和奶类等"战略短板"品类设定弹性自给率区间目标。以大豆为例，据笔者前期测算，如果国内大豆单产对标世界大豆最高单产和巴西大豆单产，大豆产量可分别达到3716万吨和2755万吨（朱文博等，2022），假定以2024年大豆净进口量10496万吨计算，大豆自给率可分别达到26.1%和20.8%。对此，从平衡国内外资源禀赋差异及国内农民比较收益的角度出发，大豆自给率以突破20%为中短期目标，同步设定25%—30%的动态调整区间以推动长期可持续增产。

重构食物自给率测算体系。现有自给率测算方法存在概念范畴界定不清楚、综合性分析框架欠缺、简单加总法忽视了粮食品种差异、分品类分析忽视了品类间的替代性和重要性等问题。因此，亟须建立新时代新形势下的中国特色食物自给率测度体系，明确概念边界，建立统一分析框架，加强理论支撑，通过跨学科研究提升测度体系的科学性与稳定性，最终实现食物自给率测算兼具基础理论深度和应用对策价值。

（三）化解饲料粮等重点食物的国际供应链风险

精准化解重点食物品种的进口风险。根据笔者测算，2024年大豆、牛肉、奶类的自给率明显低于其他食物，食用植物油的自给率也较低。要聚焦这四类重点食物，全面识别进口依赖风险、进口集中风险以及过度进口风险。立足国内，确保产能，进一步以自给率目标为导向，降低对国际市场的依赖程度。拓展多元化进口渠道，优化进口来源国结构，优先深化与巴西、阿根廷、俄罗斯等国的长期采购协议，开拓非洲、东欧等新兴粮食产区，通过农业投资合作建立"备份供应链"，确保重点食物供应链安全可控。科学合理调控重点食物进口规模和节奏，防止进口过快增长冲击国内市场，确保国内农民利益和农业产业安全。

完善风险预警与应急补贴机制。建立全链条监测预警平台，整合多部门数据，构建中国独立自主的农产品供需平衡表，防范其他国家利用农产品供需平衡信息干预国际贸易市场预期。构建"农产品贸易风险指数"等监测指标，实时监测重点食物产区天气、政策变动及国际航运动态。设立专项应急基金，对因关税调整导致成本激增的企业给予临时补贴，防止价格传导至下游养殖、食品加工行业。

（四）引导符合中国人自身特点的健康饮食消费

要优化和传扬中国健康饮食模式。传承和推广中华优秀饮食文化，坚持传统中国饮食模式的主流地位，博采众长汲取全球其他饮食模式的优点。倡导以谷物为主的平衡饮食模式，提倡多样饮食，保持蔬菜摄入水平，增加杂粮、豆类、奶类、水产品消费，减少油脂、炸物和加工食品消费。可以将北美、欧洲等西方饮食作为调节而适量摄入，但要防范和避免此类饮食模式在青少年群体中大范围流行。加强膳食指南中健康饮食标准和饮食相关疾病的信息传播，防范饮食疾病风险。

要推动中国食品加工业健康转型。为避免欧洲和北美因食品加工业快速发展给居民饮食健康带来的负面影响，要引导中国食品加工业健康转型，加大政策和资金向中国特色的健康食品制造的倾斜力度。依托科技创新减少食品添加剂使用，推动加工食品配料表更"干净"。创建新型健康食品标识体系，促进健康食品更易识别。加快特殊群体膳食食品定向开发，推动食药物质开发利用。

参考文献

农业农村部农产品市场分析预警团队：《中国农业展望报告（2024—2033）》，中国农业科学技术出版社2024年版。

全世文、张慧云：《中国城乡居民食物消费趋同性研究》，《中国农村观察》2024年第5期。

中国农业科学院组织编写：《中国农业产业发展报告（2024）》，中国农业科学技术出版社2024年版。

朱文博等：《中国城乡居民健康饮食评价研究》，《世界农业》2024年第3期。

朱文博等：《中国大豆生产自给的潜力、路径与挑战》，《华南师范大学学报（社会科学版）》2022年第3期。

OECD/FAO, *OECD-FAO Agricultural Outlook 2024–2033*, Paris/FAO, Rome: OECD Publishing, 2024.

Office of the Chief Economist, World Agricultural Outlook Board, U.S. Department of Agriculture, 2024, "USDA Agricultural Projections to 2032", https://www.ers.usda.gov.

"十五五"时期建立分层分类帮扶制度的思路与重点任务

檀学文[*]

摘　要： 中国下一阶段的农村低收入人口和欠发达地区帮扶应面向共同富裕远景目标，以十年为周期制定战略和编制规划，实现常态化帮扶机制，着力推动内生性发展，缩小三大差距。尽管改革方向已经明确但改革思路和方案仍需明晰、具体化。对此，本报告提出要立足当前、面向长远，保基本、促发展，确立锚定共同富裕目标、坚持系统观念、坚持稳中求进的总体思路。根据中央改革目标，本报告归纳统筹建立农村低收入人口和欠发达地区分层分类帮扶制度的六大重点任务，最终实现制度协同和统筹治理。

关键词： 农村低收入人口；欠发达地区；分层分类帮扶制度；统筹治理

---

[*] 檀学文，经济学博士，中国社会科学院农村发展研究所研究员、贫困与福祉研究室主任，主要研究方向为贫困与福祉。

Ideas and Key Tasks for Coordinately Establishing Stratified and Categorized Assistance Instituions During the 15th Five-Year Plan Period

Tan Xuewen

Abstract: China's next-phase assistance policies for rural low-income population and less-developed areas must target at the long-term goal of common prosperity. Strategic plans of ten years are essential to transiting toward regularized assistance mechanisms, with a focus on enhancing endogenous development capacity so as to narrow urban-rural, regional, and personal disparities. While the reform direction is clear, the pathways remain unclear. It is proposed that we must balance immediate situations and long-term incentives, promote further development upon securing basic demands, and then establish the overall idea of anchoring the goal of common prosperity, adhering to the systemic concept and making progress while maintaining stability. Centered on central reform objectives, six prior tasks are elaborated in order to coordinately establish institutions on stratified and categorized assistance for low-income rural population and less-developed

Areas, with the final goal of institutional synergy and coordinated governance.

Key Words: Rural Low-Income Population; Less-Developed Areas; Stratified and Categorized Assistance Institutions; Coordinated Governance

根据党的二十届三中全会精神，中国要完善覆盖农村人口的常态化防止返贫致贫机制，建立农村低收入人口和欠发达地区分层分类帮扶制度。2025年中央一号文件提出，要统筹建立农村防止返贫致贫机制和低收入人口、欠发达地区分层分类帮扶制度。《乡村全面振兴规划（2024—2027年）》提出，到2027年农村低收入人口和欠发达地区分层分类帮扶制度基本建立。中国的农村低收入人口和欠发达地区帮扶将是常态化的和面向长远的。建议借鉴中国两轮农村扶贫开发十年纲要的成功经验，以十年为周期制定低收入人口和欠发达地区共享发展战略，编制农村低收入人口和欠发达地区常态化帮扶十年纲要，以分层分类帮扶制度实现常态化帮扶。

一 "十四五"时期帮扶工作的主要进展

"十四五"时期，中国设立巩固脱贫成果过渡期，开展防止返贫监测帮扶，支持脱贫人口和脱贫地区巩固脱贫成果，分层分类识别监测低收入人口，大大缓解了返贫风险的冲击，实现农村低收入人口和欠发达地区同步发展的势头，并在体制机制改革以及政策转型方面进行了探索。

（一）建立防止规模性返贫体制机制

2021年以来，中国将防止规模性返贫作为底线任务，逐步建立起防止返贫体制机制。一是逐步形成了以省为单位的防止返贫监测标准，并逐年动态调整。该监测标准由年人均纯收入和"三保障"组成，其中的人均收入标准大体处于8000—9000元，显然已远远高于按照用CPI调整的原扶贫标准。二是逐步建立了以大数据预警核查与经常性走访核查相结合的快速响应机制。从发现返贫风险线索到确立帮扶资格以及享受帮扶政策通常只需要半个月左右，程序也较过去的精准扶贫大为简化。三是将防止返贫对象划分为脱贫不稳定户、边缘易致贫户和刚性支出困难户，确立开发式帮扶和社会保障相结合的基本帮扶机制。对防止返贫对象的帮扶方式类似于精准扶贫，直至风险隐患消除为止。近年来，每年纳入防止返贫监测帮扶的对象都是600多万人，其中约65%可较快地消除风险。2024年，全国有540多万防止返贫致贫监测对象稳定消除风险（许健民，2025）。

（二）对脱贫地区和脱贫人口保持帮扶政策总体稳定

根据《中共中央 国务院关于实现巩固拓展脱贫攻坚成果同乡村振兴有效衔接的意见》，过渡期内保持现有主要帮扶政策总体稳定，并逐项分类优化调整。政策总体稳定主要表现在以下几个方面：一是将原财政专项扶贫资金调整为衔接推进乡村振兴资金，年度资金规模在2020年扶贫资金基础上只增不减，2024年达到1770亿元。二是脱贫县继续享受新增建设用地指标、财政涉农资金整合使用、小额信贷等帮扶政策。三是将脱贫人口纯收入和脱贫地区农村居民人均可支配收入增长作为过渡期政策的重要考核指标，并且通过就业帮扶、产业带动等方式加以保障。中国每年将超过一半的中央财政衔接资金投入到产业帮扶中，年均脱贫人口就业规模达到3200万人，成为脱贫人口收入快速增长的决定性因素。政策优化的主要方式有：由产业扶贫转向发挥帮扶产业带动作用，加大消费帮扶力度，实行易地搬迁后续扶持政策等。

（三）实行乡村振兴重点帮扶县政策

2021年7月，国家乡村振兴局发布了《关于支持国家乡村振兴重点帮扶县的实施意见》，并公布160个国家乡村振兴重点帮扶县名单，均位于西部地区。对重点帮扶县，主要从中央财政衔接资金及涉农资金统筹整合、金融帮扶、新增建设用地指标以及增减挂钩结余指标跨省调剂、干部招聘以及科技文化人才选派、项目建设、生态帮扶、社会帮扶等方面加大专项以及倾斜支持力度。中央财政涉农资金统筹整合试点政策2021—2023年在脱贫县延续使用，2024—2025年调整为重点帮扶县；过渡期内为重点帮扶县每年每县安排新增建设用地计划指标600亩；按照"一县一业"模式选派科技特派团；按照最低缴费档次为低保对象、特困人员、返贫致贫人口、重度残疾人参加城乡居民养老保险代缴部分或全部保费。除此以外，中西部省份还参照中央政策，自主识别省级乡村振兴重点帮扶县，实施帮扶政策并开展省内协作帮扶。

（四）维持和优化东西部协作、定点帮扶、驻村帮扶等基本帮扶制度

在过渡期，中国对农村扶贫期间的一些行之有效的基本帮扶制度予以保留和适度调整。一是将东西部扶贫协作调整为东西部协作，对省际协作结对关系进行微调，基本实现"一对一"结对关系。继续保留省、市、县、乡镇、村等各级协作结对关系。二是将中央单位定点扶贫调整为定点帮扶，适当调整优化，安排有能力的部门、单位和企业承担更多责任。三是继续实行驻村帮扶并进行优化，将帮扶村分为脱贫村和易地搬迁安置社区、乡村振兴任务重的村以及党组织软弱涣散村三类，分类选派。四是将"万企帮万村"行动调整优化为"万企兴万村"行动，通过工商联系统发挥民营企业积极作用。

（五）开展低收入人口动态监测和分层分类动态救助帮扶

2021年起，民政部在社会救助制度基础上，开展城乡低收入人口动态监测和分层分类救助帮扶。其所识别和界定的低收入人口分为六类，即低保对象、特困人员、防止返贫监测对象、最低生活保障边缘家庭成员、刚性支出困难家庭成员、其他困难人员。到2024年5月，全国低收入人口动态监测平台监测对象达到8015万人（民政部，2024）。对低收入人口，2021年中央一号文件提出，实行分层分类帮扶，对有劳动能力的农村低收入人口坚持开发式帮扶，对无法通过产业就业获得稳定收入的人口纳入社会救助。各类低收入人口当中，最受关注的莫过于新增的低

"十五五"时期建立分层分类帮扶制度的思路与重点任务

保边缘户。一些地方可能对他们给予了就业帮扶以及专项救助，而在一些政策衔接并轨试点地区，镇、村将各类符合条件的低收入人口统筹纳入产业及就业帮扶。但是整体上，防止返贫帮扶以及巩固脱贫成果政策仍由农业农村部门实施，对六类低收入人口则仍以社会救助为政策主基调。

二 "十五五"时期帮扶工作面临的形势与挑战

中国农村低收入人口和欠发达地区与其他群体和地区的发展差距自2016年以来都有显著缩小，但近两年差距缩小势头明显减弱。对低收入人口和欠发达地区，都存在由于口径不明和可信数据缺失而导致的难以准确判断其当前形势以及变化趋势的问题。在"十四五"时期过渡期本应针对构建常态化帮扶机制的战略安排而在工作体制机制上做出及时的响应，但调整优化未达预期，使"十五五"时期的规划编制和工作安排面临复杂形势。

（一）脱贫人口增收较快但农村低收入人口收入差距扩大

目前，按照民政部门口径界定的农村低收入人口尚无准确的统计数据，故本报告选择脱贫人口、防止返贫监测对象、统计上的五等份分组的低收入组人口的收入数据进行分析。2020年，脱贫人口人均纯收入为1.07万元，2023年该收入提高到1.64万元，年均递增15.13%，增幅明显高于农村人均可支配收入，尽管口径不同，但两者差距缩小的趋势是可信的。2020年，防止返贫监测对象人均纯收入为8325元，相当于脱贫人口人均纯收入的77.51%。2023年，监测对象人均纯收入提高到1.34万元，年均递增17.31%，达到当年脱贫人口人均纯收入的81.99%，差距同样在缩小。不仅如此，脱贫人口内部最低收入组与中间收入组的收入差距也是趋于缩小的。另外，根据统计上的五等份分组数据，低收入组农村居民人均可支配收入在2020年和2024年分别为4681元和5410元，年均递增仅3.68%。由低收入组和中等偏下收入组构成的最低40%人口的人均收入，在2020年和2024年分别为7536.5元和9354元，年均递增5.55%，增速仍低于同期农村居民人均可支配收入增速。不仅农村中低收入组的居民收入增速偏慢，而且农村内部居民收入差距趋于扩大，中间收入户与低收入户人均可支配收入比从2020年的3.14提高到2024年的3.57。可见，脱贫人口较快增收与农村内部收入差距扩大现象并存。

（二）脱贫地区发展差距趋于缩小但脱贫县发生较明显分化

对欠发达地区，目前有两种口径，即政府帮扶意义上的脱贫地区以及学术研究中通过自行设定标准识别的欠发达县。对脱贫地区发展形势，公开可得的统计数据是农村居民人均可支配收入。2024年，全国脱贫地区农村居民人均可支配收入达到17522元，相当于全国农村居民人均可支配收入的75.79%。该比例在2013年仅为64.48%，在2022年以前提升较快，但近两年明显减速，分别下降0.5个和0.2个百分点。脱贫县与其他县的整体性差距虽然趋于缩小，但整体上仍然保持较高的水平。与此同时，经过十年帮扶与发展，脱贫县发生明显分化。据研究，2010—2020年，全国县域根据增长状态可分为高基数高增长、高基数低增长、低基数高增长、低基数低增长四种类型（魏后凯、李瑞鹏，2023）。如果根据特定的内涵理解重新界定欠发达县，则832个脱贫县中有约40%可不再列为欠发达县，另外有40—120个非脱贫县应纳入欠发达县。新识别出的欠发达县具有经济规模总体量小、居民收入水平低且收入差距较大、产业结构整体水平低、县域基础设施和基本公共服务落后等共同特征。[①]

（三）工作体制及帮扶机制调整优化不如预期

"十四五"时期，中国对低收入人口和欠发达地区的帮扶体制机制调整进行了探索。中国的农村扶贫采取的是典型的举国体制，各级党委、政府对贫困县帮扶退出和贫困人口帮扶退出一体化推进。"十四五"时期，中国将扶贫办系统改制为乡村振兴局，后又整体并入农业农村部门，承担欠发达地区和脱贫人口帮扶、东西部协作、防止返贫等职能。另外，民政部门在社会救助对象基础上新增了低保边缘家庭、刚性支出困难家庭等对象，形成基于救助帮扶理念的分层低收入人口概念，但是其分类帮扶的跟进较为滞后。总体来看，发展改革委系统缺少对欠发达地区识别和帮扶的参与，农业农村部门在农村低收入人口认定及开发式帮扶方面缺少有力举措，而民政部门的低收入人口救助帮扶职能受限明显，相互之间也缺少必要的协调。

[①] 感谢吴国宝研究员、李瑞鹏博士后提供了其尚未公开发表的测算数据及部分分析结果。

(四) 经济发展形势不确定性增强

当前和今后一段时间，中国及世界经济都面临剧烈变革，在推进高质量发展总体格局下，中国经济保增长、保就业压力巨大，新质生产力发展将引起就业结构和就业需求的巨大变化，对低素质劳动力的冲击尤其严重，地方政府财政能力紧张也对进一步扩大对低收入人口的救助帮扶能力有明显的限制。

三 建立分层分类帮扶制度的总体思路

为了落实党的二十大以来的战略改革取向，在"十五五"时期，中国需要立足当前、面向长远，保基本、促发展，为低收入人口和欠发达地区常态化帮扶制定一个良好的战略与制度框架，并调整优化适应新时期发展形势的帮扶政策体系。

(一) 锚定共同富裕目标，确立缩小三大差距总体战略框架

为实现到2035年共同富裕取得实质性进展的远景目标，中国需着力推动低收入人口和欠发达地区内生性发展，在此基础上将地区差距、城乡差距和人群差距缩小至合理范围。为此，中国需完善缩小三大差距的战略体系。中国的区域协调发展战略体系已经相对完备，下一步需要建立欠发达地区常态化帮扶战略并实现与其他区域战略的协同。中国的城乡融合发展战略体系也已经基本完备，下一步重点是完善乡村振兴与新型城镇化协同推进机

制。中国在缩小人群差距方面的战略则还很不健全，导致虽然城乡差距缩小但城镇和乡村内部差距趋于扩大。开展低收入人口常态化帮扶应以缩小低收入人群发展差距为目标而不只是开展底层人口救助。

（二）坚持系统观念，构建宏观共享与微观帮扶协同的共享发展机制

消除绝对贫困是多方因素合力实现的结果。例如，世界银行将基于众多国家减贫经验的成功反贫困战略概括为"三支柱"模式，而笔者基于中外经验的比较将中国经验概括为"四支柱"模式，将专项开发式扶贫列为不可或缺的选项（檀学文、欧阳鑫，2024）。消除绝对贫困之后的低收入人口帮扶或缓解相对贫困，仍需以前三个支柱为基础。但由于贫困性质变化，开发式帮扶与脱贫攻坚相比应作相应调整，强化市场激励和自愿瞄准，以发展性目标替代硬性设定目标。因此，未来的低收入人口共享发展战略可称为"三支柱+"，既有宏观共享发展环境，又有基于市场机制的微观开发式帮扶。

（三）坚持稳中求进，实行破立结合的分阶段推进策略

尽管脱贫攻坚成果在"十四五"时期过渡期得到有效巩固，中国下一步实行低收入人口和欠发达地区常态化帮扶将面临更为复杂的转型形势，体现在经济结构调整、各级政府财力限制、低收入家庭人力资本水平及资产结构与经济机会的结构性失配等方面。也就是说，常态化帮扶将面临更明显的条件约束以及更加不

确定的转型动态。中国的低收入人口和欠发达地区帮扶应当在锚定长远目标的前提下，遵循稳中求进的总方针，实行渐进性的推进策略，立足转型现状，破立结合，确立有弹性的分阶段目标，根据每个时期的具体国情灵活调整具体政策。

四 建立分层分类帮扶制度的重点任务

在"十四五"期末，中国应当充分总结过渡期战略的成功经验和不足，深入落实党的二十届三中全会改革要求和近年来中央一号文件精神，认真谋划制定面向未来十年的农村低收入人口和欠发达地区常态化帮扶战略，建立分层分类帮扶制度，重点改革任务可归纳为六个方面，通过制度协同和治理统筹，一体化推进常态化防止返贫致贫、农村低收入人口和欠发达地区内生性发展。

（一）完善农村低收入人口分类和识别机制

低收入人口标准一旦进入实操领域，将会比绝对贫困复杂得多。目前由民政部门主导的低收入人口界定不足以支撑未来的常态化帮扶制度。应结合低收入人口自身的分层特征以及中国地域辽阔、地区差别明显的现实条件，从两个维度理解和界定农村低收入人口并完善其识别机制。

第一个维度是农村低收入人口自身特征以及可适用的帮扶政策。可根据共享发展要求，将农村低收入人口划分为五种类型（层次）。最低层次为基本生活保障对象，总体上归为一类，但

"十五五"时期建立分层分类帮扶制度的思路与重点任务

其内部群体可细分地对应于特困供养对象、低保对象以及防止返贫监测对象，均可全面享受社会救助政策。其中，基本生活保障标准在内涵及实际保障水平上均完全符合防止返贫致贫的政策意图。次低层次为基本生活保障边缘户，相当于目前的低保边缘户，主要享受专项社会救助政策。第三类为低收入帮扶户，其标准高于基本生活保障边缘户且低于某个科学设定、有资格享受开发式帮扶政策的低收入标准。相对来说，适中的相对贫困标准也是最为适宜的开发式帮扶低收入标准。第四类为农村常住人口中家庭人均收入最低40%的农户，主要作为收支状况变动的监测对象，其中高于帮扶户标准的部分不能享受任何特惠性帮扶政策。第五类为刚性支出困难户，通常的界定是收入水平低于当地人均收入且由于大额刚性支出导致基本生活困难，可享受临时救助。

第二个维度是低收入标准的层级。过去的扶贫标准除东部沿海省份外是全国统一的，但是下一步的农村低收入标准则可在国家、省和地市三个层级制定和实施。为监测低收入人口共享发展水平变化，首先，应当在国家和省层面开展收入最低40%农村人口、农村相对贫困人口的收支水平及相对差距变化的监测。从住户收支调查数据中可直接测算出这些指标。其次，在省级层面制定帮扶低收入标准，该标准制定规则相同，对省内农村人口一视同仁适用，可用于识别欠发达县、决定转移支付资金以及农户是否享受开发式帮扶政策的判定标准。最后，在地市级层面制定和实施基本生活保障对象、基本生活保障边缘户以及刚性支出困难户的标准。这三类标准的确定，分别以当地农村居民人均消费水平和人均收入水平为参考值乘以特定的量化比例，目前的测算单元大多情况下仍为县级，县际差距无法消除，应当逐步转向地市统筹乃至全省统筹[①]，如表1所示。

表1　　　　　　　农村低收入人口分类层级及其含义

农村低收入人口类型	标准内涵	标准层级	分类意图
基本生活保障对象（特困、基保、防贫）	当地居民平均消费支出的30%—40%（消费相对贫困）	县级→地市级→省级	全面社会救助
基本生活保障边缘户	基本生活保障标准的1.5倍等	县级→地市级→省级	专项救助
低收入帮扶户	低于特定标准（如收入相对贫困）且高于边缘户标准，具备一定劳动能力	省级	统计监测、开发式帮扶
收入最低的40%农村人口	按家庭人均收入从低到高排序的农村底层40%人口	国家、省级	统计监测
刚性支出困难户	家庭人均收入低于当地平均水平且刚性支出超过规定比例	县级→地市级→省级	临时救助、专项救助

资料来源：笔者根据相关资料整理得到。

（二）重新界定和识别欠发达县

目前中国学界的基本共识是过渡期后需要以县为单位重新识别欠发达地区。现阶段仍以脱贫县为帮扶对象已经存在较大偏差，甚至一些国家乡村振兴重点帮扶县可以不纳入欠发达县，但是还有一些非脱贫县的发展状况欠佳。欠发达县的识别要解决两方面问题，即采用哪些识别指标，以及各指标阈值的确定。这两方面将共同决定识别出的欠发达县数量以及处于边缘附近的县纳入与否。

---

① 2025年浙江省已实现低保标准全省城乡统一。

"十五五"时期建立分层分类帮扶制度的思路与重点任务

对欠发达县的识别指标选择，现有研究大多采用了多指标模式。刘彦随等（2023）以人均GDP为主要指标，以城镇和乡村居民人均可支配收入、人均地方一般公共预算收入等指标为辅，构建县域经济发展综合评价指标体系，将逆排序的695个县识别为经济欠发达县。在此基础上，识别出交通、教育、城镇化、工业化四类主导因素，并对欠发达县进行归类。张琦等（2024）以农村居民人均可支配收入为主要指标，并使用经济发展、教育、养老、卫生健康等指标构造发展水平指数，将两者结合在一起，共识别出581个欠发达县。李瑞鹏选择县域人均GDP、农村居民人均可支配收入、人均地方一般公共预算收入3个指标并赋予等权重，按照至少2个指标排序位于倒数1/3的标准，共识别出592个欠发达县，另外对"老少边"等地区放松条件识别出一部分欠发达县，累计识别欠发达县633个。[①] 吴国宝将欠发达县界定为2018—2020年连续3年农民人均可支配收入、人均GDP和人均地方一般预算收入全部低于全国同期县平均值80%的县，共计528个。[②] 可以看出，几种测算使用的核心指标接近，而差别在于权重及辅助指标选择，对指标赋值往往采取逆排序法或者相对法。本报告建议，欠发达县识别指标应当简洁且关联性强。可优先选择在各方案中均采用的县域人均GDP、农村居民人均可支配收入和人均地方一般预算收入三个指标。现行多种方案采取的都是相对性原理，未对处于阈值附近县的具体发展水平进行评价。因此，欠发达县的确定可采取"两步法"。第一步采取相对法确定欠发达县阈值，筛选出初步名单；第二步对阈值上

[①] 该结果由李瑞鹏博士后提供。
[②] 该结果由吴国宝研究员提供。

下约10%的县进行实际发展水平综合评估，确定最终名单。

（三）健全嵌入式的常态化防止返贫致贫机制

坚决防止发生规模性返贫致贫作为中央的既定方针，在"十四五"时期通过实施仍具有"超常规"特征的动态监测和综合帮扶机制予以顺利实现。在"十五五"时期及以后，中国应当真正落实常态化防止贫困机制，使脆弱性人口大幅度降低陷入贫困的风险，并且在刚陷入贫困时便能够得到及时救助帮扶。本报告将常态化机制理解为制度化的工作流程、规则和措施，对某项任务的完成主要依托已建成的常规体制机制安排而不是临时的工作机构和举措。当前中国已经具备了常态化防止贫困的经验和制度条件，可通过制度创新建立嵌入式的常态化防止返贫致贫机制。

第一，健全内含防止贫困标准的农村基本生活保障标准。未来可将农村低保标准和特困供养标准统一为基本生活保障标准，进一步根据保障对象特征实施不同的保障水平和保障项目。中国可以在对目前的低保标准和防止返贫监测标准的收入及财产口径进行统一的前提下，每年设定全国统一的防止返贫标准，并将该标准与各地的基本生活保障标准进行双向校准。如果当地农村基本保障标准高于防止返贫标准，则保持该基本保障标准。如果当地农村基本保障标准低于全国防止返贫标准，则将基本保障标准提高到防止返贫标准。也就是说，各地仍按现行规则制定基本生活保障标准，但将全国防止返贫标准设为其底线标准。当前多数省份的防止返贫监测标准已达到年人均纯收入8000—9000元，而不少地方的农村低保标准还只有年人均消费5000—6000元的水平。因此，未来的防止返贫标准作为真正的兜底保障标准不宜提高过快，需与基本保障标准相统筹。

第二，落实农村社会救助政策使其实现对潜在返贫对象的救助帮扶职能。按照中共中央办公厅、国务院办公厅印发的《关于改革完善社会救助制度的意见》（2020年）以及《中华人民共和国社会救助法（草案征求意见稿）》，中国的社会救助制度设计包含分层分类救助、夯实基本生活救助、健全专项救助、完善急难救助、发展服务类救助等全方位的救助政策。这些社会救助如果都落实到位，其帮扶机制和效果与对防止返贫监测对象的精准帮扶几无差异。目前的主要问题在于落实，不仅基本生活救助标准在一些地方偏低，而且大量的专项救助、服务类救助的落实程度从城市到乡村呈现明显的波状衰减。逐渐实现社会救助均等化将能很好地实现防止返贫职能。

第三，加大中央和省级财政对因标准调整而导致的救助资金缺口的转移支付。在实行农村基本医疗保险标准和防贫标准统筹的情况下，一部分地区由于要将现有的农村低保标准提高到全国防贫标准，将会面临救助帮扶资金缺口。由于这些地方同时也是财力薄弱地区，因此中央和省级财政需要加大转移支付力度以填补救助帮扶资金缺口。

（四）设计农村低收入人口分层分类帮扶政策

农村低收入人口分层分类帮扶政策将是社会救助政策和巩固成果帮扶政策的整合版，最终目标是构建常态化帮扶政策体系。开发式帮扶与社会救助有机结合是低收入人口分层分类帮扶的基本方针，但是在"十四五"时期，这种结合还显得较为碎片化，体系化、覆盖面以及以低收入人口为中心的结合程度都很不充分。与农村低收入人口的层级式分类相对应，应以低收入人口为中心，基于其自身特点，设计和构建有利于低收入人口发展需求和基本需要满足的分层分类帮扶政策体系，主要包括政策内容、适用条件以及实施机制。

第一，分层分类的社会救助政策。中国目前分层分类的社会救助政策在低收入人口分层分类帮扶制度框架下可进一步整合优化。第一类是基本生活救助政策，以现金救助为主，按需提供必要的物质和服务救助，其救助对象包括现行的特困供养对象、低保对象以及防止返贫对象，实施机制为"大数据+铁脚板"的主动发现机制。第二类是专项社会救助政策。其救助对象包括所有基本生活保障对象和基本生活保障边缘户，必要时可覆盖刚性支出困难户。第三类是以临时救助为主要方式的急难社会救助，适用于所有急难社会群体。

第二，倾斜性的教育和培训政策。整合现行的教育和培训政策，健全倾斜性人力资本投资政策组合，着力提高低收入家庭劳动力及其子女人力资本水平。在义务教育方面，着力推进县域义务教育优质均衡，坚持控辍保学，将更多优质义务教育资源导向乡村，强化"提低"意识、缩小义务教育差距。在非义务教育阶段，着力提高农村普惠性学前教育参与率，强化面向个人能力发展的职业教育，健全全流程教育帮扶机制。在劳动力培训方面，推动供给导向机制向需求导向机制转型，扩大"菜单式"培训，为企业自组织培训以及劳动力自主参加培训提供税费减免、奖补政策，为低收入劳动力参加培训加大扶持力度。

第三，分层分类的就业帮扶政策。在就业优先政策基础上，

"十五五"时期建立分层分类帮扶制度的思路与重点任务

健全面向包括农村低收入人口在内的就业困难群体的分层分类就业帮扶政策。在乡镇范围内，完善面向弱、半劳动力的乡村公益性岗位制度，建立遵循以工代赈原理的乡村建设项目实施机制，按市场规律稳健发展乡村帮扶车间。支持专业合作社等新型经营主体自主发展乡村产业，根据带动就业效果实行奖补政策。对吸纳低收入劳动力就业的企业，实行税收减免、社保补助政策。对外出择业的低收入劳动力提供路费补贴和临时生活费补助。

第四，基于农户生计模式的产业帮扶政策。《乡村振兴全面规划（2024—2027）》设计了一系列产业发展政策，包括现代农业建设政策、乡村产业高质量发展政策，以及发展脱贫地区帮扶产业、特色产业等区域性政策。普通农户可在乡村产业政策体系中自主寻求基于市场规律的产业发展定位。对自我经营发展能力较弱但仍具有发展产业意愿的低收入农户，可提供基于农户生计模式的产业帮扶政策。农户生计模式的核心要义是生产与生活密不可分，家庭农业经营是其生活方式的一部分，应用家庭意愿的满足而不是经济效益来衡量。但是如果缺乏政策扶持，其家庭农业经营可能因市场竞争冲击而无利可图，基本生活也会因而陷入困境。产业帮扶政策主要形式有订单农业、生产奖补、技术支持、销售奖补等，有利于低收入农户提高自有劳动力和资源利用水平，增加产出和维持基本生活。

（五）设计多层次欠发达地区倾斜支持政策

过渡期后，欠发达地区应充分利用已经建立的基础设施、公共服务、特色产业等基础条件，走适度依托外部资源的新内生发展道路，充分尊重各地依照其自身功能定位的发展自主性。因此，开展欠发达地区帮扶应遵循参与不干预原则，设计多层次倾斜支持政策。

第一，健全欠发达地区财政推进乡村振兴政策。目前中国欠发达地区都无一例外地严重依赖财政转移支付。根据《中国县域统计年鉴（2022）》，2021年，中国县级行政区地方财政自给率低于0.2的占49.72%。中国县级财政具有复杂的财政收入结构，包括各种一般性转移支付以及专项转移支付。其中，衔接推进乡村振兴资金隶属于一般性转移支付项目下的老少边穷地区转移支付，主要用于脱贫地区，相当于在均衡性转移支付、重点生态功能区转移支付、"老少边"地区转移支付之外的增量资金。衔接资金本质上是对欠发达地区推进乡村振兴的补助资金，否则欠发达地区财政往往只能"保运转"而无力"促振兴"。建议"十五五"时期将财政衔接资金调整为财政推进乡村振兴补助资金，资助对象从脱贫县调整为所有地方财政缺乏自我资助乡村振兴能力的县，其范围甚至不局限于将要识别出的欠发达县，可由省级政府按因素法统筹安排。

第二，完善常态化多层次发展协作制度。根据20世纪90年代以来的长期协作经验，中国应将多层次发展协作作为常态化制度固定下来并长期坚持。首先是东西部地区协作和对口支援，应坚持现行制度安排，实现东西部协作关系对欠发达县全覆盖；其次是省内发达和欠发达地区之间、具有互补性地区之间的发展协作，如福建和浙江的山海协作、江苏的南北挂钩协作，大多数省份也都建立了类似的省内协作机制；再次是省际毗邻区发展协作，省际毗邻区往往是集中连片的欠发达地区以及社会治理薄弱地区，因此开展省际合作在毗邻区实施发展协作有利于促进该地区的协同发展；最后是职业教育和医疗卫生系统的跨区域协作，包括省际协作、省内协作，促进优质职教和医疗资源流动和能力建设。

第三，健全欠发达地区教育科技人才支持政策。统筹推进教育科技人才体制机制一体改革是党的二十届三中全会部署的重大改革任务。在国家整体上构建支持全面创新体制机制的背景下，欠发达地区同样有必要走基于县域创新的内生发展道路，其中作为创新发展战略性资源的教育、科技和人才要素在很大程度上需要依靠外部支持才有可能实现弯道追赶。欠发达地区教育科技人才倾斜支持应将自上而下扶持和横向协作相结合。在纵向上，国家相关部委、省市相关部门都应出台指导政策，引导教育科技人才资源向欠发达地区流动，包括"三支一扶"计划、"银龄"计划、科技特派员制度等，加大县域创新投入；在横向上，鼓励各协作结对关系中将教育科技文化领域的优质资源导向欠发达方，实现社会资源与社会需求的高质量匹配。

（六）建立新型统筹协同治理机制

在农村扶贫期间，中国通过国务院农村扶贫开发领导小组及其办公室体制机制实现了贫困地区扶贫和贫困人口减贫的统筹。新时代，中国将开展欠发达地区和农村低收入人口常态化帮扶，同时建立常态化防止返贫致贫机制。为此，我们不能再延续过渡期体制机制，也不可能再回到专项农村扶贫体制，而是要统筹建立农村低收入人口和欠发达地区分层分类帮扶制度。我们认为，分层分类帮扶制度是多项制度的组合而并非一套单一的、全能性制度，其目标是同步缩小地区差距和人群差距；分层分类思路是一个总体原则而不是教条式要求，主要体现在低收入人口帮扶方面；各项制度之间应建立协同机制而不是各自为政，主要体现在建立存在内在协同机制的帮扶制度体系和完善集中统一领导下的协同治理机制两个方面。

首先，建立和完善三大内在协同的治理制度。一是完善包含防止返贫功能的农村基本生活保障制度。建立全国统一的防止返贫标准，在各地按照现行制度确定农村低保标准基础上，以防止返贫标准作为农村低保标准的最低标准。完善农村基本生活保障内容，以"两不愁三保障"作为农村社会保障底线。二是建立农村低收入人口分层分类帮扶制度。面向共同富裕"提低"目标，科学设定农村低收入人口标准及其分层类别，识别基本生活保障对象、边缘户、低收入帮扶户以及刚性支出困难户。其中，防止返贫对象属于基本生活保障对象的一部分，换句话说，通过基本生活保障制度即可实现防止返贫目的；低收入帮扶户是只享受产业就业帮扶政策，而且要遵循自愿参与及权利与义务对等原则；其他类型低收入人口按规定享受相应的社会救助政策。三是建立区域政策协同的欠发达地区帮扶制度。中国现行区域发展战略下的许多区域政策都可直接惠及欠发达地区，包括西部大开发政策、"老少边"地区政策、资源型地区政策、生态退化地区政策等。因此，为实现真正的区域协调发展，应在区域政策整体视角下嵌入欠发达地区帮扶政策，实现欠发达地区各类倾斜支持的政策资源整合与机制协同。在此基础上，进一步建立欠发达地区帮扶与农村低收入人口帮扶双向协同机制：一方面，通过欠发达地区帮扶创造包容性发展环境，增强县域内生动力；另一方面，依据基于县域低收入人口特征制定针对性帮扶政策，提高帮扶政策效率。

其次，完善党中央集中统一领导下的协同治理机制。新发展格局下的高质量发展将会给低收入人口和欠发达地区同步发展带来更大挑战，落实低收入人口和欠发达地区共享发展战略需要更加强化统筹治理机制，保障多目标协同和多机制协同的实现。一方面，在中央及地方各级政府层面，应强化集中统一领导，在此基础上推动部门协同。在目前条件下，建议由各级党委农村工作领导小组行使统筹职能，将常态化帮扶职责合理分解到各成员单位，并且建立部门间、地区间分工协作机制。另一方面，在乡镇、村等基层层面，应在市、县两级政府统筹识别监测低收入人口以及筹集配置帮扶资源、制定帮扶政策体系的条件下，整合行政和社会力量，实现以低收入农户为中心的综合精准帮扶，发挥多部门政策协同增效效应。

参考文献

刘彦随等：《中国欠发达县域的空间识别及其发展路径》，《地理科学》2025年第2期。

"民政部新闻发布会"，民政部，https://www.mca.gov.cn/xwfbh/2024/xwfbh_2402/，2024年5月10日。

檀学文、欧阳鑫：《消除全球贫困的理论缺陷与中国经验》，《国际经济合作》2024年第6期。

魏后凯、李瑞鹏：《中国县域发展差距变动及其协调路径》，《广东社会科学》2023年第6期。

许健民：《牢牢守住不发生规模性返贫致贫底线》，中国农村网，http://www.cr/aws.net/zt/jj2025/jd/970261-20250305100612.html，2025

年3月5日。

张琦等：《过渡期后欠发达地区的识别方式及帮扶机制研究——基于县域数据的分析》，《南京农业大学学报（社会科学版）》2024年第6期。

"十五五"时期新型城镇化趋势、难点与战略转型

苏红键[*]

摘　要：新型城镇化是促进城乡融合发展、推进中国式现代化的重要动力。"十四五"时期，城镇化进程呈现波动、快速、减速特征，各省份城镇化呈现出不同的阶段特征、收敛特征且与经济发展水平密切相关。预计到2030年，中国城镇化率将达到73%左右。"十五五"时期，要顺应城镇化趋势，围绕农业转移人口市民化、城镇体系优化和县域城镇化等重点领域的难点问题，按照以人为本、无为而治，因地制宜、分类发展，系统协同、统筹发展的思路推进中国特色新型城镇化战略转型和改革攻坚，促进城乡融合发展，推进中国式现代化。

关键词："十五五"时期；新型城镇化；趋势预测；体制机制改革

---

[*] 苏红键，经济学博士，中国社会科学院农村发展研究所研究员，主要研究方向为城镇化与城乡发展。

… 中国农村发展报告(2025)

Trend, Key Issues and Strategic Transformation of the New Urbanization in the 15th Five-Year Plan

SU Hongjian

Abstract: The new urbanization is an important driving force to promote the urban-rural integration and promote Chinese modernization. During the period of 14th Five-Year Plan, the urbanization showed the characteristics of fluctuation, rapid and deceleration, and the urbanization in various provinces showed different stage and convergence, which were closely related to the local economic development. It is expected that by 2030, China's urbanization rate will reach about 73%. During the 15th Five-Year Plan period, we should follow the trend of urbanization, focus on the key issues including the citizenization of rural migrant, the optimization of urban system and the urbanization in the county level, promote the strategic transformation and reform of the new urbanization with Chinese characteristics in accordance with the principles of people-oriented and wuwei governance, local-oriented and classified development, system-oriented and overall development, and promote the urban-rural integration

"十五五"时期新型城镇化趋势、难点与战略转型

and the Chinese modernization.

Key Words: the 15th Five-Year Plan; New Urbanization; Trend Prediction; System Reform

新型城镇化是促进城乡融合发展、推进中国式现代化的重要动力。"十四五"时期，受新冠疫情和宏观经济形势影响，城镇化速度呈现波动态势。在新型城镇化相关的战略规划引领下，近年来农业转移人口市民化加快推进、城镇体系不断优化、县域城镇化全面推进，城镇化质量稳步提升。预计到2030年，中国城镇化率将达到73%左右。"十五五"时期，要立足当前城镇化进程特征，顺应城镇化趋势，推进中国特色新型城镇化战略转型和改革攻坚，促进城乡融合发展，推进中国式现代化。

一 城镇化进程与"十五五"时期趋势

"十四五"时期，受新冠疫情和宏观经济形势影响，中国城镇化速度呈现波动态势，但依然处于快速推进阶段，"十五五"时期，城镇化还将稳步推进。

（一）城镇化进程特征

"十四五"时期，中国城镇化率从2020年底的63.89%提高到2024年的67%，预计到2025年达68%，呈现波动、快速、减速特征（见表1）。①波动特征。2021—2022年，受新冠疫情限制人口大规模迁移的影响，城镇化推进速度明显放缓，2022年

仅提高0.50个百分点，在新冠疫情结束之后逐步恢复。②快速特征。"十四五"时期，城镇化平均推进速度在0.8个百分点以上，同时结合城镇化阶段特征的经验规律来看（魏后凯，2014），依然处于快速推进阶段（苏红键，2023）。③减速特征。相对于2020年前的城镇化推进速度而言，"十四五"时期，城镇化呈现出明显的减速特征，从"十三五"时期的年均1.31个百分点降至0.8个百分点左右。

从人口规模来看，"十四五"时期，全国总人口规模开始降低，从2021年的14.13亿人逐步减少到2024年的14.08亿人，城镇人口从2021年的9.14亿人逐步增长到2024年的9.44亿人，乡村人口从2021年的4.98亿人逐步减少到2024年的4.65亿人。

表1　　　　　　　　"十四五"时期城镇化进程特征

年份	总人口（亿人）	城镇人口（亿人）	乡村人口（亿人）	城镇化率（％）	城镇化速度（百分点）
2015	13.83	7.93	5.90	57.33	1.58
2020	14.12	9.02	5.10	63.89	1.18
"十三五"时期					1.31
2021	14.13	9.14	4.98	64.72	0.83
2022	14.12	9.21	4.91	65.22	0.50
2023	14.10	9.33	4.77	66.16	0.94
2024	14.08	9.44	4.65	67.00	0.84
2025（概数）	14	9.5	4.5	68.00	1
"十四五"时期					0.82

注：2025年的概数为趋势假设的数据，作为2025年数据发布前的替代。

资料来源：笔者根据国家统计局发布的数据计算，https://data.stats.gov.cn/。

"十五五"时期新型城镇化趋势、难点与战略转型

从各地城镇化进程来看，各省城镇化呈现出不同的阶段特征、收敛特征，且与经济发展水平密切相关（见图1）。①各地城镇化处于不同阶段。2023年东部地区城镇化率，为72.58%，东北地区为69.32%，中西部地区城镇化率分别为61.69%和59.94%。大部分省份的城镇化率分布在50%—75%，西藏明显仅为38.9%，上海、北京、天津三个东部地区直辖市在85%—89%［见图1（a）］。②各地城镇化进程呈现收敛特征。2020—2023年，各省份城镇化推进速度与城镇化水平显著负相关，且拟合程度很好［见图1（b）］，这与苏红键（2022）利用2000年、2010年和2020年三次人口普查数据验证的城镇化收敛特征一致。③各地城镇化与经济发展水平显著正相关。2023年，各省人均GDP与城镇化率呈现出显著的正相关关系，且拟合程度较好［见图1（c）］，不考虑西藏（左侧偏差较大的点）时拟合程度更好。这从省级层面证明了城镇化与经济增长、经济发展的正向关系，为新型城镇化促进城乡融合发展、推进中国式现代化提供了经验依据。

（二）"十五五"时期城镇化趋势特征

"十五五"时期，城镇化依然处于快速推进阶段。考虑城镇化的阶段特征和收敛特征，本部分主要采用苏红键（2022）的思路对全国总体和各地的2030年的城镇化率进行估计，并展望2035年。

根据各地城镇化收敛特征构建城镇化率预测的收敛模型：

$$\frac{1}{T}\ln(R_{i,t+T}/R_{i,t}) = a + b\ln R_{i,t} + \epsilon_i \tag{1}$$

其中，$R_{i,t}$为地区i时期t的城镇化率，a和b为需要估计的参数，ϵ_i为各地的误差项，用来衡量各地的异质性特征。根据2010年和2020年的数据，可以估计得到其中的参数a、b，并计算得到各省的ϵ_i。基于2020年各地城镇化率以及a、b、ϵ_i，2030年各地城镇化率估计式为：

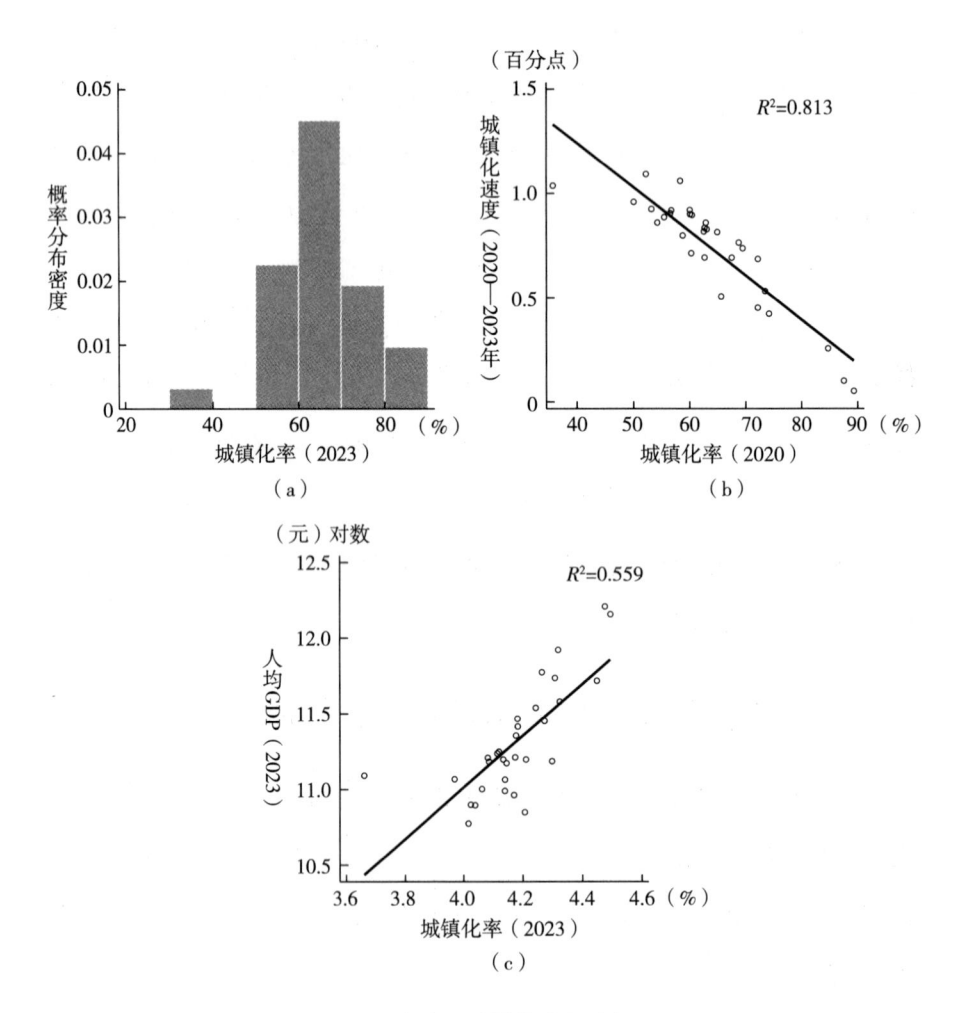

图1　各省份城镇化进程特征

注：R^2表示拟合优度。

资料来源：笔者根据国家统计局网站相关数据计算绘制。

$$ln\left(\frac{R_{i,2030}}{R_{i,2020}}\right) = 1.8821 - 0.4190 ln R_{i,2020} + \epsilon_i \qquad (2)$$

在对各地城镇化率进行估计的基础上，根据 2010—2020 年各地人口占总人口的份额调整趋势，估计 2030 年各地人口（$P_{i,2030}$）占总人口（$\sum P_{i,2030}$）的份额（$p_{i,2030}$），并结合各地城镇化率预测结果（$R_{i,2030}$），计算总体的城镇化率（R_{2030}），即：

$$R_{2030} = \sum(P_{i,2030} \times R_{i,2030}) / \sum P_{i,2030} = \sum p_{i,2030} \times R_{i,2030} \qquad (3)$$

按照这一思路，可以进一步预测 2035 年及其他年份的城镇化率。

根据预测（见表 2），到 2030 年，全国总体城镇化率达到 73% 左右。分地区来看，东部地区城镇化率达到 78% 左右，率先接近成熟稳定阶段，中西部地区城镇化率达到 70% 左右，东北地区城镇化率达到 74% 左右。到 2035 年，总体城镇化率达到 76% 左右，各地城镇化率呈现收敛态势。表 2 还列示了各个省份 2030 年和 2035 年城镇化率的预测结果。

本预测结果略高于一些其他研究预测，但有其科学性和合理性。一是本预测方法考虑了城镇化的收敛特征、阶段特征和各地的异质性，对各地人口份额的趋势预测避免了其他因素的影响，具有较好的理论基础和稳健性。二是近年来受宏观经济和疫情影响，城镇化率呈现波动特征，这降低了城镇化率的预期，但从中长期来看，中国城镇化动力仍然较强（高国力，2024），这一短期波动不会影响长期趋势。比如，利用本报告预测方法估计的 2025 年城镇化率约 68.5%，实际上受到新冠疫情影响可能低于该值。三是考虑 2000 年、2010 年和 2020 年人口普查的结果均高于年度统计的城镇化率结果，因而，近年来的减速波动特征，也可能是统计误差造成的,2030年的人口普查数据可能会略高于年度数据及其呈现的趋势。当然,这里的模型预测无法考虑随机冲击,总体和各地的城镇化预测不能苛求其精准性,只是作为政策研究的参考。

表2　　　　　　　　　　城镇化率趋势预测结果

地区	城镇化率(%) 2030年	城镇化率(%) 2035年	地区	城镇化率(%) 2030年	城镇化率(%) 2035年
全国	73.57	76.70	江西	72.62	76.60
东部	78.09	80.36	山东	72.40	75.36
中部	70.46	74.20	河南	68.50	72.85
西部	69.25	73.20	湖北	72.11	75.03
东北	74.40	76.51	湖南	70.16	73.88
北京	88.49	88.76	广东	79.21	80.75
天津	87.84	88.78	广西	64.66	68.07
河北	71.51	75.22	海南	67.34	69.54
山西	72.87	76.18	重庆	81.26	85.05
内蒙古	75.59	78.13	四川	69.32	73.47
辽宁	78.70	80.72	贵州	69.13	74.61
吉林	68.76	70.65	云南	61.92	65.87
黑龙江	72.16	74.18	西藏	46.54	50.25
上海	89.30	89.30	陕西	75.21	79.31
江苏	82.13	84.84	甘肃	64.71	68.87
浙江	79.11	81.25	青海	71.32	74.97
安徽	69.63	73.30	宁夏	77.54	81.63
福建	76.58	79.02	新疆	66.26	69.39

资料来源:笔者根据相关预测结果整理。

"十五五"时期新型城镇化趋势、难点与战略转型

二 "十五五"时期新型城镇化的重点难点

近年来,在新型城镇化相关顶层设计的指导下,市民化稳步推进、城镇体系不断优化、县域城镇化全面推进、城镇化改革成效显著,城镇化质量不断提升,"十五五"时期新型城镇化各个重点领域还面临一些难点。

(一)市民化稳步推进,各类农业转移人口存在不同需求

近年来,随着户籍制度改革和基本公共服务均等化的推进,户籍人口城镇化率与常住人口城镇化率基本保持同步,农业转移人口权益同城化水平不断提高。"十四五"时期,两率差距维持在18个百分点左右,对应2.5亿城乡两栖的农业转移人口。"十五五"时期推进市民化,需要着重关注不同类型农业转移人口市民化的差异化需求。

农业转移人口可以根据迁移距离、定居能力等进行分类,比如,就近迁移农业转移人口、远距离迁移的有定居能力的农业转移人口、远距离迁移的缺乏定居能力的农业转移人口等。根据2020年的人口普查数据,城镇人口中的人户分离人口约占55%,其中来自本县的约占38%,即就近迁移的农业转移人口;来自本省份外县的约占37%,来自外省份的约占25%。纵向比较2010年和2020年的数据可以发现,人户分离人口来自本省份的比重不断提高,来自外省份的比重不断降低,这与近年来本地农

民工、省份内农民工增速高于跨省农民工的现象是一致的（参见历年《农民工监测调查报告》）。各类农业转移人口市民化的城乡两栖特征不同，落户意愿和市民化需求不同，对应不同的市民化导向。

本县市农业转移人口市民化以权益同城化为主要诉求。随着农民收入和发展水平不断提高，在县城兼业化、陪读伴读、进城买房等因素主导下，越来越多的农村居民进入县城生产生活，同时也保留农村的生产生活资料，表现为在城乡间频繁流动的特征，这在全国各地均非常普遍、基本已经常态化。根据2010年和2020年的人口普查数据，其间新增的县域城镇人口有3/4为城乡两栖人口，即在县镇常住的本地农村户籍人口。由于县城基本取消了落户限制，这部分农业转移人口大多数都是自主选择不落户的群体，主动选择城乡两栖的方式，其市民化的需求主要是基本公共服务均等化，即权益同城化。

跨省份农业转移人口市民化需要兼顾落户需求和权益同城化。对跨省份农业转移人口而言，需要进一步根据其是否有定居能力进行划分。对于在迁入地有自有住房的农业转移人口，其市民化的难点需要区分是主动还是被动选择不落户。主动选择不落户与其自主选择城乡两栖有关，其市民化的需求主要在于权益同城化。被动选择不落户与迁入地的落户条件有关，对应了迁入地的户籍制度改革问题，还包括随迁老人子女的落户问题，其市民化的需求主要在于落户。对于在迁入地没有自有住房的农业转移人口，此类群体可能在生命周期的某个阶段返回迁出地或迁往其他城镇，比如，一些外出务工人员会根据就业机会选择在不同的城市流动或者返乡创业就业、一些外出务工人员会随着年龄增长

"十五五"时期新型城镇化趋势、难点与战略转型

在缺乏就业机会时返乡务农养老等,其市民化的主要需求在于权益同城化。

还有一些是本省份跨县市农业转移人口,其市民化需求特征根据其迁移距离、定居能力等,分别与本县市、跨省份的农业转移人口需求对应。

(二) 城镇体系不断优化,各类城镇发展存在不同矛盾点

自 2000 年前后鼓励农村富余劳动力外出务工以及人口迁移的自由度不断提高,在大中小城市和小城镇协调发展战略引领下,城镇体系不断优化(苏红键,2024)。近年来,伴随城镇化和城市增长,各类城市分别存在不同的矛盾点。

第一,城市群都市圈一体化与行政边界的矛盾。城市群、都市圈是城市发展的高级形态,是打破大城市行政边界、提高人口承载能力、充分发挥集聚经济效应的重要载体。受到行政边界等因素影响,大部分的城市群一体化推进缓慢。相对来说,珠三角城市群由于以广东省内城市为主,一体化程度较高,在交通基础设施一体化、产业分工合作、经济社会均衡发展方面均成效显著,为粤港澳大湾区一体化发展打下了扎实的基础。长三角城市群中,上海、浙江、江苏三地城市之间由于经济社会发展水平相当,一体化水平较高,并逐步辐射带动安徽城市发展。京津冀城市群,由于城市之间的差距较大,即便是北京、天津、廊坊北三县[①]之间,依然存在明显的行政壁垒。其他城市群的一体化水平

[①] 北三县是指地处北京市与天津市交界处的三个隶属于河北省廊坊市的县级行政区。包括三河市、大厂回族自治县、香河县。

有待提升。相对而言，都市圈的一体化水平较高，"1小时通勤圈"和"产业协作圈"特征明显（石敏俊、孙艺文，2024）。截至2025年3月，国家级都市圈增至17个。

第二，超大特大城市有限承载力与较强吸引力的矛盾。这是超大特大城市制定较高的人口落户条件的主要原因。超大特大城市由于较高的集聚经济效应，平均工资水平往往较高，基本公共服务质量较高，综合舒适度较高，从而具有较高的人口吸引力，是跨省市城镇化的主要载体。受其土地承载力、服务承载力、交通承载力等综合承载力的限制，房价作为无形的手、户籍制度作为有形的手，共同约束了此类城市增长。比如，由于较严格的人口控制政策，上海自2010年以来常住人口基本稳定在2400多万人，北京自2013年以来常住人口数维持在2100多万人，是落户条件最高的两个城市。其他超大特大城市往往也是东部沿海城市或者各地中心城市，农业转移人口或者流动人口定居和落户的难度往往高于其他中小城市。

第三，特大镇缺乏自主权与改革的矛盾。"大镇""小权"的错配问题，是特大镇发展的困境和改革的出发点，是城镇体制机制改革的难点。然而，特大镇缺乏独立自主权，强化了特大镇改革的约束性。特大镇隶属于所在县（市、区），自主性不足，在财权、土地使用、人员编制等方面都需要由所属县（市、区）决定，所以，特大镇无论是发展的过程，还是改革的过程，都会受到所在县（市）的约束。比如，在放权过程中出现放了又收、收了又放的情况，还有"放虚不放实"的情况。可见，由于县（市、区）级政府倾向于汲取镇级资源，特大镇扩权实际上是县（市、区）级政府放权让利的过程，这提高了特大镇改革的难度。

与此同时，对于大部分城市，在城市增长、城市扩张过程中，还存在新城建设和旧城改造需要同步提升质量的问题。正如党的二十届三中全会强调的，要"深化城市建设、运营、治理体制改革，加快转变城市发展方式。"

（三）县域城镇化全面推进，各地县城发展质量有待提升

县域是统筹新型城镇化、乡村振兴促进城乡融合发展的基础单元，县城是就近城镇化的重要载体。县域城镇化与城镇体系研究既存在交集的县城发展问题，也有其在统筹城乡发展方面的独特之处。各地县域经济社会发展水平不同（魏后凯、李瑞鹏，2023），县域城乡发展处于不同阶段，各地县域人口发展特征不同，在县域城乡两栖现象方面具有普遍性。随着各地县城建设水平不断提高，如何优化县域县城软环境是"十五五"时期县域城镇化的重点。

第一，县城建设快速推进，服务配套有待提升。按照顶层设计指引，近年来开始全面推进以县城为重要载体的城镇化建设。2022年5月，中共中央办公厅、国务院办公厅印发《关于推进以县城为重要载体的城镇化建设的意见》，各地相继印发相关实施方案，全面推进县域城镇化和县域城乡融合发展。2023年，浙江省结合自身县域县城发展特征，制定《县城承载能力提升和深化"千村示范、万村整治"工程实施方案（2023—2027年）》，以此协同推进县域新型城镇化和乡村振兴，促进县域城乡融合发展。实际上，中国县城的公用设施配套建设水平较高，

根据《中国城乡建设统计年鉴》的相关数据，县城的用水普及率、燃气普及率、人均道路面积、污水处理率、人均公园绿地面积、建成区绿化覆盖率等建设指标与城区水平接近（苏红键，2023）。相对于城区的主要短板在于，县城的教育、医疗等基本公共服务质量往往低于城区。

第二，县域总人口减少和县城总人口增加，但存在明显的地区异质性。县域是统筹城乡发展的基本单元，这是县域城镇化区别于城镇体系研究之处，体现了城镇化进程中的"城—镇—村"体系优化问题。在县域一部分人口外出（流失）、一部分乡村人口进入县镇的双重作用下，县域人口体现出总人口不断减少、城镇人口不断增加的特征，但也存在地区之间的异质性。根据2010年和2020年人口普查数据，2010—2020年，县域城镇化率从31%提高到44%，县域平均人口从38万人减少到35万人；县域平均城镇人口从12万人提高到近16万人。分地区来看，各地各类县域城镇化率表现出不同特征（刘彦随等，2022），总体来看，东中西部县域总人口缓慢减少，城镇人口呈现增长态势；东北地区县域总人口和县域城镇人口均呈现减少特征。由于县域人口普查数据的年统计特征，缺乏非普查年份数据，这一总体和地区的趋势特征基本是稳定的。预计到2030年，总体的县域城镇化率约为58%，东部和中部地区约为60%，西部和东北地区约为50%。

第三，县域城乡两栖现象普遍存在。在县域城镇化进程中，还存在大量的城乡两栖人口，无论是在东部发达地区县城，还是中西部地区和东北地区（苏红键，2023）。这与本县市农业转移人口市民化讨论的问题类似。由于县域内进城返乡的便利性，城乡两栖现象是就近城镇化的显著特征。一部分农业转移人口就近进入县城就业、购房、子女进城接受义务教育，依然保留农村住房，另一部分农业转移人口呈现"以工为主、以农为辅"的兼业化特征。结合渐进式改革进程来看，这一县域城乡两栖现象还将普遍存在，服务城乡两栖人口是县域城镇化和县域城乡融合发展的重要内容。

由此，在全面推进县域城镇化的背景下，如何根据县域县城人口发展特征和城乡两栖特征，提高县城建设投资效率、优化县城基本公共服务配套，是促进县城高质量发展的重点。

（四）城镇化改革成效显著，各项改革合成谬误值得关注

在国家新型城镇化规划引领下，城镇化相关改革稳步推进、成效显著，但是资源空间错配现象依然存在。从改革效果来看，出现了一些合成谬误，在"十五五"时期改革攻坚过程中，需要以系统性改革进一步优化资源配置。

城镇化进程中的资源空间错配依然存在。促进资源优化配置、提高人民群众福祉是改革的出发点。城镇化进程中的渐进式改革促进了劳动力和土地资源的优化配置，当前资源错配问题主要体现在以下三个方面。一是土地资源错配问题，包括城乡之间的错配与城市之间的错配，主要是优势地区发展空间不足，而欠发达地区、农村地区的建设用地闲置或低效利用的情况比较普遍。二是义务教育资源的错配问题，随着学生进城，义务教育资源"城镇挤、乡村弱"的现象普遍存在，当前，随迁子女在父母常住地就读的比重不断提高，主要矛盾体现在城镇优质教育资源不足的问题。三是在城镇化建设过程中存在一些投资建设浪费

现象，对于一些人口流失的县城或城市，一些公共资源配置的人均指标往往已经优于人口净迁入地。

促进资源优化配置是改革的重要出发点，近年来，城镇化不同领域改革的合成谬误开始显现，主要体现在以下两个方面。

第一，虽然户籍制度改革稳步推进，但是由于农村土地制度改革推进滞后，影响了农业转移人口落户意愿，制约了户籍制度改革成效和市民化进程。自2014年全面推进户籍制度改革以来，各地落户条件不断降低，从城市角度来看，难点主要在人口吸引力较强的超大特大城市。从农业转移人口角度来看，虽然大部分城市和县城的落户条件不断降低甚至取消了限制，但是由于一部分农业转移人口担心农村权益受损，特别是农村宅基地和农房权益缺乏保障，从而落户意愿不高。这使在取消落户条件的县城或中小城市，存在大量的城乡两栖人口，对农业转移人口市民化战略提出了新的挑战。正因如此，党的二十届三中全会精神在城镇化（市民化）体制机制改革部分强调探索建立自愿有偿退出农村权益的办法。

第二，城镇化各项改革进程中，发展与安全的矛盾，效率与公平的矛盾，制约了赋予优势地区更大发展空间，导致效率和福祉损失。一方面，户籍制度改革和基本公共服务均等化的推进，提高了优势地区的人口吸引力；另一方面，严格的城市用地管理制度，限制了优势地区的发展空间，造成人地错配，使党的二十届三中全会强调的"使优势地区有更大发展空间"较难实现，限制了大城市增长和城镇体系优化。与此同时，普遍存在的城乡两栖现象，意味着农村住房的闲置或低效利用现象比较常见，农村建设用地使用效率较低，城镇化进程导致的城乡之间的人地资源错配问题普遍存在。由此,党的二十届三中全会强调"深化土地制度改革"以优化土地资源配置。

三 "十五五"时期新型城镇化的战略转型

遵循党的二十届三中全会"进一步全面深化改革、推进中国式现代化"的指引,承续近期新型城镇化的战略规划,"十五五"时期,要立足当前新型城镇化现状特征,顺应城镇化趋势,重点围绕农业转移人口市民化、城镇体系优化和县域城镇化等重点领域的难点问题,按照以人为本、无为而治,因地制宜、分类发展,系统协同、统筹发展的思路推进中国特色新型城镇化战略转型和改革攻坚,促进城乡融合发展,推进中国式现代化(见图2)。

(一) 坚持以人为本、无为而治,从推进城镇化向服务人的城镇化转型

人的城镇化是遵从人口迁移规律的个体行为的宏观集合,城镇化的本质不是被动"推进"的,而是大量个体主动选择形成的"洪流"。"十五五"时期城镇化的战略转型,重点要坚持以人为本、无为而治,尊重人口迁移规律和城镇化规律,实现从传统的"推进"城镇化向"服务"人的城镇化的理念转型,全面提升各类群体福祉水平。新型城镇化进程中有为政府的体现在于,充分调动和发挥各方力量,服务好快速城镇化趋势下的各类群体。重点需要顺应城镇化和人口迁移趋势,提高人口净迁入城镇的承载力,全面推进基本公共服务均等化。降低制约人口迁移

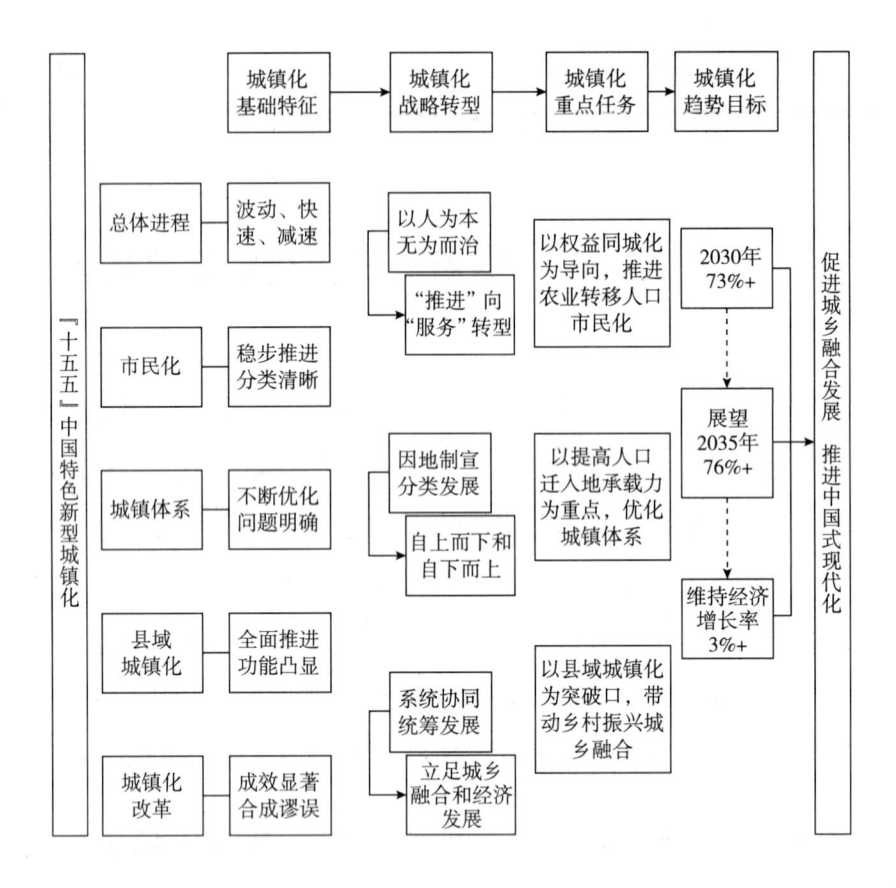

```
                  ┌──────┐  ┌──────┐  ┌──────┐  ┌──────┐
                  │城镇化 │→ │城镇化 │→ │城镇化 │→ │城镇化 │
                  │基础特征│  │战略转型│  │重点任务│  │趋势目标│
                  └──────┘  └──────┘  └──────┘  └──────┘
```

图 2 "十五五"时期新型城镇化战略思路

的制度壁垒，促进人口自由迁移和劳动力优化配置。尊重农业转移人口的落户意愿、城乡两栖意愿，以权益同城化为核心推进农业转移人口市民化。

（二）坚持因地制宜、分类发展，自上而下和自下而上联动服务城镇化

各地各类城镇表现出不同的发展特征，在城镇化进程中承担不同的载体功能，在发展进程中存在不同的矛盾点。"十五五"

时期城镇化的战略转型，要坚持因地制宜、分类发展，以顶层设计"自上而下"指导，结合各地"自下而上"探索创新发展模式，联动服务人的城镇化进程。在城镇化发展和改革进程中，赋能赋权各地、各类城市、各类县镇自主创新发展模式，坚持守正创新，推进落实户籍制度改革、城乡土地制度改革、基本公共服务均等化、保障性住房供给、就地就近城镇化模式等方面改革创新。顺应人口发展趋势和城市增长（与城市收缩）规律，因城制宜提升各类城市发展质量，促进城市群和都市圈发展、提高超大特大城市承载力、改善县城发展软环境、推进各地创新特大镇发展改革模式。

（三）坚持系统协同、统筹发展，以城镇化助力城乡融合发展和经济增长

新型城镇化是促进城乡融合发展和经济增长的重要动力，统筹新型工业化、新型城镇化和乡村全面振兴是推进城乡融合发展和中国式现代化的重要任务。"十五五"时期，城镇化的战略转型，要坚持系统协同、统筹发展，站在宏观经济发展和城乡发展的高度，以系统性改革避免合成谬误，以新型城镇化助力城乡融合发展和经济增长。一方面，城镇化发展与改革进程，要在城乡发展系统中推进，要顺应城乡人口变化趋势，统筹新型城镇化和乡村全面振兴，促进城乡融合发展。另一方面，城镇化与工业化是经济增长的源泉，城镇化按趋势发展便能维持经济增长率3%以上，要协同推进新型城镇化和新型工业化，以新型工业化促进产业发展和城镇劳动力需求，以新型城镇化促进劳动力供给、拉动投资和消费，共同推进经济发展和中国式现代化。

四 "十五五"时期新型城镇化的重点任务与攻坚行动

围绕城镇化进程中的重点难点,从市民化、城镇体系优化、县域城镇化三个方面提出"十五五"时期新型城镇化的重点任务和攻坚行动,有关城镇化体制机制改革的内容融入相关部分。

(一)以权益同城化为导向,推进农业转移人口市民化

随着户籍制度改革和基本公共服务均等化的推进,各类农业转移人口呈现出不同的市民化需求特征,不同城镇还存在不同的落户条件,要以权益同城化和城乡系统改革为主导推进农业转移人口市民化。

第一,提高城镇基本公共服务均等化水平,以权益同城化作为市民化的主要目标。农业转移人口权益同城化,既可以弱化户籍附属权益、实现户籍制度回归人口登记管理功能,同时也可以解决农村居民退出农村权益的后顾之忧。针对当前基本公共服务均等化的难点,一要全面提高城镇义务教育供给水平和质量,在城镇义务教育按需供给的同时,保障随迁子女获得公平的高质量的义务教育资源。二要全面提高城镇保障性住房供给水平,加快将农业转移人口和流动人口纳入保障范围。三要完善社会救助体系,关注城镇各类相对贫困人口,建立完善城镇生活困难群体的

识别和帮扶机制。

第二，建立完善农村权益流转和有偿退出机制，实现农民带资进城。一部分农业转移人口不愿意进城落户，主要是对农村权益损失的担忧。党的二十届三中全会精神将建立自愿有偿退出农村权益的办法作为推进市民化的重要举措。一要完善农村权益流转和退出机制，完善价格机制和平台建设，提高实践中的可操作性。二要通过建立完善跨地区的建设用地指标市场，提高欠发达地区农村建设用地腾退复垦的收益，进而提高农业转移人口退出农村宅基地和农房的财产收入。三要完善农村权益继承制度，解决农业转移人口脱离农村、进城落户的后顾之忧。

第三，稳步推进超大特大城市户籍制度改革。还有一部分超大特大城市存在较高的落户条件，这与其承载力和吸引力的矛盾有关，是防治大城市病的主要举措，具有一定的普遍性和合理性。一方面，要积极提高此类城市的综合承载力、区域承载力，提高城市治理能力，从而缓解吸引力和承载力之间的矛盾，逐步降低落户壁垒。另一方面，要稳步推进户籍制度改革，在城市群、都市圈内部制定差异化的落户条件，稳步推进权益同城化，充分发挥城市群、都市圈的吸纳能力和集聚经济优势。

"十五五"时期，推进农业转移人口市民化的攻坚行动主要包括：一是以农业转移人口权益同城化为主导，逐步淡化户籍人口城镇化率。二是全面提升城乡义务教育优质均衡水平，在保障随迁子女就读需求的基础上，提高随迁子女教育质量。三是全面提高保障性住房覆盖范围，发挥保障性住房对于本地农业转移人口带资进城的支撑作用，发挥其对于外来农业转移人口的保障作用。

第四，建立完善农村权益流转和有偿退出机制，支持就近迁移的农业转移人口自主选择城乡两栖或带资进城。

（二）以提高人口迁入地承载力为抓手，优化城镇体系

针对当前城镇发展进程中存在的主要矛盾点，顺应人口迁移规律构建"13N5"城镇体系，积极提高人口迁入地的土地承载力、服务承载力、区域承载力，充分发挥人口吸纳能力和集聚经济优势，促进经济增长和居民福祉增进。

第一，构建"13N5"的城镇化格局。摒弃各类城镇"孰重孰轻"的争论，尊重城镇化和人口迁移规律，做好城镇功能分工，构建"13N5"的城镇化空间格局，以"一带三核多中心"带动"五级"城镇协调发展。"1"（一带）即沿海经济带，这是跨省份城镇化的重要载体，要尊重人口迁移规律，打造沿海经济带或东部黄金海岸。"3"（三核）即东部三大城市群，这承担了大规模的人口集聚功能，也承担了对全国城镇体系的辐射带动功能，要积极提高三大城市群一体化水平，充分发挥集聚经济优势。"N"（多中心）即各地中心城市，这承担了重要的城镇化载体功能，有利于分散"三核"的人口集聚压力，已经逐渐形成了成渝城市群、长江中游城市群、中原城市群等以及若干都市圈，多中心网络结构特征明显。"5"（五级）即五级城镇体系，指促进城市群和都市圈、各地中心城市、地级市、县（市）、镇区协调发展。各个地级市、县（市）镇分布广、数量大，在城镇体系中发挥着基础性作用，是辐射带动乡村振兴、促进城乡融合发展的关键。

"十五五"时期新型城镇化趋势、难点与战略转型

第二，提高人口迁入地建设用地供给弹性，提高土地承载力。根据人口预测和规划，提高人口迁入地的建设用地供给弹性和供给水平，保障优势地区的发展空间。构建全国统一建设用地市场，深化推进东西部协作地区之间、率先推进城市群和都市圈范围内的建设用地指标跨省统筹利用，保障东部沿海地区、三大城市群的建设用地需求。完善各地城乡建设用地指标统筹利用机制，保障各地中心城市及其都市圈的建设用地需求。

第三，加强人口迁入地基本公共服务供给和基础设施建设，提高服务承载力。基本公共服务质量较高是人口迁入地吸引力所在，但人口大规模迁入又会造成人口迁入地的基本公共服务供给紧张。在服务方面，要根据各类城镇的人口预测，超前规划和供给教育、医疗、养老托育等基本公共服务，加强村社党群服务。在建设方面，要加强城市交通、水电气网等基础设施建设，加快创新城市更新模式，提升城市安全韧性，满足城镇人口增长需求。在治理方面，深化城市治理体制改革，探索智慧高效治理体系，防治大城市病。

第四，促进城市群、都市圈同城化，降低中心城市行政壁垒，以区域承载力突破中心城市的承载力约束。中心城市的行政边界往往成为中心城市扩张和增长的边界，是城市承载力的重要限制因素。积极弱化行政边界对城市群都市圈一体化发展的影响，加快促进中心城市与其周边中小城市、县镇的基础设施互联互通、产业分工合作、社会事业和公共服务均衡发展，促进城市群、都市圈同城化，提高区域综合承载力。

"十五五"时期，优化城镇体系的攻坚行动主要包括：一是促进城市群都市圈发展，攻坚培育都市圈，化解超大特大城市承

载力与吸引力的矛盾，充分发挥集聚经济优势。二是从全国层面统筹好发展与安全问题，提高各地中心城市、东部沿海城市等迁入地的建设用地供给弹性，使优势地区有更大发展空间。三是提高各地中小城市和县城的发展质量，发挥其在就近城镇化、辐射带动乡村振兴和城乡融合发展中的作用。四是促进特大镇改革发展，从特大镇所属省市县级层面思考，从逐步强镇扩权到适时撤镇设市。

第五，实施城市更新和安全韧性提升行动，促进城市高质量发展。

（三）以县域城镇化为突破口，带动乡村振兴城乡融合

县域城镇化既包含了县城发展的内容，也包含了"城—镇—村"体系建设的内容，是辐射带动乡村振兴、促进城乡融合发展的主要动力。重点从提升县城中心功能、分类推进县域城镇化、尊重县域城乡两栖等方面推进县域城镇化。

第一，提升县城的县域中心功能，打造分布广、高质量的就近城镇化载体。县城基础设施建设取得了长足进步，县城发展的短板在于软环境建设。一要提升县城的服务中心功能，打造优质均衡的基本公共服务的"城—镇—村"体系。积极提升县城教育、医疗、养老、公共文化水平，带动完善县域基本公共服务体系，建立完善村社综合性党群服务中心。二要提升县城的经济中心功能，建立完善县域产业体系。因地制宜促进县城或镇区的园区建设和制造业发展，提升商贸物流、生活服务业发展质量，辐射带动特色农业发展和城乡产业融合发展。三要提升县城的集聚

中心功能。根据县城人口预测，超前规划布局基本公共服务供给、用地和住房供给，发挥县城在就近城镇化、返乡创业就业中的载体功能。

第二，顺应县域县城人口发展趋势，分类推进县域城镇化，有序促进县域城乡融合发展。县域发展基础特征与县域县城人口发展特征本质上是相互关联的，发展基础是本质，人口发展是表象。对于县域人口和县城人口均稳定或增长较发达的县，此类县类似城市发展特征，以东部地区县和各地中心城市下辖县为主，应积极提升县城人口承载能力，率先辐射带动乡村振兴和城乡融合发展。对于县域人口减少、县城人口增长的县，此类县比较普遍，与县域人口发展的总体特征一致，重点需要提升县城的中心功能，促进县域兼业化和就近城镇化。对于县域和县城人口均减少的人口流失县，此类县以西部地区欠发达县和东北地区县为主，一方面要顺应人口减少趋势，避免县域城乡建设的投资浪费；另一方面要提升县城发展质量，努力提升县城的人口吸引力。

第三，尊重县域城乡两栖，提升县域城镇化和兼业化进程中各类群体福祉水平。县域城乡两栖现象非常普遍，推进县域城镇化进程中，既要尊重农业转移人口的自主选择，又要完善农村权益流转退出机制提升城乡两栖人口的可选择性。在促进县域基本公共服务均等化和产业发展的基础上，一方面要以兼业化促县域城镇化和城乡融合。加强城乡劳动技能培训和就业服务，提高城乡两栖人口就业能力和机会，促进农村劳动力兼业化和增收。另一方面要优化城乡土地资源配置。对于拥有城镇自有住房的城乡两栖人口，支持其自愿有偿退出农村住房和宅基地；对于没有城镇自有住房的城乡两栖人口，可通过自愿退出农村权益实现带资进城，或用农村权益置换城镇保障性住房或安置房。

"十五五"时期，推进县域城镇化的攻坚行动主要包括：一是攻坚提升县城软环境，促进就近城镇化和全域均衡发展。二是促进县域产业发展，促进农村劳动力兼业化，提升县镇就业水平和增收。三是促进县域城乡义务教育均衡发展，提高寄宿制学校质量。四是促进县域县城分类发展，分类推进县域城镇化，辐射带动乡村振兴。五是完善县域城乡融合发展体制机制，有序促进县域城乡融合发展。

参考文献

高国力：《深入实施新型城镇化战略稳步提高城镇化水平和质量》，《新型城镇化》2024年第11期。

刘彦随等：《中国县域城镇化格局演化与优化路径》，《地理学报》2022年第12期。

石敏俊、孙艺文：《中国都市圈的产业分工与功能协同分析》，《地理学报》2024年第10期。

苏红键：《迈向共同富裕的中国城镇化：福祉空间均衡视角》，社会科学文献出版社2023年版。

苏红键：《人口城镇化趋势预测与高质量城镇化之路》，《中国特色社会主义研究》2022年第2期。

苏红键：《统筹新型城镇化和乡村全面振兴的关键问题与推进思路》，《中国软科学》2024年第11期。

苏红键：《中国特色的县域城镇化：以城乡两栖促城乡融合》，《甘肃社会科学》2023年第4期。

魏后凯、李瑞鹏：《中国县域发展差距变动及其协调路径》，《广东社会科学》2023年第6期。

魏后凯主编：《走中国特色的新型城镇化道路》，社会科学文献出版社2014年版。

"十五五"时期推进城乡融合发展的挑战与应对

胡凌啸　顾庆康[*]

摘　要："十四五"时期，中国城乡融合发展的体制机制和政策体系基本确立，城乡要素配置效率效益均得到提升，以人为本的新型城镇化加快了城乡空间布局优化，乡村全面振兴深入推进使城乡差距进一步缩小。但城乡二元体制尚未根除，"十五五"时期推进城乡融合发展仍然面临诸多挑战，主要体现为推进城乡居民收入差距进一步缩小的动能不足、补齐农村基础设施和基本公共服务短板的压力增大、城乡要素双向流动的非均衡偏向依然明显、推进县域内城乡融合发展的支撑体系亟待完善。因此，要做好"四个坚持、四个统筹"：坚持共享发展，统筹好农民增收与缩小城乡收入差距；坚持以人为本，统筹好人口结构变化与公共资源供给；坚持深化改革，统筹好要素盘活增效与农民权益保护；坚持因地制宜，统筹好不同县域内城乡共同繁荣发展。政策层面，建议实施农民收入提升五年行动、建立覆盖常住

---

[*] 胡凌啸，管理学博士，中国社会科学院农村发展研究所副研究员，主要研究方向为农村改革和城乡发展；顾庆康，经济学博士，南京财经大学金融学院讲师，主要研究方向为农村金融。

人口的公共资源分层分类配置机制、构建优质要素规范有序向乡村流动的长效机制、分类开展县域内城乡融合发展国家试点工作。

关键词:"十五五"时期;城乡融合发展;县域;农民收入

Challenges and Responses in Promoting Urban-Rural Integrated Development During the 15th Five-Year Plan Period

Hu Lingxiao　Gu Qingkang

Abstract: During the 14th Five-Year Plan period, China established fundamental institutional mechanisms and policy frameworks for urban-rural integrated development. Both efficiency and effectiveness of factor allocation between urban and rural areas improved significantly, while people-centered new urbanization accelerated spatial optimization. The comprehensive rural revitalization strategy further narrowed the development gap between urban and rural regions. However, the entrenched urban-rural dual system persists, and the 15th Five-Year Plan period will confront multiple challenges in advancing integrated development, manifested in: Weakening momentum for further narrowing the urban-rural income gap; Mounting pressure to address deficiencies in rural infrastructure and basic public services; Persistent asymmetries in two-way factor flows between urban and rural areas; Imperative need to strengthen institutional supports for county-level urban-rural integration. To address these issues, China must adhere to the "Four Persistences and Four Coordinations": Persist in shared development, balancing increased rural incomes with narrowing the urban-rural income gap; Persist in a people-centered approach, coordinating demographic changes with public resource allocation; Persist in deepening reforms, harmonizing factor market efficiency with protecting farmers' rights; Persist in region-specific strategies, promoting balanced prosperity across different county-level urban-rural systems. At the policy level, recommendations include: Implementing a five-year action plan to boost farmers' incomes; Establishing a tiered and categorized public resource allocation mechanism for permanent residents; Creating a long-term mechanism to facilitate regulated, orderly flows of high-quality factors to rural areas; Conducting categorized pilot programs for intra-county urban-rural integration.

Key Words: 15th Five-Year Plan; Urban-Rural Integration; County; Rural Residents' Income

城乡融合发展是中国式现代化的必然要求。《中华人民共和国国民经济和社会发展第十四个五年规划和2035年远景目标纲要》明确将"基本公共服务实现均等化，城乡区域发展差距和

"十五五"时期推进城乡融合发展的挑战与应对

居民生活水平差距显著缩小"作为2035年的远景目标。2025年是"十四五"时期规划收官之年，即将迎来的"十五五"时期是实现2035远景目标前极为重要的五年。"十五五"时期推进城乡融合发展的速度和质量直接关系到2035年远景目标能否顺利实现，需予以高度重视。"十四五"时期，中国持续建立健全城乡融合发展体制机制和政策体系，并提出"把县域作为城乡融合发展的重要切入点"以及"率先在县域内破除城乡二元结构"的战略举措，城乡二元分割的局面得到明显改善，县域内城乡融合发展取得了突出成效。但也要看到，当前城乡融合发展体制机制仍不完善，实践中还有诸多问题未有效解决，城乡公民权利平等化、城乡要素流动自由化、城乡公共资源配置均衡化、城乡基本公共服务均等化、城乡居民生活质量等值化的城乡生命共同体没有完全形成（魏后凯，2023）。2024年，党的二十届三中全会通过的《中共中央关于进一步全面深化改革、推进中国式现代化的决定》对完善城乡融合发展体制机制作出了进一步重大改革部署，为"十五五"时期推进城乡融合发展指明了方向。为了更好地谋划"十五五"时期的城乡融合发展工作，有必要对"十四五"时期取得的进展进行总结，对"十五五"时期面临的挑战进行分析，从而提炼"十五五"时期推进城乡融合发展的思路和政策。本报告将对上述问题展开讨论。

一 "十四五"时期推进城乡融合发展的成效

"十四五"时期以来，中国新型城镇化和乡村全面振兴统筹推进，城乡融合发展的体制机制和政策体系基本确立，城乡要素流动更加顺畅，新型城镇化建设质量不断提升，城乡发展差距和居民生活水平差距持续缩小，为"十四五"时期顺利收官、"十五五"时期实现良好开局奠定了坚实的基础。

（一）城乡要素配置实现效率效益双提升

促进城乡要素自由流动和平等交换，在城乡间形成劳动力、土地、资金、技术、数据要素汇聚的良性循环，是推进城乡融合发展最重要的基础。"十四五"时期以来，党中央和国务院统筹谋划促进要素自主有序流动的改革方案，充分考虑了城乡间的要素配置问题。党的二十大明确提出，"坚持农业农村优先发展，坚持城乡融合发展，畅通城乡要素流动"。党的二十届三中全会进一步强调，"促进城乡要素平等交换、双向流动"。2022年，中共中央 国务院专门出台《关于加快建设全国统一大市场的意见》，尤为强调健全城乡统一的土地和劳动力市场。随着要素市场制度体系的完善，中国城乡要素双向流动和平等交换的机制逐步健全，城乡间要素配置实现效率效益双提升。

第一，城乡要素配置效率提升。一方面，表现为要素入乡规模扩大。2024年末，全国以农民工为主要对象的创业园区和返乡创业基地达到2200多家，返乡入乡创业人员近1300万人，较2020年末增加近290万人[①]，"乡创客""新农人"带动更多技术、资金等要素流向农业和农村。2021—2024年，全国一般公共预算支出中农林水支出累计95648亿元，年均增长5.53%[②]。

[①] 笔者根据中国政府网公布数据整理。
[②] 笔者根据财政部年度财政收支情况数据整理。

"十五五"时期推进城乡融合发展的挑战与应对

2024年全国涉农贷款余额和普惠型涉农贷款余额分别较2020年增长31.86%和90.48%，普惠型涉农贷款占贷款总额比重较2020年提升1.12个百分点（见图1）。同时，2024年新发放的普惠型涉农贷款平均利率较5年前下降2.49个百分点①。另一方面，表现为本土要素得到激活。2022年，自然资源部启动新一轮（2022年底至2024年底）深化农村集体经营性建设用地入市试点工作，在保留原来33个试点县（市、区）的基础上，拓展涵盖全国近400个县（市、区、镇）（马翠萍等，2023）。截至2024年4月，试点合计完成农村集体经营性建设用地入市719宗，累计带动产业投资规模达1441.57亿元②。此外，高素质农民人才队伍明显扩大，截至2024年，中国已累计培育900多万名高素质农民，较"十三五"末期增加超过400万名③。

第二，城乡要素配置效益提升。城乡要素配置效率的提升带动了中国乡村经济发展效益提高。一是农业生产方式更加智慧。数字赋能、科技赋能、人才赋能持续拓展人工智能在农业中的应用场景，农业生产智慧化水平不断提升。"十四五"时期以来，全国超过1000个"无人农场"投入运营，实现了从播种到收割的全流程自动化；截至目前，全国安装北斗终端的农机约200万台，植保无人机年作业面积超过4.1亿亩④。二是乡村经济发展更具活力。乡村经济融合发展态势明显，认养农业、乡村旅游、农业农村短视频等新产业新业态蓬勃发展。2023年9月至2024年9月，抖音电商全年挂车售卖农产品的短视频数量为1157亿

---

① 笔者根据国家金融监督管理总局公布数据整理。
② 笔者根据自然资源部网公布数据整理。
③ 笔者根据中国政府网公布数据整理。
④ 笔者根据农业农村部公布数据整理。

条,直播间里农特产商品讲解总时长达3825万小时(段晓瑞,2024)。新产业新业态的蓬勃发展有效释放了农村地区消费潜力。文化和旅游部数据显示,2024年前三季度,全国乡村旅游接待人数为22.48亿元,接待总收入为1.32万亿元,同比增长9.8%;商务部数据显示,2024年中国农产品网络零售额6832亿元,较2020年增长64.27%。

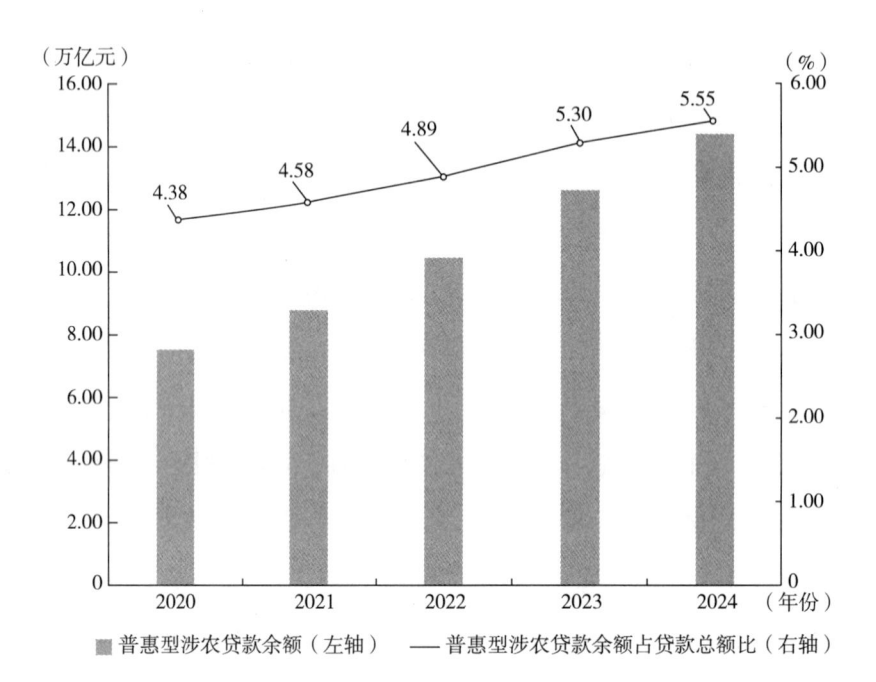

图1 "十四五"时期城乡金融要素流动情况

资料来源:笔者根据中国人民银行和国家金融监督管理总局公布数据整理。

(二) 以人为本的新型城镇化加快城乡空间布局优化

新型城镇化是形塑城乡空间布局的重要力量。"十四五"时

"十五五"时期推进城乡融合发展的挑战与应对

期以来,党中央和国务院深入推进以人为本的新型城镇化,以进城农民工及其随迁家属为重点、兼顾城市间流动人口,进一步拓宽城镇落户渠道,逐步使未落户常住人口享有均等化城镇基本公共服务,加快农业转移人口市民化。2024年,国务院出台的《深入实施以人为本的新型城镇化战略五年行动计划》把推进农业转移人口市民化作为新型城镇化的首要任务,提出实施新一轮农业转移人口市民化行动。与此同时,县城成为"十四五"时期重要的政策关注点。2022年中共中央办公厅、国务院办公厅印发《关于推进以县城为重要载体的城镇化建设的意见》,要求以县域为基本单元推进城乡融合发展,发挥县城连接城市、服务乡村作用。在上述政策的集中作用下,新型城镇化推动城乡空间布局不断优化。

第一,农业转移人口市民化成效显著。"十四五"时期以来,中国农业转移人口市民化有序推进,城乡人口流动形成新格局。一方面,城市落户门槛大幅降低,城区常住人口300万以下城市基本取消落户限制,大多数实行积分落户政策的超大特大城市实现社会保险缴纳年限和居住年限分数占主要比例。"十四五"时期,"人地钱"挂钩政策深入实施,中央财政累计下达1550亿元的农业转移人口市民化奖励资金[①],已较"十三五"时期下达全额增加300亿元。常住人口城镇化率从2020年的63.89%提高至2024年的67%,城镇常住人口增至9.44亿人;全国户籍人口城镇化率从2020年的45.4%提升至2023年的48.3%(见图2);2023年户籍人口城镇化率与常住人口城镇化率差距较2020年缩小0.63个百分点。另一方面,农业转移人口

---

① 笔者根据国家发展改革委与财政部公布数据整理。

市民化质量显著提升。2023年，进城农民工人均居住面积24.0平方米，比2020年增加2.5平方米；3—5岁随迁儿童入园率、义务教育阶段随迁儿童在校率分别为90.9%和99.7%，较2020年提高4.8个和0.3个百分点。同时，进城农民工对所在城市的归属感不断增强，47.3%认为自己是所居住城市的"本地人"，38.2%参加过社区活动，分别比2020年提高5.9个和8.9个百分点。

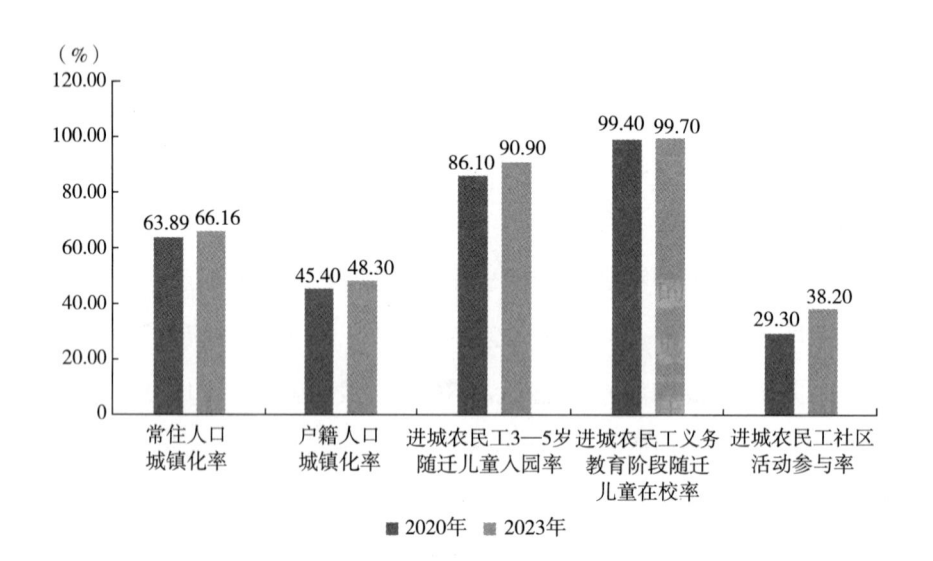

图2　2020年与2023年农业转移人口市民化成效比较

资料来源：笔者根据国家统计局公布数据整理。

第二，县城的综合承载能力不断增强。"十四五"时期以来，中国县城综合承载能力不断加强，对农民就近城镇化和城乡要素跨界融合的支撑作用不断凸显。总体来看，2023年全国1865个县、市、旗贡献了全国37%以上的GDP、39%以上的第二产业增加值、46%以上的规模以上工业企业数量；2023年

GDP 千亿元以上的县域有 59 个，超过 400 亿元有 312 个[①]。具体来看，"十四五"时期，中国县城市政设施短板加快补齐，老旧小区改造稳步实施，燃气管道等老化更新改造和市政管网建设加快推进，基本实现充电站"县县全覆盖"，实现"县县通 5G"。中国紧密型县域医共体已在全国 2188 个县推进，预计到 2025 年底，90%以上的县域医共体将达到紧密型标准[②]，乡村两级医疗机构和人员"空白点"基本消除，优质医疗资源逐步向乡村下沉。县域商业基础设施加快升级，2023—2025 年初，全国建设改造县城综合商贸服务中心 2628 个、乡镇商贸中心 13391 个、村级便民商店 13.8 万个[③]。

（三）乡村全面振兴深入推进使城乡差距进一步缩小

推进乡村全面振兴是解决城乡发展不平衡、不充分问题的关键。2021 年，《中华人民共和国乡村振兴促进法》正式施行，作为中国"三农"领域的一部基础性、综合性法律，乡村振兴促进法对于促进乡村产业振兴、人才振兴、文化振兴、生态振兴、组织振兴和推进城乡融合发展具有里程碑意义。2024 年，党的二十届三中全会提出要将乡村全面振兴和新型工业化、新型城镇化统筹推进，缩小城乡差别，促进城乡共同繁荣发展。2025 年，中共中央、国务院在第一轮乡村振兴战略规划顺利完成基础上发布第二轮规划，《乡村全面振兴规划（2024—2027 年）》从优化城乡发展格局、加快现代农业建设、推动乡村产业高质量发

---

① 笔者根据《中国县域高质量发展报告（2024）》数据整理。
② 笔者根据国家卫生健康委数据整理。
③ 笔者根据商务部公布数据整理。

展、建设宜居宜业和美乡村、增进农民福祉等方面设计了乡村全面振兴未来四年的重点任务，明确到2027年，乡村全面振兴取得实质性进展，农业农村现代化迈上新台阶，农村基础设施更加完备，城乡基本公共服务均等化水平不断提升，农民生活更加美好、收入水平持续提高。"十四五"时期，中央一号文件全部聚焦推进乡村全面振兴。随着乡村振兴战略全面推进，农业农村现代化取得显著进展，工农互促、城乡互补、协调发展、共同繁荣的新型工农城乡关系正在加快形成。

"十四五"时期，城乡发展差距持续缩小。一是基础设施方面，水电路管网等农村基础设施提档升级。2024年中国城镇地区互联网普及率为85.3%，农村地区互联网普及率为67.4%，城乡地区互联网普及率差距较2020年缩小6个百分点[1]；农村自来水普及率达94%，较2020年提高11个百分点；全国农村生活污水治理（管控）率达到45%以上，卫生厕所普及率达到75%左右[2]，分别较2020年提高20个和7个百分点。二是基本公共服务方面，覆盖全民的社会保障体系不断完善，城乡统一的居民基本养老保险、基本医疗保险和大病保险制度不断健全。2023年，城乡居民人均养老金由2020年的2088元提升至2023年的2671元，与城镇职工人均养老金的比值由19.25缩小至16.81（魏后凯等，2025）。三是收入消费差距方面，全国农村居民人均可支配收入和消费稳步增长，城乡收入、消费比持续缩小。2024年城乡居民收入比和消费比为2.34∶1和1.79∶1，较2020年的2.56∶1和1.97∶1均有所提升（见图3）。商务部数据显

---

[1] 笔者根据《中国互联网络发展状况统计报告》数据整理。
[2] 笔者根据生态环境部公布数据整理。

示，截至 2025 年 3 月，乡村消费品零售额增速已经连续 38 个月高于城镇。

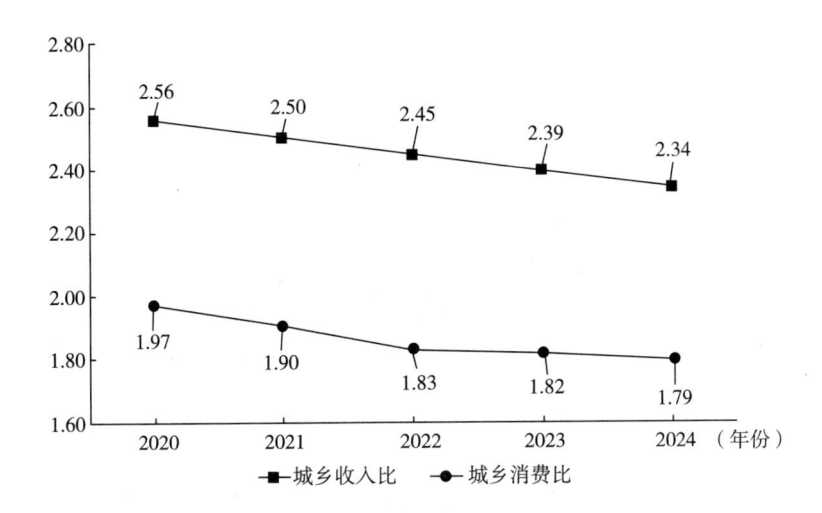

图 3 "十四五"时期中国城乡收入、消费比变化趋势

资料来源：笔者根据国家统计局相关数据整理。

二 "十五五"时期推进城乡融合发展的挑战

城乡融合发展在"十四五"时期取得的成效来之不易，但也必须认识到，中国城乡间发展不平衡、不充分的矛盾依然突出，城乡二元体制尚未根除（刘守英等，2022），"十五五"时期推进城乡融合发展仍然面临诸多挑战，任重道远。

（一）推进城乡居民收入差距进一步缩小的动能减弱

"十四五"时期，中国城乡居民收入相对值虽然持续缩小，但相较比利时、英国、德国、荷兰小于1，以及日本、韩国、美国小于1.5的水平仍有较大差距（冯晓龙等，2024）。同时，城乡收入的绝对差进一步拉大，2024年达到31069元，较2020年增加4366元。城乡居民收入结构极其不平衡，财产性收入比和工资性收入比分别高达9.41:1和3.36:1（见图4）。

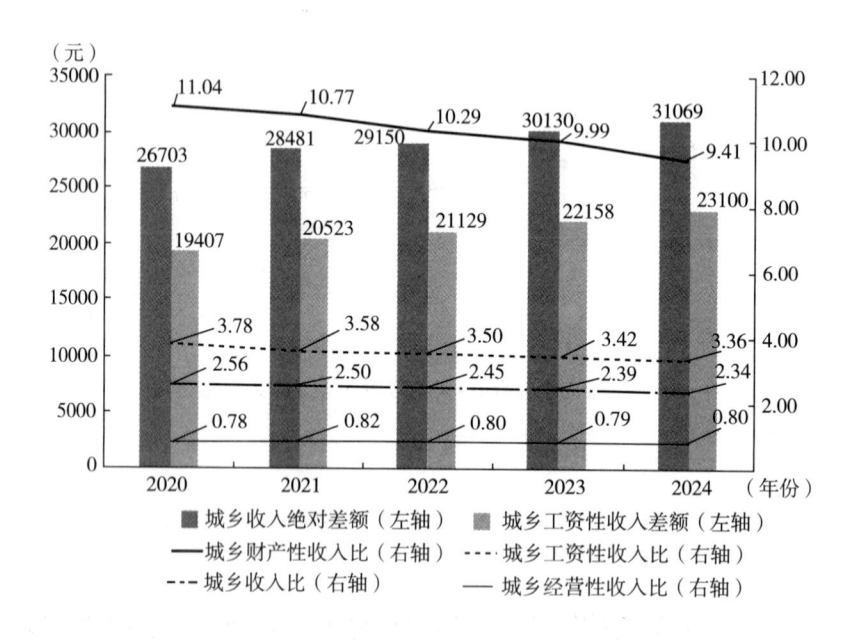

图4 "十四五"时期城乡收入差距比较

资料来源：笔者根据国家统计局相关数据整理。

进一步缩小城乡收入差距是"十五五"时期推进城乡融合发展的重中之重，但从农民收入构成来看，以往促进农村增收的作用机制有所减弱，农民收入继续保持较快增长的态势面临不小压力。一是就工资性收入而言，外出务工是农民增收致富的主要渠道，农民工月均收入从2019年的3962元增长到2024年的4961元，但年增速却从6.48%缩小到3.79%，并且低于城镇非私营单位平均工资2023年增速2.06个百分点。由于外部冲击影响加大、前期增长动能走弱等因素共同作用，中国经济增长速度放缓，叠加技术资本的替代效应，农民工资性收入增速可能下降（张琛等，2023；张锦华、游葭露，2024）。此外，脱贫劳动力稳岗就业是增加农民工资性收入的重中之重，2024年全国脱贫劳动力务工就业规模超过了3300万人，对巩固拓展脱贫攻坚成果发挥了重要作用。2025年是巩固拓展脱贫攻坚成果同乡村振兴有效衔接5年过渡期的最后一年，过渡期结束之后，脱贫户收入增长的长效机制健全程度直接影响农村低收入群体的收入增长情况，进而影响城乡收入缩小速度。二是就经营性收入而言，农村改革和支农惠农富农政策持续释放的发展红利支撑农民经营性收入不断增长，虽然"十四五"时期城乡居民的经营性收入比一直小于1，但基本徘徊在0.8左右未有较大改变。在种粮比较收益下降、农业产业链富农分配机制不完善（钟钰等，2024）、农产品结构调整趋紧、乡村产业竞争压力增大等因素共同作用下，农民经营性收入增长对缩小城乡收入差距的贡献难有较大提高。三是就财产性收入而言，虽然农村存在大量未被有效利用的资源资产，但囿于农村土地、房屋等重要资产缺少衡量和实现市场价值的渠道，政府对相关领域改革具有顾虑而尤为谨慎（李实，2024），在短时期内提高农村居民财产性收入缺乏可行性。四是就转移性收入而言，低收入农户对各类政府补贴为主的转移性收入依赖性较强（高鸣、胡原，2023），但其增长受限于未来财政收入状况和政策方向，也存在诸多不确定性。

综合上述分析，本报告参照张延群和万海远（2019）的方法，选取了农民工收入，第一产业增加值，第二、第三产业增加值，第一产业就业人口占比，农村就业人口占比等宏观经济变量，采用2010—2024年的数据构建VAR时间序列模型。随后在动能不变、动能趋缓两种不同趋势假设下，对"十五五"时期中国城乡收入差距的走向进行了简单预测（见图5）。结果显示，一是若各宏观变量的变动幅度保持2024年水平基本不变，则2025年城乡收入比能够下降到2.28，2030年能够下降到接近2.00。二是若考虑推动城乡收入比下降的宏观经济和社会发展因素的边际效用逐渐减弱，那么中国城乡收入比到2030年预计只能下降到2.11，将处于较高水平。据此，"十五五"时期有必要在制度层面加大破除城乡二元结构的改革力度，增强缩小城乡收入差距的动能，为在2035年实现"城乡居民生活水平差距显著缩小"的目标奠定坚实基础。

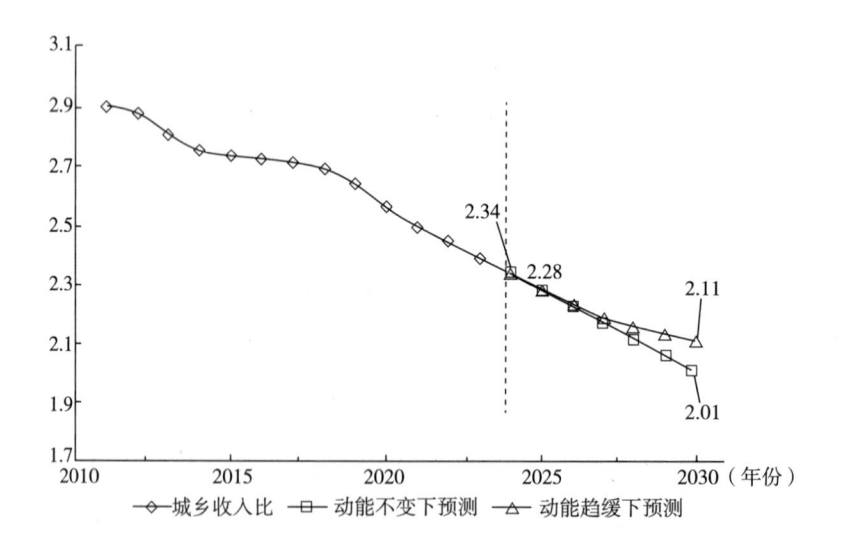

图5 "十五五"时期城乡收入差距预测

（二）补齐农村基础设施和基本公共服务短板的压力增大

"十四五"时期以来，中国扎实推进基础设施和基本公共服务向乡村延伸，但由于历史欠账多，农村基础设施和基本公共服务的短板依旧突出。城乡在养老、医疗、教育、低保等基本公共服务供给方面差距明显。2023 年，城乡居民基本养老金水平提高到 223 元/月，但城镇职工退休金平均为 3743 元/月，相差超过 16 倍；农村居民医疗保险个人缴费金额占可支配收入的比例比城镇居民高 1 个百分点，而城镇平均每个参保人的保险支出高达 4785 元，是农村参保人人均 1086 元保险支出水平的 4.4 倍；农村低保平均保障标准为 621.3 元/月，仅为城市低保平均保障标准的 79.06%（魏后凯等，2025）。此外，根据《中国教育财政家庭调查报告（2021）》，全国普通全日制教育城镇家庭一个学年教育支出平均为 14197 元，而农村家庭为 8205 元，相差近 6000 元。同时，部分偏远乡村学校缺少音、体、美以及微机课程等专任教师（杨卫安、岳丹丹，2022）。在公共基础设施建设及其空间布局方面，城乡一体化程度、连通程度也有待提高，相当多的乡镇农村还缺乏污水管道、垃圾转运、物流配送等设施（金三林等，2022）。2023 年城市人均市政公用设施建设投入是村庄的 10.79 倍。

进入"十五五"时期，补齐农村基础设施和基本公共服务短板的压力有可能会进一步增大。一是财政资金投入的力度强度能否保持面临挑战。实现城乡基本公共服务均等化需要强财力保障，然而，受国内需求不足、部分企业生产经营困难、群众就业增收面临压力、风险隐患仍然较多等影响，我国财政收入增速持续低于名义GDP增速，财政运行持续承压。2024年中央预算收入增长率为1.3%，小于2019年3.8%的增速。其中，2024年城乡社区支出占财政总支出的7.64%，较2019年的10.75%缩小3.11个百分点①。农村基本公共服务体系建设的可持续性和质量提升将会受到挑战（李实、杨一心，2022）。如根据国务院发展研究中心测算，2020年每个进城农民工市民化所需的公共投入超过10万元（目前可能更高），在城市财政运行承压的情况下，农业转移人口在教育、就业、住房等基本公共服务保障方面将面临压力。同时，又如农村基础设施重建轻管、建而未管的问题突出，很多设施管护责任由村集体承担（金文成等，2025）。但2022年全国近六成的村庄当年经营收益在10万元以下②，若缺乏上级财政支撑，这些村庄很难有效管护基础设施。二是县域人口流动与人员返乡入乡对农村公共服务设施建设布局提出更高要求。县域是公共服务设施投放的基本单元，由于发展差别客观存在，不同县域人口流动呈现明显分化态势。部分发达县域就业机会相对充裕，对人口具有相对较强的吸引力，人口保持平稳或有所增长；部分薄弱县域经济发展较为滞后、产业支撑能力较弱、人居环境品质有待提升，人口流失仍在持续。此外，随着外出就业人员返乡和城市居民下乡，"新村民"对农村地区的教育、医疗以及基础设施建设产生新的更高需要。"十五五"时期如何协调好人口流动和基本公共服务设施建设的关系亟待破解，财政资源在不同县域间的投放如何与人口频繁流动下的公共服务设施需

---

① 财政部公布2024年、2019年财政收支情况数据。
② 笔者根据《2023年中国农村政策与改革统计年报》数据整理。

求特征相适应亟须优化。

（三）城乡要素双向流动的非均衡偏向依然明显

在要素市场化改革背景下，囿于乡村产业基础薄弱，要素投入产出效益远不及城市，当前城乡要素双向流动依然表现为乡村要素的净流出（马骏，2023）。例如，村镇银行、农村合作社和农商行的县域存贷比普遍在65%—70%，大型银行和股份制银行甚至更低，明显低于城市地区，农村资金外流较严重（李一帆，2023），乡村振兴面临资金需求巨大与供给不足的难题（魏后凯等，2025）；又如，存在建设用地资源净流出现象，乡村产业的建设用地指标缺口大（金文成等，2025）。乡村振兴战略的实施离不开优质要素的创新配置，农村要素的净流出限制了乡村产业发展能力和公共服务设施建设能力，加剧了农村地区长期面临的基础设施薄弱、产业结构单一、产业链较短、公共服务供给失衡等困境，这又进一步推动了各类要素单向流出，使农村发展陷入了"要素外流—产业凋零—设施不足—要素外流"的非良性循环。

为促进多元要素有序自发流向乡村，"十四五"时期，党中央和国务院统筹部署促进劳动力、资金、土地等城乡要素自主有序配置的政策措施，并取得积极成效。但乡村优质生产要素的供需缺口远未补足，实践中诸多农村地区普遍缺乏优质要素支撑，难以适应加快发展农业新质生产力、实现农业农村现代化的现实要求。如多元农业经营主体素质普遍不高，基层农业队伍陷入"只出不进""结构失衡"困境；农村金融产品和服务体系供给无法匹配农业产业现代化发展、生态保护、设施建设、创业创新等形成的金融需求等。

优质生产要素向乡村集聚的前提是有利可图的，且要进得去、落得下、赚得到。当前优质生产要素流向乡村存在通道不畅或者成本高昂等问题，其根源在于城乡要素合理有序流动的体制机制障碍尚未根本消除。其中，由于农村土地要素权能特征限制造成的大量资源资产不能被有效利用的矛盾尤为突出。具体来看，集体经营性建设用地入市存在制度细节不完善和配套改革滞后等问题（杜志雄、高鸣，2023；卢圣华、汪晖，2024）；宅基地制度形成"管制无效"和"产权无效"并存的困局（刘守英、熊雪锋，2019），农民仍缺乏自由处置权，有偿退出渠道狭窄、范围有限（年猛、张清勇，2023；郭晓鸣，2023）。上述权能特征既限制了外来资本入乡的途径（叶兴庆，2022），也导致农村产权融资担保机制不完善（鲍曙光等，2021）。政府部门在消除相关体制机制障碍的过程中，出于"担忧损害农民权益"等顾虑（李实，2024），倾向于采取"稳慎推进改革"的政策基调。如宅基地方面，考虑到担忧资本下乡买宅基地损害农民权益，从2021年起，连续五年的中央一号文件都体现了"稳慎推进宅基地制度改革试点"的政策思路，并于2025年中央一号文件明确提出两个"不允许"，即不允许城镇居民到农村购买农房、宅基地，不允许退休干部到农村占地建房。现行农村产权制度下，农民财产性利益难以得到充分体现，深入盘活乡村闲置资源资产，带动优质要素集聚乡村实现城乡产业融合发展以及农村居民福利的提升，是"十五五"时期必须思考和解决的关键议题，如何在深化改革突破体制机制障碍的同时保障农民根本权益，实现既"活"又"稳"的双重目标，为城乡产业融合发展创造要素合理配置的条件仍需探索。

(四) 推进县域内城乡融合发展的支撑体系亟待完善

"率先在县域内破除城乡二元结构"是党中央针对城乡融合发展作出的重大决策部署，但要实现"县域率先"必须高度重视县域内城乡发展的均衡程度与质量高低。根据本报告对全国1247个县（区）2022年城乡收入数据的分析，城乡收入比高于当年全国城乡收入比的县（区）占比达17.32%，超过3的占比达5%。此外，虽然大多数县（区）城乡收入比均低于全国平均水平，但其中有相当比例的县并不是一种高质量的城乡收入均衡状态，而是以低于全国平均水平的城乡居民人均可支配收入为前提实现"城乡收入均衡"，如山西晋城陵川县虽然城乡收入比只有1.85，但其城乡居民收入水平分别仅为全国水平的51.63%和68.12%，这绝非城乡均衡发展的理想结果（胡凌啸，2023）。

把县域作为城乡融合发展重要切入点的改革方向，实际上对县域的发展能力、治理能力提出了更高要求。当前，县域综合发展能力有待提升。系统推进县域城乡融合发展首先要求县级政府有很强的财政能力，但相对薄弱的财政收入以及财权与事权的不匹配，导致部分县域在发展过程中有效财政投资不足，难以创造良好的基础设施环境和公共服务供给，县城的综合承载能力无法支撑城乡融合发展的需要。"十四五"时期，县级财政收支矛盾进一步显现，多数县域缺乏足够财力支撑城乡居民实现基本公共服务均等化等目标。此外，县域内城乡治理体系整体效能不足，不能满足县域内城乡融合发展的客观要求。相对于市、区，诸多县域得到改革发展的权限、政策、资金等红利很少，乡村的治理能力和治理体系现代化明显滞后，制约了县域整体发展。事实上，中国县域数量大、类型多，不同县在经济发展、城镇化、城乡居民收入等方面存在显著差距，在探索县域城乡融合发展道路过程中，必须充分考虑县乡多样性和县域内城乡融合的支撑条件问题。如中国近九成县域的经济规模低于500亿元；部分地区出现人口"县域空心化"现象。"十五五"时期，能否立足县域资源禀赋、区位条件、产业基础、功能定位，合理确定城乡融合发展的标准和模式，提高县域发展能力和治理水平，直接关系到"率先在县域内破除城乡二元结构"能否高质量实现。

三 "十五五"时期推进城乡融合发展的思路

"十五五"时期推进城乡融合发展，要坚持问题导向，直面当前城乡融合发展的难点和痛点，结合经济社会发展大势、城乡人口流动特征、新型城镇化进程、农业农村发展实际，坚持正确发展方向，科学统筹相关工作，做到"四个坚持、四个统筹"。

（一）坚持共享发展，统筹好农民增收与缩小城乡收入差距

促进农民增收是"三农"工作的中心任务，缩小城乡收入差距则是推进城乡融合发展的直接目标。城乡收入差距是城乡发展差距最集中的体现，"十五五"时期，让农民在共享发展中实现增收刻不容缓，这不仅仅意味着农民收入绝对值要提高，更要确保城乡收入相对差进一步缩小。

"十五五"时期推进城乡融合发展的挑战与应对 ◆◆

第一，持续拓宽农民的增收渠道。一是着力发展县域富民产业，促进农民经营性收入持续增长。产业是农民增收的重要渠道，兴业才能富民。因此，要进一步优化乡村产业布局，延伸产业链，培育新产业新业态，挖掘农村内部的增收潜力。要完善联农带农机制，让农民合理分享全产业链增值收益，把产业增值收益更多留在农村、留给农民。二是促进农民工稳岗就业增收，提高工资性收入。外出务工仍然是农民增收致富的主要渠道，是农民增收的"压舱石"。要着眼于扩大农民就业空间和增强农村居民人力资本，健全农民工职业技能提升培训政策体系，完善农民工工资合理增长和支付保障机制。三是深化农村改革，赋予农民更充分财产权益。围绕"承包地、宅基地、集体经营性建设用地、集体收益分配权"等扎实搞好"确权"，稳步推进"赋权"，有序实现"活权"，激发农村各类资源要素活力。四是加强对农村低收入人口和欠发达地区分层分类帮扶。

第二，要确保城乡收入差距不断缩小。确保城乡收入差距不断缩小，对农村居民收入增长速度提出了更高的要求，必须快于城市居民收入增长速度。虽然中国城乡收入比不断缩小，城乡居民收入的绝对差额却在不断拉大。事实上，在每一年的城乡收入变动中，只有当农村与城镇居民收入增速比值大于城乡收入比值时才会带动两者的绝对差额缩小[①]。目前在全国层面直接缩小城乡居民收入绝对差额还面临巨大压力，但从局部层面来看，中国不少地区，特别是有些县域层面的城乡收入比已经达到较低水

---

① 如2023年中国城乡收入比为2.39，那么2024年的农村居民收入增速是城镇增速的2.39倍时，才会缩小城乡绝对差距。然而，2024年农村居民实际收入增速为6.58%，仅为城镇增速的1.44倍。

平，直接缩小城乡居民收入绝对差额存在现实条件。因此，根据居民收入增长和经济增长基本同步的目标任务，综合考虑中国城乡居民收入差距和地区差异性依然较大的现实，要确保城乡收入差距不断缩小的方向主要有以下两点：一方面，在全国层面分两步走，通过持续拓宽农民增收渠道，设定"农村居民收入增速高于城镇居民收入增速、不低于国内生产总值增速"的政策目标，待城乡收入比下降到一定程度时，设定"农村城镇收入增速比高于城乡收入比"的政策目标，以缩小城乡居民收入绝对差额。另一方面，在局部层面分类施策，对于有能力且具备条件的地区可提前设定农村城镇收入增速比高于城乡收入比的目标，以促进城乡收入绝对差额缩小。

（二）坚持以人为本，统筹好人口结构变化与公共资源供给

目前，中国新型城镇化还在深入推进，农村人口继续向城市转移是大势所趋。在转移人口完全市民化前，大量"城乡两栖"的流动人口会长期存在，同时也出现了越来越多由城入乡的"新村民"，这是中国"十五五"时期甚至更长一段时期都要面临的客观事实。必须坚持以人为本的理念，把握好人口结构变化趋势特点，推动与之相适应的公共服务供给与基础设施建设。

第一，促进进城农民更好地融入城市。一方面，要把农业转移人口市民化放在首位，促进有意愿、有能力在城镇稳定就业和生活的农业转移人口举家进城落户。要通过完善成本分担机制，激发城市吸纳农业转移人口落户的积极性、主动性。同时，应尊重城乡居民自主定居意愿，保障进城落户农民土地等合法权益，

让他们在城乡间可进可退、进退有据。另一方面，要加快实现基本公共服务常住人口全覆盖，使进城农民在社会保险、住房保障、随迁子女义务教育等方面，享有同迁入地户籍人口同等的权利，实现基本公共服务从"户籍人口身份惠及化"向"常住人口权益普惠化"转变（高强等，2022）。

第二，探索地区适应性的公共服务设施供给机制。科学应对不同地区发展分化现象，推动公共资源配置与服务人口、经济规模和生态功能需求相匹配，既要防止建设不足，也要避免建设过度。由于县级政府财政规模受限，公共资源的配置不能"摊大饼"，要在坚持普惠共享的前提下分清主次。要把基础设施建设建立在经济发展和财力可持续的基础上，将人口流动和公共服务需求的变动作为政府相关财政资金配置的依据，实现公共服务资源配置更加适度。要区分县城、中心镇和一般乡村的建设思路，做到重点建设和基础建设相结合，在资源约束和预算约束下实现城乡居民福祉相对均等化。

（三）坚持深化改革，统筹好要素盘活增效与农民权益保护

在市场配置的作用下优质生产要素流向城镇符合客观规律，但乡村既有大量闲置资源资产，也有吸引资金、技术、人才、市场等要素进入的功能潜力。"十五五"时期，既要通过深化农村产权制度改革，破除妨碍城乡要素平等交换、双向流动的制度壁垒，实现以乡村自身要素资源的盘活带动城市要素的引入；也要完善农民权益保障机制，确保城乡产业融合发展进程中最大限度地保护农民利益。

第一，以深化农村产权制度改革促"活"。一方面，土地要素是控制农村要素市场活力的"总开关"，针对农村土地要素权能特征限制社会资本进入乡村途径的问题，要深化农村"三块地"和集体产权制度改革创新，赋予农民更加充分、完整的财产权，并以此畅通金融资本、社会资本、城市人才下乡的渠道，引导更多优质资源有序配置到乡村发展的重点领域和薄弱环节，实现其市场价值。另一方面，赋予乡村产业持续向好的发展前景是实现吸引城市优质要素流向乡村的基础和前提。要坚持产业优先，通过为产业发展创造良好的政策环境和服务保障，充分挖掘乡村多元价值和多种功能，突出地域特色、错位竞争、可持续发展，重点发展比较优势明显、带动农业农村能力强、就业容量大的产业。统筹培育本地产业和承接外部产业转移，促进产业升级，提高农业农村资源利用效率和投资回报率，以吸引资源要素自发向乡村流动。

第二，以完善农民权益保障机制促"稳"。一方面，从"管好资本"出发，持续优化乡村营商环境，引导好、服务好、保护好优质资本下乡的积极性和主动性，同时为下乡资本设置"红绿灯""负面清单"等，防止资本在乡村的无序扩张以及对农民权益的损害（姚毓春、张嘉实，2023）。另一方面，从"护好农民"出发，一是要主动回应改革进程中出现的农民权益受损问题，积极探索解决方案并形成有效经验推广。二是要完善联农带农机制，让农民通过土地财产权合理分享乡村产业链条中的增值收益。

（四）坚持因地制宜，统筹好不同县域内城乡共同繁荣发展

中国县域区位特征、自然风俗、发展水平千差万别，探索县域内城乡融合发展面临不同问题和重点，不存在一条普适的城乡融合发展道路。"十五五"时期，坚持因地制宜，立足县域资源环境承载能力、区位条件、产业基础、功能定位，合理确定不同县域的发展标准和模式，是率先在县域内破除城乡二元结构，深入推进县域内城乡融合发展的关键。

第一，走各具特色的城乡融合道路。要充分尊重发展规律，推动不同类型县域走各具特色的城乡融合道路。既要支持条件好的县域重点发展，特别是城市群和都市圈等地区的县域，使之成为吸纳农业转移人口的重要空间；也要客观理性认识到一些县域常住人口正在减少的现实，防止人口流失县域盲目建设。实践中已经有不少地区对县域进行了分类识别，并按照特色性和可行性的要求，明确各县域的功能定位和发展方向，分类施策。在分类过程中，不同类型特征可能会集中在同一县城身上，如大城市周边县也可能属于重点生态区县或者人口流失县城，同一县域内也必然存在产业型、文旅型、生态型、康养型等多类型村镇。由此，要有科学分类标准，并抓住最主要的特征确定城乡融合发展的思路。

第二，全面提升县城综合承载能力。要推动县域"扩权赋能"，激发县镇村发展活力。从当前推进城乡融合的紧迫性和县级政府财政实力普遍不佳、事权过重的情况下，需要明确和加强上级政府部门对县级政府开展城乡融合工作的支持，以保障城乡

融合发展目标的顺利实现。把县级财政体制改革作为重点来抓，通过清晰界定县级政府的财政事权和支出责任、理顺县级政府与上级政府的收入关系、完善对县级政府的转移支付制度等提高县级政府财力且推动县级政府财权与事权相匹配。同时，通过理顺县政府内部权责关系优化政府运行机制，通过推进政府部门间政策协同提升政策整体性效能，通过加快推进数字政府建设提升县政府服务能力，形成县域内的"县—乡—村"治理能力全方位提升。要把县城发展置于破除城乡二元结构的高度进行谋划，改变县乡分割的管理体制，强化县乡基础设施统一规划、统一建设、统一管护，统筹布局交通、供水、供电、信息、物流、垃圾污水处理等设施，提高县乡空间发展的协同性和整体性，构筑县乡发展共同体。

四 "十五五"时期推进城乡融合发展的政策保障

按照"四个坚持、四个统筹"的思路，需要从持续提升农民收入、乡村公共资源科学合理配置、强化优质要素支撑和优化配置、在县域内城乡融合发展实现突破四个方面提供政策保障。

（一）实施农民收入提升五年行动

从全国层面制定《农村居民增收五年行动方案（2026—2030年）》，对"十五五"时期内促进农村居民持续增收的重点工作进行总体部署。既要明确五年内的农村居民收入增长目标，也要参照设定"农村居民收入增速高于城镇居民收入增速、不低于国内生产总值增速"的城乡收入差距缩小目标。同时，充分考虑全国乡村地域广、农民群体大的特征，科学把握不同地区农村的差异性特征，指导各级政府结合地区实际出台地区适用性的农村居民持续增收行动方案，并确定农民持续增收总体目标与阶段性目标。选取具备条件的地区提前设定"农村城镇收入增速比高于城乡收入比"的增收目标，以缩小城乡收入绝对差距。

行动方案要坚持普惠性与差异性政策并举，着力提升农民增收措施的针对性、精准性。一方面，要把种粮农民等低收入人群以及欠发达地区作为增收工作重点。对于农村低收入人口，统筹开展农村低收入人口及防止返贫致贫对象的识别监测，强化对有劳动能力的农村低收入人口的开发式帮扶，加强社会救助兜底保障，注重激发内生动力。对于欠发达地区，通过东西部协作、定点帮扶等机制给予差异化支持。另一方面，要从经营性、工资性等多元收入来源出发，设定不同类型收入的五年内提升量化目标，以及明晰拓宽不同收入来源的具体路径。对于经营性收入，可设定"占比提升、城乡比进一步缩小"等量化目标；对于工资性收入，可设定"城乡增速差进一步缩小"等量化目标；对于财产性收入，可设定"占比明显提升、城乡收入大幅缩小"等量化目标。

（二）建立覆盖常住人口的公共资源分层分类配置机制

依据常住人口适度集中布局基本公共服务设施，引导各地区针对常住人口规模结构的变化特点，深入探索依照常住人口和服务半径配置公共资源的具体路径。支持各地区在县域、镇域、村、社区等不同区域设定公共资源的配置标准，差异化布局配置公共资源。可以构建"纵向分层，横向分类"的体系框架，纵向上，在城区、乡镇层面依据镇区常住人口规模于镇区集中配置服务县域、镇域的公共资源，在村、社区层面配置居民基本生活所需的公共资源；横向上，依托城乡功能分区，根据常住人口分布特征、工作类型、工作环境和对资源配置的不同需求，划定居住型社区生活圈和产业型社区生活圈等不同类型，分别制定差异化的公共资源配置和布局指引。如产业型社区生活区主要针对产业园区内的就业人口，优化公共资源的供给类型和配置模式，使公共资源更适合年轻家庭、创新青年的需求，适当核减养老设施。对于人口外流的地区，鼓励依法有序提高乡村人口居住的集中度，在镇村规划过程中，以农民意愿为前提探索适度集中居住的地区方案和可行路径，在此基础上，集中有限资源配优配强集中居住区的公共服务设施。此外，要打破行政区划限制，探索在县域范围内推进片区化发展，将教育、医疗等公共服务设施向片区内中心镇（村）集中布局。

在建设过程中，要创新投融资机制，积极筹措资金，加大公共财政投入力度，优先补足农村基础设施和公共服务短板，着力提升农村基础设施和人居环境等"硬环境"，改善公共文化、体育、教育、便民服务等"软环境"。一方面，引导地方加强涉农资金整合，加大中央预算内投资、超长期特别国债和地方政府专项债券的支持力度，建立农村基础设施和公共服务提档升级专项资金，通过定额补助、奖励补助、转移支付、政府购买等多种方式支持农村基础设施和公共服务补齐短板。另一方面，要求各地区形成农村公共设施服务建设重点清单，合理有效安排专项资金，集中投向农村群众急需急盼的村内道路、卫生厕所、生活污水处理等领域，推动强化农村"一老一小"等重点人群公共服务供给。同时，完善设施长效管护机制，实施政府考核并严格奖惩；不断创新公共服务供给主体和供给方式，构建基本公共服务多元供给体系。

（三）构建优质要素规范有序向乡村流动的长效机制

从要素权能和要素交易两个方面加强制度建设，破除多元要素入乡限制。首先，加强对农村土地权能改革的广度和深度，赋予农村各类资产要素更加完整的权能。深化农村集体产权制度改革，强化村集体城乡要素对接载体功能，探索以农村集体经济组织为载体，收储和整合利用分散的集体建设用地、闲置宅基地等土地资源，有效匹配流向乡村的资本、人才等要素，发展优质高效农业和新型乡村产业。完善农民产权权益保障机制，设置深化改革农民权益受损问题清单，积极探索解决方案、纠正错误做法、推广有效经验。探索盘活各类农村要素资产的实现形式和实现条件，完善联农带农机制，让农民通过土地财产权合理分享乡村产业链条中的增值收益。此外，建立健全要素交易平台，降低交易成本。以农村产权交易所为载体，推进全要素农村产权交易，扩大农村产权流转交易品种，建立全流程电子化的信息交易系统拓宽流转交易服务范围，提高要素交易效率。完善返乡下乡人才的创业、医疗、住房、子女教育等扶持政策，通过贷款贴息、税费减免、社保补贴、职称评定等激励政策，有序引导大学毕业生到乡、能人回乡、农民工返乡、企业家入乡；同时构建多元化、全链条的"新农人"培育体系，适当超前培育未来人才，尤其是培养乡村职业经营人才，实施"乡村CEO"培训计划。支持社会资本投入乡村产业链，发展新产业、新业态，对乡村产业有稳定收益的公益性项目，探索政府与社会资本合作的经营方式，丰富乡村产业发展的资金来源渠道。要进一步规范行政权力，避免出现政策的频繁变动，降低经营主体制度性交易成本，坚定经营主体投资农业农村的信心。同时，要为下乡资本设置"红绿灯""负面清单"等，防止无序生长和损害农民权益。

与此同时，要创新要素集聚模式。健全要素市场是基础工作，根本目的还是要集聚要素赋能产业发展。各地要在引导要素集聚实现城乡产业融合发展上拓宽思路，以产业融合创新为纽带，大力发展农产品加工业、休闲农业、智慧农业、乡村旅游等业态，加速推进农业农村现代化。可参考一些地区探索的"农业经济开发区"模式，通过选择重点乡镇作为开发区的载体，在管理机制上实行区镇合一、合署办公，淡化镇区管理边界，强化管理合力和服务能力，并从资金、土地、人才等方面为农业经济开发区的建设提供支持，吸引优质项目加快形成要素集聚和产业集聚。也可以尝试农村集体经济组织与国有平台公司合股联营、多个农村集体经济组织抱团发展模式，由国资公司、村集体经济组织、供销集体企业等不同主体共同出资成立县级或镇级强村公司，采取"飞地抱团"、众筹经营等方式实现规模化发展，加快城乡产业融合。

（四）分类开展县域内城乡融合发展国家试点工作

国家城乡融合发展试验区将于2025年完成第一轮试验任务，

"十五五"时期推进城乡融合发展的挑战与应对

为了能够"率先在县域内破除城乡二元结构",应该在新一轮试点工作中突出"县域率先"。通过建立"率先在县域内破除城乡二元结构"的体制机制,推进县域内城乡统一规划,一体发展,共同繁荣。加强城乡融合发展试验区的改革授权和政策集成,及时提炼经验做法,并将其吸纳到制度和政策文件中。以试验区为载体,探索搭建中央、省(区、市)、市、县四级联动有效平台,以问题为导向在地方上探寻突破口和改革路径,实现顶层设计和基层探索的良性互动。加快建立完善城乡融合发展的部门协作推进机制,充分调动各部门、各单位的积极性。建立合理参与城乡融合发展的考核激励机制,形成鼓励基层责任担当、主动作为的氛围。

试点工作重点围绕以下内容开展。全面落实取消县城落户限制政策,推动教育、医疗、住房保障等基本公共服务同等享有。探索县域进城落户农民"三权"有偿退出机制,推动集体经营性建设用地、闲置宅基地、闲置农房的盘活利用和价值实现。探索建立县域产业融合发展机制,促进县域第一、第二、第三产业融合发展,大力发展县域富民产业。探索建立县域公共资源的均衡配置机制,在县域范围内推进片区化发展,将教育、医疗等公共服务向片区内中心镇(村)集中布局。立足县域内县乡村的资源环境、承载能力等特征,从顶层设计层面明确县城、乡镇、村庄的细分类型、发展方向的参考标准。引导各地区按照"村镇级申请、县级初评、市级审核、省级审定、定期评估"的程序对区域进行具体分类。根据县、乡镇、村庄的不同类型划分和组合,通过分类施策、差异发展、资源配置和考核评估,培育主导产业、优化产业布局,确定合理的城乡融合发展路径,并制定详细发展行动方案。

参考文献

鲍曙光等：《"十四五"时期农业农村现代化投融资形势与财金协同机制建设》，《学术界》2021年第5期。

杜志雄、高鸣：《新阶段深化农村改革的关键问题和路径选择》，《农业经济问题》2023年第9期。

段晓瑞：《2024丰收节抖音电商助农数据报告》，《云南时报》2024年9月13日。

冯晓龙等：《统筹城乡融合发展的重点任务、现实挑战与推进路径——〈中国农村经济〉〈中国农村观察〉第八届"三农论坛"会议综述》，《中国农村经济》2025年第1期。

高鸣、胡原：《坚持促进农民持续增收：愿景、挑战和战略构想》，《南京农业大学学报（社会科学版）》2023年第6期。

高强：《以县城为载体推进新型城镇化建设：逻辑理路与发展进路》，《新疆师范大学学报（哲学社会科学版）》2022年第6期。

郭晓鸣、丁延武：《以城乡融合促进共同富裕的战略思考》，《经济纵横》2023年第3期。

胡凌啸：《推进城乡融合发展：现实困境和应对策略》，《安徽乡村振兴研究》2023年第2期。

金三林等：《大力推动县域城镇化进程 助力大中小城市和小城镇协调发展》，《农业经济问题》2022年第10期。

金文成等：《推进城乡融合发展：经验、挑战及对策》，《农业经济问题》2025年第2期。

李实：《多措并举促进农民收入增长》，《中国农村经济》2024年第

1期。

李实、杨一心：《面向共同富裕的基本公共服务均等化：行动逻辑与路径选择》，《中国工业经济》2022年第2期。

李一帆：《商业银行支持乡村振兴的现状、挑战及政策建议》，《国际金融》2023年第2期。

刘守英、龙婷玉：《城乡融合理论：阶段、特征与启示》，《经济学动态》2022年第3期。

刘守英、熊雪锋：《产权与管制——中国宅基地制度演进与改革》，《中国经济问题》2019年第6期。

卢圣华、汪晖：《集体经营性建设用地入市改革效应评估——经营主体增长的视角》，《经济学（季刊）》2024年第4期。

马翠萍、刘文霞：《农村集体经营性建设用地形成及入市制度变迁》，《重庆社会科学》2023年第12期。

马骏：《共同富裕视域下城乡高质量融合发展论析》，《求索》2023年第2期。

年猛、张清勇：《全国城乡统一土地市场建设研究》，《财经智库》2023年第6期。

魏后凯等：《面向中国式现代化的城乡融合发展：障碍、目标与长效机制》，《财贸经济》2025年第1期。

杨卫安、岳丹丹：《乡村小规模学校课程"开齐开足开好"的师资难题及其治理——基于共享发展的思路》，《教育学报》2022年第3期。

姚毓春、张嘉实：《建设全国统一大市场 促进城乡融合发展》，《光明日报》2023年6月20日。

张琛等：《机会不平等如何影响农民工工资性收入不平等？》，《财政研究》2023年第8期。

张锦华、游葭露：《技术变革下的共同富裕：数字素养与农民工收入分配》，《财贸经济》2024年第7期。

张延群、万海远：《我国城乡居民收入差距的决定因素和趋势预测》，《数量经济技术经济研究》2019年第3期。

钟钰等：《调动种粮主体积极性：内涵阐释、主要障碍与推进路径》，《农业经济问题》2024年第10期。

经济篇

"十五五"时期农业经济发展的主要挑战、战略重点与发展策略

罗千峰　董泽群[*]

摘　要："十五五"时期是中国建设农业强国和实施乡村全面振兴的关键战略机遇期，本报告分析了"十四五"时期农业经济发展在农业供给保障能力、产业结构优化升级、科技创新驱动等方面取得的显著成效。在此基础上，深入分析了"十五五"时期农业发展面临的人才结构失衡、资源环境约束趋紧、核心技术自主可控不足、国际市场不确定性增加等主要挑战，并明确提出培育发展农业新质生产力、优化生产空间布局、提升农业质量效益、创新经营组织体系等战略思路。基于上述分析，报告从构建多层次农业人才培育体系、推进资源保护与生态农业绿色转型、突破关键核心技术瓶颈、优化国际贸易布局与合作机制四方面，提出"十五五"时期农业经济发展策略。

关键词："十五五"时期；农业经济；转型升级；高质量发展

---

[*] 罗千峰，管理学博士，中国社会科学院农村发展研究所助理研究员，主要研究方向为农村产业经济与数字经济；董泽群，中国人民大学农业与农村发展学院博士生，主要研究方向为农业经济理论与政策。

Major Challenges, Strategic Thinking and Development Strategies for Agricultural Economic Development During the 15th Five-Year Plan Period

Luo Qianfeng Dong Zequn

Abstract: The 15th Five-Year Plan period is a critical strategic window for China to build a strong agricultural country and achieve comprehensive rural revitalization. This report analyzes the significant achievements made during the 14th Five-Year Plan period in the development of the agricultural economy, specifically in areas such as agricultural supply security, industrial structure optimization and upgrading, and innovation-driven by science and technology. On this basis, the report provides an in-depth analysis of the main challenges facing agricultural development in the 15th Five-Year Plan period, including imbalances in the talent structure, increasing constraints on resources and the environment, inadequate self-sufficiency in core technologies, and growing uncertainties in the international market. It clearly puts forward strategic approaches such as fostering new drivers

"十五五"时期农业经济发展的主要挑战、战略重点与发展策略

of high-quality agricultural productivity, optimizing the spatial layout of production, enhancing the quality and efficiency of agriculture, and innovating organizational systems for agricultural operations. Based on the above analysis, the report proposes comprehensive strategies for promoting high-quality agricultural economic development during the 15th Five-Year Plan period from four dimensions: building a multi-tiered system for agricultural talent cultivation, advancing resource conservation and the green transformation of ecological agriculture, overcoming bottlenecks in key and core technologies, and optimizing the layout and cooperation mechanisms for international trade.

Key Words: the 15th Five-Year Plan Period; Agricultural Economy; Transformation and Upgrading; High-quality Development

"十五五"时期是中国建设现代化产业体系、推进农业强国建设和实施乡村全面振兴规划的关键期，对农业经济发展提出了新的战略要求。当前，农业经济发展仍面临要素供给不足、资源环境承载压力加剧等多重挑战。在国民经济加快转向高质量发展的战略机遇期，如何突破这些发展"瓶颈"，推动农业经济实现高质量发展，是亟待破解的重大战略课题。本报告将系统分析"十五五"时期农业经济发展的基础条件，深入探讨面临的主要挑战，明确农业经济发展的战略思路，并提出有针对性的发展策略，为构建具有中国特色的农业现代化道路提供参考。

一 "十五五"时期农业经济发展基础与条件

"十四五"时期，中国农业经济实现全方位发展，供给保障能力持续增强，产业结构调整步伐加快，科技创新成果丰硕，农业综合竞争力显著提升，为"十五五"时期全面推进农业农村现代化、加快建设农业强国奠定了坚实基础。

（一）农业供给保障能力全面增强

"十四五"时期，中国农业供给保障体系建设取得历史性成就，粮食及其他重要农产品生产能力持续提升，现代农业基础设施体系加速构建，为"十五五"时期农业高质量发展奠定了坚实基础。首先，粮食生产能力稳步提升。在政策支持力度持续强化、主体责任全面落实、生产条件显著改善等条件支持下，全国粮食播种面积实现连续五年增长，2024年达17.90亿亩；单产提升至394.7千克/亩，同比增长1.3%；全国粮食总产量达14130亿斤，首次突破1.4万亿斤（国家统计局，2025），实现历史性跨越。其次，畜产品等重要农产品生产能力也实现显著提升，2024年全国猪牛羊禽肉总产量达9663万吨；生猪产能稳步调整，出栏保持7.0亿头以上，猪肉产量达5706万吨；牛羊生产基本稳定，牛羊肉产量分别为779万吨、518万吨；家禽业发展态势良好，禽肉产量突破2600万吨，禽蛋产量超过3500万吨；牛奶产量达4079万吨（国家统计局，2025），有效满足了居民日益增长的多元化食品消费需求。并且，畜牧业产业素质持

"十五五"时期农业经济发展的主要挑战、战略重点与发展策略

续提升，规模化养殖率达73%，畜禽粪污综合利用率超过79%（重庆市人民政府，2024）。在建设农业强国战略和大食物观指引下，畜牧产业转型升级步伐加快，绿色发展深入推进，动物防疫体系更加健全，为"十五五"时期实现畜产品供给安全保障和乡村产业振兴构筑了坚实基础。最后，农业基础设施建设取得快速发展。高标准农田建设成果显著，截至2024年底，全国累计建成高标准农田超过10亿亩，构建完善各类田间灌排渠道1000多万公里（中国政府网，2025），农田水利基础设施网络体系不断健全，有效提升了耕地质量和农业抗灾能力。同时，农业机械化水平加速提升，农作物耕种收综合机械化率突破75%（中国政府网，2025），先进农机装备广泛应用于生产全过程，显著提高了农业生产效率和资源利用率。此外，现代农业物流体系建设取得重大突破，截至2024年第三季度，全国建成33.78万个"一点多能、一站多用"的村级寄递物流综合服务站（中华人民共和国交通运输部，2024），农产品冷链物流设施网络加速完善，粮食仓储物流设施实现智能化升级，农业防灾减灾基础设施全面强化，增强了农业综合生产能力和供给保障韧性。

（二）农业产业结构持续优化升级

"十四五"时期，中国农业产业结构调整取得重大突破，从产业内部结构调整、区域空间布局优化到产品结构升级实现全方位转型，形成了更具竞争力、更可持续的现代农业产业结构体系，为农业高质量发展和乡村全面振兴奠定了坚实产业基础。一是产业内部结构更趋合理，第一、第二、第三产业融合度显著提高。农业内部结构更加优化，实现以种植业为主向农林牧渔业全

面发展的现代农业转变（国家统计局，2024），农产品加工业发展迅猛，农产品精深加工比重持续提升，有效推动农业产值结构向加工增值环节转移，产业链价值持续提升，产业内生动力显著增强。全国规模以上农产品加工企业营业收入预计超过18万亿元（中国政府网，2024），农产品加工转化率显著提高。同时，休闲农业与乡村旅游等第三产业蓬勃发展，2023年末全国开展休闲农业和乡村旅游接待的村占比为14.7%，年接待游客超过30亿人次（杨春华、王欧，2024），农业服务业态在农业产业结构中的占比不断提升。二是产业空间布局结构更加优化，区域特色优势产业集群建设不断提升。现代乡村产业体系构建过程中，各地区根据资源禀赋形成差异化发展格局，布局国家农村产业融合发展示范园和国家现代农业产业园，培育形成一系列全产业链产值超百亿元的特色产业集群（中国政府网，2024），建设完善特色农产品标准化生产、加工和仓储物流基地网络，推动食品保鲜、冷链物流、精深加工等领域实现快速发展，区域特色农业比较优势得到充分发挥。农业产业在空间布局上趋于集约化、专业化、规模化，有效地促进了资源要素向优势区域集中，产业区域结构布局更加科学合理。三是产品结构向高品质、高附加值环节升级。绿色、有机、名特优新和地理标志农产品在农产品总量中的比重持续提升，截至2025年第一季度，认证登记的绿色、有机、名特优新和地理标志等"三品一标"农产品达到8.4万个（中国政府网，2024）。农业产品结构从满足基本需求向满足多样化、差异化、高品质需求转变，优质农产品供给比例明显提高，农产品结构与消费市场需求结构匹配度增强，实现了从数量增长导向向质量效益导向的转变。

(三) 农业科技创新驱动力显著增强

中国农业科技创新能力实现较大进步，农业科技进步贡献率超过63%，农业科技创新整体迈进世界第一方阵（中国政府网，2025），科技对农业发展的引领作用日益凸显，为农业高质量发展提供了强大动力支撑。一是种业创新成果突出。国家种业振兴行动全面推进，突破了一批育种关键核心技术，种业创新攻关实现重要突破，自主选育品种市场占有率显著提升。目前，中国农作物良种覆盖率超过96%，种业自主创新能力明显增强，已自主培育的肉牛品种华西牛、南美白对虾新品种加快应用；并且初步培育出一批耐盐碱水稻、小麦品种和短生育期冬油菜品种，审定推出了一批优质绿色水稻、耐密宜机收玉米、优质短季棉和高油高产大豆等品种（农业农村部，2024）。与此同时，国家级育制种基地建设加速推进，甘肃玉米、四川水稻、黑龙江大豆、海南南繁四大国家级育制种基地建设扎实推进，由216个农作物制种基地县、330个畜禽核心育种场和101家水产原良种场组成的良种繁育"国家队"基本形成，国家级基地供种保障能力达75%以上（中国政府网，2024），核心种源自给率持续提高，为保障国家种业安全奠定了坚实基础。二是农业科技创新体系不断完善。企业科技创新主体地位得到强化，构建了以企业为主体、市场为导向、产学研用深度融合的农业科技创新体系，农业科技成果转化不断攀升。农业科研投入持续增加，农业科技创新环境显著改善，农业科技人才队伍不断壮大，为"十五五"时期农业科技自立自强创造了有利条件。三是数字农业建设方面取得重大进展。全国建设了一批数字农业试点示范基地，智慧农业示范园正加速建设，农业物联网、大数据、人工智能等技术在农业生产中的应用范围不断扩大，尤其是农业遥感监测、精准作业、智能灌溉等技术应用成效显著，农业生产精准化、智能化水平明显提升。

二 "十五五"时期农业经济发展主要挑战

"十五五"时期，中国农业经济高质量发展面临多重挑战。人力资本方面，农业人才数量不足与专业人才结构性短缺并存；资源环境层面，农业资源要素刚性约束趋紧、面源污染负荷加重和气候变化压力持续考验生态承载力；科技创新领域方面，核心种源、智能装备等关键技术的自主可控性不足，同时科技成果转化应用效率较低；国际竞争方面，全球农产品贸易波动性加剧与外部环境不确定性不断冲击产业链稳定性。

（一）农业人才数量持续减少，专业人才结构失衡

"十五五"时期，农业劳动力持续流失与高素质人才严重短缺的双重挑战，将成为制约农业现代化进程的"瓶颈"。

第一，农业劳动力加速流向非农产业，导致农村劳动力总量持续下降。城乡发展不平衡引发的人才流失现象日益严重，城市凭借高薪就业和优质公共服务形成强大虹吸效应，使大量农村青年放弃返乡；与此同时，乡村发展条件相对滞后，缺乏吸引力，致使农村青壮年持续外流（朱晶、李天祥，2025）。由此带来的直接后果是农业劳动力不仅总量减少，而且老龄化程度加深，青

壮年比例持续下滑，农业生产活力与创新潜力受损，"谁来种地"的问题已成为中国农业现代化道路上面临的挑战（穆娜娜、孔祥智，2024），影响农业经济健康稳定发展。

第二，现代农业发展急需的高素质专业人才严重匮乏。农业科技研发与推广应用人才短缺问题日益凸显，科技型、经营型和管理型农业人才供需缺口不断扩大，特别是农业科技创新、数字农业和现代农业企业经营管理等领域的紧缺人才供给严重不足，难以支撑农业高质量发展需求。随着农业产业加速转型升级，大量农民因人力资本积累不足，出现低技能劳动力相对过剩与高技能人才严重短缺并存的结构性失衡局面（朱晶、李天祥，2025）。

第三，小农户适应现代农业发展的能力短板突出。在小农户基础上推进农业现代化是中国特色发展道路的核心特征，小农户的兼业化、粗放化和细碎化经营特点与现代农业生产方式形成明显落差。作为中国农业的主体，小农户地位是中国土地制度、渐进式城镇化和共同富裕目标共同作用的结果，但当前小农户普遍面临知识技能欠缺、资金不足、抗风险能力弱等多重制约，对新技术、新模式的接受和应用能力有限（中国社会科学院农村发展研究所课题组，2024）。如何有效将大量小农户融入现代农业产业体系，成为建设农业强国必须突破的关键难题。

（二）农业资源要素刚性约束加剧，生态环境负荷持续加剧

随着经济社会快速发展和农业生产方式转型，资源约束趋紧、环境压力加大与气候变化影响加剧的多重挑战日益突出，成

为制约农业可持续发展的关键因素。

第一，农业基础生产要素压力加剧。一方面，耕地资源面临数量少与质量差双重挑战。城镇化与工业化快速推进给有限的耕地资源带来巨大压力，同时畜禽养殖规模化发展使耕地同时承担生产与环境消纳的双重功能，耕地负荷较大。并且，长期过度开发导致土壤酸化、盐碱化、板结化问题普遍存在，耕地质量显著下降。在当前耕地面积外延难以扩展、粮食单产提升遭遇技术周期瓶颈的背景下，提高耕地集约利用程度成为增加农业产量的必由之路（彭继权等，2024）。与此同时，乡村人口流失引发"空心化""老弱化"现象，导致土地资源利用效率低下、耕地撂荒增多等一系列问题（龙花楼等，2018），进一步削弱了农业生产能力。另一方面，水资源约束进一步凸显。中国水资源时空分布严重不均，北方农业主产区普遍缺水，加之农田灌溉水有效利用率与国际先进水平存在较大差距，传统粗放灌溉方式造成大量水资源浪费。更为严重的是，部分地区将未经达标处理的污水直接灌溉农田，表面上提高了水资源利用率，实则造成粮食重金属超标和产地生态安全隐患（何可、宋洪远，2021）。

第二，农业生态环境治理面临多重复杂问题，绿色低碳转型亟待加速。长期以来，化肥农药过量使用、畜禽养殖废弃物不当处理、农膜残留和秸秆焚烧等粗放式生产方式导致的面源污染问题日益严重，但由于污染源分散、监测难度大、治理成本高等特点，防治效果有限。尤其在"双碳"目标约束下，农业作为重要排放源面临转型压力，化肥施用、畜禽养殖和农业机械化能源消耗等环节都贡献了大量温室气体排放。中国仍处于农业生产规模扩大与集约化提升的关键阶段，如何协调减排降碳与保障粮食安全的关系，平衡生态保护与农业生产的矛盾，成为"十五五"时期农业绿色发展必须破解的难题。

第三，气候变化加剧农业生产不确定性。全球气候系统的持续变化已成为当前农业发展面临的重大挑战，且未来气候变化呈加剧趋势，对农业可持续发展形成多维冲击（于法稳，2025）。气候变化扰乱了传统农业生产周期，改变了农作物适宜种植区域分布，增加了病虫害暴发风险，加剧了农业生产系统的脆弱性和波动性，对国家粮食安全保障体系构成新的威胁；并且气候变化引发的干旱、洪涝等极端气象灾害进一步加剧了水土资源压力，部分地区为应对干旱而过度开采地下水，导致地面沉降、土壤盐碱化等次生生态问题，严重威胁农业可持续生产能力和区域生态安全，使农业生产在资源环境双重约束下面临更加严峻的挑战。

（三）核心技术自主可控不足，科技成果转化应用效率较低

中国农业科技创新能力滞后于现代农业发展需求，在关键核心技术、成果转化应用和智能化发展等方面的短板日益凸显，成为制约农业现代化进程的重要因素。

第一，农业关键核心技术自主可控水平有待提高，部分领域"卡脖子"问题亟待突破。作物育种方面，尽管国家实施《种业振兴行动方案》，但中国作物育种技术仍以传统育种和分子技术育种为主，与发达国家智慧育种体系相比存在明显差距，大豆等作物单产水平较低；畜禽种源领域呈现不均衡格局，生猪种源自给率较高，但白羽肉鸡和部分肉牛品种仍高度依赖进口；高端农机制造短板尤为突出，智能农机控制系统、农用传感器、精密液

压等关键零部件对外依赖度较高,不仅影响农业装备现代化进程,还威胁农业基础数据安全,与国际先进水平存在明显差距(蓝红星等,2024)。

第二,农业科技创新体系与产业需求衔接不紧密,成果转化效率偏低。中国农业科研与生产实践之间存在一定距离,部分科技成果未能充分满足产业实际需求或难以实现实验室成果向生产力的转化。这在一定程度上与科技创新资源配置不够合理有关,需要针对基础研究、应用研究与技术开发不同特点进行分类化管理、评价,以提升科技成果的产业化转化水平。同时,产学研协同创新机制尚需完善,企业创新主体作用有待强化,科研院所与企业、农户之间的利益联结机制仍需加强,难以构建技术研发、成果转化和推广应用的良性生态系统,使众多具有潜力的先进技术难以转化为现实生产力,制约了农业全要素生产率的提升,进而影响整个农业产业的高质量发展进程。

(四) 国际农产品市场剧烈波动,外部环境不确定性增加

国际农业治理体系正经历深刻变革,地缘政治冲突、贸易规则重构与气候变化等多重因素交织,使中国农业经济发展面临复杂的外部环境挑战。

第一,国际农产品市场波动加剧,威胁供应链安全与价格稳定。全球重要农产品价格频繁波动,主要出口国政策调整不断,加剧了市场不稳定性。以大豆、玉米等中国大宗进口农产品为例,价格波动幅度显著,对国内市场形成较大冲击。同时,地缘政治冲突和极端气候事件导致全球农产品供应链脆弱性增加,区

域性粮食供应失衡问题凸显,通过产业和贸易联系间接影响中国农业经济发展稳定(韩冬等,2025)。

第二,贸易保护主义明显抬头,国际贸易环境日趋复杂多变。当前地缘政治冲突持续发酵,主要经济体战略竞争加剧,国际贸易规则变化更加频繁且不可预测,对全球农产品贸易秩序和供应链稳定构成严重威胁(左秀平等,2024)。部分国家强化农业保护政策,通过高额补贴、技术壁垒和绿色标准等手段限制农产品进口或促进本国农产品出口,国际农产品市场竞争日益激烈。同时,区域贸易协定谈判进程复杂多变,双边、多边贸易规则不断调整,可能对中国农业贸易格局和竞争力带来新的挑战。

第三,全球农业产业链供应链加速重构,对中国农业国际合作与竞争格局产生深远影响。一方面,发达国家为降低供应链风险加速农业关键环节回流,通过科技创新和政策支持重塑农业竞争优势;另一方面,诸多新兴经济体农业竞争力持续提升,特别是在劳动密集型农产品生产领域对中国形成竞争。与此同时,国际农业巨头通过并购重组不断强化产业垄断地位,掌控全球农业价值链的高端环节和关键技术,进一步提高了中国农业企业参与国际竞争的门槛。此外,全球农业产业链区域化、本地化趋势明显增强,地区内农业生产和贸易联系更为紧密,使中国农业融入全球价值链高端环节面临更大挑战,迫切需要中国加快提升农业国际竞争力和产业链现代化水平。

三 "十五五"时期农业经济发展战略重点

面对国内外复杂多变的经济环境和现代化农业强国建设的战

略任务，"十五五"时期中国农业经济发展需要从四个关键维度进行系统部署。首先，构建农业高质量发展新动能是转变农业发展方式的基础，通过科技创新、数字化转型和绿色发展，有效驱动农业从传统要素投入型向新质生产力引领的高质量发展模式转变。其次，拓展农业发展新空间是破解资源约束的战略选择，通过优化农业空间布局、发展立体农业和延伸产业链，突破传统农业发展的空间局限。再次，提升农业发展绩效是实现从规模扩张向质效协同转变的核心路径，通过提高劳动生产率、资源利用效率和生态环境效益，促进农业高质量发展。最后，创新农业经营组织体系是制度保障，通过培育职业农民队伍、发展多元化经营主体、健全社会化服务体系，构建适应现代农业发展需求的组织架构。上述四个战略重点相互支撑、协同推进，形成推动农业经济高质量发展的系统性支撑框架，为"十五五"时期农业经济发展和农业强国建设提供关键驱动力。

（一）培育和发展农业新质生产力，加快农业高质量发展转型升级

在国际竞争加剧、资源环境约束趋紧、新科技革命深入推进的背景下，破解产业发展瓶颈、培育产业新动能已成为中国农业发展的关键战略任务（张红宇，2024；任继球等，2025）。新质生产力能有效拓展农业生产功能，引领现代化大农业发展，其核心是科技创新，表现为新质生产要素持续投入和新质产业不断发展，并深刻重塑传统产业组织形态与整体结构（魏后凯、吴广昊，2024；马晓河、杨祥雪，2024）。推动中国农业从传统要素驱动向新质生产力引领的高质量发展转型是"十五五"时期的

战略任务，需要多维度协同推进。

第一，强化科技创新，构建农业现代化战略支撑体系。"十五五"时期要将创新置于农业现代化全局的核心位置，实施农业关键核心技术攻关工程，突破种业、智能农机、绿色投入品等领域技术瓶颈。同时，构建以企业为主体、市场为导向的科技创新体系，促进产学研深度融合，加速科技成果转化应用，推动农业科技自立自强，为农业高质量发展提供持久动力。

第二，促进数字技术与农业深度融合，推动农业全产业链变革。"十五五"时期，要促进物联网、大数据、人工智能等数字技术与农业全产业链深度融合，构建数据资源体系，发展智慧农业与精准农业，通过生产智能化、经营网络化、管理数据化、服务在线化的全面赋能，推动农业生产经营管理方式变革，提升农业生产效率与质量效益（宋洪远、彭洁锞，2025）。

第三，促进农业绿色低碳发展，培育可持续发展新优势。通过提升生态供给能力、促进产业结构优化、强化资源集约利用、注重碳减排与固碳增汇，推广低碳农业技术模式，发展循环农业和生态农业（于法稳等，2025），构建资源节约型、环境友好型可持续发展体系，加强农业碳汇能力建设与交易机制探索，实现从种植端到消费端的全链条生态健康，使绿色低碳成为农业高质量发展的战略支点。

（二）优化农业生产布局结构，拓展农业发展空间

拓展农业发展空间既是优化农业资源配置的必然要求，也是培育农业经济增长点的战略选择。"十五五"时期，中国农业发展必须突破传统空间局限，实现多维度拓展，构建更加优化、更

具活力、更有韧性的农业空间体系。

第一，强化区域优势引导，基于资源禀赋构建农业空间新格局。中国农业多样化的地域特征决定了必须实施差异化的区域发展战略，充分发挥比较优势。基于全国农业资源禀赋差异和区域比较优势，优化耕地资源配置，做到宜粮则粮、宜经则经、宜林则林、宜牧则牧（罗必良，2024），推进农业生产力布局与资源环境承载能力相匹配，提升空间资源利用效率，从而形成布局合理、优势互补、特色鲜明的农业发展新格局。

第二，优化农业功能分区，提升空间资源综合效能。农业功能空间优化是提升农业生产效率和拓展发展潜力的关键路径。一方面，通过统筹粮食生产功能区、重要农产品保护区和特色农产品优势区建设，强化粮食主产区生产能力，支持特色农产品优势区差异化发展，同时加强都市农业和设施农业建设，构建城郊绿色农产品供应基地，实现农业资源的高效配置。另一方面，通过大力发展设施农业和立体农业，实行立体开发与复合种养，推广工厂化育苗、立体栽培、水肥一体化等先进技术，发展立体种植模式，促进农业向集约、高效、生态、立体方向转型（刘承、范建刚，2024），显著提升单位空间产出效率和土地资源综合利用水平。

第三，挖掘农业多元功能，促进产业融合拓展。产业链拓展是农业发展空间突破的重要维度，通过产业链条的立体化延伸实现价值最大化。在横向维度，要挖掘农业多功能属性，结合自然资源和特色农业开发乡村旅游等新业态；在纵向维度，要促进产业链延伸，构建从研发、生产、加工、流通协同发展的有机整体，促进农业经济多元化发展（罗振豪、汪延明，2024）。促进产业融合尤其要推动农产品加工业向园区化、集群化发展，培育农产品加工强县和加工集聚区，并通过发展休闲农业、观光农业、创意农业和农村电商等新业态，促进农业与旅游、文化、健康等产业深度融合，加快实现农村经济从传统单一向多元化、高价值转型发展。

（三）提高农业综合发展水平，推动农业绩效向质效协同转变

农业发展绩效的全面提升成为衡量农业现代化成就的关键标准，不仅涵盖传统的经济指标，还延伸至资源利用效率、生态环境改善与社会福祉提升等多维度，共同构成农业高质量发展的综合性评价体系，因此"十五五"时期农业发展要实现从规模扩张向质量效益并重的战略转型。

第一，提升劳动生产率，激发农业现代化的核心动力。资源和要素的动员与配置是经济发展的核心，提升农业资源配置效率，尤其是提高劳动生产率，是农业现代化的必然要求（蔡昉，2024）。要推广先进适用农机具，优化农业生产技术装备体系，同时提升农业从业人员素质结构，培育高素质农业生产经营主体，健全现代农业人才培养与激励机制，实现农业劳动强度显著降低与单位劳动投入产出效率大幅提升，逐步缩小农业与第二、第三产业劳动生产率差距，促进生产要素在产业间和区域间的优化配置与高效流动。

第二，促进资源高效利用，构建农业可持续发展新格局。农业资源利用效率是实现可持续发展的基石，需要从资源节约和循环利用两个维度协同推进。在资源节约层面，应优化农业生产要

素投入结构，推行精准农业技术体系，实施科学配方施肥、精量施药、精细灌溉、精准饲喂等技术规范，建立水肥一体化管理模式，降低单位产出的水资源、耕地、化肥、农药等要素消耗强度；在循环利用维度，要构建农业废弃物资源化利用体系，推进畜禽粪污、秸秆、农膜等农业废弃物的收集与梯次利用，发展种养结合、农牧循环的生态农业模式，建设农业生产废弃物区域化处理中心和资源化利用产业链。通过农业投入品减量化、生产过程清洁化、废弃物资源化、产业链循环化的系统工程，实现从资源高消耗向高效集约型农业发展模式的根本转变，为农业长期可持续发展奠定坚实的基础。

第三，构建共享发展成果的长效机制，提升农民福祉。农民福祉提升是农业发展绩效的重要检验标准，体现了农业发展的人本价值取向。要通过产业发展带动就业增收、完善农业补贴政策、健全农民收入保障机制等措施，推动农民合理分享产业链增值收益，加快发展农村富民产业等多元路径，促进农民工资性收入、经营性收入和财产性收入协同增长，实现农民收入增长与国民经济同步发展，逐步缩小城乡居民收入差距，使农民真正成为农业现代化的参与者、贡献者和受益者。

（四）创新现代农业经营组织体系，构建多元主体协同发展新格局

农业组织创新是推动农业高质量发展的重要载体和制度保障，"十五五"时期要创新现代农业经营组织体系，构建多元主体协同发展新格局。适应农业现代化要求的新型农业经营体系，既要尊重小农户家庭经营的基础性地位，又要适应现代农业发展

规模化、专业化、社会化的趋势，构建多元化、多层次的农业经营组织体系。

第一，培育职业农民队伍，夯实农业人才基础。在跻身农业强国行列之前，实现农业劳动力数量精简与质量提升的双重转变是农业现代化的必由之路，从"农民"到"职业农民"的转变是中国提高农业竞争力和建设农业强国的关键（钟钰、巴雪真，2023）。要实施新型职业农民培育工程，建立健全职业农民培育制度，同时完善职业农民认定管理制度，加强职业农民教育培训，提高职业农民专业技能和经营管理水平。并且，健全职业农民扶持政策，完善职业农民社会保障体系，提高职业农民职业荣誉感和社会地位，吸引更多优秀人才从事现代农业，为农业现代化提供人才支撑。

第二，发展壮大新型农业经营主体，提升现代农业经营水平。要推动多类型、多层次新型农业经营主体协同发展，积极培育和规范发展家庭农场、农民合作社等新型农业经营主体，完善认定标准和管理制度，提高规范化运营水平；支持农民合作社联合社发展壮大，增强组织化程度和服务能力；引导农业产业化龙头企业向优势产区集中布局，与农户建立紧密利益联结机制，形成风险共担、利益共享的产业化联合体。

第三，完善农业社会化服务体系，促进小农户与现代农业有机衔接。农业社会化服务是促进小农户与现代农业有机衔接的关键环节，在市场环境下，中国农业组织形态经历了以降低生产成本为目的的横向联合和以降低交易成本为目的的纵向联合的双重演进，未来的农业组织将经历以社会化服务供给为驱动的横向规模化、纵向产业化的交织发展过程（炎天尧、蔡海龙，2023）。

要全面推动农业社会化服务组织专业化、规模化、网络化发展，支持多元主体开展覆盖产前、产中、产后全过程的农业生产性服务，培育专业化服务组织和服务联合体；同时完善服务组织政策扶持体系，健全服务标准和质量评价机制，推动形成横向规模化、纵向产业化交织发展的现代农业服务体系，实现小农户与现代农业的有效衔接。

四 "十五五"时期农业经济发展策略

为应对人才队伍短板、资源环境约束、科技创新困境和国际贸易不确定性，"十五五"时期农业经济发展应系统构建应对挑战的政策体系，推动农业高质量发展，保障农业可持续发展，全面提升农业竞争力、创新力和抗风险能力。

（一）培育多层次农业人才队伍，优化人才结构布局

人才资源是农业高质量发展的关键支撑，面对"十五五"时期农业现代化挑战，亟须实施人才优先发展战略，构建产业振兴、教育革新与制度创新协同的综合治理体系，有效破解劳动力外流、专业人才结构失衡和小农户适应能力不足等问题，为农业高质量发展提供人力资本支撑。

第一，构建梯度化产业生态，形成人才吸附效应。推动农业与第二、第三产业深度融合，培育具有持续造血功能的现代产业集群，发展生态农业、数字农业等新业态，拓展农业多功能价值链，增强对多元人才的吸引力。同时，完善产业人才需求清单动

态管理机制，建立跨区域流动的技术服务团队，通过购买服务方式实现农技人才资源优化配置，完善梯次薪酬体系和职业发展通道，破解农业技术人才"引不进""留不住"的困境，提升农业产业对各类人才的集聚效应。

第二，构建多元协同教育体系，完善人才培养链条。针对农业专业人才供需结构失衡问题，以产业需求为导向，构建基础教育、职业教育、高等教育、终身教育完善的人才培养体系。一方面，深化农业高等教育改革，优化涉农学科专业结构，强化智慧农业、生物育种、乡村规划等新兴交叉学科建设，培养引领型高层次人才。另一方面，提升农业职业教育适应性，推动职业院校与龙头企业、农业园区组建产教联合体，建立职业农民认证体系和技能等级评价制度，构建农业职业技能培训定制化课程体系，实现农村劳动力职业化、专业化和技能化发展，打通人才培养与产业需求的对接渠道。

第三，强化小农户发展能力，推动现代化转型。针对小农户转型困境和能力短板，重点构建包容的赋能体系：首先，完善全链条社会化服务体系，整合龙头企业、科研院所、金融机构等资源，提供覆盖生产、经营、金融等环节的专业化服务，增强小农户市场参与能力，并借助保险、期货、信贷组合工具强化农户风险应对能力。其次，构建分区域、分产业的社会化服务标准体系，实现服务供给与小农户能力需求的精准适配，弥补农户发展短板。最后，建立政府引导、多元主体协同的服务联合体运行机制，通过数字化平台实现服务资源动态配置与效能监测，确保小农户可持续获取技术溢出效应和产业链增值收益。

（二）强化农业资源保护利用，加快生态农业绿色转型

面对农业资源要素刚性约束趋紧、生态环境负荷超载以及气候变化的多重压力，迫切需要构建资源节约、环境友好的现代农业发展新范式。"十五五"时期要从资源集约利用、生态价值转化和气候韧性构建三个方面，推动农业强国建设迈向可持续发展轨道。

第一，构建全链条资源治理体系，强化要素集约利用。一方面，创新耕地保护利用机制，实施数量管控、质量提升、生态保护三位一体的耕地精细化管理，建立动态耕地质量监测体系，协同推进高标准农田建设与土地综合整治，完善耕地生态补偿机制，激发农户保护耕地的内生动力。另一方面，优化水资源安全保障体系，完善区域调配、技术节水、价格调节的综合管理模式，推广智能节水技术，提升灌溉用水效率，同时强化水质标准体系建设与监测，构建水质安全追溯机制。

第二，强化农业面源污染治理，促进生态价值转化。首先，系统推进面源污染防控，在源头端建立精准施肥施药技术推广与投入品补贴体系，在过程端构建区域性种养循环模式，促进农业废弃物资源化利用，完善环境监测与责任追溯机制，从源头到末端形成全链条污染防控网络。其次，创新生态价值实现路径，建立科学规范的农业生态服务评估体系，精准量化碳汇固存、水源涵养等生态价值，同时整合绿色金融与生态补偿政策工具，设立专项基金，完善信贷担保机制，有效降低绿色转型成本。

第三，构建气候韧性农业发展体系，增强农业应对气候变化

的能力。从生产适应与风险防控等角度构建气候应对新体系，一方面，集中科研力量攻关培育耐旱、耐涝、耐高温等抗逆性作物新品种，提高农业生态系统应对极端气候的适应能力；另一方面，完善农业气象灾害监测预警网络和多层次保险保障体系，创新开发区域特色气候风险保险产品，完善政府引导、市场主导、农户参与的风险分担机制，全面增强农业应对气候变化的综合韧性。

（三）突破农业关键核心技术，促进科技成果转化

构建自主可控的农业科技创新体系和高效畅通的成果转化机制，突破制约农业发展的关键技术瓶颈，提高科技对农业增产增效的贡献率，为农业高质量发展提供强劲的科技动力。

第一，增强农业核心技术攻关能力，提升农业关键技术自主可控水平。构建多层级农业科技创新体系，整合涉农高校、科研院所和企业研发资源，加大对基础研究和应用基础研究的投入力度，针对种质创新、智能农机等关键领域实行定向攻关。同时，完善创新要素供给机制，加大财政投入强度，建立农业科技投入稳定增长机制。此外，要加强知识产权保护，完善科技激励机制，充分调动科研人员积极性，加快实现关键技术自主可控和高水平科技自立自强。

第二，构建高效科技成果转化体系。首先，完善产学研用协同创新机制，构建以企业为主体、市场为导向、产业为依托的农业科技创新生态，通过精准的税收优惠、科研补贴和金融支持，激发企业创新活力，培育一批科技引领型农业龙头企业，打造多元主体协同参与的技术转化推广网络。其次，深化科技评价制度

改革，建立基础研究、应用研究和技术开发的差异化评价体系，将成果转化成效和产业贡献度作为应用研究等核心评价指标，保障科研团队持续稳定的成果转化条件。最后，建立产业需求导向的项目遴选机制，引导科研力量聚焦产业发展技术难点，推动科技成果从实验室走向具体实践，形成问题牵引、技术支撑、成果转化、效益反哺的农业科技创新良性循环，为农业高质量发展提供持久动力。

（四）优化农产品国际贸易布局，构建稳定多元合作机制

面对国际市场波动加剧、贸易保护主义抬头和全球产业链重构的复杂形势，要优化国际农产品贸易布局，深化多元化国际合作，增强中国农业发展韧性和安全性。

第一，健全市场风险防控体系。构建以国内供给为主、适度进口为补充、产销高效衔接的农产品供应保障体系，同时全面完善国际农产品市场监测预警机制与重要农产品战略储备制度，积极发展农产品价格保险、期货交易等现代风险管理工具，提高对全球农产品市场波动的系统性研判和快速应对能力，实现农产品市场稳定的长效保障机制。

第二，提升农产品国际竞争力。通过优化进出口结构、实施来源多元化战略和提升农产品品牌影响力，积极参与全球农业规则制定和标准化建设。同时，建立健全贸易摩擦快速响应机制和技术性贸易措施应对体系，有效破解国际市场准入壁垒和绿色贸易限制，全面提升中国农产品在国际市场的综合竞争力，推动形成更加公平合理的国际农产品贸易新秩序。

第三，拓展农业国际合作深度。鼓励和引导涉农企业参与世界市场的竞争，在资源互补性强的重点国家和区域建设高水平境外农业合作示范园区，统筹推动科技联合攻关与创新成果共享，完善农业对外投资全链条风险保障体系，支持龙头企业通过跨国并购、战略联盟等多元方式融入全球农业价值链高端环节，深度参与国际农业产业分工与合作，构建互利共赢、安全可靠的全球农业合作网络和资源配置体系。

参考文献

《2024年农业农村经济运行总体平稳 稳中向好》，中国政府网，https：//www.gov.cn/yaowen/shipin/202501/content_7000119.htm，2025年1月20日。

《不断推动我国种业高质量发展——从2024中国种子大会看种业振兴新动向》，农业农村部，http：//www.moa.gov.cn/ztzl/ymksn/xhsbd/202403/t20240319_6451807.htm，2024年3月19日。

蔡昉：《以劳动生产率为抓手推进农业农村现代化》，《中国农村经济》2024年第7期。

《关于2023年国民经济和社会发展计划执行情况与2024年国民经济和社会发展计划草案的报告》，中国政府网，https：//www.gov.cn/yaowen/liebiao/202403/content_6939276.htm，2024年3月14日。

《国务院新闻办就2025年一季度农业农村经济运行情况举行发布会》，中国政府网，https：//www.gov.cn/lianbo/fabu/202504/content_7020234.htm，2025年4月19日。

韩冬等：《择善而从：粮食供给稳定的国际经验、一般规律与政策启示》，《世界农业》2025年第2期。

何可、宋洪远：《资源环境约束下的中国粮食安全：内涵、挑战与政策取向》，《南京农业大学学报（社会科学版）》2021年第3期。

《经济结构不断优化　发展协调性显著增强》，国家统计局，https://www.stats.gov.cn/zt_18555/ztfx/xzg75njjshfzcj/202409/t20240913_1956437.html，2024年9月13日。

蓝红星：《中国农业科技的创新及应用》，《人民论坛》2024年第20期。

《粮食产量首次突破1.4万亿斤，农业科技进步贡献率超过63%继续拓宽农民增收致富渠道》，中国政府网，https://www.gov.cn/lianbo/bumen/202501/content_7000155.htm，2025年1月21日。

《粮食产量首次突破1.4万亿斤，农业科技进步贡献率超过63%继续拓宽农民增收致富渠道》，中国政府网，https://www.gov.cn/lianbo/bumen/202501/content_7000155.htm，2025年1月。

刘承、范建刚：《习近平大农业观的理论渊源、核心要义与实践指引》，《经济学家》2024年第12期。

龙花楼等：《论土地整治与乡村振兴》，《地理学报》2018年第10期。

罗必良：《新质生产力：颠覆性创新与基要性变革——兼论农业高质量发展的本质规定和努力方向》，《中国农村经济》2024年第8期。

罗振豪、汪延明：《农业产业链延伸对农村经济发展的影响及作用机制》，《统计与决策》2024年第24期。

《落实阶段性任务　取得标志性成果　种业振兴基础更坚实》，中国政府网，https://www.gov.cn/yaowen/liebiao/202408/content_6969008.htm，2024年8月18日。

马晓河、杨祥雪：《以加快形成新质生产力推动农业高质量发展》，《农业经济问题》2024年第4期。

"十五五"时期农业经济发展的主要挑战、战略重点与发展策略

穆娜娜、孔祥智:《中国式现代农业经营体系的构建逻辑、政策创新与重大意义》,《教学与研究》2024年第6期。

彭继权等:《粮食安全背景下高标准农田建设的耕地复种效应研究》,《中国土地科学》2024年第12期。

《全国累计建设超33万个村级寄递物流综合服务站》,中华人民共和国交通运输部,https://www.mot.gov.cn/jiaotongyaowen/202410/t20241018_4157985.html,2024年10月18日。

任继球等:《"十五五"时期推动产业新旧动能转换:发展环境、问题瓶颈与路径任务》,《经济学家》2025年第2期。

《提升10%!高标准农田建设对保障粮食产量成效显著》,中国政府网,https://www.gov.cn/zhengce/202502/content_7005358.htm,2025年2月23日。

魏锋华:《2024年农业经济形势稳中向好》,国家统计局,https://www.stats.gov.cn/xxgk/jd/sjjd2020/202501/t20250117_1958344.html,2024年1月17日。

魏后凯、吴广昊:《以新质生产力引领现代化大农业发展》,《改革》2024年第5期。

《我国畜禽养殖规模化率达73%》,重庆市人民政府,https://nyncw.cq.gov.cn/zwxx_161/ywxx/202409/t20240930_13675971.html,2024年9月30日。

炎天尧、蔡海龙:《新中国农业经营组织形式的演变历程、理论逻辑与未来方向》,《云南大学学报(社会科学版)》2023年第6期。

杨春华、王欧:《农业农村现代化发展成就和启示》,《红旗文稿》2024年第21期。

于法稳:《气候韧性农业:内涵特征、理论阐释及推进策略》,《中国

特色社会主义研究》2024年第6期。

张红宇:《中国农业运行的底层逻辑——准确把握农业新质生产力的深刻内涵》,《农业经济问题》2024年第12期。

中国社会科学院农村发展研究所课题组魏后凯等:《农业农村现代化:重点、难点与推进路径》,《中国农村经济》2024年第5期。

钟钰、巴雪真:《农业强国视角下"农民"向"职业农民"的角色转变与路径》,《经济纵横》2023年第9期。

朱晶、李天祥:《我国农民工作"十四五"重要进展与"十五五"前景展望》,《社会科学辑刊》2025年第1期。

左秀平等:《"中国碗装中国粮"的理论逻辑、科学内蕴及实践路径》,《南开经济研究》2024年第12期。

"十五五"时期乡村产业高质量发展战略

廖永松 冯 伟 赵宏兵[*]

摘 要： 经过"十四五"时期发展，中国现代乡村产业体系四梁八柱已经建立起来。从育繁种能力，标准化生产基地，加工流通，品牌建设，科技支撑到政策措施全产业链发展的各环节都取得明显进展。当前，中国乡村产业面临的主要瓶颈表现在经营主体效益普遍不高，科技支撑不足，第一、第二、第三产业融合水平有待提升，有国际影响力的农业企业少，政策调整过于频繁影响投资积极性。"十五五"时期乡村产业要向高质量、创新驱动的产业发展转型。政策导向从生产型向市场型为主转变，统筹国际国内资源，加强市场分析预警，加强市场流通和品牌建设。空间上，布局全球农产品供应链节点，加强"七区二十三带"为主体的农产品主产区建设，优化不同区域的特色产业布局，构建以县城为枢纽、以小城镇为节点的县域产业布局体系。

---

[*] 廖永松，管理学博士，中国社会科学院农村发展研究所研究员，主要研究方向为乡村产业经济与政策；冯伟，管理学博士，农业农村部规划设计院农产品加工所副所长/研究员，主要研究方向为农产品加工；赵宏兵，大学本科，重庆市开州区农业农村委员会高级农艺师，主要研究方向为乡村规划。

加快科技与产业融合，优化产业结构，增强产业韧性。加大带动能力强的龙头企业培育，形成更加合理的联农带农产业组织。保持政策连续性，进一步加强乡村产业高质量发展的制度保障。

关键词：乡村产业；"十五五"时期；产业结构；市场导向

High Quality Development Strategy for Rural Industries during the 15th Five-Year Plan Period

Liao Yongsong　Feng Wei　zhao Hongbing

Abstract：After the development of the 14th Five-Year Plan, the frame of the modern rural industrial system in China has been established. Significant progress has been made in all aspects of the development of the entire industry chain, including breeding and breeding capabilities, standardized production bases, processing and distribution, brand building, technological support, and policy implementation. At present, the main bottlenecks faced by rural industries in China are low efficiency of marketing entities, insufficient technological support, the need to improve the level of integration of agriculture, industry and service sector, the scarcity of internationally influential agricultural enterprises, and frequent policy adjustments damaging investment anticipation. During the 15th Five-Year Plan period, rural industries need to transform towards high-quality, innovation driven industrial development. The policy orientation is shifting from production-oriented to market-oriented, coordinating international and domestic resources, strengthening market analysis, enhancing market and brand building. In terms of space layout, China needs to set up global nodes of agricultural product supply chain, strengthen the construction of agricultural product main production areas with "seven zones and twenty-three belts" as the main body, optimize the layout of local special industries in different regions, and build a county-level industry system with county towns as hubs and small towns as nodes. The policies will aim at accelerating the integration of technology and industry, optimizing industrial structure, and enhancing industrial resilience, as well as intensifying the cultivation of leading enterprises with strong driving capabilities, and forming a more reasonable agricultural industry organization that improving farmer employment and income. Maintain policy continuity and further strengthen the institutional guarantee for the high-quality development of rural industries.

Key Words: Rural Industry; 15th Five-Year Plan; Industrial Structure; Market Orientation

一 "十四五"时期乡村产业发展成效

在"十四五"时期开局的 2020 年，习近平总书记亲自参加中央农村工作会议，明确提出要"加快发展乡村产业"，强调"产业兴旺，是解决农村一切问题的前提"。过去五年，习近平总书记时刻不忘乡村产业的发展，足迹遍布全国各地。2020年4月在秦岭柞水县小岭镇金米村，习近平总书记了解木耳品种和种植流程。2025年2月在吉林考察提出要发展现代化大农业。在习近平总书记和党中央安排下，"十四五"时期，中国乡村富民产业发展取得了重要突破。农产品加工业规模和质量有了明显提升，乡村业态更加丰富，产业链、价值链延长，乡村产业空间布局更加优化，科技创新支持下的第一、第二、第三产业融合发展水平提高，以农业龙头企业、合作社、集体经济组织为代表的新型经营主体联农带农能力增强，有力地促进了农业农村现代化和农业强国建设目标的实现。

（一）乡村产业已具规模

2019年6月，国务院发布《关于促进乡村产业振兴的指导意见》，明确乡村产业是根植于县域，以农业农村资源为依托，以农民为主体，以农村第一、第二、第三产业融合发展为路径，地域特色鲜明、创新创业活跃、业态类型丰富、利益联结紧密，是提升农业、繁荣农村、富裕农民的产业。乡村产业不仅涵盖了传统农业的升级转型，还涵盖了新兴产业的引入和融合，主要包括现代农业、农产品加工业、乡村旅游业、农村电商、乡村服务业等行业。

受新冠疫情等诸多外在因素影响，"十四五"时期，中国乡村产业增速没有到达（2020—2025年）全国乡村产业发展规划产值增长目标，但质量有很大提升。2024年，全国农林牧渔业总产值达15.85万亿元，比2019年的12.40亿元增长了3.45亿元，增长了12.8%；2024年预计全国规模以上农产品加工企业营业收入超过18万亿元，比2019年略有下降。农产品加工业与农业总产值比值从2012年的1.99∶1提升到2024年的2.59∶1。农产品加工业不只限于传统的罐头、饮料、调味品等产品，还生产了更高附加值的精深加工产品，如功能性食品、保健食品、药食同源产品等，形成稻米、油料、果蔬、畜牧、水产、茶叶、中药材等特色农产品产业体系以及手工艺品加工体系。

乡村新产业新业态得到快速发展，2024年农林牧渔专业及辅助性活动产值近9347亿元。农村电商、视频直播、冷链物流等发展迅速，全国农村网络零售额达2.5万亿元，全国农产品网络零售额达5870.3亿元，超过100万农户通过网络销售农产品。2024年，各类返乡入乡创新创业人员累计超过1430万人。国家建设了一批产值超过10亿元的特色产业镇（乡）和超过1亿元的特色产业村。2019年，休闲农业接待游客32亿人次，营业收入超过8500亿元。2023年休闲农业营业收入约8400亿元，"十四五"时期营业收入没有太大变化，但乡村旅游业发展质量有所提高，建设了一批休闲旅游精品景点，推介了一批休闲旅游精品线路，建设了休闲农业重点县、中国乡村旅游示范县和中国休闲美丽乡村。

另外，循环农业，设施农业，立体农业快速发展，提高了土地利用率和产出率。

（二）乡村产业空间布局进一步优化

经过"十四五"时期的发展，中国大宗农产品生产区域化、专业化布局更加明显，在市场推动和政策引导下，农产品加工业、服务业类企业带动农业标准化、绿色化生产基地建设。在省域之间，以国家粮食安全产业带，"七区二十三带"为主体的农产品主产区建设，大宗农产品加工业在产区和销区之间更加趋于合理，东部和其他区域农产品加工业企业营业收入之比由2005年的70∶30变成了2023年的49∶51。省域范围内，经过优势特色产业集群、现代农业产业园区、农业高科技园区、农业产业强镇、一村一品等涉农项目建设，注重布局优化，在省和县域内统筹资源和产业，探索形成县城、中心镇（乡）、中心村层级分工明显的格局。"十四五"时期，中央财政支持建设优势特色产业集群220个、国家现代农业产业园350个、国家农业产业强镇1709个，省、县、镇产业融合平台梯次推进。以广西糖料蔗优势特色产业集群为例，糖料蔗产业集群的总体目标是：通过3年建设，到2024年，在崇左市的扶绥县、江州区、大新县、宁明县、龙州县和来宾市的兴宾区糖料蔗种植面积稳定在515万亩左右，糖料蔗总产量达到2400万吨，全产业链总产值达到370亿元以上。立足崇左、来宾两市糖料蔗优势产业，按照"核心区—示范区—辐射区"的层次扩散结构规划建设，形成"一核引领、四园贯通、六区示范、拓展辐射"的总体布局。核心区位于中国糖业产业园，四园分布于中泰产业区、扶绥空港产业区、江州产业区，来宾市兴宾区国家现代特色农业产业园，示范区分布在扶绥县、江州区、龙州县、宁明县，分别是糖料蔗科研试验示范区、加工业集聚增长核心示范区，糖仓储物流示范区，特色食品加工示范区，第一、第二、第三产业融合发展示范区。

（三）第一、第二、第三产业融合取得新进展

自2015年国务院发布《关于推进农村一二三产业融合发展

的指导意见》以来，农村第一、第二、第三产业融合取得新进展。一是纵向延伸，提高产品附加值。按照产供销一体化，全产业链打造的思路，发挥农产品加工龙头企业的带动作用。二是横向融合，发挥农业多功能性。以"土特产"为核心，向乡村旅游、康养、餐饮等产业拓展融合，发展"土特产+旅游""土特产+康养""土特产+文化"等新业态。依托区域内民宿、露营地等休闲旅游场所，销售基于本地乡村"土特产"开发的伴手礼。三是农文游研学等多业态。乡村旅游业的发展已经超越了简单的农家乐、民宿等形式，开始向多元化、特色化、体验化方向发展。乡村旅游与农业教育、科普教育相结合，打造亲子游、研学游等旅游产品，文化赋能乡村旅游取得明显成效。四是与互联网等现代技术融合，形成农业+电商等新业态。农村电商的快速发展打破了传统农产品销售格局，推动了农村物流、金融等配套服务的完善。五是科技带动，发展智慧农业，循环农业。通过种养结合，推动产业高效绿色发展。六是品牌建设。全国绿色有机地标生产主体超过3万家，涉及产品总数达到6.4万个。全国省级农业农村部门重点培育区域公用品牌约3000个，企业品牌约5100个，产品品牌约6500个。2012—2022年全国农业品牌目录区域公用农产品产量增长近55%。

（四）龙头企业带动产业协同发展

2022年，《农业农村部关于实施新型农业经营主体提升行动的通知》发布，提出要加快推动新型农业经营主体高质量发展。随后，各地全力推进新型农业经营主体培育和培增计划，经营主体日益多样，组织化程度不断提升。一方面，农业企业的经营范围不断拓展。截至2023年底，全国共有县级以上龙头企业9万多家，其中国家重点龙头企业2285家，初步形成国家、省、市、县四级龙头企业多层次梯队。采取"龙头企业+专业合作社（基地）+村集体经济组织+农户（家庭农场）"等多种模式，引导农民以土地承包经营权等生产要素入股，结成多种形式利益共享、风险共担的利益共同体。农户通过自行种养殖或代养、签订种植订单、以工代赈、入企务工等方式，参与全产业链生产活动。2023年，龙头企业带动就业1461万人，其中带动农民就业人数为1027.8万人，占比为70.4%。

（五）乡村产业发展政策措施体系化

2018年《乡村振兴战略规划》明确产业兴旺为乡村振兴核心目标。2019年6月，国务院出台了《国务院关于促进乡村产业振兴的指导意见》，对乡村产业发展进行了周密部署，明确要求落实五级书记抓乡村振兴的工作要求，把乡村产业振兴作为重要任务，摆上突出位置，要求建立农业农村部门牵头抓总、相关部门协同配合、社会力量积极支持、农民群众广泛参与的推进机制。2021年出台的《中华人民共和国乡村振兴促进法》第十二条要求，各级人民政府应当坚持以农民为主体，以乡村优势特色资源为依托，支持、促进农村第一、第二、第三产业融合发展，推动建立现代农业产业体系、生产体系和经营体系，推进数字乡村建设，培育新产业、新业态、新模式和新型农业经营主体，促进小农户和现代农业发展有机衔接。按照中央要求，"十四五"时期，因地制宜编制国土空间规划，优化农村生产生活与生态空间布局，优先保障产业发展用地需求。健全财政投入机制，农业农村部会同财政部自 2017 年以来累计安排中央财政奖补资金 200 多亿元，支持建设 300 个国家现代农业产业园，统筹布局建设一批农产品加工园区等。2025 年中央一号文件明确要求要创新乡村振兴投融资机制，增强金融服务可得性、便利性。有序引导工商资本下乡，完善用地保障政策，健全人才保障机制等，优化乡村产业发展环境。

二 乡村产业发展面临的主要问题

经过"十四五"时期的发展，中国乡村产业有了很大提升。当前面临的主要问题表现在经营主体特别是中小型农业企业市场效益不高，市场竞争力弱，带农就业增收能力不强，其原因在于科技支撑不足，产业链条短，第一、第二、第三产融合发展水平低，土地等政策多变，影响投资预期。

（一）市场效益不高

乡村产业立足于自然资源进行生产、加工、流通和销售，抵御自然灾害的能力还没有得到根本性提升。一场洪水，一场台风，一次非洲猪瘟，一场疫情，就可以将多年积累的财富化为零。乡村产业具有投资大回报慢的基本特点。中国人多地少，农业生产端还有大量的传统小农户，与美国等农业强国比不具备竞争优势，价格受国际市场影响不具竞争力。初级农产品特别是生鲜食品，除少部分区域特殊的自然条件生产出品质优的"土特产"外，大部分地区产品质量差不多，农产品标准化程度低，产品质量认证滞后，影响市场细分和品牌建设。乡村物流设施网点不足、配送费用较高，鲜活农产品季节性特点影响高效运输服务，不少农产品产销对接不畅。消费端，在恩格尔定律作用下，食品消费占消费支出比例下降，农业食品消费总量增长有限。2024年，全国居民人均食品烟酒消费支出8411元，总人口14.08亿人，全年食品烟酒消费总支出11.89万亿元。这个就是农业食品的市场总容量，占GDP的10%左右。而以此为生的人口占总人口的50%以上。农业农村部乡村产业发展司《2024年全国农业产业化龙头企业发展报告》调研数据显示，2023年全国68372家市级以上农业龙头企业普遍出现营收增速趋缓，但利润下降情况。2023年全国农业龙头企业营收13.97万亿元，同比增长1.6%；净利润4840亿元，同比下降17.5%。养殖、电商平台、仓储利润类企业下降明显，养殖全行业亏损，电商平台净利润同比下降31.9%，仓储业净利润同比下降14.8%，大量中小农业企业生存困难。

（二）科技支撑不足

乡村产业产学研合作机制不健全，高校和科研机构成果难以落地乡村，这是一个历史性问题。农业科技创新能力不强，科技领军企业缺乏，农业企业创新能力弱。试验田产量高、大田产量低，成果转化慢，转化率低。农业企业技术装备水平比发达国家相对落后，企业平均耗电量、耗水量分别比发达国家高，很多农业企业产品没有国际质量标准，小而散、小而低、小而弱问题突出。2023年，农业龙头企业科技研发投入1692.4亿元，平均每家企业投入研发经费247.5万元，研发投入强度12.1‰。其中，国家重点龙头企业科技研发投入605.5亿元，平均3145.7万元，同比增长4.7%，研发投入强度11.6‰；省级龙头企业科技研发投入679.9亿元，平均324.8万元，研发投入强度12‰；市级龙头企业科技研发投入406.9亿元，平均89.4万元，研发投入强度13.2‰。科研经费投入差距使大多数农业企业难以承担有效的科研创新活动。此外，农民科技素养普遍较低，对新技术的接受能力和应用能力较弱。青壮年劳动力和高素质管理人才、技术人才进城，乡村产业发展缺乏高素质人才，创新能力和管理能力不足。2024年农业从业者平均年龄53岁，45%仅小学文化程度；2022年农村数字人才缺口超过200万人。

（三）第一、第二、第三产业融合水平有待提高

受市场、科技管理等因素影响，乡村产业第一、第二、第三产业融合水平仍较低，产业链条延伸不够充分。农产品深加工能力不强，企业规模普遍较小，且大多数停留在初级加工状态，加工副产物循环利用、全值利用、梯次利用，实现变废为宝、化害为利的能力不足，融合链条短，产品附加值低。2023年农产品加工业与农业总产值比为2.6∶1，远低于发达国家3.5∶1的水平。农产品加工转化率为67.5%，比发达国家低近18个百分点。在农业多功能性拓展上，虽然各地在积极探索农业与教育、康养、文化、旅游等深度融合，但所开发的项目多数仍是以观光旅游为主的浅层设计，缺乏对乡村文化、风土人情深度挖掘，项目设计同质化较为严重，特色和创意不够鲜明，竞争力不强。农业经营主体普遍生产规模小，技术和经营管理水平不高，仅以单一种植或养殖为主，参与融合度低。部分农民合作社"有组织无

合作",不能有效带动农民参与产业融合发展。能代表中国形象的农业品牌培育还远不能满足现代乡村体系建设目标要求,乡村产业在国际产业体系中的地位亟须加强。

(四) 产业用地等政策多变

乡村产业是长期投资,需要时间培养,从"大棚房"治理、"退耕还林"政策到"非农化""非粮化"治理政策变动频繁,部分地区"一刀切"的做法,导致许多农业项目被迫终止,乡村产业的政策风险还较大。当前乡村产业发展过程中,用地政策矛盾比较突出,一是国土空间规划和村庄规划存在冲突,导致乡村产业发展项目难以落地。二是时效性低。实践中各项用地审批进程缓慢,受制于建设用地指标和规模,市场机遇稍纵即逝。设施农业用地政策不完善,影响设施农业发展。城乡融合发展所需的资金、技术、人才城乡双向有序流动需求仍有诸多障碍,乡村产业所需的人力、财力、物力还不能得到有效保障,很多农业企业特别是劳动密集型企业按照劳动合同法的规定执行困难很大。尤其是大量需要临时用工、季节用工、辅助工的企业,不得不采取劳务派遣的形式规避用工风险。企业应对各类检查、填报数据的要求多,政府干预企业正常经营的营商环境还有待完善。

三 "十五五"时期乡村产业发展目标与思路

(一) 发展目标

在 2024 年底召开的中央农村工作会议上,习近平总书记对

"十五五"时期乡村产业高质量发展战略

做好"三农"工作作出重要指示,强调"要积极发展乡村富民产业,提高农业综合效益,壮大县域经济,拓宽农民增收渠道"。"十五五"时期,坚持以习近平新时代中国特色社会主义思想为指导,强化乡村产业"重中之重"的地位。在面临经济增速下行,国际竞争压力加大的宏观背景下,统筹国际国内两个市场,两种资源,发挥有效市场和有为政府的双重作用,以发展农业新质生产力为手段,优化乡村产业结构和空间布局,增强产业韧性和竞争力,提升发展质量。合理确定阶段性重点任务和推进时序,尊重客观规律,不超越发展阶段,不提脱离实际的发展目标。

到2030年,乡村产业更加兴旺,乡村产业全链条转型升级,乡村产业功能多样、业态丰富、融合紧密现代化主导产业体系发展格局基本形成。确保粮食等大宗农产品有效供给,农产品加工业产值达到20万亿元;农产品加工产值与农业产值比达2.8∶1。县域富民产业取得重大进展,形成有市场竞争力的示范效应的发展模式,优势特色产业集群项目达到400个,建设国家现代农业产业园600个,乡村旅游人数达到35亿人次。东部发达地区、中西部具备条件的大中城市郊区乡村率先基本实现农业农村现代化。形成一批代表中国农业文化软实力的农产品国家品牌、区域公用品牌、企业品牌,培育品牌300个。绿色发展模式更加成熟,绿色低碳循环的农业产业体系初步构建。乡村产业体系健全完备,科技含量更高,围绕优势主导产业,促进农业生产、加工、物流、研发、服务等相互融合和全产业链开发生产和服务向纵深发展。农业龙头企业和新型农业经营主体市场竞争力增强,效益提升,联农带农能力增强,农民增收渠道持续拓宽,产业扶贫作用进一步凸显。2030年，国家重点农业龙头企业达到3500家，国家、省级和市县级重点农业龙头企业达到10万家以上。

（二）基本思路

市场是资源配置最优的方式，生产要素投入，项目立项，品牌建设，乡村产业发展必须以消费者为中心。政府主要在营商环境，产业规划，科技创新，投资撬动等方面发挥引导作用。科技是第一生产力，是产业提质增效的基本保障。在市场牵引下，"十五五"时期乡村产业需要立足于科技创新，新质生产力的培育、应用和推广，推进乡村产业链供应链价值链提升，优化资源要素配置效率，实现乡村产业转型升级。立足于乡村产业链发展的科技需求，从品种、生产基地、加工、流通、循环利用等环节入手，全面提升产业科技含量和全要素生产率。推动要素聚集，以产业集群、产业园区、产业强镇、农文旅科教等三产融合平台建设为抓手，推动第一、第二、第三产业融合发展。牢固树立"绿水青山就是金山银山"的理念，坚持生态优先、绿色发展。以资源环境承载力为基础，加强农业资源集约利用、投入品减量增效、废弃物资源化利用、产业绿色低碳转型为重点，提升农业绿色发展水平。坚持乡村产业姓农、务农、为农和兴农的根本宗旨，在确保粮食安全和重要农产品供给保障的前提下，以提高产业供给质量为主攻方向，完善利益联结机制。形成企业和农户产业链中优势互补、分工合作的格局。农户能干的尽量让农户干，企业干自己擅长的事，让农民更多分享产业增值收益。

四 "十五五"时期乡村产业发展措施

基于"十四五"时期乡村产业发展基础,在经济增速下降质量要求提升的大背景下,"十五五"时期乡村产业需更加畅通市场,以技术创新为驱动,促进第一、第二、第三产业融合发展,丰富新产业新业态。通过国际国内联动,优化空间布局。加强要素保障,建设联农带农共富产业。

(一)以服务消费者为中心,畅通市场渠道

经过改革开放特别是"十四五"时期的发展,中国农产品供需形势发生了很大变化,除不具成本优势、比较优势的油料、饲料和糖料作物外,其他大宗农产品如蔬菜、水果、茶叶、各种畜产品及加工食品市场供给充足,市场价格低迷,销售困难。"十四五"时期乡村旅游人次没有实现太大增长,主要是乡村旅游的消费需求发生了很大变化,"十四五"时期所建设的很多乡村消费场景不能有效满足市场需求。"十五五"时期中国乡村人口进一步减少,城镇化水平提升70%,各种电商平台向乡村延伸,乡村商业模式也将发生很大变化。"十五五"时期乡村产业从宏观政策制定到企业经营战略,都需要从生产导向向市场导向转变,以服务消费者为中心,利用大数据、网络销售平台,充分研究市场需求。要加强市场流通骨干网络建设,改造提升批发市场,布局建设城郊仓储基地。健全电子商务和物流服务体系,建设县域集采集配中心,推动客货邮融合发展。加快培育专业化、

市场化社会服务组织，扶持乡村产业咨询服务业发展。品牌是现代商业社会最为重要的文化软实力，国家应加强能代表中国农业新形象的国家农业品牌建设力度，比如，推出系列面向国际市场的中国大米、中国大蒜、中国猪肉等国家品牌，参与全球市场竞争。瞄准细分市场，打造区域公用品牌，培育企业自有品牌，构建特色产品品牌和个人品牌。通过文化赋能，推进乡村旅游特色化、精品化和标准化，满足新需求。建立现代农业全产业链标准体系和系统的质量控制体系，提升产品供给质量，满足高收入群体市场需求。财政支持的产业融合项目，要加强项目论证，不追求速度，而是追求效益质量。要加强乡村产业运营水平建设，充分运营好"十四五"时期投入乡村的大量"沉睡"资产。

（二）以新质生产力促进乡村产业转型升级

按照乡村产业转型升级需求，分类推进应用基础、前沿关键技术创新、新品种培育、投入品创制、农机装备研发、智慧农业等不同类型不同领域的科技研究和创新攻关，让农业科技赋能提升产业各环节，打通产业发展瓶颈，培育壮大新兴产业、布局建设未来产业。粮油棉糖作物以大面积单产提升和降低生产成本为重点，确保国家粮食安全红线底线。加强质量安全监测、风险评估、膳食营养等关键技术研发，提升农产品质量。加强农产品全加工周期的品质精准调控、资源减损提质和智能高效制造等关键技术，增强农产品供应链韧性和稳定性。突破"土特产"关键技术装备，加强优良品种选育扩繁、高效绿色标准化生产，通过精深加工、智能分级和冷藏保鲜等技术集成。根据乡村劳动力老化短缺趋势，加强劳动替代性技术研发推广应用。聚焦大型高端智能农机装备、丘陵山区适用农机装备重点方向，突破一批标志性整机装备和关键零部件技术研发，推动物联网、大数据、人工智能等信息技术与农机装备融合应用，提升产业大脑建设水平。加强成本节约型、资源循环利用技术研究，推动绿色化生产。集成应用乡村空间布局、产业布局、乡村文旅、宜居住宅等关键技术模式，推动乡村产业空间布局优化。

（三）以第一、第二、第三产业融合发展丰富乡村业态

乡村产业融合发展是加快农业现代化构建现代乡村产业体系的必然选择。"十五五"时期，要进一步加深第一、第二、第三产业融合深度宽度高度，培育乡村产业发展新动能，丰富完善新产业新业态。进一步支持农业优势特色产业集群、国家省市级现代农业产业园和农业产业强镇建设，打造产业融合发展载体。推进种养结合，稻渔综合种养，农牧循环系统。实施农产品加工业提升行动，支持主产区建设加工产业园。促进农业与农产品加工业的融合发展，提高农产品加工转化率。强化加工减损增值、加工流通副产物高效利用，加快培育产业链融合共生、资源能源高效利用的绿色循环产业体系。有序发展农事体验等新业态，探索现代农业、休闲旅游、田园社区融合发展方式。推进农业与旅游、教育、文化、健康等产业的深度融合，建设一批全国休闲农业重点县、文化产业赋能示范县，中国美丽休闲乡村、中国和美乡村，打造休闲农旅新文化，构建乡村旅游新格局。推动特色种养、特色食品、特色手工业和特色文化发展，发展庭院经济、林下经济和民宿经济，增加资源利用效能。大力发展生产服务业，

构建全链条的服务体系。搭建创业平台、强化创业指导、优化创业环境、建设一批创新创业孵化基地。加强产业各环节自主知识产权保护，推动农业与信息技术、人工智能、大数据等领域的深度融合，把现代乡村产业作为现代科技研发、创新、推广的广阔天地。

（四）优化国内及海外乡村产业空间布局

落实农业功能区制度，科学合理划定粮食生产功能区、重要农产品生产保护区和特色农产品优势区，合理划定养殖业适养、限养、禁养区域。围绕保障国家粮食安全和重要农产品供给，充分发挥各地比较优势，重点建设以"七区二十三带"为主体的农产品主产区。考虑各区域发展的差异性和特殊性，推动具有区域特色的产业体系建设，优化不同区域的特色产业布局。省级层面分类或分产品制定特色农业产业的空间布局和发展规划，科学划分乡村经济发展片区，新建并巩固提升已建优势特色产业集群，统筹推进农业产业园、科技园、创业园等各类园区建设，打造乡村产业跨区域发展平台。推动县域产业协同发展，以现代种养业和农产品加工业为基础，构建以县城为枢纽、以小城镇为节点的县域产业体系。细化村庄分类标准，科学确定发展目标。推进脱贫地区帮扶产业高质量发展，构建成长性好、带动力强的帮扶产业体系。稳妥应对国际国内环境变化，着力贯彻落实构建农业强国、城乡融合发展的战略目标。引导农业龙头企业出海，参与全球农产品供应链建设，布局关键节点，构建国际国内联动、多技术融合、多因素驱动创新的"全球价值链中心农业企业"新格局。

（五）完善土地等要素保障措施

优化乡村营商环境，保障投资者合法权益，稳定投资预期，引导社会资本投资乡村产业。对于乡村产业发展过程中比较突出的土地利用历史问题，应按照法定程序分类分策依法处理，不能强推强拆，"一刀切"。通过优化生产、生活和生态空间布局，将农村建设用地存量整理与增减挂钩节约出来的建设用地指标，优先用于支持乡村重点产业项目建设。国土空间规划编制和实施过程中，预留一定比例规划建设用地指标用于农村基础设施建设和产业融合发展项目。探索点状供地、混合用地等新机制，简化审批程序和放宽执行范围。对于工厂化育苗、设施农业等新型农业生产形态的土地利用性质需重新界定。优化提升财政支农资金使用绩效，增强各类补贴政策的针对性。支持地方设立乡村产业发展基金，优化创新金融服务。完善农业保险政策，提高农业保险保障水平。搭建涉农信用信息平台，开展建档评定，支持龙头企业监测信息向金融监管部门开放，强化龙头企业的中长期融资支持机制，推动特色农产品专项信贷，鼓励民间农业信贷发展，撬动更多社会资本投资乡村产业。推动"科技—产业—金融"良性循环，引导金融资本在农业领域投早、投小、投长期、投硬科技。完善乡村人才政策，吸引各类人才投身乡村建设。总结富有中国特色、顺应时代潮流的农业企业家成长规律，宣扬农业企业家精神，支持爱护企业家。加大村集体和新型农业经营主体引进各类专业技术人才的扶持力度。鼓励退休人员、退伍军人、大学毕业生、科技人员返乡下乡创业。加强高素质农民培训，培养乡村产业实用技能人才。

（六）完善利益联结机制，建设乡村共富产业

乡村产业发展的根本目的在于带动农民致富增收，促进共同富裕。为此，需要构建公平合理的利益联结机制，推动龙头企业、合作社等生产经营主体与小农户建立契约型、股权型和分红型等利益联结方式，让农民真正分享产业增值收益。支持农业龙头企业转型升级、做大做强，对带动农民增收能力强的龙头企业加大支持力度。支持发展规模适度的家庭农场，进一步推动农民专业合作社规范运行。依托农产品加工龙头企业，培育国家、省、市、县级农业产业化联合体。农村集体经济是推动农民实现共同富裕的重要基础，深化农村集体产权制度改革，推动"资源变资产、资金变股金、农民变股东"，拓展农民和农村集体参与乡村产业发展并从中获益的途径。推动扶持政策同带动农户增收挂钩机制，建立跟踪评价制度。通过"龙头企业+基地+合作社+农户+社员"股金服务，"农户+供销联社平台+公司"订单产销助农服务，"土地流转+劳动雇佣"利益联结服务，组建农银企产业共同体，"公司+家庭农场"合作代养，"保底价"收购等多种产业组织模式，因地制宜完善产业链中各主体的利益协调机制。巩固拓展脱贫攻坚同乡村振兴有效衔接，加大产业帮扶力度。

参考文献

习近平：《坚持把解决好"三农"问题作为全党工作重中之重 举全党全社会之力推动乡村振兴》，《求是》2022年第7期。

陈秋红等：《科技创新引领现代乡村产业体系构建：逻辑意涵、现实

约束与推进路径》，《社会科学研究》2024年第5期。

韩俊：《锚定建设农业强国目标　加快实现高水平农业科技自立自强》，《求是》2025年第4期。

黄季焜、廖文梅：《特色产业助力乡村全面振兴：特征、挑战与对策》，《人民论坛》2024年第20期。

马有祥：《发展富民乡村产业　推进乡村全面振兴》，《人民政协报》2024年12月20日。

涂圣伟：《城乡融合背景下我国县域富民产业发展动力机制与培育路径》，《湖南农业大学学报（社会科学版）》2024年第6期。

张辉：《加快推进农业产业发展绿色循环畅通》，《农村工作通讯》2025年第3期。

张照新：《提升乡村产业发展质量促进强县富民》，《农民日报》2023年6月3日。

"十五五"时期促进农民持续增收的主要难点与对策建议

李 艳[*]

摘 要： 提升农民收入是破解发展不平衡不充分问题、推进共同富裕进程的关键抓手，直接关系着乡村振兴战略实施成效与中国特色社会主义现代化建设全局。"十四五"时期，农村居民人均可支配收入持续提升，农民收入构成格局相对稳定，城乡收入差距不断缩小，农民各收入群体分化依然显著，农民工收入稳步提升、增速放缓。基于稳中求进的宏观经济发展态势、农民收入增长趋势及发展目标，"十五五"时期农村居民人均可支配收入有望突破3万元。"十五五"时期促进农民增收仍面临以下四个难点：转移就业空间狭窄，农民工资性收入提升受限；农业生产经营效益不高，农民经营性收入增长乏力；农村闲置资产盘活难度大，财产收益渠道单一；农村低收入群体增收滞后，群体差距加速分化。为进一步增强农民增收的可持续性，应遵循以新质生产力驱动农村产业升级、以城乡融合拓宽增收渠道、以深化改

---

[*] 李艳，管理学博士，中国社会科学院农村发展研究所助理研究员，主要研究方向为农业农村信息化。

革释放农村要素红利、以底线思维筑牢增收保障的基本思路,提高农业产业链综合效益,增强农民经营性收入增长动能;发展县域特色经济,带动农民高质量就业创业;深化农村要素市场化改革,健全农民财产权益的制度保障;建立分层分类常态化帮扶体系,夯实农村低收入群体内生发展基础。

关键词:"十五五"时期;农民收入;共同富裕;乡村富民产业

Main Difficulties and Countermeasures of Rural Resident' Continuous Income Increase in the 15th Five-Year Plan Period

Li Yan

Abstract:Raising rural residents' income is a key way to solve the problem of unbalanced and inadequate development and promote common prosperity. It has a direct bearing on the implementation of the rural revitalization strategy and the overall socialist modernization drive with Chinese characteristics. During the 14th Five-Year Plan period, the per capita disposable income of rural residents has continued to rise, the income composition pattern of farmers has remained relatively stable, the income gap between urbanand rural areas has been continuously narrowing, the diferentiation among various income groups of farmers remains significant, and the income of migrant workers has steadily increased but at a slower growth rate. Based on the macroeconomic development trend of seeking progress while maintaining stability, the growth trend of farmers' income and the development goals, the per capita disposable income of rural residents is expected to exceed 30000 yuan during the 15th Five-Year Plan period. The 15th Five-Year Plan to promote rural residents' income still faces four major problems: the space for transfer employment is narrow, and the increase of farmers' wage income is restricted; The efficiency of agricultural production and operation is not high, and the increase of rural residents' operating income is weak. It is difficult to revitalize idle assets in rural areas, and the property income channels are single. The income increase of rural low-income groups lags behind, and the gap between groups is accelerating. In order to further enhance the sustainability of rural residents' income increase, we should follow the basic ideas of driving rural industrial upgrading with new quality productivity, expanding income channels with urban-rural integration, releasing rural factor dividends with deepening reform, and strengthening income increase guarantee with bottom line thinking. Improve the comprehensive benefits of the agricultural industry chain, and enhance the growth momentum of rural residents' operating income. Develop the county characteristic economy, and promote the high-quality employment and entrepreneurship of rural resi-

"十五五"时期促进农民持续增收的主要难点与对策建议

dents. Deepen the market-oriented reform of rural factors and improve the institutional guarantee of rural residents' property rights and interests. Establish a tiered, classified and regular support system to consolidate the foundation for the endogenous development of rural low-income groups.

Key Words: the 15th Five-Year Plan; Rural Residents' Income; Common Prosperity; Rural Rich People's Industry

农民增收不仅关乎农民群体福祉的实质性改善和农村经济的持续发展，更是保障国家粮食安全、推动城乡协调发展、维护社会和谐稳定的关键因素。作为实现乡村全面振兴和共同富裕目标的重要支撑，促进农民持续增收已成为当前和今后一个时期"三农"工作的重中之重。"十四五"时期，中国农民收入实现年均超过6.0%的稳步增长，农村居民年人均可支配收入突破2万元，城乡收入差距进一步缩小，脱贫攻坚成果持续巩固。然而，农民工资性收入提升受限，经营性收入增长乏力，农民群体内部收入分化加剧等结构性矛盾依然突出。在"十四五"时期规划向"十五五"时期规划过渡的关键时期，特别是在全球经济格局深度调整、国内发展模式加速转型的背景下，农民可持续增收具有重要的现实紧迫性和战略意义。本报告基于"十四五"时期农民收入的现状分析，对"十五五"时期农村居民收入进行预测，分析"十五五"时期农民增收面临的主要难点，并提出相应的发展思路和政策建议。

一 "十四五"时期农村居民收入的现状分析

"十四五"时期,中国农村居民收入呈现恢复性增长态势。总体来看,农村居民人均可支配收入总体呈上升趋势,收入结构以工资性收入为主,财产净收入占比低,城乡差距不断缩小,低收入群体工资增长阻力加大,农民工收入稳步提升。

(一)总体趋势:农村居民人均可支配收入持续提升,增速逐渐趋于回稳

"十四五"时期,农村居民人均可支配收入总体呈现持续提升的趋势,迈入两万元新台阶,整体发展态势良好(见图1)。农村居民人均可支配收入从2020年的17131元,到2022年突破2万元,2024年达到23119元,年均增长6.95%,中位数从15204元提升至19605元,年均增长6.6%。与以往年度相比,

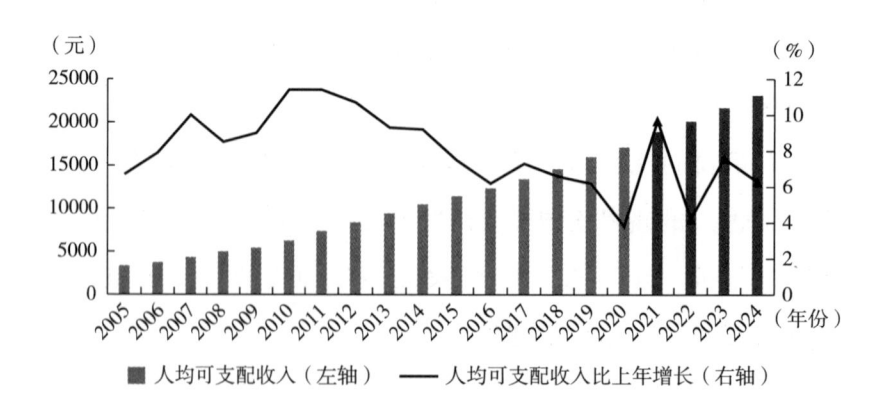

图1 农村居民人均可支配收入及变化

2020年受到新冠疫情影响，农村居民人均可支配收入增长率出现显著下降，为3.8%。2020—2022年在新冠疫情管控与常态化期间，收入增速出现较大波动，而在2023年之后，增速逐步恢复到疫情前的水平，保持在6.2%以上，符合长期以来农民增收形势变化的基本趋势。

（二）收入结构：农村居民工资性收入与转移净收入占比整体呈上升趋势，经营净收入占比呈现下降趋势

"十四五"时期，农村居民人均可支配收入各个构成部分呈现稳步增长，总体格局基本稳定（见图2）。具体而言，一是自2015年中国农村居民人均可支配工资性收入超过经营净收入以来，农村居民人均可支配工资性收入成为农村居民最主要的收入来源。"十四五"时期这一收入占比基本保持在40%以上，并且总体呈现上升态势，截至2024年该占比达42.4%，较"十三五"末期提升1.7个百分点。"十四五"时期农村居民新增收入中近一半（47.18%）来自工资性收入，工资性收入成为推动农村居民收入增长的主要动力之一。二是经营净收入和转移净收入的占比分别位居第二和第三。其中经营净收入占比总体呈现缓慢下降趋势，从2020年的35.47%下降至2024年的33.93%；转移净收入则呈现缓慢上升趋势，从2021年的20.80%上升至2024年的21.17%。三是财产净收入的比重最小，对农村居民收入的贡献总体呈现上升趋势，2020年该占比为2.45%，2024年上升至2.51%。

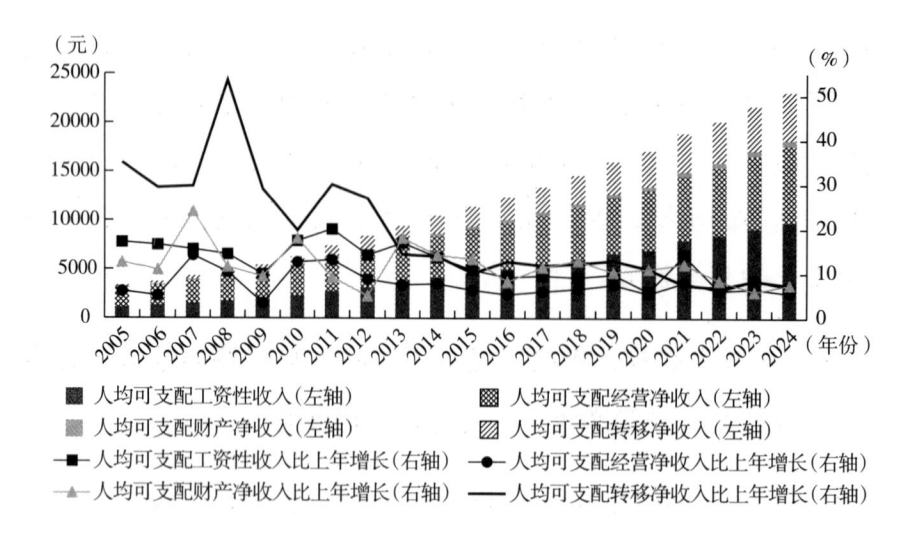

图 2　农村居民人均可支配收入构成及变化

（三）城乡差距：农村居民可支配收入增速高于全国平均水平，城乡收入差距不断缩小

城乡人均可支配收入比值整体呈现缩小趋势，且缩减趋势加快（见图3）。从增长速度来看，农村居民人均可支配收入及其各构成部分的增速均持续高于全国居民平均水平以及城镇居民水平，城乡居民收入相对差距进一步缩小。"十四五"时期农村居民收入年均增速比城镇居民高出2.4个百分点，这一增长也高于以往时期，如"十三五"时期该值为1.24。从城乡人均可支配收入比来看，比值由2020年的2.56下降至2024年的2.34；"十四五"时期城乡人均可支配收入比降低0.22，较"十三五"时期（比值降低0.17）多降低0.05。从收入构成差距来看，城乡财产净收入差距缩小程度最大，但倍差的绝对值依然很大。"十三五"末期，城镇居民可支配财产净收入是农村居民的11.04倍，

2024年降低到9.41，依然是收入构成中差距最大的部分。城乡经营净收入差距最小，收入倍差基本稳定保持在0.8上下0.02的水平。工资净收入与转移净收入的差距持续缩小，其中工资净收入倍差降低11.25%，转移净收入倍差由2020年的2.22下降至2024年的1.96。

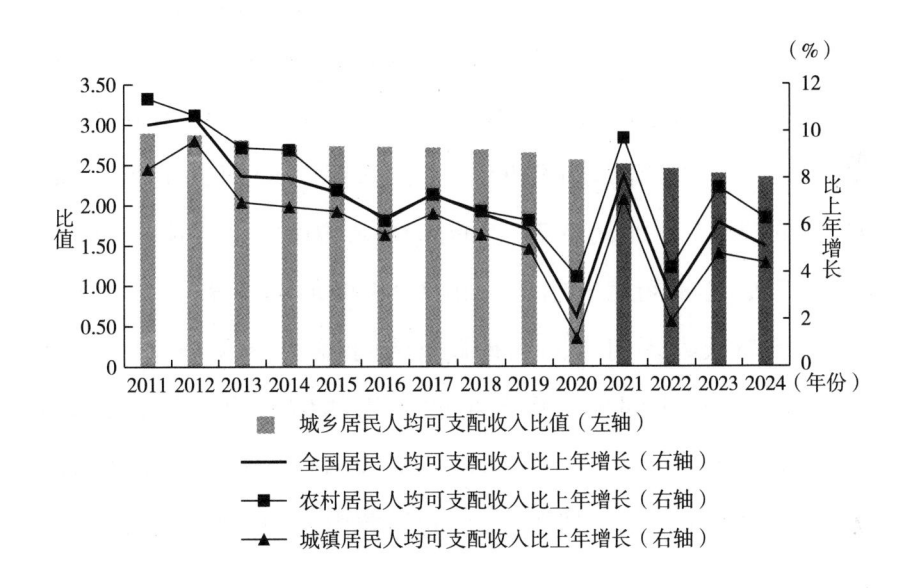

图3 城乡人均可支配收入变化对比

（四）收入分布差异：农民各收入群体间分化显著，地区间差距趋于收敛

国家统计局将所有农村调查户按人均收入水平从低到高排序进行五等份划分，把农村居民分为低收入组、中间偏下收入组、中间收入组、中间偏上收入组、高收入组。2020年各组人均可支配收入分别为4681元、10392元、14712元、20884元和

38520元，2024年各组人均可支配收入分别显著提升至5410元、13298元、19337元、27060元和53805元，名义增长率分别为15.57%、27.96%、31.44%、29.57%和39.68%。

从组间相对差距来看，农村居民内部人均可支配收入差距扩大，马太效应趋势明显。一方面，高收入组家庭农村居民人均可支配收入与其他各组家庭农村居民可支配收入之间的差距均趋于增大。其中，"十三五"末期高收入组家庭农村居民人均可支配收入与低收入组家庭农村居民人均可支配收入比值为8.23，到2024年这一比值增加到9.95；高收入组与中间偏下组比值由2020年的3.71增加到2024年的4.05，与中间组比值由2.62增加到2.78，与中间偏上组比值由1.84增加到1.99。另一方面，各收入组与低收入组之间的差距也趋于增大（见表1）。其中，"十三五"末期中间偏下组与低收入组的倍差为2.22，到2024年这一倍差增加至2.46，中间组与低收入组的倍差由3.14增加到3.57，中间偏上组与低收入组的倍差由4.46增加到5.00。

表1　　　　　　　农村居民人均可支配收入相对差距

年份	五等份分组人均可支配收入比				地区间人均可支配收入比				
	高/低	中上/低	中间/低	中下/低	东/中	东/东北	东/西	中/西	东北/西
2013	7.41	4.11	2.93	2.07	1.32	1.21	1.59	1.21	1.31
2014	8.65	4.86	3.43	2.39	1.31	1.22	1.58	1.21	1.30
2015	8.43	4.71	3.34	2.34	1.31	1.24	1.57	1.20	1.26
2016	9.46	5.23	3.71	2.60	1.31	1.26	1.56	1.19	1.24
2017	9.48	5.13	3.63	2.53	1.31	1.28	1.55	1.18	1.21
2018	9.29	4.92	3.42	2.32	1.31	1.30	1.55	1.18	1.19
2019	8.46	4.63	3.28	2.29	1.31	1.30	1.53	1.17	1.18
2020	8.23	4.46	3.14	2.22	1.31	1.28	1.51	1.15	1.18

续表

年份	五等份分组人均可支配收入比				地区间人均可支配收入比				
	高/低	中上/低	中间/低	中下/低	东/中	东/东北	东/西	中/西	东北/西
2021	8.87	4.77	3.41	2.39	1.32	1.29	1.51	1.14	1.17
2022	9.17	4.90	3.47	2.38	1.31	1.32	1.51	1.15	1.14
2023	9.52	4.94	3.51	2.44	1.31	1.33	1.50	1.15	1.13
2024	9.95	5.00	3.57	2.46					

从地区相对差距来看，地区间收入差距整体呈现收敛态势。东部、中部、西部和东北部地区农村居民可支配收入均得到较快增长，从 2020 年到 2023 年增幅分别为 26.41%、26.55%、26.93%和 22.42%，西部地区增幅最大。农村居民人均可支配收入的地区差异显著，东部地区与中部地区的比值基本稳定在 1.31，与西部地区的比值微降至 1.50，与东北地区的比值则微增至 1.33，中部地区与西部地区的比值基本稳定在 1.15，东北地区与西部地区的比值降至 1.13。

（五）农民工收入：农民工收入稳步提升，增速放缓

"十四五"时期，农民工月均收入总体呈现稳步上升态势，累计增长达 21.83%。截至 2024 年，农民工月均收入已接近 5000 元（为 4961 元），超出大多数地区第一档最低工资标准的一倍（仅广东和上海两地第一档月最低工资标准在 2500 元及以上，其他地区均低于 2500 元）。尽管收入总量持续增长，但增速较以往时期有所放缓。除 2020—2021 年受新冠疫情影响，农民工收入增长出现较大幅度波动之外，自 2022 年起，其余各年

份农民工收入增速基本稳定在3.5%—4.1%，明显低于"十三五"时期普遍超过6%的增长水平（见图4）。与此同时，农民工整体就业结构也发生一定变化。外出农民工总量持续回升，已超过新冠疫情前水平，但跨省流动农民工数量呈下降趋势，取而代之的是本地就业农民工数量的上升，其规模首次突破1.2亿人。这一变化反映出农民工就业半径正在缩小，区域内就业比例上升，也在一定程度上影响了收入增长的空间和速度。

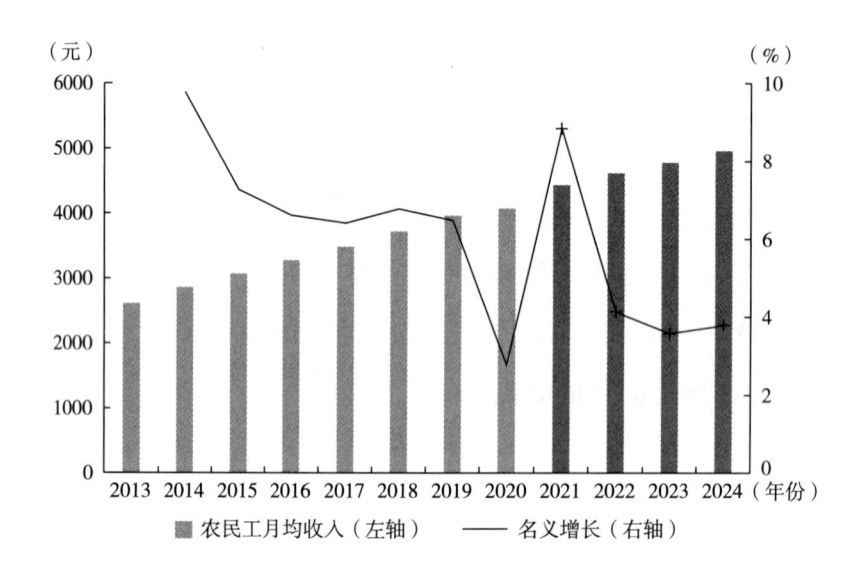

图4 农民工月均收入及变化

二 "十五五"时期农村居民收入预测与目标

"十五五"时期，科学预测农村居民收入水平，对于统筹推

"十五五"时期促进农民持续增收的主要难点与对策建议

进乡村振兴战略、优化资源配置、制定差异化政策路径，具有重要的现实意义和战略价值。本报告以 2024 年为基准年度，综合考虑宏观经济增长态势、农村居民收入增长的历史规律与未来发展目标等多重因素，结合多种发展情景，对"十五五"时期农村居民收入的变化趋势进行预测与分析。在此基础上，提出"十五五"时期农村居民收入增长的预期目标，为准确把握农村经济发展趋势和农民生活改善程度以及相关政策制定提供参考。

（一）"十五五"时期农村居民人均可支配收入预测的主要思路

对"十五五"时期农村居民可支配收入的预测，本报告主要考虑到中国宏观经济韧性支撑、历史收入增长惯性延续、发展目标刚性约束三个基础条件，并将其作为判断农村居民收入变化趋势的重要依据。

第一，国内生产总值（GDP）的稳定增长构成基础性支撑。数据显示，中国农村居民收入增速长期高于 GDP 增速，具体地，2015—2024 年农村居民收入年均实际增速 6.5%，显著高于同期 GDP 年均增速的 5.8%。根据政府工作报告设定的经济发展目标，2023—2025 年 GDP 预期增速连续三年锚定 5%，在"稳中求进、以进促稳"政策基调下，宏观经济环境的稳定将为农村收入增长提供持续动能。从农村居民收入增长与 GDP 增长的差异来看，过去十年间，农村居民人均收入年均增速比 GDP 年均增速高出约 0.7 个百分点；而在过去五年中，这一差值进一步扩大，农村居民收入年均增速比 GDP 高出约 1.4 个百分点。从差值变化的长期趋势来看（见图 5），预计在"十五五"时期，农村居民收入的年均增速将继续高于 GDP 增速，差距约为 1 个百分点。

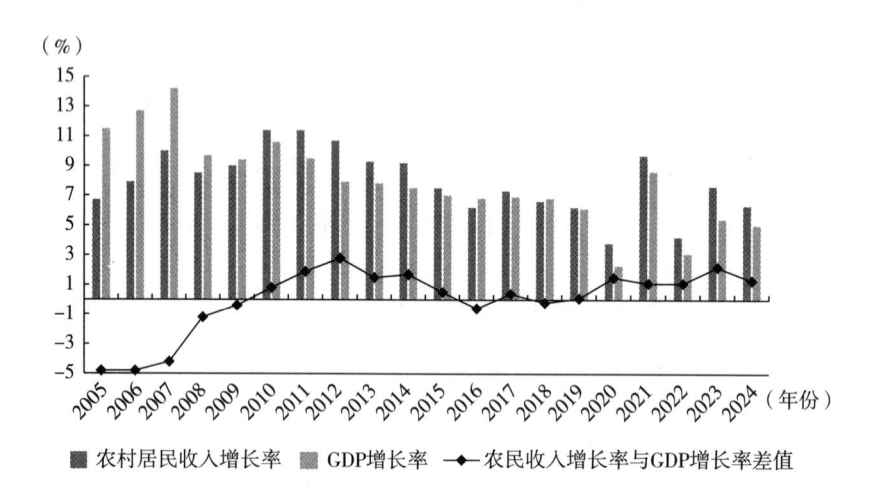

图 5　农村居民收入增长率与 GDP 增长率差值变化

第二，收入增速呈现周期性收敛特征。统计数据显示，"十三五"时期（2016—2020 年）农村居民人均可支配收入实际增速稳定在 6.2%—7.3%，呈现相对平稳的增长态势；2020—2022 年受新冠疫情影响，增速出现短期异常波动，但 2023 年已回升至 7.6%，基本恢复至疫情前水平。同时，"十五五"时期，随着农业现代化进程加速、乡村产业数字化转型深化，以及城乡要素流动制度性障碍的逐步破除，农村居民增收渠道将进一步拓宽。综合研判，在宏观经济增速换挡、政策红利持续释放的双重作用下，预计未来五年农村居民收入增速将回归 6.0%—7.5% 的区间，并呈现小幅波动、总体趋稳的运行特征。

第三，发展目标倒逼增长底线约束。为实现"到 2035 年人均收入较 2020 年翻一番"的目标,今后全国居民人均可支配收入需保持年均约 4.1% 的实际增速。考虑到宏观经济增速换挡存在压力（2024 年增长率降至 5%）及城乡收入差距仍处于较高水平（2023 年城乡收入比为 2.39∶1,2024 年进一步降至 2.34∶1）,农村居民收入增速需持续高于城镇居民 1.5 个至 2 个百分点,方能实现发展目标与公平目标的动态平衡。

（二）"十五五"时期农村居民人均可支配收入预测与目标

在上述背景判断的基础上,本报告认为农村居民可支配收入大体遵循稳定的增长趋势,在具体预测时,主要根据近年来农村居民人均可支配收入的总体变化幅度和趋势,来确立预测分析的基本参数值进而估算"十五五"时期的农村居民人均可支配收入值。

具体考虑了以下四种情形。情景一：根据近 5 年（2020—2024 年）的收入年均增长率来预测"十五五"时期收入增长率。情景二：考虑到新冠疫情期间,农村居民收入增长率出现较大的异常波动,剔除 2020—2022 年新冠疫情对收入的影响,选择 2017—2019 年和 2023—2024 年的收入年均增长率,来预测"十五五"时期年均收入增长率。情景三和情景四是基于 2017—2024 年时期剔除 2020—2022 年之后,选择年增长率最大值和最小值,来作为年均增长率,为预测"十五五"时期的农村居民人均可支配收入变化的区间提供参考。

将 2024 年农村居民收入数据作为基期值,根据以上四种情景的增长情况,对"十五五"时期农民收入水平的预测结果如

表2所示。根据情景一得出的年均增长率，农村居民人均可支配收入预计在2030年将达到33351元。在情景二下，剔除新冠疫情期间的波动，按照正常增长趋势计算预计2030年将达到34305元。在情景三和情景四下，按照最大增长率和最小增长率计算，预计将分别达到35879元和33168元。

表2 "十五五"时期农村居民收入水平预期年均增长率及预期值

指标	基期值 2024年（元）	情景一 增长率（%）	情景一 预测值（元）	情景二 增长率（%）	情景二 预测值（元）	情景三 增长率（%）	情景三 预测值（元）	情景四 增长率（%）	情景四 预测值（元）
人均可支配收入	23119	6.3	33351	6.8	34305	7.6	35879	6.2	33168
人均可支配收入中位数	19605	6.4	28434	7.4	30055	10.1	34921	4.6	25678
人均可支配工资性收入	9799	8.3	15775	8.7	16196	9.8	17171	6.9	14623
人均可支配经营净收入	7845	6.4	11367	6.5	11420	7.5	12107	5.6	10879
人均可支配财产净收入	580	9.0	971	9.6	1005	12.9	1201	6	823
人均可支配转移净收入	4895	8.2	7859	10.5	8920	12.9	10137	7.4	7512

注：表中"增长率"数值为保留一位小数的结果，"预测值"则根据增长率原值计算而得，因此按表中增长率数值计算得到的预测值与表中列出的预测值有轻微误差。

基于上述分析，农村居民人均可支配收入将保持6%—7%年均增速，该设定既符合历史趋势外推，也满足国家战略目标的刚性要求。"十五五"时期处于中国经济高质量发展的关键期，考虑到整体经济下行压力以及面对复杂多变的国内外环境，综合来看，本报告选取6.3%的年均收入增长率作为预测基准，将"十五五"时期（到2030年）农村居民人均可支配收入目标设定为33356元较为稳妥。

三 "十五五"时期促进农民收入增长面临的主要难点

2021—2024年,农民人均可支配收入的实际增速分别为9.7%、4.2%、7.6%和6.3%,较2019年之前时期增速波动较大。农民收入增速整体呈现放缓趋势,增长可持续性仍然面临挑战。"十五五"时期进一步促进农民收入增长主要面临以下难题:转移就业空间狭窄,农民工资性收入提升受限。农业生产经营效益不高,农民经营性收入增长乏力。农民财产性收入增长难度大,低收入群体收入滞后,不同群体之间收入差距加速分化。

(一)转移就业空间狭窄,农民工资性收入提升受限

农村居民的就业渠道有限、就业质量偏低,导致其工资性收入增长波动较大,增收基础有待加强。随着农村劳动力转移的深入推进,工资性收入已成为农村居民收入增长的重要来源,近五年平均每年新增收入中44.2%来自务工报酬,但受国内外复杂经济政治形势、国内经济下行压力以及就业环境趋紧等多重因素影响,农民工就业稳定性差、工资增长缓慢,工资性收入增长动力不足。一方面,工资性收入增速整体放缓,分布在第二产业就业的农民工比重总体呈下降趋势,相较"十三五"末期,"十四五"时期该比重降低了3.8个百分点,传统制造业和建筑业等产业吸纳农村劳动力的空间逐步收窄,部分地区产业结构单一、

岗位增长缓慢，农民外出就业机会减少。另一方面，农民整体劳动力素质不高，如老龄化加深、缺乏专业技能等，难以胜任高技术含量的工作，在新型服务业等非农领域就业竞争力有限。就业渠道狭窄与岗位不稳定并存，农民工主要依赖非正规网络获取季节性短期岗位，劳动合同签订率和社保参保率均低，职业晋升和收入增长受限，直接限制其工资收入水平的提升。

（二）农业生产经营效益不高，农民经营性收入增长乏力

农民经营净收入的贡献率总体呈现下降趋势，经营净收入的增长速度也相对低于其他收入来源。农业生产经营效益低下是当前制约农民经营性收入增长的核心瓶颈之一。一是农业经营效益低，种粮收益与成本倒挂，种粮净利润长期低于非农产业，保粮食安全与保农民收益难以协同。数据显示，2024年全国粮食单产虽增长了1.3%，但种粮亩均净利润不增反降，主产区普遍面临"粮财倒挂"困境，高产县往往成为"经济弱县、财政穷县"，粮食总产量占全国近80%的13个主产区（刘慧，2023），其财政负担与经济发展水平显著落后于主销区，凸显保粮食安全与保农民收益难以协同的结构性矛盾。生产成本攀升进一步压缩利润空间，化肥、农药等农资价格的上涨，叠加人工与土地租金成本增加，导致种粮实际收益被严重侵蚀，部分农户甚至陷入"增产不增收"的困境。二是农民在农业产业链中的弱势地位加剧了收益分配失衡。种子、农资等环节被上游企业垄断，下游加工、销售环节缺乏参与权，导致农民仅能获取初级产品收益，难以分享价值链增值红利。三是政策补偿机制尚未完全覆盖效益缺

口，中央财政转移支付虽向主产区倾斜，但单一纵向补偿难以对冲种粮机会成本，产销区横向利益补偿机制推进缓慢，进一步削弱了农民持续投入农业生产的积极性。

（三）农村闲置资产盘活难度大，农民财产收益渠道单一

数据显示，财产性收入对农村居民可支配收入的贡献率长期低位徘徊，近十年来均未突破3%，且增速呈波动下降趋势，与城镇居民财产性收入差距虽有所收窄，但截至2024年城乡居民财产性收入比仍高达9.4，凸显农村资产价值释放的深层体制障碍。这一问题的结构性根源主要体现在以下三方面：一是土地要素市场化改革推进迟缓，2023年农村土地流转率不足40%（人民网，2024），集体经营性建设用地入市改革进展滞后，导致土地作为核心资产难以实现市场化配置。二是农村金融配套机制发育不足，农民财产性收入构成高度依赖低效的传统渠道，以租金、土地出让收益及利息收入为主，而土地增值收益、资产资本化收入等现代财产性收入不足。三是农村资产价值实现路径受限，尽管农业农村部明确要求通过出租、入股、合作等方式盘活闲置资产，但实践中权属不清、用途管制与市场机制缺位等问题交织，使用权抵押、入股等资本化渠道难以推广，全国性改革尚未形成系统性突破。加之缺乏统一的资产估值体系，农房租赁价格波动较大，闲置资产流转受阻，农村资产要素的增收潜能尚待被有效激活。

（四）农村低收入群体增收滞后，群体差距加速分化

中国农村居民内部收入差距呈现系统性扩大趋势。"十三五"末期高收入组与低收入组收入比值为8.23，至2024年增至9.95，年均扩大幅度达0.43；同期高收入组与中间偏下组、中间组、中间偏上组的收入比值分别由3.71、2.62、1.84上升至4.05、2.78、1.99，表明各组收入差距总体呈现扩张特征。这一分化态势在增速层面更为显著（见表3），2021—2024年高收入组人均可支配收入年均增长8.7%，而低收入组仅3.7%，前者增速达后者的2.35倍。特别是2024年，高收入组以7.3%的增速持续领跑，低收入组增速却骤降至2.8%，存在明显的"马太效应"。

表3　　农村居民人均可支配收入及增长情况

年份	低收入组 收入（元）	比上年增长（%）	中间偏下收入组 收入（元）	比上年增长（%）	中间收入组 收入（元）	比上年增长（%）	中间偏上收入组 收入（元）	比上年增长（%）	高收入组 收入（元）	比上年增长（%）
2016	3006	-2.6	7828	8.4	11159	8.2	15727	8.2	28448	9.4
2017	3302	9.8	8349	6.7	11978	7.3	16944	7.7	31299	10.0
2018	3666	11.0	8508	1.9	12530	4.6	18051	6.5	34043	8.8
2019	4263	16.3	9754	14.6	13984	11.6	19732	9.3	36049	5.9
2020	4681	9.8	10392	6.5	14712	5.2	20884	5.8	38520	6.9
2021	4856	3.7	11586	11.5	16546	12.5	23167	10.9	43082	11.8
2022	5025	3.5	11965	3.3	17451	5.5	24646	6.4	46075	6.9
2023	5264	4.8	12864	7.5	18479	5.9	25981	5.4	50136	8.8
2024	5410	2.8	13298	3.4	19337	4.6	27060	4.2	53805	7.3

四 "十五五"时期促进农民收入增长的总体思路

"十五五"时期为促进农民收入持续性增长,在总体思路上要遵循以新质生产力驱动农村产业升级,以城乡融合拓宽增收渠道,以深化改革释放农村要素红利,以底线思维筑牢增收保障。

(一) 以新质生产力驱动农村产业升级

新质生产力的培育是重构农民收入增长动能的核心路径,旨在通过技术革新、要素重组与模式创新,推动农业从传统低效模式向现代化、高附加值产业转型。以数字技术全面渗透农业生产体系,通过智慧农业基础设施建设和数据要素赋能,系统性提升农业全要素生产率,降低生产成本、优化资源配置效率,重塑农业经营性收入的增长空间。以科技创新重构农业产业链价值分配机制,推动农产品从初级生产向精深加工、品牌化运营跃升,通过价值链延伸和利益联结机制优化,确保农民共享产业链增值红利。以业态融合激活农村资源多元价值,依托"农业+"模式创新,发展电商、康养、文旅等新业态,催生出云上农场、直播营销等乡村新职业,拓宽非农收入中的本土化就业创业渠道,降低对外出务工的单一依赖。以绿色转型培育可持续生产力,通过生态产品价值实现机制,将农业的生态功能转化为可量化收益,构建与自然资源禀赋深度绑定的长效增收机制。这一系统性变革不仅能够提升农业内生竞争力,更能通过技术扩散与产业升级的协同效应,推动农民收入结构从"外源输血"向"内生造血"转型，为破解增收动能失衡提供根本性支撑。

（二）以城乡融合拓宽增收渠道

城乡融合是破解农民增收渠道单一、优化收入结构的战略支点，其核心在于通过空间重构、要素重组与功能重塑，打通城乡资源双向流动通道，推动农民收入来源从"被动依附"向"主动创造"转型。一是以县域经济为载体构建城乡产业协同网络，通过特色产业集群培育和产业链城乡分工优化，引导城市资本、技术下沉与农村资源禀赋对接，打造"县城+乡镇+村庄"三级产业联动体系，为农民创造就近就业与创业机会。二是以要素市场化改革激活城乡资源潜能，破除土地、人才、数据等要素流动壁垒，建立城乡统一的要素交易平台与利益共享机制，推动农民土地经营权入股、宅基地使用权流转等资产资本化路径，拓宽财产性收入增长空间。三是以返乡创业为纽带培育本土化增收主体，通过政策引导、金融支持与能力建设，激活乡土人才资源，推动农民工从"外出务工者"向"乡村创客"转型，带动技术、理念与市场需求反哺农村。四是以公共服务均等化夯实融合基础，通过教育、医疗等优质资源城乡共享，降低农民市民化成本，促进人力资本积累与就业质量提升。通过城乡功能互补与价值循环，推动工资性收入从低端劳务输出向技能型就业升级，经营性收入从传统种养向多元业态拓展，最终实现增收动能的自主性与可持续性。

（三）以深化改革释放农村要素红利

农村要素潜能释放是破解农民财产性收入短板、重构增收动能的重要突破口，通过制度创新与市场化配置，将长期沉淀的土地、生态与集体资产转化为可量化、可交易的资本要素，培育增收新增长极。一是以产权明晰化改革激活要素流动性，深化农村土地"三权"分置制度实践，推动集体经营性建设用地入市、宅基地使用权流转等机制突破，建立城乡统一的要素确权登记与交易体系，破解"有资源无资产"的产权困境。二是以市场化定价机制释放要素资本价值，构建覆盖土地经营权、林权、碳汇等多元要素的价值评估与交易平台，探索资产证券化、信托化等金融工具创新，推动农民从"资源占有者"向"资本所有者"转型。三是以生态资源价值实现机制重构要素收益格局，通过生态产品经营开发、碳汇交易、生态补偿等路径，将山水林田湖草沙等自然资本转化为可分配收益，构建"保护者受益、使用者付费"的可持续分配模式。四是以集体资产收益共享机制强化要素转化效能，推进农村集体产权制度改革，完善成员权量化、股权流转与分红制度，确保农民实质性参与要素增值分配。通过要素权能解放与价值显化，推动财产性收入从"边缘补充"向"支柱来源"跃升，为农民增收注入制度性、长效性动力。

（四）以底线思维筑牢增收保障

底线思维是农民增收战略的稳定基石，通过构建风险防控与兜底保障并重的安全网体系，确保增收成果普惠共享，防止群体性返贫与系统性风险。通过动态监测精准识别风险，织密返贫预警网络，运用大数据追踪与多维度评估，精准识别低收入群体、脆弱家庭等特殊对象的致贫返贫风险，建立"监测—预警—干预—反馈"的闭环管理体系，实现风险早发现、早介入。依托分层保障强化兜底效能，完善农村低保、特困供养等基础保障制度的同时，创新开发式帮扶与预防性措施，通过技能培训、公益岗位开发等增强内生发展能力，阻断贫困代际传递。借助政策协同提升保障韧性，推动社会保障政策与产业、就业、金融等增收政策有机衔接，确保弱势群体在参与产业升级、要素改革过程中获得风险对冲与权益保护，实现增收与防贫的有机统一。通过应急响应化解突发冲击，针对自然灾害、市场波动等外部风险，建立专项救助基金与保险补偿机制，防止短期冲击演变为长期贫困。通过"防""保""促"三重联动，既守住不发生规模性返贫底线，又为其他增收策略的实施提供安全缓冲，确保全体农民共享发展红利，实现增收进程的公平性与可持续性。

五 "十五五"时期促进农民收入增长的政策建议

"十五五"时期，要从收入来源的各个方面，稳步提升农民的经营净收入、工资性收入、财产净收入及转移净收入，多措并举全面促进农村居民可支配收入的持续增长，推动共同富裕目标的实现，让改革发展成果更充分地惠及广大农村居民。

（一）提高农业产业链综合效益，增强农民经营性收入增长动能

以农业现代化为引领，通过技术创新、品牌升级与制度保障协同发力，系统性破解农业生产效率低、产业链附加值弱、市场风险大的核心矛盾，构建可持续的农民经营性增收长效机制。一

是推动智慧农业技术集成应用，建设国家级智慧农业示范基地，推广精准播种、智能灌溉、无人机植保等关键技术装备，打造全流程数字化生产体系，降低资源消耗与生产成本，提升全要素生产率。同步构建覆盖生产、流通、消费的农业大数据平台，强化市场供需分析与风险预警能力，动态优化区域种植结构，有效规避"增产不增收"困境。二是实施农业品牌战略升级行动，建立"区域公用品牌+企业子品牌"双轨体系，推进地理标志产品标准化认证与国际市场准入，健全品牌授权管理与增值反哺机制，推动农产品从低端同质化竞争向高品质差异化供给转型，充分释放品牌溢价效应。三是加大强农惠农富农政策力度，稳定和完善农业补贴政策，如种粮补贴、农机购置补贴等，提高补贴精准度和效率。完善农业支持保护政策体系，深化粮食价格形成机制与生产者补贴联动改革，创新社会化服务供给模式，发展覆盖全产业链的农业保险产品，构建政府引导、市场主导、农户参与的多层次风险对冲机制，稳定经营主体收益预期，为农民经营性收入增长注入持久动能。

（二）发展县域特色经济，带动农民高质量就业创业

以县域为城乡融合发展关键节点，通过要素集聚、产业升级与机制创新协同发力，破解农村就业岗位不足、增收渠道单一、要素配置低效等难题，构建"以产兴城、以城带乡"的可持续发展格局。一是推动特色产业全域布局，立足县域资源禀赋培育乡村旅游、精深加工、数字商贸三大融合型主导产业，建设"县城总部+乡镇车间+村级站点"三级产业网络。支持利用闲置集体资产建设冷链仓储、电商直播基地等基础设施，打造"一

村一工坊"特色制造单元，推动农产品从初级生产向预制菜、非遗文创等高附加值领域延伸。构建农产品电商服务体系，培育乡土直播人才梯队，发展订单农业、云上认养等新业态，实现"田间直达餐桌"的短链化流通。二是创新联农带农利益共享机制，把产业增值收益更多留在农村、留给农民。深化"龙头企业+合作社+农户"股权化合作模式，推行土地经营权入股、资产托管运营、二次利润返还等多元化联结方式，建立产业链增值收益向农户倾斜的分配制度。强化政策激励导向，对积极带动小农户的经营主体给予信贷额度、税收优惠等定向支持。三是建立县域技能培训与岗位需求动态匹配机制，围绕主导产业开设定制化课程，培育"乡村工匠""田秀才"等本土人才梯队，推动农民工从低端劳务输出向技能型创业转型，形成"产业吸附就业、就业反哺产业"的良性循环。

（三）深化农村要素市场化改革，健全农民财产权益的制度保障

深化农村要素市场化改革，聚焦产权制度创新与资产价值激活双轮驱动，系统性激活农村"沉睡资产"，为农民财产性收入增长注入可持续动力。一是深化农村产权"三权"分置改革，加快宅基地使用权、集体经营性建设用地入市试点扩面，建立城乡统一产权交易平台，因地制宜探索农户以土地经营权、闲置农房等资产折价入股县域产业项目，推动"资源变资产、农民变股东"。二是创新生态资源价值转化机制，制定农业碳汇计量标准与交易规则，支持农民通过林地碳汇、农田固碳等生态服务获取市场化收益，探索"生态银行"区域性运营模式，将生态保

护成效转化为可量化财产性收入。三是构建新型集体经济收益共享体系，推广"强村公司+专业合作社"混合所有制模式，引导村集体整合零散资源对接市场需求，发展农产品冷链仓储、乡村旅游物业等经营性资产，建立"保底分红+绩效奖励"分配机制，确保农户最低收益基础上按股共享增值红利。同步完善风险防控体系，设立农村产权交易风险补偿基金，健全集体资产数字化监管平台，保障农民合法权益。

（四）建立分层分类常态化帮扶体系，夯实农村低收入群体内生发展基础

加强农村低收入人口常态化帮扶，构建"智能监测+精准施策+长效赋能"三位一体的治理体系。一是深化防返贫动态监测机制智能化转型，整合医疗、教育、民政等多部门数据流，建立"风险因子图谱"，通过机器学习预判因病、因灾等类型返贫风险，实现风险预警与帮扶措施的智能匹配。二是实施分类精准帮扶策略。对有劳动能力群体，重点发展庭院经济与县域产业集群协同模式，推广"家庭工坊+龙头企业"产业链，通过"技能银行"积分制度激发就业意愿；对弱劳动能力者，建立县域公益岗位动态储备库，实施弹性工时与阶梯薪酬制度。三是创新东西部协作"振兴车间"模式，推动东部数字服务企业在西部建设"云端产业园"，推动东部产业园区在脱贫县设立分厂区，梯度转移数据标注、轻工组装等适配性产业环节。

参考文献

杜志雄：《持续推动农民增收的几点思考》，《中国人口科学》2024 第

1期。

黄季焜：《加快农村经济转型，促进农民增收和实现共同富裕》，《农业经济问题》2022年第7期。

姜长云等：《当前促进农民增收的问题、思路和对策研究》，《山西农业大学学报（社会科学版）》2023年第3期。

李实：《多措并举促进农民收入增长》，《中国农村经济》2024年第1期。

谭清香等：《共同富裕视角下低收入人口界定、测算及特征分析》，《农业经济问题》2023年第10期。

涂圣伟：《面向共同富裕的农民增收长效机制构建》，《改革》2023第4期。

汪为、万广华：《促进农民持续增收：主要瓶颈、实现路径与政策优化》，《中州学刊》2024年第2期。

杨学儒、王少妆：《特色农业发展的县域共同富裕效应》，《中国农村经济》2025年第3期。

张磊等：《数字乡村建设、产业振兴与农户收入提升》，《财经研究》2025年3月21日（网络首发）。

朱晶、李天祥：《农民增收入：多措并举促进农民持续增收的路径研究》，《学习与探索》2025年第2期。

刘慧：《探索粮食产销区省际横向补偿》，《经济日报》2023年12月21日。

《农业农村部：去年农业保险整体赔付1100多亿为种粮农民提供"定心丸"》，人民网，http://finance.people.com.cn/n1/2024/0531/c1004-40247925.html，2024年5月31日。

"十五五"时期新型农村集体经济发展思路与路径

赵 黎[*]

摘　要： 新型农村集体经济是实现农民农村共同富裕的重要途径，也是推动农业农村现代化的重要支撑。"十四五"时期，在稳步推进农村集体产权制度改革的同时，发展新型农村集体经济在强化制度建设、明晰集体资产权属、推动要素市场化配置、盘活农村集体资产、提高内生供给能力等方面，取得了阶段性成效。以新质生产力为驱动，全面提升新型农村集体经济发展质量，让农民更多分享改革红利，是"十五五"时期发展新型农村集体经济的政策取向。当前，新型农村集体经济在制度供给、要素动能、运行机制等方面仍然存在很大的改进空间。在新的五年征程即将开启之际，基于"十四五"时期新型农村集体经济发展成效，应以巩固和完善农村基本经营制度为支点，以发展新质生产力为牵引，以促进农民农村共同富裕为目标，在发挥集体经济制度优势的同时，推动新型农村集体经济高质量发展。

---

[*] 赵黎，社会科学博士，中国社会科学院农村发展研究所副研究员，主要研究方向为农村组织与制度、社会治理、合作经济。

关键词：新型农村集体经济；新质生产力；顶层设计；机制创新；制度优势

Development Strategies for New Rural Collective Economy in the 15th Five-Year Period

Zhao Li

Abstract：Developing a new rural collective economy is an important way to achieve common prosperity for farmers in rural areas and a crucial support for promoting the modernization of agriculture and rural areas. During the 14th Five-Year period, in the process of steadily advancing rural collective property rights system reforms, the development of the new rural collective economy has achieved phased results in strengthening institutional construction, clarifying the ownership of collective assets, promoting the market-oriented allocation of production factors, revitalizing rural collective assets, and improving endogenous supply capabilities. Driving new rural collective economy with new-quality productivity to comprehensively enhance its development quality and allow farmers to share more reform dividends is expected to be the policy orientation in the 15th Five-Year period. Significant room for improvement remains in empowering new rural collective economy with new-quality productivity in terms of institutional supply, factor kinetics and operational mechanisms. Facing the start of the new five-year journey, based on the achievements of new rural collective economy during the 14th Five-Year period, it would be necessary to promote high-quality development of new rural collective economy empowered by new-quality productivity, while consolidating and improving the basic rural operation system, promoting common prosperity for farmers in rural areas, as well as leveraging the institutional advantages of the collective economy.

Key Words: New Rural Collective Economy; New-Quality Productivity; Top-Level Design; Mechanism Innovation; Institutional Advantage

在开启全面建设社会主义现代化国家的新征程中，发展农村集体经济处于重要战略机遇期。"十四五"时期规划《中华人民共和国国民经济和社会发展第十四个五年规划和2035年远景目标纲要》提出，"深化农村集体产权制度改革，完善产权权能，将经营性资产量化到集体经济组织成员，发展壮大新型农村集体经济"。2024年是"十四五"时期规划目标完成的关键之年，也是"十五五"时期规划部署之年。本报告基于"十四五"时期新型农村集体经济发展成效与面临的挑战，探讨"十五五"时期推动新型农村集体经济发展思路，并从制度顶层设计、要素动能转化、运行机制创新等方面，提出进一步深化改革，发挥集体经济制度优势，推动符合新质生产力发展要求的新型农村集体经济高质量发展的实施路径。

一 "十四五"时期新型农村集体经济发展现状

新型农村集体经济是实现农民农村共同富裕的重要途径，也是推动农业农村现代化的重要支撑。在2021年农村集体产权制度改革阶段性任务基本完成后，探讨进一步深化改革、全面提升集体经济发展质量成为"十四五"时期的发展目标。五年来，农村基本经营制度进一步巩固完善，农村土地制度改革和农村集体产权制度改革取得突破性进展。作为农村改革的一项核心内容和重要组成部分，农村集体产权制度改革不仅在宏观上夯实了集体经济发展基础，推动了集体经济向新型化、现代化、高质化发展，增强了集体经济发展活力，而且在微观上通过支持因地制宜探索集体经济有效实现形式，催生与激活了一批具有创新力和竞争力、可以有效参与市场经济的集体经济组织，优化了农村基层组织架构，为推动集体经济高质量发展奠定了坚实基础。在稳步推进农村集体产权制度改革的同时，发展新型农村集体经济取得了阶段性成效，这些成就标志着农业农村发展实现新的跨越。

第一，强化制度建设，为新型农村集体经济高质量发展提供了有力保障。"十四五"时期，中央与地方展开了一系列制度设计与政策部署工作，以发展新型农村集体经济为着力点推进农民农村共同富裕已经成为国家共识和政策指向。从2021年开始，连续5年中央一号文件都提到"新型农村集体经济"发展，明确要求从"巩固提升农村集体产权制度改革成果"到"深化农村集体产权制度改革"。2023年中央一号文件对新型农村集体经济是什么以及如何发展作出了明确规定,2024年中央一号文件和党的二十届三中全会《中共中央关于进一步全面深化改革、推进中国式现代化的决定》(以下简称《决定》)也对发展新型农村集体经济作出了有力部署。2024年第十四届全国人民代表大会常务委员会第十次会议通过《中华人民共和国农村集体经济组织法》(以下简称《农村集体经济组织法》),为新型农村集体经济运行管理以及政府在财政、税收、金融等方面的政策支持,进一步提供了法律依据。在此背景下,新型农村集体经济被赋予了前所未有的历史使命。江苏、广东、上海等地相继出台了促进新型农村集体经济高质量发展的地方性政策,并对集体财产经营管理和收益分配,以及探索多样化途径发展新型农村集体经济作出了相应规定。其中,《广东省新型农村集体经济发展促进条例》,是全国第一部专门促进新型农村集体经济发展的省级地方性法规[①]。

第二,明晰集体资产权属,为集体经济发展奠定基础。推进农村集体产权制度改革以来,全国各地有序推进清产核资和集体经济组织成员身份确认,规范集体经营性资产股权设置,按照资源性资产、经营性资产和非经营性资产三个类别,全面清查核实各类集体资产,建立集体资产管理台账,理顺乡(镇、办事处)、村、组三级集体资产的权属关系。根据农业农村部统计,从2020年底到2023年底,全国以村为单位完成经营性资产股份合作制改革的村从53.1万个继续增加到55.9万个,增长了

[①] 该条例由广东省十四届人大常委会第十三次会议于2024年11月28日审议通过,自2025年5月1日起施行。

5.3%；村级确认集体经济组织成员数从8.8亿人增加到9.3亿人，增长了5.7%（农业农村部政策与改革司，2021；2024）。

此外，"十四五"时期，全国通过建立帮扶机制、激励机制和保障机制，从组织、资金和人才等方面加大支持和扶持力度，集体资产总额持续增长，经营性资产规模保持稳定，集体经济空壳村、薄弱村有效减少。统计数据显示，2020年底到2023年底，全国乡、村、组三级集体资产总额从7.7万亿元增加到9.6万亿元；其中，经营性资产从3.5万亿元增加到4.3万亿元，在资产总额中占比维持在45%左右。2021年，国务院印发《"十四五"时期推进农业农村现代化规划》，将年集体收益5万元以上的村庄占比到2025年达到60%列为"十四五"时期推进农业农村现代化的主要预期性指标之一（中华人民共和国中央人民政府网，2022）。统计数据显示，2022年，经营收益5万元以上的村占比达60.3%（农业农村部政策与改革司，2023），该指标已经提前实现。

第三，推动要素市场化配置，赋予了农民对集体资产股份权能。在推动要素市场化配置方面，一些地区通过要素产权交易、要素抵押融资等方式，探索农村产权交易中心、林权交易中心、碳汇交易中心等农村要素市场的新做法、新模式，积累了有益经验，推动农村资源资产盘活。随着农村集体产权制度改革工作的深入推进，不同地区在实现农村集体产权关系清晰的基础上，赋予了农民对集体资产更加完整的权能。除了赋予农民对集体资产股份占有与收益权，一些地区积极探索农民对集体资产股份有偿退出和股份抵押与担保贷款的实现方式。当前，各地对农民持有的集体资产股份有偿退出的探索，没有突破本集体经济组织的范围，以集体内部转让或由本集体赎回为主。此外，在对农民持有集体资产股份继承方面，一些改革试点地区制定了相应的办法，有待实质性地开展探索与实践。

第四，盘活农村集体资产，增强了集体经济发展活力。在地方实践中，集体经济组织因地制宜，在盘活资源要素、发展经营型集体经济和服务型集体经济等方面积极探索发展集体经济的有效途径。浙江省推广委托流转、整畈流转以及承包地经营权产业化入股等，鼓励引导承包方将其土地经营权委托给村集体进行整村、整畈统一流转，后者委托强村公司、国有平台等，以强村公司联动"飞地抱团""片区组团"等方式，带动发展农村公共服务、基础设施、社会福利等公益事业；打造全省一体连通的农村产权流转交易体系，开展农村产权交易市场规范化建设试点，推动集体资产保值增值。嘉兴市聚焦农民共富行动，统筹推进乡村建设与乡村经营，依托新型农村集体经济培育发展休闲农业、餐饮民宿、农事体验、研学科普、电子商务等新业态，推动"美丽乡村"向"美丽经济"转化；支持以国有企业、集体企业、村集体以及农户（含低收入农户）等为主体组建共富联合体，在符合规划的前提下，鼓励建设投资规模适度、见效快、风险低的共富大棚、共富工坊、共富菜园等共富产业发展项目，并对符合要求的村集体给予财政补助。

山东省聚力实施强村共富专项行动，探索开展村党组织"跨村联建"，以党组织联建带动区域内村庄资源整合、优势叠加、产业联育，通过资产资源的盘活利用，村均年集体增收0.85万元。淄博市配套实施"村村都有好项目"计划，针对经济发展相对薄弱村，鼓励发展小而精、短平快、风险小、收益稳的项目，形成稳定的经营性收入来源；针对集体经济强村，探索"飞地经济"、强村公司等多种发展模式，结合村情实际发展增收项目，在切实保障项目收益的基础上进一步做大做强。由此，该计划带动全市村集体经济收入全部突破10万元，村集体收入20万元以上村、50万元以上村分别突破80%和40%。此外，一些地区先行试点，实行集体经济组织承接政府公益类服务项目发展服务型集体经济。实践表明，综合利用集体资源、资金和资产"三资"，以项目投资、合股联营、股份合作、组合发展等方式发展集体经济，已成为深化农村改革的重要内容。

第五，提高内生供给能力，为农民提供公共服务、就业创业等方面创造了有利条件。近年来，在政府奖补等财政支持和转移支付下，农村集体经济不断发展壮大，农村公共品供给能力日益增强。2020年，全国村集体经济组织承担的公共性支出（包括公益性基础设施支出和公共服务费用）约1200亿元。公益性支出在改善农村人居环境、扶贫济困、提升村民福祉等方面发挥了重要作用（陈锡文，2022）。

近年来，在农村集体经济组织公共性支出结构中，用于村级公益性基础设施建设投入占比逐步减少，而用于公共服务支出占比则不断增加。统计数据显示，2020年底到2023年底，用于村级公益性基础设施建设投入占比从65.5%降低到57.4%，而用于公共服务支出占比从17.7%增长到28.3%，增加了10.6个百分点。究其原因：一方面，随着农村基础设施建设取得显著成效，基础设施在农村的覆盖率大幅提升，后续的建设投入需求相对减少，而用于公益设施维护而所需的劳务费用支出相对增加；此外，很多基础设施建设项目由政府直接投资或通过专项补贴完成，使集体经济组织可以将更多资金用于公共服务领域。另一方面，随着农村居民生活水平的提高，对医疗、养老、教育等公共服务需求也不断增加；在促进基本公共服务均等化、实现城乡基本公共服务普惠共享的政策话语下，推动农村集体经济组织投入更多资金满足农村居民基本公共服务需求，提高基本公共服务的可及性与获取能力，正是改革发展成果共享、实现共同富裕的有力体现。正因如此，新型农村集体经济在提高农民生活质量、促进农民农村共同富裕上发挥了积极作用。以农村集体经济为基础提高内生供给能力，将为重塑乡村治理模式、提升乡村治理水平提供有效支撑。此外，集体经济组织通过有效盘活集体"三资"，推动和支持村民参与发展乡村旅游、休闲农业、生态观光、农事体验、创意农业等乡村新产业新业态，在增加村集体经济收入的同时，实现了农村低收入群体、返乡入乡人员稳定就业。

二 当前新型农村集体经济发展面临的主要挑战

在农村集体产权制度改革阶段性任务基本完成后，推动新型农村集体经济高质量发展成为重点。新型农村集体经济高质量发展，既是农村集体产权制度改革不断推进的结果，也对进一步深化农村集体产权制度改革提出了新要求。推进农村集体产权制度改革以来，虽然新型农村集体经济发展模式和运行机制不断创新，但仍存在很大改进空间，阻碍了集体经济高质量发展和集体经济结构的转型升级。在进一步深化改革、发展农业新质生产力体制机制背景下，发展新型农村集体经济在制度供给、要素动能、运行机制等方面仍然存在很大的改进空间。

（一）新型农村集体经济高质量发展的制度供给仍需优化

推动新型农村集体经济高质量发展的关键在于如何理解并发挥新型农村集体经济的制度优势和竞争优势，实现集体经济现代化转型，促进乡村振兴和农民农村共同富裕。这主要涉及三对基本关系，即集体与成员的关系、集体经济与市场经济的关系以及集体经济组织与其他村级组织的关系。当前，上述三对基本关系方面都存在若干制度性掣肘，难以满足新型农村集体经济高质量发展的要求。

第一，集体与成员的关系。根据《农村集体经济组织法》对确认集体组织成员的身份和资格的规定，"户籍在或者曾经在农村集体经济组织并与农村集体经济组织形成稳定的权利义务关系，以农村集体经济组织成员集体所有的土地等财产为基本生活保障的居民，为农村集体经济组织成员"。这为认定成员资格提供了多元要素适用的问题，但也存在各要素的内涵不清、综合考量各要素的规则不明、特殊情形中成员资格认定的标准模糊、集体经济组织对成员资格认定的自治内容与程序有待廓清等局限（高圣平，2025）。成员资格认定、股权设置等方面存在的潜在分歧与复杂性，容易影响组织的稳定性和决策效率。实践中，仍然存在与农村集体经济组织成员身份、进城落户农民权益保障等问题相关的法律纷争。

第二，集体经济与市场经济的关系。如何盘活农村集体资产，提高"三权"分置制度的市场效率，增强农村集体经济组织的市场竞争力和多元发展能力，实现集体经济与市场经济的兼容，仍是探索新型农村集体经济高质量发展的重要课题。《中华人民共和国民法典》将集体经济组织归入特别法人类别，而《中华人民共和国市场主体登记管理条例》并未赋予集体经济组织市场主体地位。《农村集体经济组织法》中关于农村集体经济组织取得特别法人资格并依法出资设立或参与设立市场主体的规定，虽然为农村集体经济发展提供了法律保障，但也带来了一些新问题。由于农村集体经济组织具有社区性、地域性和封闭性等特点，农村土地、劳动力资源以及集体与农户的资产难以完全市场化，其合法性和市场认可度仍然较低。由于集体经济组织不适用有关破产法律的规定，集体资产不能用于清偿债务，这容易限制农村集体经济组织在市场中的融资能力和投资规模。

第三，集体经济组织与其他村级组织的关系。农村集体产权制度改革后，多数地区借鉴现代企业法人治理结构，积极构建集体经济组织治理架构。但从实践效果来看，由于农村集体经济组织的内部治理机制不够完善，缺乏有效的决策、监督和激励机制，新型农村集体经济组织与不同性质的村级组织权能关系仍不清晰，管理和运行方式并未发生实质性变化（赵黎，2024）。基于《农村集体经济组织法》的法人治理结构仍有诸多阐释之处，内部权力机构、执行机构和监督机构之间的权责关系仍需明晰（单平基，2025），新型农村集体经济组织的治理机制难以适应市场竞争和新质生产力的发展要求。

（二）新型农村集体经济高质量发展的要素动能尚需转化

党的二十届三中全会《决定》要求健全因地制宜发展新质生产力体制机制，提出"催生新产业、新模式、新动能，发展以高技术、高效能、高质量为特征的生产力"。相较传统生产力，新质生产力是以创新为主导，具有高科技、高效能、高质量特征，代表先进生产力的发展方向，是推动新型农村集体经济高质量发展的动力源泉。在新的历史发展阶段，需要发展以劳动者、劳动资料、劳动对象及其优化组合的跃升为基本内涵的新质生产力。在实践中，新质生产力赋能新型农村集体经济高质量发展在劳动者、劳动资料和劳动对象的优化升级等方面，都面临较大挑战，亟须相关配套政策的跟进与完善。

第一，新质生产力赋能农村集体经济涉及科技创新、信息技术、产业发展等多个维度，需要有专业知识和技能的人才来推动。广大农民是新质生产力赋能新型农村集体经济发展的主体。当前，农村地区普遍缺乏高素质的劳动者和专业技能人才，农业劳动者仍以小农业和小规模农户为主，大多难以充分利用现代农业技术或现代高端先进设备。2022年，中国第一产业劳动生产率仅为全社会劳动生产率的30.3%（姜长云，2024）。囿于农村劳动力综合素质水平，支撑新质生产力发展的新型农民队伍尚未形成，集体经济组织缺乏有效的人力资源供给是当前集体经济发展面临的普遍性问题。人力资源供给不足导致新型农村集体经济在发展过程中，及时应用数字技术、智能装备等新质生产力要素、有效开发信息资源并利用数据资源等方面相对滞后，这阻碍了科技创新成果在发展农村集体经济中的推广和运用，不利于推动科技创新与产业发展相结合。此外，由于缺少专业知识和技能，集体经济组织带头人市场竞争意识与风险承受能力有限，无法有效整合和利用各种资源，也难以适应新质生产力对生产要素及其优化组合的跃升需求。

第二，劳动资料和劳动对象的优化升级难以实现，很大程度上阻碍了新质生产力赋能农村集体经济高质量发展。当前发展新型农村集体经济涉及的劳动资料往往以传统生产工具和传统要素投入为主，劳动、资本、土地、技术等传统生产要素尚未与数据等非实体形态的新型生产要素形成有效融合，农业生产要素针对性配置和创新配置不足，与劳动、技术等要素相比，农村集体资产由于难以真正成为市场要素，容易发生要素和制度的错配，不利于要素优化组合和集成创新的新质生产力的形成与发展（黄祖辉，2025）。此外，数据要素是新质生产力发展的新动能。随着科学技术的飞速发展，数智化成为发展农业新质生产力、推动农业农村现代化的关键驱动力。然而，当前发展经营型集体经济主要以物业租赁为主，发展服务型集体经济又大多以传统种养业为主（赵黎，2024）。由于农村地区在数字技术、智能装备等新质生产力要素的应用方面相对滞后，推动符合新质生产力要求的新型农村集体经济产业转型以及劳动资料和劳动对象的优化升级，任重道远。

第三，新质生产力赋能农村集体经济高质量发展是一个涉及多部门、多领域的系统工程。"十四五"时期，中国已经出台了一系列支持农村集体经济发展的政策，不同地区也开始依托资源禀赋优势和不同部门的政府扶持政策，尝试探索多元化的农村集体经济发展模式，农村集体经济发展呈现出多种多样的实现形式和经营形态，市场需求也逐渐扩大和延伸。虽然《农村集体经济组织法》为农村集体经济组织提供了法律依据，但相关的配套政策和细则仍有待完善，针对新质生产力赋能农村集体经济发展的特定政策尚需明晰，加强支持新产业、新业态、新模式发展的制度性供给需要进一步明确和细化。

（三）新型农村集体经济高质量发展的运行机制仍待完善

新型农村集体经济高质量发展是更有利于促进农民农村共同富裕的集体经济发展模式与运行机制，其不仅涉及经济问题，更涉及社会问题和治理问题。其中，在建立健全新型农村集体经济组织利益联结机制和农村集体"三资"监管服务机制方面，存在的问题仍较为突出。

在新型农村集体经济组织利益联结机制上，健全完善收益分配制度是发展新型农村集体经济的保障，着力点是强化内部少数人和社会资本控制、侵占集体资产的风险防范。然而，研究发现，一方面，在集体经济组织与其他村级组织职能交织的情况下，集体经济组织的经营管理和组织、人事权往往由村集体一把手行使。农村集体资产管理中存在管理者"偷懒""越位"等现象，容易引发农村集体资产流失或低效利用等问题。另一方面，如何评估农村集体"三资"价值，是形成集体经济与社会资本之间公平合理的收益分配关系的基础。当前，农村集体"三资"品类繁多，部分仍以台账形式存在，缺乏必要的市场评估手段，而农村集体经济组织以农民集体所有的资源性资产和集体资产入股新型农业经营主体形成混合所有制经济的实践越来越普遍。当前，各地对于村集体和农民入股的各类资源资产的价值评估，主要采取相关利益主体协商的办法。这种做法简单便捷、成本较低，但不够规范。一些地方为了吸引经营主体进入，变相压低村集体和农民入股资源的价值，对农村集体经济发展的可持续性带来了不利影响。

在农村集体"三资"监管服务机制上，各地因地制宜探索集体经济混合经营等多种实现形式，对建立健全农村集体"三资"监管服务体系提出了新要求。当前，在制度建设与执行层面，存在农村集体经济组织内部监督机制不够完善，监督力量相对薄弱，而外部相关部门协调配合不够紧密，尚未形成统一高效的外部监督合力等问题，导致政府可能不当干预集体经济经营管理等现象。在组织人才与技术层面，由于缺乏专业的农村集体"三资"管理、财务、审计等人才，现有相关人员的专业素养和业务能力参差不齐，难以满足农村集体资产监督管理的需要。农村集体资产的信息化管理程度普遍较低，数据采集、整理和分析能力不足，难以实现对农村集体"三资"实时监控和动态管理。此外，中国一些地方的农村集体"三资"管理平台缺乏兼容性和共享性，如集体"三资"网络监管平台、农村集体资产清产核资数据管理系统、农村产权流转资产资源数据库等多套系统平台并存，但平台之间缺乏集成功能，信息无法互通共享。

三 "十五五"时期新型农村集体经济发展思路

以新质生产力为驱动，全面提升新型农村集体经济发展质量，让农民更多分享改革红利，是"十五五"时期推动新型农村集体经济持续发展的政策取向。面向新的五年征程，在"十四五"时期新型农村集体经济发展成效的基础上，应以巩固和完善农村基本经营制度为支点，以发展新质生产力为牵引，以促进农民农村共同富裕为目标，在充分发挥集体经济制度优势的同时，推动新型农村集体经济高质量发展。

（一）以巩固和完善农村基本经营制度为支点，优化制度体系和政策环境

发展新型农村集体经济的根本目的是让农民能够从集体经济的发展中提升福祉和生活水平。以家庭承包经营为基础、统分结合的双层经营体制，从根本上保证了广大农民平等享有基本生产资料，为实现农民农村共同富裕奠定了坚实的基础。这是中国推进农业农村现代化的基本国情农情。在新的发展阶段，推动农村集体经济高质量发展的意义已经不仅在于发展集体经济本身，更在于如何巩固和完善农村基本经营制度，稳定农业农村基本盘，推进乡村振兴和城乡融合发展，实现农民农村共同富裕。面对急剧变化的农村经济社会发展环境，党的二十大报告首次提出"加快建设农业强国"目标，党的二十届三中全会《决定》把"巩固和完善农村基本经营制度"作为进一步全面深化改革的一项重要举措。通过稳定农村土地承包关系，深化承包地"三权"分置改革，健全农业社会化服务体系等方面，深化农村土地制度改革和集体产权制度改革，形成有利于新型农村集体经济发展的制度体系和政策环境，有利于优化农民与土地的关系，推动土地资源优化配置及高效利用，促进新型农村集体经济高质量发展。

在此过程中，应强调改革取向的稳定性和工作安排的连续性，处理好落实党的二十届三中全会《决定》部署的改革举措与党的十八届三中全会以来陆续出台的相关改革举措的关系，持续推进近年来中央一号文件等重要文件已作出部署，而在党的二十届三中全会《决定》中未被直接提及的改革举措（叶兴庆，2024）。

（二）以发展新质生产力为牵引，赋能新型农村集体经济高质量发展

推动新型农村集体经济高质量发展是实现农业农村现代化的基本任务，而发展新质生产力是赋能新型农村集体经济高质量发展的重要着力点。2025年中央一号文件提出的"因地制宜发展新型农村集体经济，不对集体收入提硬性目标"，正是充分考虑发展新质生产力的实践发展要求，对"十五五"时期新型农村集体经济发展方向顺时调整的有力把握。新质生产力由技术革命性突破、生产要素创新性配置、产业深度转型升级而催生，因地制宜发展新质生产力体制机制，包括理念创新、技术赋能、产业优化等关键性维度。

首先，发展新质生产力的核心特点在于创新。通过理念创新，打破传统发展理念的束缚，进一步探索新技术、新业态、新模式。其次，新质生产力代表对传统生产力发展模式的根本性变革。综合运用绿色技术、数字技术、装备技术、生物技术等创新工具手段，通过数字赋能，着力优化生产要素资源配置，调整加快发展农业新质生产力的要素条件，提升新型农村集体经济组织生产效率与发展质量。最后，推动产业结构的优化升级不仅是促进农业现代化的必要途径，更是激活新型农村集体经济内生动力

的关键举措。战略性新兴产业和未来产业是新质生产力的主要载体，应以新兴产业为依托充分释放新质生产力的创新活力，为新型农村集体经济的业态培育开辟新道路。

（三）以促进农民农村共同富裕为目标，发挥集体经济的制度优势

农村集体经济是社会主义公有制经济在农村的重要体现。以"维护集体成员权益、实现共同富裕"为宗旨的农村集体经济组织，是以集体为基本单元的社会团结经济组织。农村集体经济组织基于成员集体所有的资源性资产，经营性资产和非经营性资产，按照团结互助、民主管理的原则，开展经营管理和服务活动。农村集体经济的制度优势不仅体现在资源整合与规模经济、风险共担与互助合作等工具理性维度，更体现在基于经济活动的社会嵌入性与地域嵌入性特征所形成的价值理性维度。农村集体经济以立足社区的社会分工方式与生活连接样态呈现出一种独特的经济体系，有助于融合市场、互惠与再分配等多种交换机制和治理机制，推动形成一个更加平等、团结、公正的发展环境，凸显经济行为的社会意义和人际关系的健康维系，为自然财富与社会财富的生产与分配赋予新的内涵，是促进农村社区凝聚力和可持续发展的重要组织制度形式。

新型农村集体经济高质量发展有助于更好地促进农民农村共同富裕。为了让农民更多分享改革红利，需要对农村集体和农民释放更加明确、更为充分的权能。应贯彻"把选择权交给农民""让农民成为改革的参与者和受益者"的改革理念，进一步健全集体经济组织利益联结机制，推动农村改革发展成果更多更公平

地惠及全体人民。注重让生产要素在资源配置方面起到决定性作用，在推动农民农村共同富裕中形成要素回报价值。推动参与管理与经营的利益相关方之间形成更为紧密的利益联结，建立资本所有者和劳动者利益共同体（赵黎，2024）。实现村庄建设与公共服务村民共享是集体经济发展成果共享的重要体现。为此，应在收益分配实践中，形成村庄社会、经济、文化、生态等多元化发展目标的汇集，探索类型多样的收益分配方式，实现集体经济价值共创与收益共享（赵黎，2023）。

四 "十五五"时期新型农村集体经济发展路径

"十五五"时期是中国全面推进乡村振兴、实现共同富裕的关键阶段，也是实现2035年远景目标承前启后的关键五年，既要夯实和稳步推进"十四五"时期已基本建立的推动新型农村集体经济高质量发展政策体系与制度框架，也要与时俱进结合党的二十届三中全会精神，推动"十五五"时期新型农村集体经济高质量发展实现新突破，取得新成效。在新的社会历史发展阶段，可以从制度顶层设计、要素动能转化、运行机制创新等多方面入手，推动新型农村集体经济高质量发展。

（一）加强制度顶层设计

第一，结合《中华人民共和国乡村振兴促进法》《中华人民共和国农村集体经济组织法》等法律规范，以及集体经济组织成员的历史复杂性和地域特殊性，根据2025年中央一号文件提出的"强化农村矛盾纠纷排查化解"的要求，明确新型农村集体经济组织成员身份和资格以及组织基本权责，细化确认新型农村集体经济组织成员的身份和资格相关事宜，提出进城落户农民、农民工以及农村妇女、入赘婿等群体权益保障法律规定落地的制度措施建议。在按顶层设计推进改革举措时，注重给予基层灵活自主的探索空间，避免教条主义（叶兴庆，2024）。

第二，打破政策的城乡壁垒和区域壁垒，明晰新型农村集体经济高质量发展的特定政策。建立健全农村要素市场体系，让各类优质生产要素顺畅流动。加强政策集成和协同性，同步推进城乡社保制度和集体产权制度的联动改革，实现社保制度对农民土地生存保障功能的替代，使农村集体土地和农民住房产权的发展权与保障权由合一向分离转变。加大资金支持和政策扶持力度，因村施策，盘活利用农村集体经济组织及其成员的闲置资产，加快发展农村居家养老服务体系建设。鼓励有条件的农村集体经济组织依法以集体经营性建设用地使用权入股、联营等方式与其他主体共同发展农村养老服务事业，在履行民主程序的基础上，将集体经营性收益用于开展养老服务工作。探索盘活利用农村集体闲置的非经营性资产，发展居家养老、互助养老、集体养老等公益事业。设立农村养老服务专项基金，对符合条件的农村集体经济组织给予资金支持，用于农村养老服务设施建设、设备购置、人员培训等。鼓励金融机构为农村养老服务项目提供低息或贴息贷款，降低融资成本。定期对农村养老服务项目进行绩效评估，动态调整和优化项目内容。

第三，进一步健全明晰集体经济组织法人治理结构，推动形成有效的集体经济高质量治理模式。在村级治理行政化的背景下，由于集体经济组织经营管理无法完全遵循现代企业治理模式，应着力提升村干部特别是村支部书记的领导力。为避免少数人控制可能造成的风险，应选拔工作能力强、群众信任的人员进入集体经济管理机构。面向未来，应以尊重农民主体地位、激活乡村内生动力为导向，深化分类推进政经分离改革，集体经济组织的管理和经营活动与承担公共服务、集体公益职能分开，在财务上分开核算，构建透明的成本核算和补偿机制。在集体经济组织承担集体公益和综合服务等职能的情况下，对其成本给予公平、透明与适度的补偿。

（二）加快要素动能转化

按照党的二十届三中全会《决定》所提出的"完善要素市场制度和规则，推动生产要素畅通流动、各类资源高效配置、市场潜力充分释放"的要求，拓展各类要素的流通空间，推进要素市场化改革，扭转要素与制度的错配，推动劳动、资本、土地、技术和数据等要素资源优化配置和集成创新，鼓励社会资本参与新质生产力发展，打造新质生产力赋能农村集体经济发展的多元化投入机制。未来工作重点是使农村土地、金融等要素成为真正的市场要素，为构建以具有现代契约性、可流动和可交易的股权为本位的、可以完全参与市场竞争和开展经营活动的新型农村集体经济组织，真正实现农村集体经济现代化的可能，变得更为现实。具体举措包括：

第一，畅通教育、科技、人才的良性循环，完善乡村人才培育和发展机制。持续深入实施乡村振兴人才支持计划，通过创新型人才、管理型人才、实干型人才形成"新质人才梯队"，打造农业农村新质劳动力"蓄水池"（张海鹏、王智晨，2024）。以产业需求为导向，建立健全新质农业人才培育发展平台；加强农村集体经济组织与高等农业院校和科研院所协作，通过短期培训、职业教育等形式，加速培养具备技术技能、财会知识和经管能力的新型职业农民队伍和乡村 CEO 队伍，加强县乡农经队伍和村报账员队伍建设，重点向培养农村集体"三资"管理、财务、审计等人才倾斜；打造虚拟实训、直播教学、开放课堂等在线教育培训平台，帮助农民掌握精准农业、智慧农业新技术，等等。

第二，创新金融产品和资本服务，拓宽农村集体经济组织投融资渠道。借助新技术新手段，进一步扩大农村贷款抵押物范围，丰富抵押物类型。鼓励金融机构将大型固定资产设备、经营权等作为抵押物，大力推广"经营权""收益权"等抵押贷款，探索推广畜禽活体、农业设施等抵押融资贷款，创新抵押权实现渠道。建立涉农信用评价和应用、政银企信息共享和融资对接等机制，推动金融机构与村集体经济组织形成信用信息归集共享。支持金融机构派驻金融类人才参与发展新型农村集体经济，在研究盘活资源资产、设计投融资规划方案、防控金融风险等方面，提供更为专业的金融服务。

第三，聚焦农民与土地关系这条主线，构建与农业新质生产力相适应的现代农业生产关系。基于"三权"分置的土地产权结构，推动土地等资源要素快捷流动。探索适应农村集体经济高质量发展要求的统分结合双层经营体制的有效实现形式，打破"村自为界、户自为界"的传统发展体制格局，优化配置集体建设用地、农用地等资源要素，因地制宜采取多种途径提高农村集体经济"统"的层次（魏后凯，2024）。

第四，充分发挥人工智能、大数据分析等数智技术和新一代信息技术优势，加快打造农村集体经济产业链和供应链。通过与京东、淘宝、拼多多、抖音等主流电商平台深度合作，进一步改造传统农业产业链，加快提升农村集体经济产品的市场占有率和溢价能力，提高其综合效益；通过采用现代物联网、云计算等先进技术，优化仓储、加工、运输、销售等供应链环节降本增效，增强新型农村集体经济的市场竞争力。以数字技术进一步优化农村集体经济产业结构，赋能新型农村集体经济高质量发展。

（三）持续推进机制创新

第一，进一步优化新型农村集体经济市场化运营机制。在当前的政策框架下，区分集体经济组织和集体经济组织参与兴办的市场主体，探索向集体经济组织下放集体资产经营管理权限，厘清政府支持和参与发展集体经济的边界。实现集体经济组织成立各类市场主体开展经营活动的规范化和有序化，优化集体资本分布结构，提高集体资本运营质量与效益。为促进城乡统筹发展、要素自由流动，在政府支持发展集体经济的基础上，将有条件的村集体纳入地方物流网络、养老服务、创意文旅等本地投资渠道，在促进国内消费环境改善的政策部署中统一考虑，为新型农村集体经济的业态培育与经营开辟新道路。

第二，进一步健全完善新型农村集体经济收益分配机制。在保证信息公开的前提下，在集体经济组织收益分配对象与办法的问题上，遵从集体成员的意愿。推广数字赋能农村集体经济高质量发展的做法与经验，在网络服务平台及时更新集体资产管理和运营情况，实现收益分配原则公开化和集体资产经营管理透明化，充分保障集体经济组织成员的知情权、参与权、表达权、决策权和监督权，发挥集体经济组织成员的主体作用。

第三，建立健全农村集体"三资"监管服务机制。进一步完善农村集体经济组织内部审计、民主理财等监督制度，提高内部监督的独立性和权威性。加强政府相关部门之间的监督协同工作机制，形成信息共享、协同监管的外部监督合力。探索和完善数字技术在农村集体"三资"管理中的应用，进一步丰富农村集体"三资"监督场景应用，开发建立更切合村干部"一肩挑"后运行规则的应用平台，推进小微权力运行和监督全程"在线"。针对一些地区农村集体"三资"管理平台缺乏兼容性与共享性的问题，进一步完善相关政策举措与技术支持，促进跨部门、跨行业、跨层级间数据的互通共享。

第四，完善集体经济组织人员选聘激励机制。探索建立科学合理的绩效考核机制，总结一些地区探索推行的对集体经济组织管理人员实行"基本报酬+绩效考核+集体经济发展创收奖励"的报酬补贴的可行做法，激励集体经济发展带头人的能动性与创新性。积极探索市场化职业经理人或第三方专业管理团队运营集体经济的市场化模式。进一步细化聘用职业经理人运营集体经济体制机制，明确界定政府部门、集体经济组织及其成员、农村职业经理人各自职责与权益边界。探索以合同管理为核心、以岗位管理为基础的市场化选聘制度，完善聘任管理机制。在有条件的地区，积极探索职业经理人持股方案，将激励与约束相结合，推动实现合理有序的持股转让机制。探索建立第三方专业管理团队参与集体经济组织运营管理机制，搭建跨区域集体经济组织人才交流平台。

参考文献

陈锡文：《充分发挥农村集体经济组织在共同富裕中的作用》，《农业经济问题》2022年第5期。

高圣平：《论农村集体经济组织成员资格的认定》，《政治与法律》2025年第1期。

《国务院关于印发"十四五"推进农业农村现代化规划的通知》，中华人民共和国中央人民政府，https://www.gov.cn/zhengee/ecntent/2022-02/11/eomtent_5673082.him，2022年2月11日。

黄祖辉：《健全因地制宜发展新质生产力的体制机制》，转引自《进一步全面深化改革，开创高质量发展新局面——权威专家研究阐释党的二十届三中全会精神》，《中国农村经济》2024年第9期。

姜长云：《农业新质生产力：内涵特征、发展重点、面临制约和政策建议》，《南京农业大学学报（社会科学版）》2024年第3期。

农业农村部政策与改革司编：《中国农村政策与改革统计年报（2020年）》，中国农业出版社2021年版。

农业农村部政策与改革司编：《中国农村政策与改革统计年报（2022年）》，中国农业出版社2023年版。

农业农村部政策与改革司编：《中国农村政策与改革统计年报（2023年）》，中国农业出版社2024年版。

单平基：《农村集体经济组织法人治理结构解释论》，《河南社会科学》2025年第2期。

魏后凯：《在更高层次上巩固和完善农村基本经营制度》，《农村·农业·农民》2024年第20期。

叶兴庆：《在新起点上进一步深化农村土地制度改革》，转引自《进一步全面深化改革，开创高质量发展新局面——权威专家研究阐释党的二十届三中全会精神》，《中国农村经济》2024年第9期。

张海鹏、王智晨：《农业新质生产力：理论内涵、现实基础及提升路径》，《南京农业大学学报（社会科学版）》2024年第3期。

赵黎：《发展新型农村集体经济何以促进共同富裕——可持续发展视角下的双案例分析》，《中国农村经济》2023年第8期。

赵黎：《新型农村集体经济高质量发展：内涵特征、现实困境与应对策略》，《农村金融研究》2024年第2期。

"十五五"时期县域经济高质量发展的推进策略

李 昊[*]

摘　要： 县域处于联城带乡的关键节点，县域经济是国民经济的基本单元。"十五五"时期，县域经济高质量发展对于优化经济布局、促进区域协调及实现共同富裕具有重要意义。进入新时代以来，中国县域经济高质量发展取得显著成效，在国家发展大局中的作用更加突出，但也面临区域发展不平衡、产业基础薄弱、生产要素不断流失、基础设施和基本公共服务存在短板等困境。"十五五"时期，县域经济高质量发展必须坚持系统推进、分类推进、创新推进、共享推进，着力提升县域综合承载能力，因地制宜发展县域产业，强化创新驱动引领，促进居民福祉增进。为保障"十五五"时期县域经济高质量发展，需要落实完善鼓励引导政策创新，建设高标准产业园区，强化人才引进与培育，拓宽筹资渠道等保障措施。

关键词： "十五五"时期；县域经济；高质量发展

---

[*] 李昊，经济学博士，中国社会科学院农村发展研究所助理研究员，主要研究方向为城乡劳动力流动与就业、人口老龄化和农村人力资本积累。

Strategies for High-Quality County Economic Development During the 15th Five-Year Plan Period

Li Hao

Abstract: Counties play a key role in connecting cities and rural areas, and their economies are basic units of the national economy. During the 15th Five-Year Plan period, the high-quality development of county economies is crucial for optimizing economic layout, promoting regional coordination, and achieving common prosperity. Since the new era, China's county economies have made remarkable progress and become more prominent in the national development strategy. However, challenges persist, including regional imbalances, weak industrial foundations, loss of production factors, and deficiencies in infrastructure and basic public services. To boost county economies during the 15th Five-Year Plan period, it is essential to promote systematic, categorized, innovative, and shared development. Priorities include enhancing counties' overall capacity, developing industries locally, strengthening innovation, and improving residents' well-being. To ensure these goals, supportive measures such as encouraging policy innovation, building high-standard industrial parks, attracting and cultivating talent, and broadening financing channels should be implemented.

Key Words：The 15th Five-Year Plan Period；County Economy；High-Quality Development

根据《中国县域统计年鉴》《民政事业发展统计公报》公布的数据，截至2023年底，中国（不含港、澳、台地区）共有县域1867个，占全国国土面积的90%左右，占中国人口和GDP比重分别为52.4%和38.5%。县域经济构成了中国经济的微观基础，是国民经济在县域空间的"全息投影"，一切宏观经济指标的运行状况几乎都可以在县域经济中得以透视与反映，只有将县域经济这个基础发展起来，经济蛋糕才会越做越大，共同富裕的道路才会畅通无阻。正因如此，关注县域经济，理性认识其发展现状、存在问题以及演进趋势，对新时期推动县域经济高质量发展、促进城乡一体化建设、实现全体人民共同富裕，具有深刻的现实意义。

一 "十四五"时期县域经济发展取得的成效

进入新时代以来，中国县域经济高质量发展取得显著成效，在国家发展大局中的作用更加突出。具体表现为：县域经济总量持续攀升，成为经济高质量发展的重要基石；产业结构逐步优化，向更加多元和高级化方向发展；就业承载能力有所提高，吸引劳动力回流；基本公共服务与基础设施改善，推进城乡融合发展。

（一）经济总量持续攀升，成为中国经济高质量发展的重要基石

中国县域经济作为国民经济的重要组成部分，近年来展现出强劲的发展势头。县域经济总量不断壮大，"千亿县"发展迅猛。根据最新统计数据，2023年全国县域（未包括市辖区）地区生产总值（GDP）合计达48.3万亿元，经济总量占全国的38.3%，对国民经济的贡献持续提升。县域人均GDP从2000年的0.52万元提升至2022年的5.21万元，增长近10倍。其中，以"千亿县"为代表的经济强县表现突出，据赛迪顾问数据，截至2023年，全国GDP超过千亿的县域达到60个，GDP总量为9.6万亿元，占全国比重为7.6%，人均GDP约为全国平均水平的1.7倍。

作为中国经济的重要组成部分，县域经济肩负着推动中国经济转型升级的重大使命。县域虽然不及大城市那样有较高的集聚效率，但却是推动城乡融合发展的枢纽节点，也是中国主要农产品的供应基地。同时，县域经济比较活跃的地方还在于其是全国乃至全球工业细分领域产品的主要生产制造基地。例如，福建晋江曾制造了全球1/5的旅游鞋，辽宁兴城生产了全球市场上约1/4的泳装，山东曹县演出服装销量约占全国的70%。

（二）产业结构逐步优化，向更加多元和高级化方向发展

在产业构成方面，县域经济以第二产业和第三产业为主。县域三产结构由2000年的28∶41∶31转变为2023年的12∶43∶45，经济结构向更加多元和高级化方向发展。首先，第一产业占比逐渐下降，但农业现代化进程加快，特色农业、高效农业成为新的增长点。例如，黑龙江的绿色有机农业、湖南的特色农产品加工等，都取得了显著成效。其次，第二产业占比略有下降，但内部结构不断优化。制造业仍然是县域经济的重要支柱，产业集群化发展趋势明显。传统制造业向高端化、智能化、绿色化方向发展，新兴产业如新能源、新材料、生物医药等成为新的增长点。例如，昆山的电子信息产业、义乌的小商品制造业等，都形成了具有国际竞争力的产业集群。最后，第三产业占比持续上升，超过第二产业，成为县域经济发展的重要支撑。随着城镇化进程的推进和居民消费升级，现代服务业如电商、物流、旅游等发展迅速，数字经济、平台经济等新业态不断涌现，成为县域经济的新亮点。例如，浙江省乐清市的电气产业集群，通过数字化转型，实现了从传统制造向智能制造的跨越。

（三）就业吸引力增强，成为加快城镇化进程的关键点

县域人口外流现象依然存在，但随着乡村振兴战略的实施和县域经济的快速发展，县域就业吸引力增强，吸引劳动力回流，部分年轻人选择返乡创业就业。2023届本科生中有27%选择到

县域就业，越来越多的毕业生踏上返乡之路（麦可思研究院，2024）。当前中国已步入城镇化的中后期，据统计，2023年中国常住人口城镇化率达到66.2%，还有4.77亿农村常住人口没有成为城镇人口，且主要分布在县域（国家统计局，2024），未来新型城镇化的重心将集中于县域的城镇化。尽管受到大城市的吸引，人口持续向核心城市聚集，但是近年来城市蔓延造成了一系列负外部性影响，城镇化方向与重点亟须调整。特大城市，如北京市、天津市，城镇化率已超过85%，城市的不断扩张会导致资源过度集中、环境恶化以及社会问题的加剧。而中西部众多县域的城镇化率仅在30%—50%，新型城镇化的方向和重点向县域经济偏移，将有助于优化城市与县域之间的关系，实现更为有序、协调和可持续的发展（孙久文、邢晓旭，2024）。

（四）基本公共服务与基础设施不断改善，为推进城乡融合发展奠定基础

在基础设施建设方面，县域基础设施建设明显提速。近年来，中国县城建设水平不断提高，市政公用设施配套情况与城区的差距快速缩小，由于县城人口密度较小，部分按人均计算的设施配套情况甚至优于城区（苏红健，2021）。以县域交通基础设施建设为例，截至2021年，全国百强县中，有66个已通高铁；此外，高速公路发展迅猛，18个省份实现"县县通高速"。截至2022年，全国农村自来水普及率达87%，动力电全国农村地区基本全覆盖，全面实现"村村通宽带"，超过97%的县城城区和40%的乡镇镇区实现5G网络覆盖。在基本公共服务方面，县域基本公共服务取得长足进步。县域基本公共服务与全国平均水平差距逐步缩小。县域内承担的中小学基本义务教育地位越发突出，2000—2020年，县域内每万人中普通小学在校生人数从1131人下降到842人，与全国平均水平之比保持在1.1左右，每万人普通中学在校生从607人下降到582人，与全国平均水平之比从1.23上升至1.67，县域内单位人口的中小学生人数占比均高于全国平均水平，承担更多中小学阶段义务教育。此外，县域医疗卫生服务水平逐步接近全国平均水平，每万人医疗卫生院床位数从2000年的16.78张升至2010年的25.54张，2020年进一步升至56.79张，占全国平均水平从72%先是上升至78%然后上升至94%。2023年全国平均每家县医院卫生技术人员数647人，较2022年度增长3.52%，其中执业（助理）医师硕士及以上学历人员、高级职称人员较2022年度增长均超过8%，护士中具有大专及以上学历者较2022年度增长了4.90%[①]。

二 当前县域经济发展面临的困境

经过几年的发展，"十四五"时期中国县域经济呈现稳中有进的发展趋势。但近两年来，受外部环境的复杂多变、宏观经济增长放缓的影响，当前中国县域经济发展也面临了一些困境，主要表现为县域经济发展呈现出显著的区域不平衡特征、县域产业基础薄弱、生产要素不断流失、基础设施和基本公共服务存在短板。

---

① 笔者根据《2023年我国卫生健康事业发展统计公报》数据整理。

（一）区域发展差异明显，梯度分化加剧

中国县域经济的发展呈现出显著的区域不平衡特征，这种不平衡不仅体现在经济总量上，还体现在产业结构、发展速度以及居民生活水平等多个方面。一是从地域分布上来看，县域经济呈现出明显的区域差异。东部沿海地区的县域经济较为发达，如江苏、浙江、广东等地的县域，凭借优越的地理位置、完善的产业基础和良好的政策环境，GDP增速普遍高于全国平均水平。相较之下，中西部地区的县域经济虽然发展速度较快，但整体规模和质量仍有待提升。东北地区的县域经济则面临转型压力，传统产业占比较高，新兴产业发展相对滞后。二是从产业结构上来看，东部地区第三产业占比最高，显示出其经济结构较为优化，服务业和新兴产业成为经济增长的主要动力。中部地区第二产业占比最高，显示出其工业化程度较高，但产业结构相对单一。西部地区第二产业占比相对较低，但第三产业占比高于中部，显示出其经济结构正在逐步优化。东北地区第二产业占比最高，但第三产业占比最低，显示出其经济结构转型任务艰巨。三是从城镇化率来看，东部地区城镇化率最高，显示出其城乡一体化发展水平较高。中西部地区城镇化率相对较低，显示出其城乡发展不平衡问题较为突出。东北地区城镇化率处于中等水平，但近年来由于人口外流，城镇化进程有所放缓。县域经济"两极"加速分化明显，南北失衡、强县越强更加突出。部分县市持续高速发展，"千亿县"为代表的强县数量快速增长，而部分县市GDP长期难以跨过100亿元门槛，已成为全国县域高质量发展的短板。

（二）产业基础薄弱，面临转型与升级困难

产业是经济发展的基石。当前县域产业转型和升级面临困难，主要表现在以下三个方面。首先，县域产业基础薄弱，科技含量相对较低，制约了其经济结构的优化升级。当前，除若干位于经济发达都市圈、城市圈周边的县域以及极少数资源型县域外，中国绝大多数县域经济发展产业结构层次较低，经济结构过于单一，过度依赖某些传统产业或资源型产业，仍以土地、资源、劳动力等自然要素投入驱动为主，缺乏创新和效率驱动，这种状况限制了县域经济的多元化发展，也使其难以应对外部环境的变化和宏观经济的波动。这些产业转型困难，经济发展后劲不足。以东北地区为例，县域产业类型普遍单一，第二产业多以传统加工制造业和资源开采业为主，第三产业发展缓慢，产业空心化问题突出，严重制约着县域经济的可持续发展。其次，大部分县域产业规模普遍较小，难以形成集群效应。中西部县域产业发展普遍以中小企业居多，引领行业发展的龙头企业数量不多，龙头企业对开发区产业发展带动作用较弱，尚未吸引到产业链条的上下游相关配套企业入驻，产业集聚效应较弱。一些地区入驻工业园的大项目不多，缺少龙头企业的支撑和链条项目的集聚，大中小企业之间的合作分工和产业协同不够紧密，产业发展层次不高，产业规模效应发挥不明显。最后，发展导向不明确，引发产业空心化风险。在减排、去产能、高质量发展等大背景下，县域响应化解过剩产能优化供给侧的号召，产业结构逐步调整，服务业取得较快发展，并逐步上升到主导地位。但是县域工业化仍有较大的发展空间，部分县市腾退落后工业产能后，新工业项目导

入不足，过早过快进入服务业主导的发展过程，县域经济过早过快脱实向虚。县域第二产业占GDP的比重逐步下降，2021年第二产业占比低于2010年的11.6个百分点，年均降低1.1个百分点。2010—2020年，县域内规模以上工业企业数量在全国占比仅提高1个百分点至47.5%，明显低于上个十年。

（三）生产要素流失，内生性发展动力不足

受到市场资源的配置方式以及地区经济发展的不平衡等因素影响，中国一些县（市）处于人口、资金等要素资源外流的状态，空间发展的"马太效应"（城市越发达，产业集聚力越强，相关要素越集中）更使县域经济在国民经济中的地位有所下降（叶振宇，2024）。特别是一些头部城市整合县域迈入"无县时代"，城市对县域生产要素虹吸效应加速。2010—2023年，市辖区数量由853个上升到977个，而县域数量则由2003个减少至1867个，共减少136个县市，增加124个市辖区。大中城市对县域普遍存在人口、消费、资本等虹吸效应，县域人才外出、优质企业外迁、消费外溢、资本外流等现象更加突出。一方面，县域普遍面临人口流失问题。从"六普"到"七普"，县域常住人口从7.83亿人下降到7.46亿人，在全国人口占比从58.4%降到52.8%，十年间人口流失3746万人，远远高于第五次全国人口普查至第六次全国人口普查十年间流出的195万人。同时，2010—2020年，全国有1245个县市人口减少，占全部县市数量的66.6%，相较而言，2000—2010年，有824个县市人口减少。流出人口以青壮年劳动力为主，2010—2020年，县域内15—59岁人口减少了8106万人，但60岁及以上人口增加了4122万人，

严重削弱县域经济发展活力并加重发展负担。另一方面，县域资金外流严重，经济发展和民生改善等领域资金缺口较大。在集中授权和授信管理体制下，国有大型商业银行在县域吸收的存款资金更多用于大城市及发达地区信贷投放，在县域内投放力度较弱，造成县域资金外流问题突出。县域金融机构风险高、融资贵问题突出。

（四）社会建设仍需补齐短板，财政负担加大

县域经济高质量发展不仅需要产业、资金、政策等"硬实力"支撑，也离不开环境、服务等"软实力"支持。一方面，县域基础设施配置和基本公共服务能力偏弱。经测算，在中国县域一级，接近 1/3 的人口分布在公共资源相对集中的县城或县级市区，其余 2/3 的人口散落在广大乡村地区，县域公共资源存量本身存在较大缺口。同时，由于基础设施配置效率、公共服务质量、资源有效利用方面缺乏长效保障机制等，县域公共资源匮乏困境不断放大，多数县域对农村剩余劳动力和城市回流劳动力的承载和吸纳捉襟见肘，难以对人才形成长久吸引力，无法支撑起推进新型城镇化与本地经济高质量发展等艰巨任务。另一方面，体制机制不够顺畅，财政负担加大。财税体制方面，处于基层的县级政府财权和财力有限，多数县域对上级转移支付有着较高的依赖性，又面临基础设施建设、基本民生保障、经济发展等支出责任，财权和支出责任不匹配，部分县市保基本民生、保工资、保运转的"三保"压力较大，这将严重限制基层政府的经济调控能力，影响县域经济高质量发展（黄征学等，2023）。

三 "十五五"时期推进县域经济高质量发展的思路

推进县域经济高质量发展的核心目标旨在通过优化产业结构与创新驱动，培育特色产业集群以强化区域竞争力，同时完善营商环境以汇聚人才与资本要素；促进城乡资源均衡配置，缩小发展鸿沟，提升居民生活品质。构建经济、社会、生态协同发展的可持续模式，使县域成为经济发展的新引擎与宜居宜业的现代化建设示范样本，促进城乡融合发展，助力推动中国式现代化。基于县域经济发展的特征和当前面临的困境，县域经济高质量发展需要坚持系统推进、分类推进、创新推进、共享推进。

（一）坚持系统推进，协同发展

县域经济作为连接城乡、统筹区域的复杂系统，其发展本质是多要素协同、多目标平衡的动态过程。若单点突破往往导致要素错配与政策失灵。县域经济的产业关联性、城乡要素流动的制度壁垒、生态保护与经济发展的张力、县域治理的碎片化问题等都需要系统性破题。要以县域为重要单元，统筹新型城镇化和乡村全面振兴，促进城乡融合发展。统筹城乡区域协调发展与全国统一大市场建设，深化重点领域改革，促进城乡之间、地区之间的商品市场一体化、要素市场一体化，促进县域经济高质量发展。

（二）坚持分类推进，精准施策

中国的大国特征决定了城乡发展过程中，各地各类城市、县镇、村庄等城乡发展的基本单元存在不同的发展阶段、基础和特征（苏红健，2024）。这一异质性，强调了县域经济高质量发展要立足不同发展单元的基础特征，分类推进，精准施策。一方面，可坚持以功能定位为导向，分类促进大城市周边县、专业功能县、粮食主产区县、生态功能区县、人口流失县等各类县的发展。另一方面，可根据县域之间发展阶段为基准，对起步阶段县域，重点加强基础设施建设，改善投资环境；对成长阶段县域，注重产业结构优化升级，加强科技创新和人才引进；对成熟阶段县域，应注重创新驱动和质量效益提升。

（三）坚持创新推进，激发动力

创新是推动县域经济高质量发展的核心动力，也是破解发展瓶颈、提升竞争力的关键。县域经济增长从投入驱动转向创新驱动，是县域经济高质量发展的必然选择。一是通过创新推动传统产业转型升级。通过科技赋能，传统产业可以实现从低附加值向高附加值的跃升。二是通过创新催生新兴产业和新模式。通过引入高新技术产业和数字经济，推动县域经济实现从要素驱动向创新驱动的转型。三是通过创新优化制度环境，利用深化放权赋能改革、激发园区活力等创新举措，为县域经济发展提供制度保障。

（四）坚持共享推进，增收致富

县域经济高质量发展的最终目标是服务于城乡居民，发展成果最终要体现在人民生活水平的提升和幸福感的增强上。首先，县域经济的发展应以促进就业和增加居民收入为首要目标，通过发展劳动密集型产业、支持创业创新、开展技能培训等方式，为城乡居民提供多样化就业机会，提升收入水平，缩小城乡收入差距。其次，通过优化教育资源配置、深化医共体建设、推动优质医疗资源下沉等举措，提升公共服务均等化水平，让城乡居民共享发展红利。最后，注重生态保护和人居环境改善，通过绿色发展理念推动产业升级，建设宜居宜业的美丽乡村，提升居民生活品质。四是建立利益联结机制，确保农民在产业发展中获得稳定收益。

四 "十五五"时期推进县域经济高质量发展的重点任务

立足新阶段，对应总体思路，推进县域经济高质量发展，重点要提升县域综合承载能力，推动城乡融合发展；因地制宜发展县域产业，提升县域经济竞争力；强化创新驱动，增强县域经济发展活力；促进居民福祉增进，共享县域经济发展成果。

（一）提升县域综合承载能力，推动城乡融合发展

县域作为城乡联系的纽带，因其空间契合度高、地域差异较小，成为推动城乡融合发展与乡村振兴的关键节点。通过优化县域布局、完善基础设施、均衡公共服务及丰富文化生活，能够有效统筹新型城镇化与乡村振兴，构建新型工农城乡关系。首先，

统筹县域发展整体规划。以县域为切入点，统筹产业、基础设施、公共服务、生态保护等要素的空间布局，实现城乡一体化设计与功能互补。产业振兴是核心抓手，需精准定位突破口，壮大县域经济，提升县城承载力与辐射能力。其次，推动基础设施向乡村延伸。推动市政管网向城郊及重点镇覆盖，实现道路连通与客运一体化，构建城乡统一的管护机制。同时，传统与新型基础设施并重，支持5G、物联网等新基建向农村延伸，提升乡村信息化水平。再次，推进基本公共服务均等化。县域内城乡同步推进普惠性民生建设，发挥县城及中心镇的纽带作用，逐步实现城乡公共服务政策协调。医共体建设、远程医疗、教师轮岗等举措可提升基层服务水平，健全县乡村养老服务网络，发展普惠与互助养老。最后，促进要素配置市场化。充分发挥市场在资源配置中的决定性作用，更好发挥政府作用，加强体制机制创新，畅通城乡要素流动。破除妨碍城乡要素平等交换、双向流动的制度壁垒，加快建设全国统一大市场。

（二）因地制宜发展县域产业，提升县域经济竞争力

县域经济发展的关键在于因地制宜培育和壮大特色主导产业，通过第一、第二、第三产业融合，形成特色鲜明的产业体系，以科技为支撑，提升产业竞争力，加强品牌培育，带动区域经济整体提升，实现全产业链向纵深发展（胡向东，2025）。首先，培育主导产业。一方面，通过传统产业转型升级，对县域内的传统制造业进行智能化、绿色化改造。例如，鼓励食品加工企业采用绿色生产技术，减少污染物排放，提升产品附加值。另一

方面，培育壮大新兴产业，根据县域资源和市场需求，积极培育新兴产业。如在生态资源丰富的县域，发展生态旅游、健康养生等绿色产业。通过政策扶持、资金支持和项目引进，推动新兴产业集群化发展。其次，推动产业融合发展。一方面，推动农业与第二、第三产业融合。以农业为基础，延伸产业链条，发展农产品加工、冷链物流、农村电商等产业。例如，发展农村电商，拓宽农产品销售渠道，促进农民增收。另一方面，推动工业与服务业协同。鼓励工业企业向服务型制造转型，发展研发设计、检验检测、售后服务等生产性服务业。例如，支持装备制造企业开展设备租赁、远程运维等服务，从单纯的产品销售向提供整体解决方案转变。最后，加强品牌培育建设。一方面，构建标准化体系。将消费端需求反向植入种养殖环节，通过严格准入、分级管理与质量把控，实现产品溢价增值，以品牌纽带链接农户与市场。另一方面，强化品牌保护机制。引导主体增强维权意识，打击侵权行为，建立信用档案与惩戒体系，重塑消费信任。同时，推动区域品牌整合，依托政府公信力打造公共品牌矩阵，以标准化生产、全链条保护和整合化推广提升乡村特色产业竞争力，形成质量引领、信用护航、协同发展的品牌生态闭环。

（三）强化创新驱动引领，增强县域经济发展活力

实现县域经济高质量发展，关键是要实现发展动力由主要依靠要素投入转向创新驱动。实现这一目标，不仅需要政府更好地发挥引导推动作用，更重要的是激发广大劳动者、企业家和科研工作者的积极性和创造力，让创新创造的血液在全社会自由流动。首先，加强科技创新平台建设。一方面，设立企业研发中

心：鼓励县域内骨干企业建立研发中心或技术中心，加大研发投入，开展关键技术攻关。政府通过财政补贴、税收优惠等方式，支持企业研发平台建设。另一方面，搭建产学研合作平台：加强县域企业与高校、科研机构的合作，建立产学研合作联盟或创新中心。通过合作开展科研项目、共建实验室等方式，加速科技成果转化。其次，培育创新型企业。一方面，强化高新技术企业认定。制订高新技术企业培育计划，加强对企业的指导和服务，帮助更多企业通过高新技术企业认定。对认定的高新技术企业，在税收减免、项目申报等方面给予优惠政策。另一方面，加强科技型中小企业孵化。建设科技企业孵化器或众创空间，为科技型中小企业提供创业场地、资金支持、技术指导等服务。通过举办创新创业大赛、项目路演等活动，挖掘和培育一批有潜力的科技型中小企业。最后，优化创新生态环境。一方面，加大知识产权保护力度，完善知识产权保护机制。开展知识产权宣传培训活动，提高企业和创新主体的知识产权意识。严厉打击侵权行为，维护创新者的合法权益。另一方面，完善科技金融服务。建立科技金融服务体系，引导金融机构加大对科技创新的支持力度。设立科技金融专项资金，通过贷款贴息、风险补偿等方式，鼓励银行、担保公司等金融机构为科技型企业提供融资服务。

（四）促进居民福祉增进，共享县域经济发展成果

县域经济高质量发展的根本目的是促进人民群众的福祉增进和均等化。需从多角度发力促进农民增收，提升农民的获得感和幸福感，促进各类群体共享县域经济高质量发展成果。首先，促进就业创业，提升居民收入水平。一是拓宽就业渠道，加强职业

技能培训，提高劳动者就业能力。鼓励企业吸纳就业，支持自主创业，拓宽就业渠道，降低失业率。二是保障劳动者权益，完善劳动法律法规，加强劳动监察执法。保障劳动者工资待遇、休息休假等合法权益，构建和谐劳动关系。三是扶持重点群体就业，针对高校毕业生、退役军人、残疾人等重点群体，制定专项扶持政策。通过提供就业岗位信息、开展就业指导等方式，帮助其顺利就业。其次，构建县域内全生命周期的民生保障体系。优化县域基本公共服务水平，着重改善县域基本公共服务供给体系和结构，提高供给质量和效率。以"一老一小"为重点，健全覆盖全人群、全生命周期的人口服务体系。完善生育支持政策，降低生育、养育、教育成本，优化育幼服务体系；同时，加强养老服务体系建设，推动医养结合，发展社区养老服务设施，提升农村养老服务水平。最后，加强社会建设，提高综合福祉。一是在社会治理方面，完善社会治理体系，加强社区建设。创新社会治理方式，推进网格化管理，提升社会治理精细化水平。二是在文化建设方面，加强社会主义核心价值观教育，弘扬优秀传统文化。开展群众性文化活动，丰富群众精神文化生活，提升社会文明程度。三是在生态文明建设方面，加强生态环境保护，推进绿色发展。实施生态修复工程，加强污染防治，建设美丽县域。

五 "十五五"时期县域经济高质量发展的政策着力点

针对当前中国县域经济发展存在的问题和高质量发展的要

求,中央和地方应不断强化政策统筹,推动县域经济高质量发展取得更多实效。重点需要鼓励引导政策创新、高标准高起点发展县域产业园区、强化人才引进与培育、多措并举拓宽筹资渠道。

(一)鼓励引导政策创新,促进各类县域多元发展

要促进广域国土内县域经济的多元发展,政策导向起到关键性作用。首先,可通过政策创新优化土地资源配置,以增减挂钩和指标交易为核心,针对不同主体功能区的土地政策,构建灵活高效的用地机制。其次,在生态价值实现方面,可构建统一的生态价值评估框架,特别是对县域水源涵养、森林碳汇、草原固碳等生态服务功能进行科学量化。通过建立生态补偿经济反馈机制,将生态贡献转化为经济收益。最后,针对农业功能县,应推广土地综合价值评估,并将其作为土地征收和流转的重要依据。在确保粮食安全的前提下,探索对新修复农田的适度政策松绑,允许农业产业结构优化调整,推动主粮生产与特色农副产品供应协同发展,以适应居民营养需求和消费观念的转变。

(二)建设高标准产业园区,引领县域产业提质增效

推动建设高标准高起点的产业园区,是实现县域产业转型升级的重要抓手。首先,找准园区建设定位。依据发展需求重点扶持产业基础扎实、契合国家政策导向的县域产业园区,推动符合条件的园区申报国家级开发区,通过政策创新优化园区发展环境,打造产业集聚新高地。其次,提升园区建设标准。支持省级及以下园区参照国家级标准推进基础设施建设,鼓励打造绿色智

慧园区；全面推行"亩均论英雄"评价机制，通过资源要素差别化配置倒逼低效园区转型，提升土地产出效率。最后，强化园区规范管理。地方政府需加强园区布局优化，通过"关停并转"整合散乱园区，引导企业向重点园区集聚。建立园区动态管理机制，淘汰落后产能，构建"一县一主业"的园区发展格局，实现产业集聚与生态保护协同发展。

（三）强化人才引进与培育，提升可用人力资本水平

县域经济高质量发展离不开人才的支撑。首先，优化人才引进政策。鼓励农业转移人口及其家属进城落户，为其提供购房折扣优惠，并确保其享受与本地城镇居民同等的社会保障待遇；针对高层次专业技术人才，推出一批区位优越、配套设施完善的住房项目，并根据人才类别和层次提供分档购房补贴。其次，提升县域综合吸引力。加大社会资源的综合投入，完善县域就业与生活环境，充分发挥县域生态环境的独特优势，打造宜居宜业的吸引力，吸引更多人才扎根县域。最后，强化技能培训与能力建设。持续加强县域内基层组织负责人、农村实用人才、新型农业经营主体带头人、种养加能手以及返乡入乡"双创"人员等重点人群的技能培训。培训内容涵盖销售、品牌建设、管理等全产业链环节，全面提升人才综合素质。

（四）多措并举拓宽筹资渠道，减轻地方财政压力

加强县级财政管理、优化资金配置、激活民间资本，可有效减轻地方财政压力。首先，提升财政效能。运用数字化技术增强

财政透明度，精准配置资金至教育、医疗、基础设施等关键领域，削减非必要开支。建立债务监控体系，完善风险预警与化解机制，防止债务过度累积。其次，创新投融资机制。中央和省级转移支付应精准支持欠发达县域，特别是生态功能区、农产品主产区和边境地区。整合各类资金，运用基础设施REITs等创新工具保障重大项目实施。完善县域金融服务，推动本地化金融支持，借鉴安吉经验探索生态产品价值实现路径。最后，激发民营经济活力。通过税收优惠和融资支持政策扶持小微企业，县级政府应强化服务意识，构建涵盖信用担保、信息服务、知识产权保护的民营企业支持体系，充分发挥民营经济在县域经济中的主导作用。

参考文献

胡向东：《因地制宜推动兴业、强县、富民一体发展》，《人民论坛》2025年第6期。

黄征学等：《我国县域经济发展成效、现实困境和对策建议》，《农村金融研究》2023年第11期。

苏红键：《统筹新型城镇化和乡村全面振兴的关键问题与推进思路》，《中国软科学》2024年第11期。

苏红键：《中国县域城镇化的基础、趋势与推进思路》，《经济学家》2021年第5期。

孙久文、邢晓旭：《中国式现代化下县域经济高质量发展的理论与实践》，《齐鲁学刊》2024年第1期。

叶振宇：《县域经济高质量发展的动力升级与路径突破》，《人民论坛》2024年第18期。

"十五五"时期农村金融高质量发展的重点任务与实现路径

田雅群[*]

摘　要： 农村金融高质量发展是推动乡村振兴、促进共同富裕的重要支撑。"十四五"时期，农村金融顶层设计不断优化、服务体系建设成效突出，为"十五五"时期农村金融发展奠定基础。受农村经济社会结构变化、数字化发展等因素影响，"十五五"时期农村金融面临金融需求多元化差异化更加明显、金融组织风险加剧趋势显著、政策性农业保险过度市场化和农村金融生态环境不健全等挑战。为此，"十五五"时期推动农村金融高质量发展应着眼于以下重点任务：继续深化地方法人金融机构改革和完善政策性保险制度，激发农村金融领域耐心资本潜力和统筹推进金融"五篇大文章"，加强农村社会信用体系建设和金融消费者权益保护。围绕上述重点任务，"十五五"时期，应深化农村金融供给侧结构性改革，完善金融有效支持农村经济发展的体制机制；立足新发展阶段金融需求新特征，全面提升农村金

---

[*] 田雅群，经济学博士，中国社会科学院农村发展研究所助理研究员，主要研究方向为农村金融。

融服务质效；继续推进金融机构设施建设，强化服务"三农"内生动力，进而促进农村金融高质量发展。

关键词：供给侧结构性改革；金融服务质效；金融生态环境；关键问题

Key Issues and Paths to Realization of Rural Financial Development During the 15th Five-Year Plan Period

Tian Yaqun

Abstract: The high-quality development of rural finance is an important support for promoting rural revitalization and common prosperity. During the 14th Five-Year Plan period, the top-level design of rural finance has been continuously optimized and the construction of service system has achieved outstanding results, laying the foundation for the development of rural finance in the 15th Five-Year Plan period. Influenced by the structural changes in the rural economy and society, digital development and other factors, rural finance is faced with the challenges of drastic changes in financial demand, in-depth changes in the financial organization system, the need to improve the effectiveness of the policy on policy-based agricultural insurance, and the need to optimize the rural financial ecosystem. For this reason, during the 15th Five-Year Plan period, the high-quality development of rural finance should focus on the following key issues and key areas, such as, taking the reform of local legal person financial institutions and the improvement of the policy insurance system as the core to deepen the supply-side structural reforms; taking the growth of patient capital and the integration of the "five articles" on finance as the key to improve the rural financial system. The key is to enhance the quality and efficiency of rural financial services, and to strengthen the rural financial ecosystem by focusing on the construction of a rural social credit system and the protection of financial consumers' rights and interests. Focusing on the above key issues, we should deepen the structural reform of the supply side of rural finance and improve the system and mechanism of financial support for the development of the rural economy; based on the new characteristics of financial demand at the new stage of development, we should comprehensively improve the quality and efficiency of rural financial services; and we should continue to push forward the construction of financial institutions' facilities and strengthen the services for the agriculture, rural areas, and farmers.

Key Words: Supply-Side Reform; Quality of Financial Services; Financial Ecosystem; Key Issues

金融要素在经济发展和农业农村建设过程中具有先导性作

用，全面推进乡村振兴、加快农业强国建设离不开金融的有效支持。党中央、国务院以及国家各职能部门高度重视金融服务乡村振兴，充分说明积极融入并助力乡村振兴建设是金融业必须肩负的社会责任。发达国家的经验表明，建立完善的农村金融法律体系和运作机制，拥有不断更新的农村金融产品、完备的基础设施建设和强大的风险防范能力，才能为农业农村发展提供有效的金融支持。相较而言，中国的农村金融服务体系建设在制度建设、组织机构和模式创新等方面仍待继续完善。2004—2025年，有22个年份的中央一号文件对农村金融改革有着"浓墨重彩"的表述，说明在党中央看来，中国农村金融建设还存在短板。因此，"十五五"时期，需要时代性、历史性地科学研判农村金融服务农业农村现代化发展的基础能力，找准农村金融服务全面乡村振兴重点任务及实现路径，为推动农村金融高质量发展提供理论和实践指导。

一 "十四五"时期农村金融发展的成效

农村金融是服务"三农"的金融主力军，在农业农村现代化过程中，不断创新以发挥金融"活水"作用。"十四五"时期，农村金融不断优化顶层设计并完善服务体系建设，为"十五五"时期农村金融发展奠定基础。

（一）农村金融顶层设计不断优化

"十四五"时期，中国人民银行等监管部门加强战略协同，持续优化支持农村金融发展的顶层设计，共同构建金融服务乡村振兴的"四梁八柱"。2019年2月，《人民银行 银保监会 证监会 财政部 农业农村部关于金融服务乡村振兴的指导意见》，围绕乡村振兴战略实施的三个阶段性目标，从建体系、抓重点、求创新、强基础四个方面搭建起金融服务乡村振兴的"四梁八柱"，首次从顶层设计层面全面系统提出新时代金融部门贯彻落实金融服务乡村振兴战略的要求。此后，《中国银保监会 财政部中国人民银行国务院扶贫办关于进一步完善扶贫小额信贷有关政策的通知》《中国银保监会 财政部中国人民银行国家乡村振兴局关于深入扎实做好过渡期脱贫人口小额信贷工作的通知》、《关于金融支持新型农业经营主体发展的意见》《金融机构服务乡村振兴考核评估办法》《关于金融支持巩固拓展脱贫攻坚成果全面推进乡村振兴的意见》《关于金融支持全面推进乡村振兴 加快建设农业强国的指导意见》等一系列政策文件，从不同角度、自上而下、由内到外，全方位的谋划构建了金融服务乡村振兴的制度架构和政策保障体系。

（二）农村金融服务体系不断完善

第一，农村信贷服务水平稳步提高。"十四五"时期，各家商业银行以需求为导向，加大对新型农业经营主体、小微企业等重点领域的信贷投入规模，稳步提升农村信贷服务质效。2016—2022年，全国县及县以下的农村贷款余额、农户贷款余额、农业贷款余额大幅增长，充分展现出银行业金融机构对建设农业强国、保障国家粮食安全和重要农产品稳产保供的大力支持（中国人民银行农村金融服务小组，2023）。

"十五五"时期农村金融高质量发展的重点任务与实现路径

第二，农业保险服务功能逐渐增强。"十四五"时期农业保险持续性扩面、增品、提标，为农村经济增长提供坚实风险保障，有效促进农业现代化发展，提升农民收入水平，为全面推进乡村振兴、加快建设农业强国充分发挥"防火墙"和"安全网"作用。2024年，中央财政拨付农业保险保费补贴547亿元，支持中国农业保险保费规模增长至1521亿元，同比增长6%，为1.47亿户次农户提供风险保障超过5万亿元（李秀梅，2025）。

第三，农业信贷担保服务能力有效夯实。农业信贷担保是破解农业融资难、融资贵问题、支持农业适度规模经营、服务新型农业经营主体发展的有效手段。"十四五"时期，农业政策性信贷担保以远低于市场化担保业务的价格，为新型农业经济主体提供融资服务，有效破解其面临的融资难、融资贵问题，促进乡村振兴战略的落实。数据显示，2024年全国农业信贷担保体系平均担保费率为0.48%，客户的平均综合融资成本5.24%，远低于市场化担保业务费率[①]。

第四，金融服务基础设施建设日益完善。"十四五"时期，各职能部门针对性加强重点领域金融基础设施建设。例如，农业农村部、中国人民银行聚焦农业农村重点领域发展建立了农业农村基础设施融资项目库，截至2024年第二季度末，累计储备项目8.19万个、投资总额3.14万亿元，已获得贷款授信的项目7.32万个、授信规模5771.13亿元，已实现贷款用信的项目6.94万个、用信规模2827.17亿元，支持项目包括现代设施农

---

① 笔者根据国家农业信贷担保联盟有限责任公司发布的相关数据整理。

业建设、农业产业融合发展、智慧农业等领域①。

二 当前农村金融发展面临的挑战

"十五五"时期，随着农村金融市场环境的变化，农村金融发展面临的挑战主要集中在金融需求、中小农村商业银行风险、政策性农业保险制度和农村金融生态环境等方面。

（一）农村金融需求多元化差异化趋势更加明显

第一，小农户信贷需求下降和新型经营主体多元化金融需求可得性低的结构性矛盾凸显，金融需求呈现出"由户到社"的发展趋势。随着部分地区农村空心化现象和人口老龄化问题户信贷需求下降。而在农业产业经营的现代化发展过程中，新型农业经营主体逐渐成为农业产业的核心主体，随之而来的是其多元化的金融需求更加突出，如供应链金融、农业保险和财富管理等。但受制于多重因素，现阶段的农村金融供给体系尚不能与之较好匹配，新型农业经营主体的多元化金融需求可得性有待进一步满足。

第二，新型城镇化进程推动农村金融需求"由少到多"、期限"由短及长"。近年来，受密集型制造业从东部沿海地区向中西部地区转移等因素的影响，部分人口从城镇回流到农村，城乡人口表现出一定的反向流动特征（国务院发展研究中心农村经

---

① 笔者根据《中国人民银行对十四届全国人大二次会议第2511号建议的答复》发布的相关数据整理。

济研究部课题组等，2021），加速了农村地区的新型城镇化。而随着返乡创业人员的增加，其对于长期资金的融资需求增加，推动农村金融需求结构进一步调整。

（二）农村中小商业银行风险加剧化

第一，地方中小银行机构内部治理不完善导致风险加剧。一方面，部分中小银行董事会、监事会和管理层之间的权责划分不清，内部控制和监督机制薄弱，导致经营决策中容易出现管理失控和道德风险。另一方面，中小银行普遍存在业务结构单一且集中度过高的现象。从业务结构看，业务结构单一导致收入来源以息差收入为主，这造成中小银行在净息差收窄趋势下承担的压力远大于大型银行。从客户结构看，地方中小银行既与地方政府融资平台和房地产关联紧密，也与当地的产业结构关联度较高，因此在经济结构转型期，当地方支柱行业或产业遭受外部冲击时，中小银行相关业务风险就容易集中暴露。

第二，市场竞争加剧造成风险持续累积。在需求端，随着宏观经济周期变化和经济结构调整，金融需求总量增长速度有所放缓，造成银行业规模逐渐逼近"天花板"。在供给端，市场竞争加剧造成大型银行下沉能力和意愿显著提升，加上新兴金融机构（互联网平台、数字银行以及非银行金融机构等）对长尾客群的积极拓展，造成中小银行在获取客户资源、市场份额和技术创新等方面面临巨大挑战。

（三）政策性农业保险运行过度市场化

中国政策性农业保险实行"市场运作"制度模式，即政策性农业保险由商业性保险公司运作。在该模式中，保险公司以商业利润最大化为目标，但实际经营运作又受到政府干预，导致保险公司经营预期和行为出现短期化倾向，影响政策性农业保险的可持续发展。

第一，开展政策性农险业务的保险公司在经营中过度追逐超额利润。目前，不少经营政策性农险的公司把保费规模和利润率作为考核基层机构的重要指标，这对于商业性公司而言无可厚非。但如果商业性保险公司过度追逐利润最大化，就容易造成政府和农户的利益受损，制约农业保险的政策效果和可持续发展。例如，有些保险公司曾要求基层机构政策性农业保险业务利润率每年递增15%，否则将减少员工个人绩效。由于总体保费基本固定，保险公司的利润率每年递增，意味着对农户的保障程度将每年递减，造成农业保险的政策效果自然大打折扣。

第二，政府过度行政干预制约保险公司经营运作。实践中，开展政策性农险业务的保险公司或多或少受到一定程度的政府干预，造成其经营规则的延续性较差，经营预期较弱。保险公司是否具有承销政策性农业保险的资格以及承销额度，需要通过地方政府遴选。由于遴选周期过短，保险公司对于未来经营缺乏确定性预期，明年农业保险规模有多大、是否还具有经营资格、承保后能否收回保费补贴、发生灾害损失后政府让赔多少等都是未知数。受此影响，保险公司对创新保险产品、努力提高服务质量和建设基层服务体系的积极性不足，反而将工作重点放在遴选资格和一时一地的市场份额方面，影响了农业保险的政策效果。

（四）农村金融生态环境建设有待强化

第一，涉农信用信息采集共享机制有待完善。涉农信用信息的采集是农村信用体系建设的基础环节。目前，涉农信用信息归集在完整性、有效性、准确性、及时性等方面仍存在较大困难，尚未建立起信息归集共享的长效机制。主要表现为农村群体配合信息采集的意愿较低、信息"碎片化"情况较为严重以及尚未出台统一的农村信用评级标准导致信用评分的普适性较低。

第二，金融消费者权益保护对象和保护范围有待明确。首先，金融行业与传统行业在经营产品和风险特征等方面有显著差异，现行的《中华人民共和国消费者权益保护法》不能完全适用于金融消费者，存在部分法律制度空白。其次，随着数字金融的迅速发展，金融跨产业和跨领域特性越来越明显，特别是数字金融更新换代频繁、传播速度快、影响范围广，使金融消费者权益保护领域出现了一些全新的问题和风险。例如，移动互联网应用、服务去载体化趋势在提高农村金融供给效率，但也增加了老年人、低收入人群获取数字金融服务的难度。因此，如何更好保障弱势消费群体的金融权益，成为金融消费者保护工作面临的新课题。

三 "十五五"时期农村金融高质量发展的重点任务

金融高质量发展是一个多维度、多属性的概念，既区别于金融发展，也区别于金融质量，既包括"质的提升"，又包括"量的扩张"，是"量"和"质"的协调统一。农村金融高质量发展"质的提升"应为农村金融市场发展可持续和农村金融机构经营可持续，具体来讲就是农村金融市场份额逐渐上升，市场效率不断提高，农村金融市场实现良性有序竞争和可持续发展，农村金融机构经营风险可控和经济效益稳定增长，具备持续为农村经济服务的环境、条件、能力和意愿。农村金融高质量发展"量的扩张"应为农村金融覆盖广度和使用深度不断提升，农业生产经营主体能够快速地、便捷地、以可负担成本从正规金融机构获取金融资源和金融服务，这是农村金融服务均等化、普惠化和金融发展成果共享的基本要求，也是农村金融供求均衡、农村金融与农村经济相协调的重要表现。

"十五五"时期，农村金融高质量发展应以提升服务乡村振兴战略能力为首要目标，补短板、强基础。具体而言，需深入推进农村金融供给侧结构性改革、持续提升金融服务质效和加强农村金融生态环境建设。

（一）深入推进农村金融供给侧结构性改革

1. 继续推动地方法人金融机构改革

第一，破解省联社与社员机构股权与控制权非对称配置矛盾。现有农村信用社法人治理结构存在明显的股权与控制权非对称配置。省联社由区域内基层成员农信社"自下而上"入股组成，但实践中省联社却根据省政府授权"自上而下"对各成员农信社进行业务管理和指导。具体而言，各省省联社通过省政府的行政授权，拥有对辖内农村商业银行股东选择、高管任命、薪酬指导、股利政策等多项权利，甚至可以直接插手信贷投放。在农村商业银行的发展初期，省联社的行政管理起到了健全内控、化解风险等方面的积极作用，然而随着中国农信系统的改革与发

"十五五"时期农村金融高质量发展的重点任务与实现路径

展，省联社的过度行政干涉与农信社市场化发展路径之间的矛盾日益加深。例如，省联社对基层农信社人事安排和经营管理的过度干预，导致县级法人的独立性公司法人治理有名无实，而且，省级政府的"隐性担保"问题将进一步放大区域金融风险，不利于地方金融稳定。因此，"十五五"时期，基于中国幅员辽阔、区域经济发展水平不一、农信机构经营管理水平和发展态势差异较大的事实，在兼顾促进发展和防范风险双重目标下，探索破解省联社与社员机构股权与控制权非对称配置的矛盾，是金融监管部门和地方政府亟须解决的问题。

第二，推动村镇银行高质量合并重组。村镇银行作为农村金融供给的生力军，对深化农村金融服务发挥重要作用。但囿于资本充足率不足、风险管理能力偏弱等因素，村镇银行风险普遍较高。中国人民银行《中国金融稳定报告（2023）》显示，高风险银行数量为337家，其中132家为村镇银行，占比高达39.47%，占全国村镇银行数量的8.15%[①]。因此，为化解金融风险，金融监管机构鼓励村镇银行改革重组。仅2024年，百余家村镇银行通过村改支、村改分、并购等方式被股份制银行、城商行兼并重组。其中，被吸收合并的村镇银行超过75家，被收购的村镇银行超过55家，覆盖河北、山东、湖南、辽宁、四川、内蒙古、陕西、天津、北京等多个省份。无论合并还是重组，对于发起行来说，都意味着风险互担、资源共享、员工安置与客户转接。对于村镇银行来说，其储户或农村小微企业客户，均能得到不同程度的受益和保障。对于监管层来说，推进农村中小银行

---

① 笔者根据国家金融监督管理总局金融许可证查询可知，截至2023年12月31日，全国村镇银行1620家。

兼并重组，减少中小银行数量和层级，目的是要保证这些机构的更可持续发展，从而确保农村普惠金融服务的可持续性。但是，机构"减量"并不能简单与"提质"画等号，"十五五"时期村镇银行改革重组势必稳妥有序推进。

2. 完善政策性农业保险制度

2012年颁布的《农业保险条例》将中国农业保险运行原则确定为"政府引导、市场运作、自主自愿、协同推进"，这也是目前中国政策性农业保险制度建立的基础。十几年来，中国农业保险高速发展，保费规模在2020年和2023年两次超过美国，跃居全球第一。但理性地看，中国农业保险发展仍较为粗放，距离农业保险强国的目标还很遥远。究其根本，在于中国政策性农业保险的"市场运作"制度模式构建的底层逻辑不顺。具体而言，是将政策性农业保险保障国家粮食安全、稳定和提高农民收入等政府目标交由追逐利润最大化的商业性保险公司去实现，会导致政府目标与保险公司目标不一致甚至冲突。同时，政府缺位与越位并存，保险公司过度追逐利润与经营受限、农户保险权益受损与期望过高并存，导致政策性农业保险在一些地方政府、保险公司和农户三方之间逐渐演化成"互掏口袋"的复杂博弈，产生了一些乱象，对农业保险的声誉和可持续发展造成负面影响。此外，由于政策性农业保险保费的80%源于财政资金，所以其本质上是财政再分配，即国家为实现其职能，通过财政转移支付，对社会收入和财富进行重新分配的过程。可见，"政策性农业保险"的政策目标、实施主体、实施方式、资金筹集和使用、基金管理和运用、大灾风险分散机制的建立、政策效果评价和考核等,都不同于"商业性农业保险"。因此,在更加突出农业保险政策地位的背景下,有必要重新审视和修正《农业保险条例》中确立的政策性农业保险"市场运作"原则,推动政策性农业保险制度模式改革,解决现有制度下长期存在的问题,以提升农业保险政策效果。

(二) 持续提升农村金融服务质效

1. 激发农村金融领域耐心资本潜力

支持乡村发展的信贷资金虽然充裕,但主要是短期信贷资金。如何发挥资本市场功能,激发耐心资本发展潜力,为粮食安全、乡村建设等关键领域提供长期资金支持,是"十五五"时期农村金融发展的重要任务之一。

第一,缓解短期利益追求与长期投资目标的矛盾。相较短期逐利的信贷资本和社会资本,耐心资本的特殊性在于长期导向、高风险容忍以及对社会效益的偏好。但市场主体受到短期业绩压力和市场波动的影响,往往难以坚守长期投资策略。因此,为保证金融产品供给的长期性,需要缓解长期投资的不确定性与资本偏好短期确定性收益的矛盾。

第二,打破高风险容忍特性与有限风险承受能力的不平衡。耐心资本通常对市场风险有更为宏观和长期的认知,具有风险容忍高的特性。在农业农村领域,囿于农业生产的周期性、季节性,农业经营主体合格担保品少、抗风险能力差、生产技术和知识水平有限等因素,经营项目的风险性普遍较高,但实践中投资者的风险承受能力通常是有限的,两者之间存在一定的矛盾。因此,需要平衡耐心资本的高风险容忍特性与投资者有限风险承受能力。

2. 统筹推进金融"五篇大文章"

做好科技金融、绿色金融、普惠金融、养老金融、数字金融五篇大文章，具有鲜明的战略导向，是落实金融政治性、人民性和功能性的焦点所在。"十五五"时期，农村金融发展的核心是做好"五篇大文章"，构建金融高质量发展与经济社会高质量发展的良性循环。

第一，科技金融发展的关键在于厘清发展科技金融的"中间目标"与"最终目标"。农业科技型企业和产业具有培育周期长、科技创新融资需求多元、创新风险大等特点。因此，发展科技金融需要通过引导金融机构创新产品并改进服务，实现金融资本链条与农业科技创新链条的完美融合，最终满足农业科技企业全生命周期的融资需求与金融服务。但科技金融不应只局限于科技信贷、科技债券等衡量科技金融产品与服务的中间指标，更应该明确科技金融发展目标的优先次序选择，例如，促进经济增长、促进全要素生产率提升、推动科技进步与科创成果增加等。目标选择的差异，将直接影响金融支持科技发展的合理路径选择。

第二，绿色金融发展的关键在于解决"绿色金融的供给不平衡"和"价格引导绿色发展的作用不充分"。绿色金融的供给不平衡，主要体现在直接融资和间接融资之间、银行信贷和其他多种融资模式之间的发展不够平衡，绿色发展需要多样性的融资服务。价格引导绿色发展的作用不充分，主要表现在绿色金融的资源配置中，融资主体从事非绿经济活动对资源环境的破坏性难

"十五五"时期农村金融高质量发展的重点任务与实现路径

以清晰量化。而融资主体进行绿色发展产生的正外部性也没有获得足够的实质性奖励。例如，从价格因素这个激励约束来看，在债券市场，相同的主体发行绿债和非绿债的价差大概是5—15个基点；在信贷市场，支持绿色领域的贷款和没有明显绿色标识的非绿贷款的利率差价也大概在10个基点。

第三，普惠金融发展的关键在于破解"三角困局"和"多元协同"难题。尽管近年来中国普惠金融服务的规模、利率、便利性和满意度都得到了极大的改善，但相对于民营企业和小微企业对经济社会发展的贡献、广大人民群众日益丰富的金融服务需求相比，还存在很大的差距。一方面，小微金融服务尚未实质性破解"不敢贷、不能贷、不愿贷"三角困局，这背后的核心是小微企业贷款的"成本—收益—风险"函数关系一直没有实质性改变，造成银行发放小微企业贷款缺乏内生动力；另一方面，随着经济社会的不断发展，中小微企业和人民群众的金融需求更加多元，单一信贷服务已无法满足重点群体需要，普惠金融高质量发展需要产品服务体系从单一信贷服务为主转向综合服务多元金融需求并重。

第四，养老金融发展的关键在于突破"养老金融供需匹配度欠佳"与"家庭养老"观念的困境。现有养老金融产品与养老投资需求的匹配度欠佳，主要表现在养老金融产品同质化现象严重。目前市场上推出的养老金融产品较为相似，普遍存在收益率偏低、期限太长和产品介绍不够清晰明确等缺陷，难以满足多样化养老投资需求；而且，现阶段养老金融产品的灵活性普遍较差，居民在选择银行、基金、保险等不同类型养老金融产品时存在不便。同时，受传统观念影响，"家庭养老"观念深入人心，国民购买养老金融产品的意识较弱，同时受制于金融素养较低，农村居民更倾向于参与定期存款、保险等稳定收益产品，对养老基金、养老理财、"养老+健康"复合型保险产品的接受度不高，供需双向奔赴的难度较大。

第五，数字金融发展的关键在于实现"内外联动"和"产融共进"。数字金融发展是通过数字化，从内部和外部对金融供应链的"人（用户）、货（产品和运营）、场（场景和场所）"进行创新升级。数字金融高质量发展关键在于"内外联动"，即在内部数字化发展过程中通过技术迭代促进策略模型的沉淀，在外部数字化应用过程中通过业务发展提升策略模型的适配度。而且，数字金融发展最终要落到服务实体经济的质效上，实现数字化金融服务与实体经济数字化转型的深度融合。

（三）加强农村金融生态环境建设

农村金融生态环境建设是一个系统性工程，包括社会信用体系、支付结算体系、融资担保体系、金融监管体系和金融消费者权益保护等多个方面。鉴于支付结算体系、融资担保体系、金融监管体系已较为完善和成熟，本报告基于农村金融发展中信用体系的基础性和金融消费者权益保护的重要性，展开分析。

1. 推进农村地区社会信用体系建设

第一，明确主导职权划分。即"谁管理"和"管理谁"的问题。农村经济发展涉及的因素纷繁复杂，种植养殖生产加工、林下作物培育、合作社经营等生产经营主体，隶属的主管部门不一，但社会信用体系所依托的综合性评价指标体系，需要从多个职能部门获取标准化数据信息，因此，社会信用体系的建设需要明确主导部门和参与部门的职责边界，形成多部门协同配合的工作局面。

第二，完善信用指标内容。如何筛选指标、构建一套完整的指标体系，是社会信用管理的核心。现阶段农村社会信用体系建设仍处于初探阶段，没有形成对农村主体的信用状态与程度进行全方位评价的科学系统的指标体系。

2. 强化金融消费者权益保护

第一，金融消费者保护应该"保护谁"。考虑到金融产品与服务的特殊性，其消费者保护与传统消费截然不同。例如，金融市场基本功能包括支付结算、资金跨期配置、股权细化、风险管理、信息管理等，于是便相应产生了多元化的金融产品与服务，其性质特点差异较大，对应的消费者也具有截然不同的风险偏好，因此难以简单进行归类。同时，从金融消费者自身来看，其知识水平、专业能力都有所不同，因此面对弱势、普通或专业的金融消费者来说，可能保护对象的重点也应该有所侧重。

第二，金融消费者保护"保护什么"。公众所关注的基本权益，除了最基本的资金安全，还包括信息安全。"十五五"时期，伴随金融科技的发展，需要更加重视个体信息隐私保护，用法律形式来明确信息采集的原则与界限，明确禁止滥用"大数据"收集非必要信息、侵犯公民隐私的行为。在采集和查询个人信息获取授权的基础上，还需探索如何更好地保障消费者的知情权和异议权。

四 "十五五"时期农村金融高质量发展的实现路径

"十五五"时期，为进一步推进农村金融高质量发展，需要持续深化金融供给侧结构性改革，完善金融有效支持农村经济发展的体制机制；立足新发展阶段金融需求变化，全面提升农村金融服务质效；继续推进金融基础设施建设，增强金融服务"三农"内生动力。

（一）深化农村金融供给侧结构性改革，完善金融有效支持农村经济发展的体制机制

第一，深化农村中小金融机构改革。首先，坚持"一省一策"稳步推进省联社改革。省联社深化改革解决了农村金融机构独立运营能力的提升与省联社仍高度控制下辖机构公司治理和业务发展之间的矛盾。整体上看，统一法人模式改革更为彻底，但联合银行模式的可操作性更强。为了减少改革过程中出现的矛盾，建议具有区位经济优势、农信系统中个体综合实力较强的省份直接改为统一法人模式或采取"下参上"模式，部分省份可能采用分步走改革方式，先成立联合银行后转为省级统一法人农商银行。其次，鼓励农村中小金融机构合并重组。需要明确的是，改革重组的目的并不是简单地在机构数量上做减法，而是要同时突出"提质"，推动农村中小银行高质量发展。鼓励头部银行注资或收购尾部银行，同时组合运用兼并重组、收购承接、市

场退出等处置策略，集中化解一批高风险机构风险。

第二，完善政策性农业保险制度。建立一个政策性机构管理全国的农业保险业务。各国建立政策性农业保险计划的初衷，是为了实现政府特定目标，同时由于涉及政府财政补贴，其运行模式与监管规则都比商业性保险复杂得多，因此需要有专门的运行管理机构。可以借鉴美国和加拿大的经验，或参考中国现行的政策性银行与商业性银行、政策性农业担保与商业性农业担保模式，建立一个负责全国政策性农业保险的运行和管理的政策性机构。为了降低新设机构成本，在数字化运营的基础上，可以考虑由政策性机构掌控政策性农业保险的产品开发和定价权以及对承保理赔业务的管理权，仅将政策性农业保险业务的销售、承保和理赔工作交给商业性保险公司代办，代办公司的综合管理费不超过农业保险保费的一定比例。

（二）立足新发展阶段金融需求变化，全面提升农村金融服务质效

第一，推动国有资本成为耐心资本。国有经济的功能定位使得国有资本天然具有耐心资本的内在属性。首先，深化国有资本出资管理体制机制改革，明确国有资本出资人和运营管理人的职责权限和责任范围，努力提升国有资本投资运营机构市场化运作水平，提高投资效率。其次，完善国有资本投资基金业绩评价、奖惩激励、容错免责等制度。业绩考核评价应建立在长周期基础上，并以中长期激励为主，奖金分阶段递延，促进长期业绩导向的树立。区分投资决策者和投资经办人不同责任及其定性，并据此建立问责处罚及尽职合规容错免责制度。最后，发挥以国有资

本为主体的政府引导基金作用，需在政府引导和市场主导之间实现高效协同，以此撬动更多社会资本参与农业农村发展。

第二，统筹金融"五篇大文章"。科技金融统筹运用股权、债权、保险等手段，精准支持国家重大科技任务和科技型中小企业，发挥多层次资本市场支持科技创新关键枢纽作用，着力投早、投小、投长期、投硬科技，助推科技进步与科创成果增加、全要素生产率提升和经济增长。绿色金融应完善绿色金融政策、市场和标准体系，丰富绿色金融工具，统筹对绿色发展和低碳转型的支持。普惠金融通过健全普惠金融机构组织体系，优化金融产品供给，提升民营小微、乡村振兴等领域的金融服务质效。养老金融着力强化银发经济金融支持，开发适当的养老产品、加强养老投资管理等。数字金融在有效防控金融风险的基础上，聚焦加快金融机构数字化转型，健全数字金融治理体系，推动数字经济与实体经济结合。

（三）继续推进金融基础设施建设，强化服务"三农"内生动力

第一，优化农村金融信用体系建设。首先，农村信用体系建设要整体谋划、整体发力，建立统一协同评价机制。地方政府应针对农村金融和农村信用的现状与特征，统筹制订发展规划和实施计划。将农村信用体系建设纳入部门绩效考核，调动各级政府和各级部门的工作积极性。统一农村信息采集和信用评级标准，确定科学、量化的指标体系和评价标准，以此保障信用信息体系建设的统一性、权威性和可控性，实现农户信用评级结果在不同机构、不同区域内的广泛认同，促进信息多方采集和资源共享。

其次，围绕信用村、信用户等构建农村现代信用关系网络，并与农村金融服务数字化平台实现对接，打造共建共治共享的农村信用系统。最后，发挥有为政府的协调和推动。农村中小金融机构长期扎根于农村，在业务拓展过程中为农村信用体系建设作出了重要贡献，客观上扮演着农村金融准公共品提供主体的角色，其在农村金融基础设施领域的先期建设投入，应当得到应有的利益补偿。

第二，完善农村金融消费者权益保护。首先，结合数字化时代特点，不断完善金融消费者保护制度建设。在现有立法基础上，进一步研究探索金融消费者权益保护专门立法。拓展并明确农村金融消费者内涵及权益细则，将家庭农场、手工艺作坊、个性化工作室以及农业合作社等创新型经营主体纳入金融消费者保护范畴。其次，提升农村金融消费者金融素养。应结合农村实际，抓住"留守人口""城镇低收入人群"等重点人群，要有的放矢地开展金融消费者教育专项活动，用通俗易懂的语言为客户详细讲解金融消费者权益、防电信诈骗等知识。最后，积极探索大数据和云计算等监管科技在金融消费者保护中的应用，充分发掘大数据技术对监管质效提升的巨大价值，提高信息科技对监管的服务和支撑能力，增强监管措施的针对性、适用性和可操作性。

参考文献

冯文丽、庹国柱：《关于中国政策性农业保险制度模式改革的思考》，《保险研究》2024年第12期。

国家统计局编：《中国统计摘要（2024）》，中国统计出版社2024

年版。

蒋永强、张青兰：《耐心资本驱动新质生产力：理论逻辑、现实困境和实践路径》，《经济学家》2025年第3期。

李秀梅：《财政部：2024年拨付中央财政农业保险保费补贴547亿元》，《北京商报》2025年3月24日。

刘朝晖：《高质量发展阶段壮大耐心资本的逻辑依据、关键问题与实践进路》，《中州学刊》2025年第1期。

麦可思研究院主编：《2024年中国本科生就业报告》，社会科学文献出版社2024年版。

彭澎、周月书：《新世纪以来农村金融改革的政策轨迹、理论逻辑与实践效果——基于2004—2022年中央"一号文件"的文本分析》，《中国农村经济》2022年第9期。

庹国柱、冯文丽：《对"政策性农业保险"的再考察》，《保险研究》2024年第5期。

温涛、何茜：《全面推进乡村振兴与深化农村金融改革创新：逻辑转换、难点突破与路径选择》，《中国农村经济》2023年第1期。

温涛、向栩：《农村金融服务农业强国建设：基础能力、薄弱环节与创新路径》，《经济学家》2024年第4期。

杨涛：《理解金融强国背景下的金融消费者保护》，《北大金融评论》2024年第21期。

张林、温涛：《农村金融高质量服务乡村振兴的现实问题与破解路径》，《现代经济探讨》2021年第5期。

中国人民银行农村金融服务小组编：《中国农村金融服务报告（2022）》，中国金融出版社2023年版。

社会篇

"十五五"时期乡村治理的挑战、目标及对策

张延龙 陈 慧[*]

摘 要："十五五"时期是中国经济迈向高质量发展的攻坚期，进一步健全完善乡村治理体系将成为面向"十五五"时期推动农业农村现代化的关键着力点。当前中国乡村治理在党建引领作用、乡村自治水平、乡村法治建设和风险防范整治等方面已取得显著成效，但仍面临乡村协同治理有待提升、基层形式主义仍较明显、特色文化资源挖掘不够深入、乡村移风易俗问题仍然突出等现实约束。为此，"十五五"时期要立足于国内外发展新趋势和中国发展条件的深刻变化，围绕乡村基层党建、人才队伍建设、乡村文化传承、生态文明建设和乡村治理体系等方面，科学谋划主要目标，并提出通过发挥基层党建引领作用、加强乡村人才队伍建设、强化农耕文明保护与传承、因地制宜开展乡风文明建设、制定乡村权责清单、构建风险防范体系等手段，全面提

---

[*] 张延龙，经济学博士，中国社会科学院农村发展研究所副研究员、中国社会科学院大学应用经济学院硕士生导师、副教授，主要研究方向为乡村治理与乡村产业；陈慧，中国社会科学院大学应用经济学院博士研究生，主要研究方向为农业农村绿色发展。

升"十五五"时期乡村治理水平。

关键词:"十五五"时期;乡村治理;挑战;目标;对策

The Challenges, Goals and Countermeasures of Rural Governance During the 15th Five-Year Plan Period

Zhang Yanlong Chen Hui

Abstract: The 15th Five-Year Plan period represents a crucial stage for China's economy to achieve high-quality development, during which further improving and perfecting the rural governance system will become a key focus for promoting agricultural and rural modernization. Currently, China's rural governance has achieved remarkable results in areas such as Party-building leadership, rural self-governance, legal system construction, and risk prevention and control. However, it still faces practical constraints including the need to enhance collaborative governance, the persistence of grassroots formalism, insufficient exploration of characteristic cultural resources, and prominent issues in transforming outdated customs. Therefore, during the 15th Five-Year Plan period, based on new domestic and interna-

"十五五"时期乡村治理的挑战、目标及对策

tional development trends and profound changes in China's development conditions, it is necessary to scientifically formulate new goals focusing on rural grassroots Party building, talent team construction, rural cultural inheritance, ecological civilization construction, and the rural governance system. Measures should be proposed to comprehensively improve rural governance during this period, including giving full play to the leading role of grassroots Party building, strengthening the construction of rural talent teams, enhancing the protection and inheritance of farming civilization, carrying out rural cultural and ethical progress according to local conditions, formulating rural power and responsibility lists, and establishing a risk prevention system.

Key Words: 15th Five-Year Plan; Rural Governance; Challenges; Goals; Countermeasures

"十五五"时期（2026—2030年）是中国全面推进乡村振兴、加快农业农村现代化的重要时期，也是迈进2035年基本实现现代化的关键阶段。在此背景下，深入开展"十五五"时期乡村治理的战略谋划和政策研究，对于破解"三农"发展难题、夯实农业农村现代化基础具有重大现实意义。虽然在乡村振兴战略的稳步推进下，"十四五"时期中国在基层党组织建设、乡村自治发展、乡村法治建设等方面取得重要成效，但仍面临诸多较大挑战，如乡村协同治理有待提升、基层形式主义仍较明显、移风易俗工作推进难度较大等。为此，在"十四五"时期高标准完成巩固拓展脱贫攻坚成果同乡村振兴有效衔接的基础上，需进一步健全完善乡村治理以强化乡村基层社会治理制度集成创新，

为面向"十五五"时期推动农业农村现代化提供必要支持。基于此，本报告将在梳理"十四五"时期中国乡村治理成效和挑战的基础上，进一步明确"十五五"时期乡村治理的主要目标，并以此提出乡村治理的优化路径与政策建议。

一 "十四五"时期中国乡村治理的成效

2020年中国共产党第十九届中央委员会第五次全体会议在深入分析国际国内形势后，通过《中华人民共和国国民经济和社会发展第十四个五年规划和2035年远景目标纲要》（以下简称《纲要》），将构建基层社会治理新格局作为"十四五"时期经济社会发展的主要目标之一。在《纲要》的领导下，"十四五"时期中国乡村治理取得显著成效。

（一）党建引领作用更加显著

"十四五"时期，中国各地有序推进村"两委"换届，通过实施驻村第一书记、"一村多名大学生"计划等途径，加快壮大乡村基层党组织带头人队伍建设，重点从本村致富能人、返乡创业人才、退伍军人、返乡大学生等优秀群体中，选拔出一批年纪轻、学历高、能力强的优秀人才作为基层党组织的储备力量，基层党组织队伍规模持续扩大，并呈现出年轻化、专业化的发展趋势。此外，基层党员队伍的管理和教育得到进一步强化，定期就党员的日常表现、学习培训等情况进行民主评议，基层干部素质和能力明显提高，模范带头作用日益凸显。

（二）乡村自治能力显著提升

"十四五"时期以来，各地积极探索创新村民自治实践路径，乡村自治水平显著提升。在参与渠道方面，各地普遍通过建立村民会议、村民代表会议、村民议事会、村民理事会、村民监事会等平台，广泛开展村民说事会、民情恳谈会、百姓议事厅、妇女议事会等活动，村民参与乡村治理的途径得到不断拓宽。在制度建设方面，逐步形成涵盖民主选举、民主协商、民主决策等全过程的制度体系，村民（代表）会议制度得到系统性完善，在密切联系群众、公共服务供给、矛盾纠纷排查、治安联防联控等方面发挥重要作用。在监督机制方面，村级事务"阳光公开"监管平台在乡村普遍建立，通过开拓"村民微信群""乡村公众号"等数字化监督渠道，实现了村级事务的实时公开和全程留痕，有利于强化乡村群众对村级权力的有效监督。

（三）乡村法治建设日益健全

一方面，全面落实"一村一法律顾问""法律援助值班律师"工作制度，推动乡村公共法律服务站建立，公共法律服务能力和水平显著提升。面向村民组建法律服务微信群，为乡村提供了更加便民化、精准化的法律服务，法律服务体系不断健全。另一方面，定期开展"法律进乡村"宣传教育活动，初步建成法治文化广场、法治宣传栏、法治文化墙等法治宣传阵地，多措并举提升了乡村干部的依法治理能力和乡村居民的尊法学法守法用法意识，为乡村振兴营造了良好的法治环境。此外，通过完善村规民约和健全道德评议机制，各地结合实际建立"红黑榜"

"积分制"等激励约束措施，乡村道德规范的引导作用不断增强，移风易俗工作稳步推进，社会不良风气得到一定遏制。

（四）风险防范整治持续推进

坚持和发展新时代"枫桥经验"，组织网格员参与矛盾排查和化解工作，不断推进矛盾排查纠纷化解工作。"十四五"时期，在乡村治理的具体实践中，多地创新打造了"网格+党建""网格+村组""网格+警务"等治理模式，重点针对农村地区常见的婚恋纠纷、家庭矛盾、邻里冲突和债务问题等突出矛盾，整合乡镇综治中心、派出所和村民等多方力量，加快实现对潜在风险隐患的及时发现和有效管控。另外，利用科技赋能乡村基层社会治理，依托乡村数字化管理平台，推动矛盾纠纷化解方式从传统"面对面"向"键对键"转型升级，显著提升基层矛盾纠纷化解的时效性和精准度。

二 "十五五"时期中国乡村治理面临的新挑战

尽管中国乡村治理已经取得显著成效，但依然存在乡村多元协同化治理有待提升、乡村基层形式主义仍较明显、特色文化资源挖掘不够深入和乡村移风易俗问题仍然突出等主要问题，对"十五五"时期乡村治理建设形成了较大挑战。

（一）多元协同化治理有待提升

推动乡村多元主体协同治理是有效解决转型期乡村社会矛盾

的主要途径（林茜，2019），但当前乡村社会结构空心化、返乡青年治理边缘化、政府职能缺失化等问题仍较为突出，导致乡村协同治理仍趋于形式主义。具体而言，随着工业化进程给乡村社会带来的结构性变迁，大量本应作为乡村治理核心主体的年轻劳动力或乡村能人涌入城市务工，这一流动使乡村地区以老年人、妇女及儿童为主，而这些群体普遍缺乏直接参与乡村治理的能力与条件。对于外出务工的年轻劳动力而言，由于地理距离和工作性质的原因，他们普遍与乡村社会的联系日益疏远，对乡村公共事务的依赖性和关注度下降，缺乏参与乡村治理的积极性和主动性。另外，乡村是一个熟人社会，受到乡村传统权威限制、组织支持力度不足等因素影响，返乡青年难以获得乡村干部和村民的完全信任和认同，政治参与感较弱，在村庄发展规划、集体经济建设、基础设施建设等问题上缺乏实质性的发言权，青年治理遭遇边缘化困境（石金群，2023）。

（二）乡村基层形式主义仍较明显

实现乡村基层治理创新是全面推进乡村振兴的重要选择，也是打通乡村治理"最后一公里"和推动乡村社会和谐稳定的关键路径。在乡村振兴战略的推进下，全国各地积极探索创新乡村治理体系建设。但在中国行政压力驱动下，地方政策执行往往出现层层加码的现象（施从美、吴昊俊，2023），基层政府以完成上级部署的刚性绩效任务为目标，按规范程序办事，侧重于"短平快"的形象工程和面子工程，而对农民切身关注的利益需求指导和回应明显不足。与此同时，随着政务 App、小程序和数字化管理系统的普及，乡村基层干部需要投入大量时间和精力处理数字治理事务，包括填写报表、上传数据以及回复群组信息等（吴合庆、陈桂生，2023）。这不仅增加了基层干部的工作负担，还容易催生形式主义，进一步影响基层治理效能。

（三）特色文化资源挖掘不够深入

在基层治理的具体实践中，受到基层干部治理能力和国家政策的影响，乡村建设同质化现象明显。部分乡村忽视自身实际情况和资源条件，完全照搬其他地区的发展模式，导致乡村建设和乡村社会经济之间存在较大脱节，从而引发乡村治理创新无效，甚至产生乡村治理效率低下的问题（李婷，2023）。如部分地区在乡村规划建设中仅简单套用城市规划建设的方式，或是对乡村空间进行同质化改造，对本土文化挖掘不够，缺乏对当地历史文脉、民俗传统、建筑特色等文化基因的系统性保护与创新性转化，导致乡村资源利用效率较低，治理难度加剧。

（四）乡村移风易俗问题仍然突出

当前中国乡村移风易俗工作虽取得一定成效，但部分地区高额彩礼、大操大办等不良风气依然盛行，彩礼金额居高不下，远超农民家庭经济承受能力，因婚致贫、因婚返贫的现象时有发生。部分乡村地区丧葬陋习仍然存在，丧事大操大办、封建迷信活动屡禁不止，丧葬仪式烦琐冗长，不仅容易对乡村资源造成浪费，还可能对生态环境产生不利影响。此外，乡村人情攀比之风愈演愈烈，人情往来名目繁多，标准水涨船高，婚丧嫁娶、升学乔迁、生日满月等都要大摆宴席，普通农户每年人情支出占家庭收入比重过大。这些问题的存在，不仅加重了农民经济负担，还不利于农村社会风气的健康培育，影响乡村社会治理的正常运行（刘桓宁、项继权，2023）。因此，"十五五"时期亟须通过加强宣传教育、完善村规民约、培育文明乡风等措施，加快乡村移风易俗工作的持续推进。

三 "十五五"时期中国乡村治理的主要目标

进入"十五五"时期，中国将迎来全面建设社会主义现代化国家的重要战略机遇期，站在新的历史起点上，乡村治理需立足于国内外发展趋势和中国发展条件的深刻变化，紧紧围绕乡村治理的发展机遇和现实困境，科学谋划未来五年的发展目标。基于此，本报告结合《乡村全面振兴规划（2024—2027年）》所明确的阶段性任务，以及中央一号文件对深化乡村改革的重大部署，提出"十五五"时期乡村治理的主要目标（见表1）。

（一）乡村基层党建方面

截至2023年底，中国48.8万名村党组织书记中具有大专及以上学历者占比达44.0%，比2022年提高了1.5%，现任驻村第一书记规模达到20.6万名，已覆盖全国42.2%的行政村，乡村基层组织建设取得显著成效。为延续"十四五"时期乡村基层组织建设优势，"十五五"时期要继续强化基层党组织的政治和组织功能，优化驻村第一书记和工作队伍选派管理，到2030年基本实现行政村全部覆盖，自治、法治、德治相结合的乡村治理体系格局加速形成。

（二）人才队伍建设方面

"十四五"时期中国乡村实用人才总量已突破2300万大关，累计培育高素质农民规模达到800万人，但与2035年"基本实现农业现代化"的战略目标相对比，农村地区对科技创新、经营管理、公共服务等领域的人才储备仍显不足。为进一步优化乡村人才的资源配置，补充乡村人才队伍建设的短板，根据2025年中央一号文件关于"健全乡村人才培养与发展机制"的战略部署，"十五五"时期需着力实现三大乡村人才建设目标：一是优化乡村人才结构。强化两委干部队伍全链条管理，打造村后备干部队伍，逐步实现村干部队伍学历和年龄"一升一降"，获得农民技术人员职称和国家职业资格证书的农民占比超过80%和30%，提高乡村公共服务、乡村治理、工程技术等领域人才占比。二是壮大乡村人才规模。力争到2030年新增培育155万名高素质农民，吸引返乡入乡创业人才超过1500万人。三是改善人才发展环境。完善乡村人才服务保障机制，改善乡村工作生活条件，落实人才待遇保障，激活乡村经济活力，使乡村人才能够引得进、留得住、用得好。

（三）乡村文化传承方面

建立优质文化资源直达基层机制，推动文化惠民"百千万工程"，加大乡村优质文化产品的供给力度，培育发展乡村文化市场，全面丰富村民精神文化生活。2022年国家文化馆和图书馆总分馆制建设的县（市、区）占比分别超过94%和93%，村级综合文化服务中心惠及5.51亿人次，2023年国家文化馆和图书馆总分馆制建设的县（市、区）占比分别提高至96%和95%，组织直属文艺院团年均开展基层文化惠民演出300场次，乡村文化建设不断夯实。2025年1月，中共中央、国务院印发《乡村全面振兴规划（2024—2027年）》，对繁荣乡村文化、培育新时代文明乡风做出了具体部署。据此，本报告提出到2030年，绝大多数县域要实现国家文化馆和图书馆总分馆制建设，村级综合文化服务中心惠及人次得到显著增加。在移风易俗工作中，高额彩礼、攀比炫富、铺张浪费等社会现象得到有效遏制，文明家庭、星级文明户等评选活动向常态化发展，加快形成与人为善、孝亲敬老、诚信守义、勤俭节约的文明乡风。

（四）生态文明建设方面

"十四五"时期以来，中国深入推进生态环境治理和乡村建设行动，乡村村容村貌日益整洁，目前全国农村公路已突破460万公里，农村卫生厕所普及率达到75%左右，生活垃圾得到收运处理的行政村比例保持在90%以上，超51.2万个行政村实现"村村通宽带"。"十五五"时期要继续推动生态文明建设，改善生态环境质量，持续开展人居环境整治工作，提升乡村村容村貌和功能品质，到2030年，农村卫生厕所普及率和农村生活污水治理（管控）率持续提升，农村生活垃圾基本实现无害化处理，乡村生态生活体系不断优化。

（五）乡村治理体系方面

"十四五"时期，中国乡村治理体系建设成效显著，农民的获得感、幸福感、安全感不断提升。根据《中共中央关于制定国民经济和社会发展第十四个五年规划和二〇三五年远景目标的建议》对健全乡村治理体系做出的明确部署,"十五五"时期要深入健全党委领导、政府负责、社会协同、公众参与、法治保障的现代乡村社会治理体制,乡村权责清单制度全面推行,基层减负明显降低,且基本建成权责、组织、隐患预防、隐患排查识别、矛盾化解相统一的"五大体系"。

表1 "十五五"时期中国乡村治理主要目标

目标层	准则层	指标层	2022年	2024年	2030年目标年
乡村基层党建发展	基层党建	具有大专及以上学历者的村党组织书记占比(%)	42.5%	—	>50%
		驻村第一书记覆盖率(%)	—	—	加快覆盖
乡村人才队伍建设	人才结构	高中及以上文化程度的高素质农民占比(%)	60.7	64.3	>75
		高素质农民平均年龄(岁)	45	45	<45
		获得农民技术人员职称的农民占比(%)	57.3	62.9	>80
		获得国家职业资格证书的农民占比(%)	22.4	24.8	>30
	人才规模	培育高素质农民数量(万人)	75.4	—	>155
		返乡入乡创业人才(万人)	1220	1300	>1500
乡村文化传承创新	文化保护	国家传统村落保护名录收录村落数量(个)	6819	—	稳步增加
		省级及以上非物质文化遗产(项)	7060	—	稳步增加
	文化建设	文化馆总分馆制建设的县(市、区)占比(%)	>94%	—	基本覆盖
		图书馆总分馆制建设的县(市、区)占比(%)	>93%	—	基本覆盖
		组织直属文艺院团年均开展基层文化惠民演出场次(次)	—	—	明显增加
		村级综合文化服务中心惠及人次(亿)	5.51	—	明显增加

续表

目标层	准则层	指标层	2022年	2024年	2030年目标年
乡村文化传承创新	文明乡风	婚丧嫁娶、人情宴席等支出（元）	—	—	明显减少
		推行婚丧礼俗倡导性标准的行政村比例（%）	—	—	基本覆盖
乡村生态文明建设	村容村貌	全国农村卫生厕所普及率（%）	73	75	81.3
		收运处理农民生活垃圾的行政村比例（%）	—	90	>90
		农村生活污水治理（管控）率（%）	31	45	90
乡村治理体系创新	基层减负	制定权责清单覆盖率（%）	—	—	基本覆盖
		基层减负			明显减少
	隐患预防	权责、组织、隐患预防、隐患排查识别、矛盾化解的五大体系	—	—	基本建成

四 "十五五"时期推动中国乡村治理建设的对策建议

"十五五"时期是中国乡村治理现代化建设的关键阶段，需要围绕乡村治理的发展目标，通过发挥基层党建引领作用、加强乡村人才队伍建设、重视农耕文明保护与传承、因地制宜开展乡风文明、制定乡村权责清单、构建风险防范体系等措施，不断提升乡村治理效能，进而为实现乡村治理现代化提供坚实的保障。

（一）发挥基层党建引领作用，提升乡村治理效能

夯实乡村基层治理的根基，推动乡村基层党组织建设至关重要。"十五五"时期，要聚焦基层党组织队伍建设、党群关系、

党建责任等方面，推动乡村基层党建实现全面进步和整体提升，为乡村治理建设提供坚强的组织保证。

第一，在强化乡村基层党组织建设的过程中，要继续完善以基层党组织为领导、村民自治组织和村务监督组织为基础、集体经济组织和农民合作组织为纽带、其他经济社会组织为补充的村级组织体系，重点选拔一批政治素质过硬、工作热情高的青年人才进行重点培养，探索建立"导师制"培养机制，邀请经验丰富的退休干部和资深乡镇工作者担任导师，与年轻干部建立"一对一"帮扶关系，全面提升基层干部队伍的能力素质。

第二，创新党员作用发挥机制，充分发挥基层党员的先锋模范作用。通过设立文明示范岗、流动党员服务岗等多种岗位形式，引导无职党员积极参与人居环境整治、公共卫生服务等工作，尤其针对贫困人口、留守儿童和妇女、老年人、残疾人等特殊人群，要组织党员定期提供关爱服务，密切联系党员与群众的关系。

第三，乡村基层治理要坚持区域化思维，不能仅靠基层"单打独斗"，尤其在城乡融合发展过程中面临资源分配失衡、人才外流、创新动力不足等现实挑战的背景下，必须突破传统单一村庄治理模式的局限，发挥好跨区域党建联动优势，推动镇村协同、村企合作、村村联动，通过党建联结方式，在党员教育培训、基层治理创新、产业协同发展等方面实现资源共享和优势互补。

（二）加强乡村人才队伍建设，增强乡村治理能力

人才是乡村基层治理的核心要素，"十五五"时期乡村治理

要以人才队伍建设为关键，充分利用好原乡人、新乡人、归乡人、移乡人四大群体，培养一支懂农业、爱乡村、爱农民的乡村治理人才队伍，为乡村治理不断注入新鲜血液和强劲动力，增强乡村治理活力。

第一，要积极搭建乡村产业人才平台。建立一个集人才信息库建设、能力测评、发展指导、资源整合等多维功能的服务平台，借助大数据分析技术，引导具有经营管理经验的企业家返乡担任村党组织书记等村内重要职务，使其能够充分发挥资源优势，促进人才与企业和项目之间的精准联系，进而提升资源配置与需求对接效率。

第二，完善返乡创业支持和大学生失业保障政策。对乡村青年，要加速培育青年创业"孵化器"，针对性开展与电商创业、乡村治理事务、特色产业发展等方面相关的创业培训，提升创业青年的综合素质、技能水平和风险防范意识，鼓励青年人发挥自身资源优势开展创业就业活动。对返乡人才而言，由于他们在城市中积累了大量的就业和创业经验，能够有效引导资金、技术、人才等生产要素向乡村汇聚，因此对这部分群体，应通过提高薪酬待遇，解决好其就业、住房、子女教育、医疗保障、养老保障等问题，以优化其发展环境。

第三，要加快乡村人才培养。强化政府与农业院校、企业的合作，针对农民群体开设现代农业技术、农业经营管理、农产品品牌建设、农村电子商务运营、农业法律法规等专业培训课程，定期开展常态化技能培训、专题知识讲座和现场示范活动，为乡村治理建设培养更多复合型人才。

（三）加强农耕文明保护与传承，培育乡村文化软实力

乡村传统文化是村民精神生活的重要依托，每个乡村都有独特的历史文化和民俗传统，在乡村建设过程中，不能完全简单照搬城市模式，忽视农村本身具有的乡土特色，而应该立足于乡村优秀传统文化，通过健全国家、省、市、县分级保护体系，积极创建国家文物保护利用示范区，完善传统村落的基础设施和公共服务设施，加大对传统村落、古建筑、非物质文化遗产等的保护力度。另外，系统梳理地方特色文化资源，深入挖掘乡村本土优秀文化，创新非物质文化遗产的活化利用模式，将以民间艺术聚集区、历史文化名村等为载体的文化要素有机融入至乡村建设项目中，不断培育出文化体验、生态旅游等新兴业态，加快形成农文旅融合模式。与此同时，加快数字技术赋能乡村文化产业，借助大数据、人工智能等技术搭建多领域互动平台，将乡村优秀传统文化内容以动画、游戏等多种形式呈现，通过创建沉浸式文物数字艺术展、非物质文化遗产数字展厅等方式，不断拓展乡村文化产业的发展空间。

（四）因地制宜开展乡风文明，培育时代新风新貌

乡风文明建设是乡村基层治理体系的重要组成部分，也是乡村振兴建设的重要内容。加强乡风文明建设，要在继承和发展优秀传统文化的基础上，发挥好先进文化的引领作用。同时，通过推动城乡公共文化服务资源整合，引导优秀文化资源向乡村地区倾斜，不断提高农民素质和乡风文明程度。

第一，健全乡村公共文化服务体系。利用好党群服务中心、乡镇综合文化站、村民议事厅等公共空间，打造集宣传教育、文化娱乐、便民服务于一体的综合性文化阵地，不断丰富乡村群众的精神文化生活。拓展公共文化设施服务功能，推动文化礼堂、乡村大舞台等场所向村民开放，支持用于婚丧嫁娶、集体庆典、文化娱乐等活动，减轻村民举办红白喜事的经济负担。

第二，持续推进乡村移风易俗工作。中国农村是传统的熟人社会，主要以血缘和地缘关系作为村庄的关系基础，难免出现铺张浪费、高价彩礼、厚葬薄养等不良风气，所以在推进乡风文明建设过程中，应紧密结合本地实际，将反对高价彩礼等陈规陋习纳入村规民约，明确奖惩措施。注重在农村挖掘道德模范、乡村光荣榜等先进典型，广泛开展"最美家庭""五星文明户""文明家庭"等评选活动，通过典型示范和榜样引领，促进崇德向善、见贤思齐、相亲相爱、向上向善等文明新风尚的形成。

第三，深入开展文化惠民行动。建立优质文化资源直达基层机制，鼓励城市优质文化资源向乡村倾斜，推动乡村综合文化站、图书馆、农家书屋、博物馆、美术馆、非遗馆等专项整治，不断完善乡村公共文化服务"硬件"和"软件"建设。建立乡村文化指导员制度，从高校、科研院所等事业单位选派文化特派员，主要聚焦政策宣讲、文化宣传、产业帮扶和人才培育等工作，为乡村文化建设提供重要支持。

（五）制定乡村权责清单，推动乡村基层减负

村级组织是党和政府联系村民群众的重要桥梁，对基层松绑减负能够使村级组织和村干部回归服务本位，将有限的行政资源

集中到民生改善和公共服务领域中,从而有利于提高农村基层治理水平,为全面推进乡村振兴提供更加坚实的组织保障。

第一,加快建立正式公文传达制度,严格规定所有政策性指令和工作部署必须通过正式公文形式下发,确保政令传递可追溯和可核查。精简各类政务App、微信工作群等线上平台,减轻乡村基层干部处理数字治理事务的工作负担。

第二,要进一步落实"龙头"责任,坚持村党委的统一领导,着力理顺纵向事权关系,细化工作清单,健全运行机制以及各类组织协调机制。明确厘清村组权责边界,通过制定小微权力清单和负面清单,将民生服务等重点领域工作细化为具体清单,建立监督评价机制,将基层治理工作的重心转移到壮大集体经济、民生项目落地、做优公共服务和推动基层治理上。

第三,针对部分乡村人口基数较大、基层治理任务繁重的实际情况,合理扩充专职乡村治理人员编制,创新采用政府购买服务等市场化供给方式,引入社会组织、企业等社会力量参与乡村治理。

(六) 构建风险防范体系,促进乡村社会和谐

"十五五"时期推进乡村治理现代化必须着力构建新时代乡村社会风险防范体系,这不仅是实现国家社会稳定发展的必然要求,也是提升乡村社会风险治理能力的关键举措。

第一,常态化开展"机关联系基层、干部联系群众"工作,深化驻点直联制度,主动听取群众意见,协调解决群众反映的问题和困难,预防各种风险隐患。建立以村委书记为总召集人的信访工作联席会议制度,对各类社会矛盾纠纷进行全面排查和

通报。

第二，组建百姓评价团，由村组织委员担任团长，优秀村民小组党支部书记、村民小组长、乡村党员、退役军人、老教师等优秀乡贤和村民代表共同参与，定期对村内事务、村民德行好坏进行评价，及时面向村民通报，加强群众自我约束、自我管理，弘扬文明新风。

第三，在矛盾化解体系上，打造基层治理全科网格。组建多元化兼职网格员队伍，重点吸纳党员骨干加入，同时将表现优秀的网格员培养发展为党员，实现矛盾纠纷和案（事）件在网格内及时发现、及时处置、及时报告，确保小事不出网格。

第四，对于部分乡村存在外来人员不断涌入，基础设施建设跟不上发展需求的现象，着力推进外来人员党建服务平台建设，为外来人口提供必要的就业指导、子女教育、社会保障、医保办理和法律援助等服务。

参考文献

李婷：《社会治理创新竞争内卷化与创新科层化——职能转型背景下地方政府行为研究》，《理论月刊》2023年第1期。

林茜：《农村社会呼唤多元主体协同治理》，《人民论坛》2019年第14期。

刘桓宁、项继权：《农村高价彩礼的生成机制——基于"文化—生活"的框架》，《湖北社会科学》2023年第9期。

施从美、吴昊俊：《二维治理：基层政府政策执行逻辑分析——基于挤压情境的考察》，《中共福建省委党校（福建行政学院）学报》2023年第 6 期。

石金群:《乡村振兴背景下引导青年参与农村基层治理的路径分析》,《中州学刊》2023 年第 11 期。

吴春梅、孙明明:《中国式现代化建设中农民价值观的迭代跃升》,《西北农林科技大学学报（社会科学版）》2024 年第 3 期。

"十五五"时期优化农村基本公共服务的挑战及对策

杨园争 刘 津[*]

摘 要："十五五"时期是中国基本实现现代化的承上启下之期，也是推进基本公共服务均等化的关键时期。在九大类基本公共服务中，医疗、教育和养老服务的供给质量、可及性尤其是城乡间均衡程度直接关系到国家人力资本水平和民众获得感，还会对高质量充分就业、经济发展和社会稳定产生深远影响。"十四五"以来，农村医疗服务的可及性不断提高，教育资源不断丰富，养老服务支持体系逐渐完善。"十五五"时期，面对基本公共服务依然突出的空间结构矛盾和制度性障碍，要解决好新型城镇化与农村空心化间的矛盾，化解户籍制度的人口流动约束效应，形成高水平医疗、教育和养老资源下沉的长效机制。在区域层面，要加大对欠发达地区的公共服务投入，并按照地方发展需求和人口结构变化，分层分类提升公共服务水平。在城乡层面，要将城和乡统

---

[*] 杨园争，管理学博士，中国社会科学院农村发展研究所副研究员、中国社会科学院应用经济学院硕士生导师、副教授，主要研究方向为公共服务、基层治理、收入流动；刘津，广西师范大学经济管理学院副教授，主要研究方向为基层治理、制度与经济发展。

一于县，树立以县域公共服务均等化促进农业转移人口市民化的发展思路。在群体层面，要兜底弱势群体公共服务需求，充分发挥社会主义制度的优越性。在具体实践中，基本公共服务供给应以"提标消异"为方向，稳定农村居民的积极预期；各级政府要准确把握农村常住人口的实际需求，缓解公共服务的供需错配；财政上可直补农民支出，释放农村公共服务需求；各级相关部门应优化制度环境，培育公共服务市场的社会化供给力量。

关键词："十五五"时期；基本公共服务均等化；公共服务可及性

Challenges and Countermeasures of Basic Public Services in Rural Areas During the 15th Five-Year Plan Period

Yang Yuanzheng　Liu Jin

Abstract: The 15th Five-Year Plan period serves as a crucial transitional phase for China's basic modernization and a key stage for promoting the equalization of basic public services. Based on a systematic summary of the achievements in healthcare, education, and elderly care during the 14th Five-Year Plan period, this paper outlines the development goals and challenges faced in the 15th Five-Year period. It proposes strategies to reduce disparities in public services across regions, populations, and urban-rural areas. These include enhancing service levels through differentiated approaches based on local development needs and demographic changes, increasing investment in underdeveloped regions, ensuring the provision of basic services for vulnerable groups, and promoting the equalization of public services at the county level to facilitate the urban integration of the migrant population. The paper concludes by emphasizing the broader context of rural aging and provides policy recommendations for comprehensively advancing the reform of the rural elderly care security system.

Key Words: The 15th Five-Year Plan; Equalization of Basic Public Services; Accessibility of Public Services

"十五五"时期是承上启下的关键期，根据《中华人民共和国国民经济和社会发展第十四个五年规划和2035年远景目标纲要》中规划的目标，到2035年中国要基本实现现代化，基本公共服务实现均等化，城乡区域发展差距和居民生活水平差距显著缩小，人民生活更加美好，人的全面发展、全体人民共同富裕取得更为明显的实质性进展。

基本公共服务是最核心、最基础的公共服务，事关个体尤其是弱势群体的基本权利。推进基本公共服务均等化对促进社会公平正义、增进人民福祉具有十分重要的意义。基本公共服务是由政府主导、保障全体公民生存和发展基本需要、与经济社会发展水平相适应的公共服务。根据《国家基本公共服务标准（2021

年版）》，中国的基本公共服务包括"幼有所育、学有所教、劳有所得、病有所医、老有所养、住有所居、弱有所扶、优军服务保障、文体服务保障"九个方面、22大类、80个服务项目，涵盖了生存权、健康权、居住权、受教育权、工作权和资产形成权等公民的基本权利[①]。

在九个方面基本公共服务供给中，医疗、教育和养老影响人数最多、影响程度最深。这三项基本公共服务的供给质量、可及性尤其是城乡间均衡程度不仅直接关系到全社会的人力资本水平、民众幸福感和获得感，还会对高质量充分就业、经济发展和社会稳定产生深远影响。为建成更加优质均衡的城乡基本公共服务供给格局，确保2035年远景目标的达成，很有必要系统总结"十四五"时期以医疗、教育和养老为代表的农村基本公共服务建设成效，明晰"十五五"时期面临的挑战，细化具体发展目标，并提出针对性的对策建议。

一 "十四五"时期农村基本公共服务建设成效

"十四五"时期，农村医疗、教育、养老等方面均取得了显

---

① 根据《国家基本公共服务标准（2021年版）》，中国基本公共服务的九个方面和22个大类分别为：第一方面幼有所育，包括优孕优生服务、儿童健康服务、儿童关爱服务3个大类；第二方面为学有所教，包括学前教育助学服务、义务教育服务、普通高中助学服务、中等职业教育助学服务4个大类；第三方面为劳有所得，包括就业创业服务、工伤失业保险服务2个大类；第四方面为病有所医，包括公共卫生服务、医疗保险服务、计划生育扶助服务3个大类；第五方面为老有所养，包括养老助老服务、养老保险服务2个大类；第六方面为住有所居，包括公租房服务、住房改造服务2个大类；第七方面为弱有所扶，包括社会救助服务、公共法律服务、扶残助残服务3个大类；第八方面为优军服务保障，包括优军优抚服务1个大类；第九方面为文体服务保障，包括公共文化服务、公共体育服务2个大类。

著成效：医疗服务的可及性不断提高，服务质量持续上升；教育资源不断丰富，教学能力持续加强；财政支持养老保障投入稳步增加，农村养老服务发展支持体系逐渐完善。

（一）医疗服务可及性不断提高，服务质量上升显著

从总量视角来看，"十四五"时期乡镇卫生院和乡村卫生室数量略微下降，但总体保持稳定。由表1可知，"十四五"时期农村每万人拥有的卫生技术人员数和执业（助理）医师数均呈稳定的增长趋势；在住院床位数方面，乡镇卫生院床位数和农村每万人医疗机构床位数均呈轻微的增长趋势，乡镇卫生院病床使用率增长趋势则较为明显；乡镇卫生院的诊疗人次以年均增加0.7亿人次的速度增长。从结构性视角来看，"十四五"时期农村医疗服务水平稳中有升，在保证服务机构数量基本稳定的情况下，每万人拥有卫生技术人员数和执业（助理）医师数均有所提升，医疗服务资源的供给数量和利用率也持续增加。乡镇医疗服务机构的服务人次和病床使用率的提高说明，农村医疗服务机构的业务能力能够获得乡村居民的认可，医疗服务能够更好地覆盖乡村居民。

表1　　　　"十四五"时期农村医疗服务建设情况

年份	2020	2021	2022	2023	2024
乡镇卫生院数（万个）	3.58	3.49	3.39	3.38	3.30
村卫生室数（万个）	60.88	59.93	58.77	58.20	57.10
每万人拥有农村卫生技术人员数（人）	52	63	66	71	
每万人拥有农村执业（助理）医师数（人）	21	24	25	27	
乡镇卫生院床位数（万张）	139	142	146	150	151

续表

年份	2020	2021	2022	2023	2024
农村每万人医疗机构床位数（张）	50	60	63	65	
乡镇卫生院病床使用率（%）	50	48	47	53.30	
乡镇卫生院诊疗人次（亿次）	10.95	11.61	12.08	13	
城乡居民基本医疗保险基金收入（亿元）	9115	9724	10129	10570	11138
城乡居民基本医疗保险基金支出（亿元）	8165	9296	9353	10458	10620
城乡居民基本医疗保险参保人数（万人）	101676	100866	98349	96294	

注：部分数据因官方尚未更新等因素未能获取。

资料来源：医保数据来源于国家医疗保障局，https：//www.nhsa.gov.cn/col/col7/index.html；其他数据来源于国家统计局，https：//data.stats.gov.cn/easyquery.htm?cn=C01。

城乡居民基本医疗保险建设实施方面，"十四五"时期以来，城乡居民基本医疗保险参保人数以年均1.83%的速度下降，但城乡居民基本医疗保险基金的收入和支出两项指标呈稳定的增长趋势。从三项数据对比来看，参保人数下降但城乡居民医疗保险支出增加，说明医保资金保障城乡居民医疗服务的水平在提升。对比城乡居民基本医疗保险基金的收支数据来看，中国城乡居民保险基金有较为安全的盈余水平，能够稳定地为城乡居民医疗提供报销服务，不断筑牢医保服务屏障。医保助力乡村振兴方面，根据国家医疗保障局的数据，2024年农村低收入人口和脱贫人口参保率稳定在99%以上（国家医疗保障局，2025）。

（二）教育资源不断丰富，教学能力持续加强

"十四五"时期，在城乡教育统筹发展政策的持续推进下，农村教育特别是小学和初中阶段的义务教育，均在学校数量及办学规模扩大、基础设施及校园环境改善、师资队伍专业化等方面

取得了显著成效。

一是乡村学校数量可观。截至 2023 年，全国共有 143472 所小学，其中乡村地区达 70641 所，占比 49%；初中阶段，全国共有 52348 所学校，其中乡村地区 12394 所，占比 24%。这表明农村义务教育学校数量可观，为广大农村学生提供了较为便捷的入学机会，有效提升了教育的普及程度与公平性（中华人民共和国教育部发展规划司，2023）。二是办学条件持续改善。截至 2023 年，乡村中学的理化生实验室、图书阅览室、学生宿舍和学生餐厅的面积分别为 587 万平方米、256 万平方米、2484 万平方米和 984 万平方米，表明乡村初中已基本具备实验教学、图书资源供给及生活保障的硬件基础。与此同时，乡村小学占地面积达 9.26 亿平方米，其中绿化面积达 1.70 亿平方米，运动场地面积也达到 2.48 亿平方米，体现出乡村小学整体环境和体育设施的完善（中华人民共和国教育部发展规划司，2023）。三是教师学历结构持续优化。2023 年乡村小学专任教师中本科及以上学历者达 66%，专科毕业占比 31%；初中教师中更有 88% 具备本科及以上学历。这反映出近年来乡村教师学历水平的显著提升和教师专业化进程的加快，为农村教育质量的提升奠定了坚实基础（中华人民共和国教育部发展规划司，2023）。

（三）财政养老投入稳步增加，农村养老支持体系愈加完善

截至 2023 年末，全国 60 周岁及以上老年人口 29697 万人，占总人口的 21.1%；全国 65 周岁及以上老年人口 21676 万人，占总人口的 15.4%；全国 65 周岁及以上老年人口抚养比 22.5%

（中华人民共和国民政部，2024）。在这一老龄化背景下，"十四五"时期各级政府继续加大农村养老支持力度，提高农村养老服务保障水平。

政策保障方面，2022年2月国务院印发《"十四五"时期国家老龄事业发展和养老服务体系规划》，目标是不断扩大养老服务供给、健全老年健康支撑体系、增强要素保障能力等。2023年5月，中共中央办公厅、国务院办公厅印发《关于推进基本养老服务体系建设的意见》，提出了五项重点工作：制定落实基本养老服务清单、建立精准服务主动响应机制、完善基本养老服务保障机制、提高基本养老服务供给能力、提升基本养老服务便利化可及化水平。城乡居民基本养老保险参保方面，在"十四五"时期总参保人数虽略有下降，但整体保持稳定（见表2）。基本养老保险收入保持稳定的增长态势，基本养老保险支出也相应呈增长趋势。另外，城乡居民领取养老金的人数不断增加，城乡居民基本养老保险保障城乡居民的覆盖面和可及性不断提升。农村居民养老金领取方面，目前年满60岁的农村居民可以领取到130元左右的养老金，缴纳基本养老保险的农村居民则可以领取到约220元的养老金[①]，城乡居民基本养老保险的保障水平稳步改善。

表2　　　　　"十四五"时期城乡居民基本养老保险情况

年份	2020	2021	2022	2023	2024
参保人数（万人）	54244	54797	54952	54522	53830

① 数据来自对贵州省从江县、广西壮族自治区桂林市、山东省淄博市、四川省三台县、广东省佛山市、福建省建瓯市、江苏省镇江市等地区的实地调研，调研时间为2022年9月至2024年11月。

续表

年份	2020	2021	2022	2023	2024
基金收入（亿元）	4770	5207	5571	6060	6997
基金支出（亿元）	3374	3725	4045	4619	5322
城乡居民社会养老保险实际领取待遇人数（万人）	16068	16213	16464	17268	

注：部分数据因官方尚未更新等因素未能获取。

资料来源：城乡居民社会养老保险实际领取待遇人数数据来自国家统计局，https：//data.stats.gov.cn/easyquery.htm? cn = C01；其他数据来自人力资源和社会保障部，https：//www.mohrss.gov.cn/SYrlzyhshbzb/zwgk/szrs/tjsj/index_ 3.html。

二 "十五五"时期农村基本公共服务建设的挑战和目标

"十四五"时期，农村基本公共服务建设在调结构、增数量和提质量方面均取得显著成效，可及性持续提高，民众获得感不断增强。但总体而言，农村依旧是基本公共服务的短板，构建城乡间、区域间优质均衡的基本公共服务格局还面临诸多挑战。

（一）挑战：城乡之间的空间结构矛盾依然突出，制度性障碍仍然存在

1. 协调推进新型城镇化与缓解农村空心化所带来的负面影响是"十五五"时期面临的主要挑战

新型城镇化是实现中国式现代化的重要路径，而解决好农村空心化所引致的一系列问题又是新型城镇化与乡村振兴顺畅衔接

的关键。城镇化意味着大量农村人口向城镇集聚,这几乎同时代表着农村青壮年劳动力的大量转移。2023年中国常住人口城镇化率达到了66.2%,如果5年后常住人口城镇化率达到70%,那么未来5年,中国平均每年将有5500万人从农村流动到城市居住(田明,2024)。也就是说,城镇化会使农村的空心化程度不断加剧,农村老龄化问题也会随之更加严重。

农村空心化程度的加深会导致农村发展缺乏基本的人口规模并降低劳动力水平,同时也构成了提升农村公共服务水平的现实挑战。一方面,农村空心化会使乡村发展缺乏人口支撑,乡村振兴的各类事务开展难度加大;另一方面,受到对政府实际支出能力、公共产品规模效应和实际使用率等因素的制约,农村空心化也会抑制农村公共服务数量和质量的提高,拉大城乡间优质公共服务的差距。这种差距会导致农村青壮年劳动力持续"离乡离农",子女若随迁则会使家庭生活成本和教育成本剧增;子女若留守则难以获得足够的父母关注,心理健康和学业成绩受到影响;农村老年人长期与子女分离,重大疾病的治疗需求、日常照护需求和精神慰藉需求无法被满足,诸多问题随之产生。

因此,为了防止这一"农村公共服务水平低—以脚投票加剧农村空心化、老龄化—高水平公共服务供给成本上升—农村公共服务维持在较低水平"的恶性循环,"十五五"时期要下大力气阻断关键链条,实现农村基本公共服务水平的显著上升。

2. 化解户籍制度的人口流动约束效应难度较大也是"十五五"时期面临的主要挑战

户籍制度是特殊历史时期形成的一种人员管理制度,它在特定历史时期对于稳定生产秩序和社会秩序发挥了一定作用，但是目前户籍制度已经逐渐成为制约基本公共服务均等化的重要因素之一。

首先，户籍制度的人口流动约束效应表现为高筑限制人口城乡间自由流动的制度障碍，妨碍劳动力要素在城乡间实现动态平衡。目前虽然很多中小城镇逐步放开了落户限制，但在大部分一线城市限制仍然存在。当然，城镇居民也面临无法落户农村的制度性障碍问题。其次，户籍制度的人口流动约束效应还表现为附着在户籍之上的城乡间差异化的基本公共服务。城乡居民在与户籍制度相关联的医疗及教育服务、养老保障等社会福利待遇方面依旧存在显著差别，使"离乡离农"的吸引力更大，"归乡返农"的可能性更小。再次，由于户籍制度运行了较长时间，真实社会中"农民"这个词语的身份意义依旧重于职业意义，由户籍制度所形成的城乡居民间的阶层分化依旧明显，并且有固化的危机。最后，虽然《乡村全面振兴规划（2024—2027年）》已经提出了"推行由常住地登记户口提供基本公共服务制度"思路，但具体细化落实还有很长的路要走。

3. 农村养老服务的城乡差距和区域差距依然明显，全社会对老年群体的认知定位有待"校准"

在城乡层面，中国农村养老绝大多数是家庭养老，老年人所能够获取的照护服务基本由家庭成员供给。相较于城市，农村社会化养老服务供给更加不足，养老市场发育迟缓。在区域层面，东部地区和经济较为发达地区的农村也有机构养老的存在，有些地区还有医养结合的模式。综合来看，目前农村养老模式的多元化和养老服务市场化的主要堵点在于农村老年人对养老服务的购买力不足，无法催生相应的市场供给，而提升养老购买力又是一个系统性的、艰难的大工程。

此外，老年人除需要日常起居的照护外，还需情感关怀和社会认可。在农村日益空心化的背景下，农村老年人的情感需求越来越得不到满足，社会对老年群体的社会功能认可度也不高，有很大一部分人认为老年人是社会的累赘。因此，推进城乡养老服务均等化，不仅要在服务供给量和服务水平上改善农村现状，还需要提升社会认知，转变对老年群体的认识定位。

4. 形成高水平医疗资源和教育资源下沉的长效机制难度较大。优质资源下沉是改善农村基本公共服务质量的必经之路

目前农村医疗和农村教育都要解决高水平人才"引得进""用得好""留得住"三方面问题。如何构建能够吸引年轻人和专业人才到农村执业的长效机制，将是推进基本公共服务均等化供给需要处理的重要问题。

农村医疗服务方面，村医的老化和后备人才不足问题依旧没有得到根本性扭转，不少乡镇卫生院由于服务地区人口萎缩已经出现了撤并，县域紧密型医共体在缓解人才虹吸方面的作用有限，优质医疗资源的可及性仍有待快速提升。农村教育方面，虽然"十四五"时期农村教师的年龄结构、学历结构、职称结构等方面都稳步改善，农村教育的课程设置也逐渐丰富，与城镇教育的差距逐渐缩小。但是，农村教育部门的招生问题已然逐渐显现，少子化和人口转移首先冲击的就是农村的学前教育机构。学生数量萎缩与优质教育资源下沉之间构成一对矛盾，也成为优质教育资源下沉长效机制形成的制约因素。

（二）目标：增强基本公共服务可及性，稳步推进城乡基本公共服务均等化

面对以上挑战，破解基本公共服务布局的空间矛盾和体制机制障碍无疑是"十五五"时期的重大任务。党的二十大报告指出，到2035年"基本公共服务实现均等化，农村基本具备现代生活条件"。"十五五"时期作为国家战略实施承上启下的关键阶段，为实现2035年的总体目标，在这一时期就需要在基本公共服务的均衡性和可及性上持续发力，稳步推进城乡基本公共服务均等化，夯实2035年实现中国式现代化的基础。

1. 提高农村基本公共服务的可及性，保证基本公共服务有效覆盖农村常住人口

提高基本公共服务的可及性就是要让农村居民能够以较低的成本获取所需要的服务。影响基本公共服务可及性的主要因素包括服务供给数量、服务供给方式和村民的获取能力。由于资源的稀缺性，基本公共服务的供给数量受到各级政府预算约束的限制。因此，为提高农村基本公共服务的可及性，首先，需要的就是加大政府支持力度。其次，考虑到实践中医疗、教育等公共服务具有较大的正外部性溢出效应，关系到整个社会的发展和稳定，政府应扮演兜底的角色，加大对欠发达地区的政策倾斜力度，快速提升"短板"、填平"洼地"，提供有重点的普惠性基本公共服务。最后，村民获取基本公共服务的能力也是影响农村基本公共服务可及性的重要因素。目前，随着

农村的青壮劳动力进城务工，农村空心化问题越发严重，留守农村的居民中有很大一部分年龄是 50 岁以上。这部分农村居民购买力有限，活动范围受限，数字素养也有限。这就需要基本公共服务以更实际、更有效的方式扩大其覆盖面，提高基本公共服务的可及性。

2. 提高农村基本公共服务水平，阻断农村人口与公共服务间的双向负面影响

医疗、教育、养老直接关系到农村居民的生活质量，也直接影响到农村地区是否宜居，是否能够留住人，打破"农村公共服务水平低—以脚投票加剧农村空心化、老龄化—高水平公共服务供给成本上升—农村公共服务维持在较低水平"的恶性循环。提高农村基本公共服务水平不仅要不断提升农村居民获取医疗、教育、养老等公共服务的便利性，还要在公共服务硬件配套、软件升级上下功夫；要着力解决农村居民急难愁盼问题，完善覆盖农村全人群、全生命周期的高质量现代化公共服务体系，满足农村居民更多层次、更加多元、更高质量的公共服务需求；要以城乡融合发展的思路提高农村基本公共服务水平，完善优质资源流向农村的渠道，以激励相容的体制机制促进城乡人口尤其是优秀人才的合理流动，实现城乡在居住空间上、职业发展上和公共服务上的均衡发展。

3. 增强城乡之间基本公共服务的均衡性，弥合城乡差距，促进社会公平

城乡间基本公共服务供给的不均衡，既是经济分工的产物，

"十五五"时期优化农村基本公共服务的挑战及对策

也是长期政策偏差积累的结果。城乡间的分工差异从第一次工业革命开始就呈现出来,大规模工业和相关资源在城镇集聚,助推了城镇经济的快速起飞;农村经济在这一时期失去了大量劳动力,同时经受着传统农业向现代农业转型的阵痛,城镇和工业在此时就拉开了与农村、农业的差距。城镇的基础设施建设和基本公共服务供给也是在此时先于农村完善。政策偏差的长期积累则源于早期实行的"以农补工"政策和城乡二元户籍制度,二者从农村和农业中积累资源以支持城市和工业的发展,同时也拉开了城乡间公共服务水平的差距。"十五五"时期,面对中国式现代化的发展需求和共同富裕的本质规定,要着力破除城乡间的系统性和制度性壁垒,构建城乡一体、融合发展的社会格局。一方面,推进农业生产方式的现代化转型,在生产力层面促进中国式现代化的实现;另一方面,改善农村生活环境,增强城乡基本公共服务供给的均衡性水平,在弥合城乡差距的过程中,促进社会公平,在生产关系层面不断夯实中国式现代化和共同富裕的社会基础。

4. 按照教育提质、医疗攻坚、养老托底的总体思路,各地因地施策,确立具体发展目标

农村教育服务尤其是基础教育会对人力资本积累产生长期影响,"十四五"时期硬件等基础设施已日趋完备,"十五五"时期要以转向质量提升为目标。"十五五"时期,农村教育的目标是持续发挥"强校带弱校""县管校聘"等机制在缩小城乡教育差距方面的作用,稳步提升农村教育质量;持续巩固脱贫攻坚在教育领域的成果,优先保障农村地区学前教育、义务教育的优质均衡发展。

农村医疗服务直接关系民众的生命健康权，且医疗卫生事业需回应人口老龄化与健康中国战略的紧迫需求，要以攻坚克难的态度扎实推进。"十五五"时期，农村医疗的核心目标在于提升基层医疗卫生服务能力，努力实现紧密型县域医共体全覆盖，优先解决农村地区急救转诊、慢性病管理和重大传染病防控等薄弱环节，逐步实现医保支付方式改革与分级诊疗制度的协同落地。

农村养老事关社会稳定，当下的农村老年人除承担农业生产职责，还肩负着孙代照料的社会分工；养老问题如果解决得好，意味着在城镇务工的农业转移劳动力能安心工作，其留在农村的子女也能得到更好的照料，是事关三代、事关城乡、事关社会发展的枢纽工程，政府要切实做好农村养老的托底工作。在农村养老领域，"十五五"时期的发展目标是以居家养老和社区机构养老相协调为方向，重点发展农村互助式养老和失能老人照护服务，优先补齐中西部农村养老服务设施短板，建立基本养老服务清单与长期护理保险试点联动机制。

此外，各省份甚至各县具体情况多有不同，目标设立要在达到标准化的前提下注重差异化。东部地区可侧重服务品质升级与智慧化应用；中西部地区则应强化财政转移支付力度与基础设施补缺；特殊类型地区（如边境、民族地区）则应在中央层面予以重视，加大中央专项支持力度，通过动态监测与绩效评估，确保资源精准投向民生痛点领域。

三 "十五五"时期提升农村基本公共服务的基本思路

城乡基本公共服务均等化的实现有四个重要标志（魏后凯、杜志雄，2021）。一是农村基本公共服务设施现代化。"工欲善其事，必先利其器"，服务设施的现代化可以显著提高医疗、教育、养老、文化等服务质量，实现均等化要体现在各类公共服务机构都配备了提供相应服务所必需的服务设施和装备。二是农村基本公共服务人力资源配置科学化。基本公共服务项目要由各类专业人才具体去实施，专业、性别、年龄结构合理、素质较高的人才队伍是保障公共服务质量的关键，实现均等化要保证农村基本公共服务机构配有提供服务必需的人力资源。三是城乡基本公共服务政策统一化。在城乡人口频繁流动的背景下，统一城乡基本公共服务政策有助于衔接相关公共服务项目，使流动人口能方便快捷地获得基本公共服务。四是城乡基本公共服务供给精准化。均等化要保障各类居民能获得针对性服务，其前提是政府和市场要提供多样化、多层次、高质量的服务，分层分类做好公共服务重点提升工作。"十五五"时期，提升农村基本公共服务应在以上四个方面重点发力，在区域、人群和城乡间实现基本公共服务的优质均衡供给。

（一）区域层面要按照当地发展需求和人口结构变化，分层分类做好公共服务重点提升工作

经过多年尤其是"十四五"时期的卓绝努力，中国公共服务建设整体上成效显著，普遍迈上了新台阶。"十五五"时期要以分层分类的工作方法，在省域、县域范围内集中主要力量解决重点问题。

1. 按照区域发展需求和人口结构变化做好重点提升工作

近年来，中国村庄分化现象日益凸显，村庄发展差距过大。根据2022年中国乡村振兴综合调查数据，村庄人口呈现"十村九空"的特征（魏后凯，2024）。一方面，对于人口流出的大省份、经济水平中等偏下的县以及空心化较高的村（如部分中西部地区），要以"服务型"治理为导向。既要做好经济公共服务建设，加大科技推广、咨询服务、政策性信贷等经济公共服务的发展力度，改善农村的经济发展条件（贾康等，2020），吸引劳动力回流并引进人才，又要关注在地人员的生活福利水平，重点提升涉老涉幼公共服务的可及性和服务质量，真正回应当地养老、托幼需求，不使其公共服务水平随劳动力的外流而下降。唯有如此，才能抑制空心化加剧，实现劳动力的有效增加。另一方面，对于人口流入大省、经济强县以及村集体经济和村民收入较高的村（如部分东部地区），要以"发展型"治理为导向，政府重掌舵而轻划桨，让公共服务的市场化运作效率得以稳步提升。实践中，既要提升当地劳动力承接能力、树立本地外地无差别的包容发展理念、构建切实可行的农村转移人口市民化渠道；又要

营造公平有序的经济运行秩序和公共服务供给秩序，尽可能地放大"看不见的手"的作用，鼓励多元主体供给公共服务。

2. 要重点关注对欠发达地区的公共服务投入

从某种意义上说，经济发展会带动公共服务水平的自动上升，因为好的经济状况会吸引人才和资本的流入，技术也会不断提高，只要制度环境不发生剧烈改变，医疗、教育和养老等公共服务会在以上人才、资本、技术和制度的共同作用下持续向好发展。而对于经济欠发达地区，它们对资源的吸引力较弱，单靠市场机制发挥作用需要较长时间，难度也较大。这正是政府"看得见的手"发挥作用之处。政府投入资金改善医疗基础设施、改善教育工作者工资福利待遇、加大对老年人的社会保障力度、加强对社会救助和慈善事业的资金倾斜力度，使欠发达地区逐步获得跳出"农村公共服务水平低—以脚投票导致农村空心化、老龄化—高水平公共服务供给成本上升—农村公共服务维持在较低水平"的恶性循环，实现脱贫攻坚与乡村振兴的有机衔接。

（二）城乡层面上要以县域为单位，以公共服务均等化促进转移人口市民化

城乡融合发展县域是主战场，就近就地就业是农业转移人口兼顾家庭与工作的可行选择，而建立全国统一大市场首先也是要畅通县域内的人口和资源流动，并打破地方保护主义和政策藩篱，使公共服务相关政策在县域范围内逐渐一致、执行到位。以上种种皆指向县域内公共服务城乡差异的破除。城乡之间基本公共服务的均等化从长期来看，是农业转移人口市民化的本质所

在。因为区分农民与市民的表面标准是来自农村还是城市，而其背后的实质却是享受何种质量的公共服务。所以提升基本公共服务的均等化水平，是加速市民化的治本之策。

以往以户籍所在地为依据供给公共服务的模式，应当逐渐被以常住地为依据所取代。以教育为例，异地就学仍然受到户籍制度的较大约束。这种教育机会不平等的情况不利于人口的自由流动，也不利于地区人力资源的长期发展。考虑到诸多现实因素的制约，城乡间教育服务的秩序重构可以先以县域为单位，逐步实现教育平权。一是在人口流出地或者教育资源匮乏的地区，公共服务转移渠道要"疏"不要"堵"。要在制度设计上给农村居民以平等的选择权甚至要主动畅通生源转移渠道（通常是由教育质量低的地区流向高质量地区）。因此，"堵"始终不是治本之策，通过加大对教育落后地区的投入并补齐教育质量短板才应是重中之重。顺畅教育流动渠道就是给个体以自由选择权，以选择权的实现达到满足多元需求的政策目标，促进地区人力资本有效提升。二是在人口流入地或教育资源密集的地区，公共服务供给量要"涨"不要"压"。要合理扩张城镇学位供给，保障流动人口随迁子女可以通过正规渠道、正常价格获得受教育的机会。只有流动人口的"二代"或者"三代"与流入地居民享受到均等化的公共服务，才有可能在本质上实现其"市民化"。

（三）人群层面要兜底保障好弱势群体的公共服务需求

政府供给公共服务是出于对经济效率的考量，需求面广，但市场主体干不了、干不好或干了不高效的领域，利用政府角色的

"十五五"时期优化农村基本公共服务的挑战及对策

高信用度、固定资产回收时间长的特点，从事投资数额大、外溢效应高的经济社会活动。大到义务教育，小到水利沟渠，都一度是以政府供给为主体的公共服务或产品。但随着科学技术的高速发展、产权制度的不断完善、市场主体资金及管理水平的巨大提升，传统公共服务的非竞争性与非排他性逐步下降，有更多的办法可以将个人收益与集体收益、个人成本与集体成本分离开来，之前由政府供给占绝对多数的教育、医疗开始呈现出市场化供给成长迅速并不断完善的新局面。在经济发达地区，私立学校、私立医院、私立养老院等服务水平高，成为高收入群体的选择对象；而公办医疗等政府主导的公共服务则应着眼于普惠性和兜底作用。普惠是要考虑到大多数人群，而兜底则是重点考虑低收入群体和脱贫不稳定户、边缘易致贫户和突发严重困难户，此类对弱势群体的重点关注集中体现了中国社会主义制度的优越性。

"十五五"时期，在市场经济制度持续完善、全国统一大市场逐步建立的同时，市场会供给更多优质的教育、医疗和养老服务；而政府供给应在普惠的基础上，重点关注弱势群体的服务可及性与服务质量，对缺乏劳动能力、无法通过产业就业获得稳定收入的人口，落实各类社会救助政策。以农村医疗为例，供给端要给予村卫生室和乡镇卫生院这类基层医疗机构更多的资金支持、政策倾斜。同时，在扩大医保报销范围的基础上，尤其要对医保目录中的药品质量予以重点关注。医保药品是低收入人群的常用药、救命药，带量采购中暴露出的集采药"价低质更低"的情况要及时遏制，以切实兜住广大群众的健康网底。农村教育中的弱势群体除低收入群体的子女外，还包括欠发达地区的女童和留守儿童。他们更缺乏获得教育资源的家庭环境和社会环境，因此更需要政府的重点关注。华坪女高由个体发起，但随后受到政府及社会各界的大力支持，有效地降低了教育中的性别不平等程度，正是兜底弱势群体获得公共服务的例证。这类兜底性的公共服务改进正是"十五五"时期要攻克的难点，也是脱贫攻坚衔接乡村振兴的题中之义。

四 "十五五"时期推进农村基本公共服务的对策建议

"十五五"时期是全面深化农村改革的关键时期，是消融城乡基本公共服务二元供给制度的宝贵窗口期，应充分重视农村老龄化、空心化的时代特点，发挥好市场的基础性作用与政府的福利保障和再分配功能，稳定农民预期，促进资源在城乡间的互动。

（一）公共服务供给的顶层设计要"提标消异"，稳定农村居民的积极预期

居民基本医疗保险和基本养老保险已经实现了城乡并轨，但农村地区的标准依然较低，"提标消异"乃是社保领域顶层制度融合后，政策落地见效、不断完善的重要任务。

以基本养老保险为例。第一，"提标"要合理，切实做到能"保基本"。"提标"不是不顾经济能力大搞福利主义，而是要使养老金能基本满足农村老年人的合理期望。例如，能覆盖农村居民的基本食物支出，或达到农村居民生活平均成本的四成至六成。2023年国家财政承担的全国基础养老金最低标准为每人每

月 103 元，这没有对标政策意义上的"保基本"。这一数字在绝对金额和理论意义上都缺乏说服力，无法让农民产生"农业农村优先发展""农民是体面的职业""农民可以就地过上体面生活"的未来预期。

第二，细化基础养老金增长机制，促进农民形成养老金合理增长的乐观预期，降低他们对土地的福利依赖，动态保障老年农民基本生活。"十五五"时期正值全面深化农村改革之际，以土地为代表的生产要素在城乡间自由流动是改革能否顺利推进的关键问题。如果养老金不具备可以预期的、稳定的增速，则农民会将承包地和宅基地作为养老最后的依靠，不利于"三块地"改革等相关改革落地。目前的养老金增长机制过于模糊，应细化并清晰表述，如在前一年 GDP 增速和通胀率之和的基础上合理加成以确定增长率，使农民分享发展红利，形成乐观预期。

第三，"消异"要彻底，将整合城镇职工养老保险和城乡居民基本养老保险提上日程。城乡融合发展是中国全面建设社会主义现代化国家的重大战略部署，而将"职工"与"居民"在顶层养老保险设计中区别对待，则明显与其背道而驰。统一后的新型社会养老保险可以有不同的缴费档次，也可以有不同的缴费和补贴主体，由此自然会产生不同的养老保障金个人领取额度。但是，这些不同仅是由参保主体所选的缴费档次和从事职业决定的（如个体农户，他们没有工作单位代缴的部分，这是他们的职业而非身份所导致的不同），而不是也不应该由两套取决于个体身份的养老保险制度所决定。

（二）准确把握农村常住人口的实际需求，缓解公共服务的供需错配

公共服务的高效供给一定是以实际需求为出发点，考虑到不同群体的需求差异性，以精准的渠道触及农村居民。农村老年食堂曾一度成为提升农村老年人福祉的典型工程，但也有相当一部分老年食堂因需求难以撑起运营成本等原因而纷纷"关门"。这反映出公共服务供给对农户实际需求的不敏锐，甚至是漠视。

农村养老方面，各级治理机构要真听"老人言"，把老年群体的服务需求调研工作做扎实，且做在项目上马前。有相当数量的农村老年食堂、老年幸福院不重视立项前的可行性调查，而沦为了绩效考核的"标配"，形式主义大于服务内容。既然各级政府已经向农村养老服务倾注了资源，那就要使资源产生最大化效益，通过扎实调研，找到农村老年人养老的痛点和服务堵点，实施精准供给。这才有可能从根本上提高公共服务资金的利用率，同时提高农村居民的幸福感、获得感。

农村医疗方面，要精准化、多源头推动农村医疗服务提质增效。要瞄准"十五五"时期农村医疗改革新任务、新安排，提高医疗投入的精准度。以县域为单位，针对农村医疗覆盖人群，有重点、有层次、分步骤地提高医疗服务覆盖水平；探索形成优质医疗服务下沉的长效机制，逐步形成农村医疗系统人才引进、职称评聘、工资奖励的优惠制度体系；在县域层面探索形成城乡居民医疗保障制度的系统性并轨方案，逐步构建支撑转移人口市民化的体制机制。

（三）直补农民支出，释放农村公共服务需求

对市场化供给的充分运用是公共服务供给中最高效的手段之一，市场不断发展壮大的重要条件是有效购买能力的支撑。针对农村居民对养老、医疗等服务购买力不足的问题，国家可以适当予以补贴，刺激有效需求。要指出的是，针对农村公共服务的直接补贴不适宜过多给予供给方，而更适合直接补给农民。

以养老为例，只要农户确实购买了补贴范围内的养老服务，那么就直接将补贴发给购买方。这样做既能降低养老服务的价格、扩大需求量，进而诱导扩大供给，有利于养老服务市场的形成；又能降低企业为获得补贴而寻租所造成的资源浪费；还能使农民有更多的获得感和幸福感，提高社会和谐程度。

在教育方面，要通过资源投入缩小城乡教育差距，处理好扩张教育投入与少子化的矛盾，通过转移支付的方式降低农村生育、养育、教育成本。同时，灵活调整各教育阶段投入结构，在保障教育服务覆盖面的基础上，注重提升投入质量，充分保障不同地区、不同人群的受教育权利。

（四）优化制度环境，培育公共服务市场的社会化供给力量

第一，出台组合优惠政策，为公共服务的市场化供给创造友好、稳定的制度环境。现在农村养老供给的主要问题是资本在需求方支付意愿和能力都很有限的情况下，预期收益过低而风险过高，所以供给量远远不足，供给市场发育迟缓。政府要做的是运用市场杠杆和社会荣誉，撬动资金，增大供给。例如，对养老产

业实行分等级的税收优惠、土地优惠、降低企业从事养老产业的关联成本，降低产业风险（如政府出资为经营者购买保险），提高关联效益（调研中，有的村尝试了提供养老服务就优先与其合作经营集体经济的方式）。同时，奖励给农村养老服务供给主体适宜的社会荣誉，提升企业形象和品牌价值，鼓励资本通过进入养老产业实现品牌溢价。

第二，对从业人员实行"补+险+奖"的职业倾斜政策，解决劳动力尤其是人才持续短缺的问题。养老工作尤其是农村的养老工作，是个又脏又累又压抑情绪又有职业风险甚至道德风险的工作，"城里人"不会去做，"农村人"也很少有人愿意做。只有降低职业风险，提高收益，才能增加劳动力供给。在实践中，可通过尝试政府提供职业补贴、代缴职业保险、给予优秀从业者职业奖励的综合手段，引导劳动力流向农村养老市场。此外，教育和医疗方面，也要在县域内形成能手干将有序交流的机制，同时畅通人才在服务基层后的优先上升渠道，以看得见的实际利益引导人才在基层执业。

第三，将"积分制"与"时间银行"充分结合，助力养老产业劳动力供给的动态平衡。原有的"时间银行"模式鼓励个体志愿劳动，"存入"劳动时间后可在自己年老时享受志愿服务。但这种模式由于跨期长、养老机构权威不足等原因，不能使当期劳动供给方产生稳定的回报预期，无法大规模推开。调研发现，有地区尝试借鉴"积分制"，用提供的养老服务时长兑积分，再用积分换实物、学分和荣誉。这样做可以当期兑付劳动报酬，志愿者的风险减小、收益提高，还可以充分利用零碎劳动力，有很大的供给潜力，有望实现养老劳动力的动态循环。

参考文献

《2023 年度国家老龄事业发展公报》，中华人民共和国民政部，https：//www.mca.gov.cn/n156/n2679/c1662004999980001751/attr/360830.pdf，2024 年 10 月 11 日。

《2024 年医疗保障事业发展统计快报》，国家医疗保障局，https：//www.nhsa.gov.cn/art/2025/3/21/art_7_16054.html，2025 年 3 月 21 日。

贾康等：《中国农村研究：乡村治理现代化（笔谈）》，《华中师范大学学报（人文社会科学版）》2020 年第 2 期。

刘津、张明：《定期巡诊与农村医疗服务水平提升的经验启示》，《经济研究参考》2022 年第 2 期。

田明：《城镇化率提升至"接近 70%"，意味着什么？|新京报专栏》，新京报，https：//www.bjnew.com.cn/detail/1722507172168083.htm，2024 年 8 月 1 日。

魏后凯、杜志雄主编：《中国农村发展报告（2021）——面向 2035 年的农业农村现代化》，中国社会科学出版社 2021 年版。

魏后凯、吴广昊：《中国村庄分化的成因与破解路径》，《中共中央党校（国家行政学院）学报》2024 年第 6 期。

中华人民共和国教育部发展规划司编：《中国教育统计年鉴（2023）》，中国统计出版社 2023 年版。

"十五五"时期农村精神文明建设的重点任务与推进路径

芦千文[*]

摘　要：持续加强农村精神文明建设，是激发乡村全面振兴内生动力的关键举措，是扎实推进农民农村共同富裕的重要内容。"十四五"时期，各地以抓党建促进乡村振兴为切入点，持续推进新时代文明实践、乡村文化振兴，探索构建农村精神文明建设体系框架，以文明进步的正能量营造了农村精神文明的良好环境。但城乡社会加速碰撞、互联网虚拟生态渗透、人口结构深度分化推动农村文化生态裂变，使农村精神文明建设面临挑战。"十五五"时期及今后一个时期，加强新时代农村精神文明建设，要顺应农民发展规律和发展诉求，适应推进乡村全面振兴的新要求，以深入推进精神文明建设的城乡融合、持续整治突出问题推进农村移风易俗、巩固精神文明阵地加快乡村文化振兴为重点任务，采取综合性、系统性举措持续开展新时代文明实践活动、推动移风易俗融入农民生活、繁荣乡村文化赋能全面振兴、建强基层组

---

[*] 芦千文，管理学博士，中国社会科学院农村发展研究所副研究员，主要研究方向为农村组织与制度演变、农村基本经营制度。

"十五五"时期农村精神文明建设的重点任务与推进路径

织提升精神文明领导服务能力、持续夯实农村精神文明建设根基，为实现"第二个结合"、丰富中华民族现代文明样态提供支撑。

关键词：农村精神文明；移风易俗；乡村文化振兴；农村现代化；农民现代化

Tasks and Countermeasures of Rural Spiritual Civilization Construction in the 15th Five-Year Plan

Lu Qianwen

Abstract: Strengthening the construction of spiritual civilization in rural areas is a key measure to stimulate the endogenous power of rural comprehensive revitalization, and an important content to promote the common prosperity of farmers in rural areas. During the 14th Five-Year Plan period, we took the party building and rural revitalization as the starting point, continued to promote the practice of civilization in the new era and the revitalization of rural culture, explored the framework of rural spiritual civilization construction system, and created a good environment for rural spiritual civilization with the positive energy of civilization and progress. However, the social collision between urban and rural areas, the penetration of the Internet and the differentiation of population structure promote the fission of rural cultural ecology, which makes the construction of spiritual civilization in rural areas face challenges. During the 15th Five-Year Plan and the coming period, we should comply with the demands of farmers' development, adapt to the new requirements of promoting comprehensive revitalization of rural areas, and take key tasks of further promoting integration of urban and rural spiritual civilization construction, continuously rectifying prominent problems, promoting transformation of customs in rural areas, consolidating the position of spiritual civilization, and accelerating revitalization of rural culture as well. We should take comprehensive and systematic measures to continue to carry out the practice of civilization in the new era, promote the transformation of customs into farmers' lives, prosper the comprehensive revitalization of rural cultural empowerment, improve the spiritual civilization leadership and service ability of grass-roots organizations, and consolidate the foundation of rural spiritual civilization construction, so as to provide support for realizing the "second combination" and enriching the modern civilization of the Chinese nation.

Key Words: Rural Spiritual Civilization; Change Customs; Rural Cultural Revitalization; Rural Modernization; Farmers' Modernization

物质富足、精神富有是社会主义现代化的根本要求。建设中华民族现代文明，开创人类文明新形态，更需要凸显精神文明升

"十五五"时期农村精神文明建设的重点任务与推进路径

华物质文明的重要作用。中国式现代化建设不断取得历史性成就，物质基础持续巩固夯实，精神文明建设的重要性日益凸显。对加快推进农业农村现代化来说，农村精神文明建设既是短板，也是激发乡村全面振兴内生动力的关键举措。2024年12月，中央农村工作会议强调"实施文明乡风建设工程，加强新时代农村精神文明建设，积极开展移风易俗"。2025年中央一号文件提出"进一步加强新时代农村精神文明建设，强化思想政治引领，实施文明乡风建设工程，推动党的创新理论更加深入人心、社会主义核心价值观广泛践行"。2025年是"十四五"时期规划收官之年，立足"十五五"时期推进乡村全面振兴的新形势新要求，分析"十五五"时期乃至今后一个时期加强农村精神文明建设的重点任务和推进策略，对于健全推进乡村全面振兴长效机制具有重要意义。

一 "十四五"时期农村精神文明建设的措施和进展

农村精神文明是激发农民内生动力的基础，是乡村建设和治理的重要内容。"十四五"时期以来，农村精神文明建设聚焦新时代文明实践、移风易俗、繁荣农村文化等重点工作，健全设施、搭建平台、丰富载体、创制内容、培育人才，形成了符合新阶段农业农村现代化需求的精神文明建设路径，且同农村基层党组织建设、新时代文明实践、优秀农耕文化传承等相结合，取得了显著成效。整体上看，农村文化生活加速复兴、文明新风加速生成的新格局已经形成。

（一）健全农村精神文明建设推进机制

农村精神文明建设分散在思想政治、乡村治理、传统文化、基层党建、文明乡风、现代生活等各个领域。"十四五"时期以来，相关部门和地方政府积极探索中央在乡村振兴战略中对农村精神文明建设顶层设计的实施机制，系统推进农村精神文明领域的体制机制改革，探索构建适应乡村全面振兴和城乡融合发展需要的农村精神文明建设推进机制和政策体系。"十四五"时期的中央一号文件把农村精神文明建设作为重要内容进行部署，强调加强党对农村社会主义精神文明建设的领导，培育和践行社会主义核心价值观、加强农村思想道德建设和农村思想政治工作，深入开展农村群众性精神文明创建活动等。2021年4月29日第十三届全国人民代表大会常务委员会第二十八次会议通过的《中华人民共和国乡村振兴促进法》对农村精神文明建设工作做出明确规定。2025年1月，中共中央、国务院印发的《乡村全面振兴规划（2024—2027年）》围绕"繁荣乡村文化，培育新时代文明乡风"明确提升乡村精神风貌、重塑乡村文化生态、增强乡村文化影响力，提出"实施文明乡风建设工程，以社会主义核心价值观为引领，加强文明培育、文明实践、文明创建工作"。总体来看，经过"十四五"时期的努力探索，以新时代文明实践活动为载体，以健全设施、体系、服务为支撑，以弘扬和践行社会主义核心价值观为主线，以繁荣文化、移风易俗、平安乡村为主要内容，以文明村镇、文明家庭创建为路径的农村精神文明建设推进机制已经初步形成。同时，各级地方政府把精神文明建设作为实施乡村振兴战略的一项重要任务，建立健全党委统一领

"十五五"时期农村精神文明建设的重点任务与推进路径

导、政府负责、各部门分工落实的工作机制,不断完善推进农村精神文明建设的管理机制和工作制度,为乡村文化振兴提供了坚实组织保障(见表1)。

表1　　2021—2025年中央一号文件对农村精神文明建设工作部署

中央一号文件	工作定位	具体内容
《中共中央 国务院关于全面推进乡村振兴加快农业农村现代化的意见》	加强党对"三农"工作的全面领导。加强新时代农村精神文明建设	弘扬和践行社会主义核心价值观。拓展新时代文明实践中心建设,深化群众性精神文明创建活动。建强用好县级融媒体中心。深入开展"听党话、感党恩、跟党走"宣讲活动。深入挖掘、继承创新优秀传统乡土文化,赋予中华农耕文明新的时代内涵。持续推进农村移风易俗,加大高价彩礼、人情攀比、厚葬薄养、铺张浪费、封建迷信等不良风气治理,推动形成文明乡风、良好家风、淳朴民风。加大对农村非法宗教活动和境外渗透活动的打击力度。办好中国农民丰收节
《中共中央 国务院关于做好2022年全面推进乡村振兴重点工作的意见》	突出实效改进乡村治理。创新农村精神文明建设有效平台载体。切实维护农村社会平安稳定	开展对象化分众化宣传教育,弘扬和践行社会主义核心价值观。创新开展"听党话、感党恩、跟党走"宣传教育活动。探索统筹推动城乡精神文明融合发展的具体方式,完善全国文明村镇测评体系。启动实施文化产业赋能乡村振兴计划。整合文化惠民活动资源,支持农民自发组织开展体现农耕农趣农味的文化体育活动。办好中国农民丰收节。加强农耕文化传承保护。推进农村婚俗改革试点和殡葬习俗改革,开展移风易俗重点领域突出问题专项治理。防范黑恶势力、家族宗族势力等对农村基层政权的侵蚀和影响。依法严厉打击农村黄赌毒和侵害农村妇女儿童人身权利的违法犯罪行为
《中共中央 国务院关于做好2023年全面推进乡村振兴重点工作的意见》	健全党组织领导的乡村治理体系。加强农村精神文明建设	开展打击整治农村赌博违法犯罪专项行动。深入开展社会主义核心价值观宣传教育。深化农村群众性精神文明创建,拓展新时代文明实践中心、县级融媒体中心等建设,支持乡村自办群众性文化活动。注重家庭家教家风建设。深入实施农耕文化传承保护工程,加强重要农业文化遗产保护利用。办好中国农民丰收节。推动各地因地制宜制定移风易俗规范,强化村规民约束作用,扎实开展高价彩礼、大操大办等重点领域突出问题专项治理。推进农村丧葬习俗改革

续表

中央一号文件	工作定位	具体内容
《中共中央 国务院关于学习运用"千村示范、万村整治"工程经验有力有效推进乡村全面振兴的意见》	提升乡村治理水平。繁荣发展乡村文化；持续推进农村移风易俗；建设平安乡村	推动农耕文明和现代文明要素有机结合。改进创新农村精神文明建设，推动新时代文明实践向村庄、集市等末梢延伸，促进城市优质文化资源下沉，增加有效服务供给。加强乡村优秀传统文化保护传承和创新发展。实施乡村文物保护工程。促进"村BA"、村超、村晚等群众性文体活动健康发展。持续推进农村移风易俗，鼓励各地利用乡村综合性服务场所，为农民婚丧嫁娶等提供普惠性社会服务，降低农村人情负担。完善婚事新办、丧事简办、孝老爱亲等约束性规范和倡导性标准。持续开展打击整治农村赌博违法犯罪专项行动
《中共中央 国务院关于进一步深化农村改革扎实推进乡村全面振兴的意见》	着力健全乡村治理体系。加强文明乡风建设；推进农村移风易俗；维护农村稳定安宁	进一步加强新时代农村精神文明建设，强化思想政治引领，实施文明乡风建设工程，推动党的创新理论更加深入人心、社会主义核心价值观广泛践行。培育时代新风新貌，推进和睦家庭与和谐邻里建设。建立优质文化资源直达基层机制，丰富农村文化服务和产品供给，创新开展"戏曲进乡村"等文化惠民活动。推进农村高额彩礼问题综合治理。规范农村演出市场，深入整治低俗表演活动。加强农村科普阵地建设，反对封建迷信。健全农村地区扫黑除恶常态化机制，防范遏制"村霸"、家族宗族黑恶势力滋生蔓延。深入打击整治农村赌博

（二）丰富农村精神文明建设载体和活动

农村精神文明建设以新时代文明实践中心、县级融媒体中心等平台载体为阵地，通过开展丰富多彩的实践活动、创建灵活有效的参与机制，引导农民践行社会主义核心价值观，提升政治素养和思想道德水平。"十四五"时期，各地不断加强新时代文明实践中心（站、所、点、基地）建设水平，推动资源整合、服务创新、功能拓展，开展习近平新时代中国特色社会主义思想主题教育，宣传党的路线方针和强农惠农富农政策。各地组织动员农民群众参与新时代文明实践，并借助覆盖县域延伸乡村的新时代文明实践网络,整合人员队伍、资金资源、项目活动等,以志愿服务、公益服务为基本形式,探索城乡公共文化服务体系的运行机制、群众性精神文明创建活动的引导机制,推动基层宣传思想文化工作改革创新,促进城乡精神文明建设加快融合。不少地方将新时代文明实践中心打造成集理论宣讲、思想文化、科技科普、健身娱乐、邻里互助、生活服务等功能于一体的综合性服务平台,通过"爱心超市""红分超市"等创新乡村治理机制,常态化开展志愿服务活动,探索志愿者激励回馈机制,激发农村居民参与志愿服务积极性,使社会主义核心价值观具体化、形象化,让新时代文明实践活动融入农民日常生活。

(三)探索文化事业赋能乡村全面振兴机制

围绕推进乡村文化振兴,各地实施农耕文化传承保护工程,加强农耕文化保护、传承和发展,通过创造性转化、创新性发展,推动文化事业和文化产业融合发展,促进优秀传统乡土文化发扬光大,探索文化事业赋能乡村全面振兴的有效路径。一些地方划定乡村建设的历史文化保护线,保护文物古迹、传统村落、民族村寨、传统建筑、农业遗迹、古树名木等,深入挖掘农耕文化蕴含的优秀思想观念、人文精神、道德规范,展现中国农耕文明的魅力和风采。为破除乡村公共文化产品和服务供给短板,各地围绕推动基本公共文化服务网络向乡村延伸覆盖,持续扩大乡村文化惠民工程覆盖面,更新和健全乡村公共文化服务体系,培育特色文化村镇、村寨,建设基层综合性文化服务中心,推广普及村史馆、文化大院、文化礼堂、文化广场等设施场所。为丰富乡村文化产品和服务供给,各地支持乡土文艺团组壮大重建和持续发展，支持优秀戏曲曲艺、少数民族文化、民间文化等传承发展，逐步恢复已经消失的农村传统文化习俗活动。同时，支持"三农"题材文艺作品创作，以新媒体新媒介传播反映农民生产生活尤其是乡村振兴实践的文艺作品，展示新时代农民精神风貌。为解决农村优秀传统文化传承难题，各地积极整合文化惠民活动和农村特色文化资源，实施乡村文化人才培养工程，组织开展村歌、"村晚"、农民运动会等体现农耕农趣农味的文体活动，挖掘推广农民自发举办的文化活动新内容、新形式。围绕增强农民对丰产增收、美好生活的感受度、体验感，各地以举办农民丰收节为契机，丰富活动形式和内容，实施文化产业赋能乡村振兴计划，繁荣农村文化市场，丰富农村文化业态，以农文旅融合发展推动乡村产业提质增效升级。

（四）深化移风易俗行动塑造农村文明新风尚

"十四五"时期，持续整治陈规陋习、推进移风易俗、培育文明乡风，既是农村精神文明建设的重要内容，也是推进乡村治理体系和治理能力现代化的重要举措。围绕落实党中央决策部署，相关部门出台了一系列文件，采取了一系列专项行动，破除陈规陋习、推进移风易俗、建设文明乡风，推动地方创新开展农村精神文明建设的手段。在增强道德评议会、红白理事会等作用的同时，各地灵活运用积分制、村规民约、志愿服务等治理机制创新，把移风易俗纳入乡村治理，引导农村基层组织采取约束性强的措施，治理婚丧陋习、天价彩礼、孝道式微、老无所养等不良风气。在开展移风易俗重点领域突出问题专项治理过程中，各地把移风易俗纳入村规民约，对革除陈规陋习的行为给予正向激励,加大文明行为的奖励力度,以形成养成良好家风和文明乡风的内生动力。一些地方依靠群众性自治组织成立移风易俗小组,细致规定宴请范围、标准,推广集体公益生态葬。各地要求党员干部以身作则、率先垂范,引领农民群众自觉抵制不良习俗、践行良好风俗,如建立党员干部操办婚丧事宜报备制度,组织党员干部签订婚事新办、丧事简办承诺书,对党员干部婚事新办、丧事简办、抵制天价彩礼、孝亲敬老等作出具体规定。为了加快涵育农村新风新貌,各地积极开展"讲文明、树新风"活动,倡导守望相助、以和为贵的行为规范,弘扬孝老爱亲、耕读传家的道德风尚,营造崇尚节俭、不慕虚荣的社会氛围。为彰显文明乡风建设成果,相关部门和各级政府广泛开展文明评选和先进表彰,创建农村精神文明建设示范县、文明村镇、文明家庭等,用榜样的力量凝聚向上、向善、向美的正能量。

(五) 建设和谐平安乡村巩固全面振兴基础

农村社会和谐稳定是乡村全面振兴顺利推进的基础。各地坚持和发展新时代"枫桥经验",持续健全党组织领导的自治、法治、德治相结合的领导体制和工作机制,推动社会治理和服务重心向基层下移,强化农村矛盾纠纷排查化解,有力维护农村和谐稳定,为乡村全面振兴创造良好外部环境。为发挥农民群众在乡村治理中的主体性作用,各地加强村级自治组织规范化制度建设,健全村级议事协商制度,推动基层党建与村庄治理相结合,养成日常交往中的规则意识和良好的行为习惯。各地持续深化平安乡村建设,开展常态化扫黑除恶斗争,严厉打击农村黑恶势力,建立防范和整治"村霸"机制;开展打击整治农村赌博违法犯罪专项行动；严厉打击侵害农村妇女儿童权利的违法犯罪行为。同时，加强农村宗教工作力量，依法管理农村宗教事务，制止非法宗教活动，防范邪教向农村渗透，做好无神论宣传教育，防止封建迷信蔓延。

总体上看，"十四五"时期，在以党建促进乡村振兴的组织保障下，新时代文明实践、乡村文化建设持续推进，移风易俗、扫黑除恶等专项整治常态化开展，以文明进步的正能量营造了农村精神文明的良好环境，有效遏制了天价彩礼、厚葬薄养、聚众赌博、非法宗教、盲目攀比等陈规陋习，平安乡村、和谐乡村建设取得历史性成就，农村社会稳定、活力渐显，为各类人员和要素下乡创造了环境，为激发乡村全面振兴内生动力奠定了基础。

二 "十五五"时期农村精神文明建设的重点任务

对照农业农村现代化总体进展，农村精神文明仍然是突出短板，仍不能满足推进乡村全面振兴的需求，且部分领域虽然取得了明显成效，但成果尚不稳固，存在反弹复发的可能，继续深入推进的难度和压力陡增。"十五五"时期是到 2035 年基本实现农业农村现代化阶段性目标的决胜关键期，是构建推进乡村全面振兴长效机制，实现乡村全面振兴内生发展的阶段跃升关键时期，对农村精神文明建设也提出了新要求。当前，城乡社会加速碰撞、互联网广泛渗透、人口结构深度分化正推动农村文化生态、农民精神生活的加速分化和裂变，陈规陋习、非法活动、低俗文化等

"十五五"时期农村精神文明建设的重点任务与推进路径

以更加隐蔽的形式影响农民生产生活,成为农村社会稳定的新隐患,使农村精神文明建设面临艰巨挑战。"十五五"时期,要以协同推进农业现代化、农村现代化和农民现代化为统领,以乡风文明持续提升、中华优秀传统文化充分传承发展、农民综合素质全面提高为目标,以提升乡村精神风貌、重塑乡村文化生态、增强乡村文化影响力来培育新时代文明乡风,聚焦破除农民现代化和农村现代化中的精神文明建设短板和体制机制障碍,构建推进农村精神文明建设的长效机制,科学谋划推动农村精神文明建设。

(一)深入推进精神文明建设的城乡融合

城乡融合发展已经进入以破除县域城乡二元结构率先在县域内实现城乡融合发展的新阶段。在城乡发展仍存在明显差距的背景下,实现县域内城乡融合发展,势必面临城乡居民的价值观冲突,而精神文明建设本身又是城乡融合发展的短板瓶颈。党的二十大报告明确提出"统筹推动文明培育、文明实践、文明创建,推进城乡精神文明建设融合发展"。"十五五"时期,应把"推进城乡精神文明建设融合发展"作为进一步加强农村精神文明建设的重要任务。推动精神文明建设的城乡融合,关键在于破除城乡公共文化服务体系有效衔接的体制机制障碍,促进精神文明成果在城乡空间的共建共享,包括道德规范的城乡互通、文化新风的城乡共育、文明实践的城乡共行等方面,通过文明理念互融、文明要素互动以及文明成果共享,塑造城乡精神文明建设融合发展新格局。要以县域作为推进精神文明建设城乡融合的切入点,着眼于满足城乡居民的美好生活需要,通过常态化、日常化、具象化的文明实践提升城乡居民对精神文明建设的认同，为实现县域城乡融合提供价值支撑。要实现精神文明建设的城乡融合，既要推动以城带乡，促进"文化下乡"，丰富乡村文化的现代表达，又要以乡促城，引导"文化进城"，弘扬优秀传统文化，激活唤醒农耕文明，在加强城乡文化链接与情感纽带的同时，让"城市文明"与"农耕文明"交相辉映。

（二）持续整治突出问题推进农村移风易俗

受城镇化迅速推进、农民大规模城乡流动、数字经济迅速发展、农村社会文化裂变等综合作用影响，农民群体在传统生活方式向现代生活方式转变的过程中，必然要经受传统与现代的碰撞矛盾，并受现代社会中的不文明、低俗化现象冲击，出现陈规陋习、低俗文化、非法宗教的网络化渗透、低龄化蔓延等与新时代精神文明要求不符的突出问题。而且，部分农村地区，乡村产业基础较为薄弱、农民创业就业机会不足、公共文化娱乐活动不多，导致老弱群体、青年学生、待业人员等精神文明建设面临艰巨挑战。农村精神文明领域存在的突出问题和艰巨挑战，是新形势新阶段城乡经济社会深刻变革背景下，旧问题演变的新形势，或新变化引发的新问题，在现有农村精神文明建设制度和工作框架下，难以找到对应的技术手段和监管机制。这需要在"十五五"时期，及时构筑起保护网，持续整治农村陈规陋习，持续推进农村移风易俗，加强文明乡风建设，不断提升农民精神风貌。

第一，网络化新式赌博日益蔓延。在持续打击整治下，大规模、固定化、流窜式的农村赌场已大幅减少，但智能手机普及带动的互联网便捷化使用,使网络化新式赌博在农村蔓延流行。除赌博网站、线上直播等传统网络赌博形式外,网络化的赌博五花八门,有些隐藏在电竞、文娱活动中。网络赌博通过手机软件、小程序等进行,渗透度更深更广、欺骗性更大、诱惑性更强,参赌范围正从中老年男性为主向女性和年轻群体拓展,参赌聚赌也从集中在春节前后向全年全时段延伸。网络赌场的后台服务器多数在境外,难以追踪锁定,还涉及套路贷、网络诈骗、传销诈骗等新问题。

第二,彩礼攀升社会诱因持续演化。"天价彩礼"现象得到遏制,但结婚成本攀升仍在持续。一些地方彩礼限制在一定水平,与结婚相关的婚宴、购房、买车、置业等支出却大幅增加,推动了结婚成本的持续攀升。高额彩礼成为农村适婚男性家庭的沉重负担,甚至成为个别农户负债、致贫的原因,还导致农村婚配产业过热、婚恋诈骗乃至拐卖人口等问题。结婚成本攀升与农村适婚男女比例失调直接相关。大量农村年轻女性理性选择到生活更好、收入更高的城市务工就业、结婚成家。越落后的农村地区单身男性越多,用彩礼争抢婚配现象频发。根治"天价彩礼"需要根除其诱发的社会问题,如果只压彩礼本身可能导致越治彩礼越高,还会出现各种变相彩礼。

第三,"大操大办"人情负担代际分化。随着城镇化深入推进,大量农民进城落户和城乡流动,传统社会中的人情往来平衡被打破,在人情往来上"吃亏"的农民群体便想通过"大操大办"收回人情债。这使人情往来变成敛财工具,引起农民心理失衡,激起了攀比之风。农民在人情方面的支出已经成为家庭支出的重要负担,且在不同群体中有着不同的负担形式。不少留守老年人承担了子女的部分人情债，既因为碍于情面多随重随，又不好意思向子女讨要，有时候负担不起了只能"借钱随礼"。农村年轻人的人情往来泛滥之风日益兴起，结婚、生娃的礼金是父辈的几倍、十几倍，随着他们的年龄增长对农村的人情往来格局也会产生新的影响。整治"大操大办"攀比之风，要考虑农民的心理因素，需要从降低办事成本和合理补偿等多角度，去弥合"人情债"失衡引发的矛盾。

第四，"手机依赖"伴生低俗文化流行。当智能手机成为农民的便捷化生活工具，短视频、直播等新媒介快速占领乡村文化娱乐空间，让网络低俗文化在农村悄然流行。农村留守青少年缺乏集体活动与父母陪伴，容易养成"手机依赖症"，沉迷在网络低俗内容中，精神风貌和价值观逐渐被塑造。农村网络虚拟空间是互联网监管的薄弱领域，低俗文化、诈骗传销、造谣煽动、网络乞讨等难以得到有效管控。一些"网红"颠倒美丑，曲解惠农政策。一些平台推送网贷、赌博、虚假广告等内容，对乡风文明造成冲击，也在一定程度上诱发农村出现套路贷、传销诈骗、网络出轨等社会问题，对农民群众的价值观造成恶劣影响。这对农村精神文明工作顺利开展造成了极大困扰。

第五，非法宗教隐形化传播亟须关注。农村非法宗教和迷信活动正以新的形式和渠道在农村隐蔽流行，如以正规宗教名义开展的非法宗教活动有所反弹，借助网络通信工具、互联网虚拟空间开展非法宗教活动有所增多，有些非法宗教披上志愿服务、社会工作、慈善捐助、就业帮扶等的外衣开展活动。农村的算命、驱邪、风水等迷信活动仍在隐蔽流行。

农村正在不断演化的陈规陋习，有着复杂的经济、社会、历史成因，具有一定的反复性、顽固性、周期性，主要是因为农村社会转型过程中，旧的传统价值消解、新的精神文明尚未巩固，缺少高质量的文化供给抢占精神文明的新空间阵地。推动移风易俗，树立文明新风，是潜移默化的长期过程，要有足够的历史耐心和扎实的持久工作。

（三）巩固精神文明阵地加快乡村文化振兴

党在农村的精神文明阵地前进一步，陈规陋习、非法宗教等就后退一步，乡村文化振兴的根基就更加牢固、动力就更加强劲。虽然，新时代文明实践中心以及乡村文化设施已经普遍建立起来，但当前农村文化建设人才不多、公共文化场所利用率不高、公共文化服务有效供给不足等问题仍明显存在。面对乡村全面振兴和城乡融合发展的新需求，加强农村精神文明建设、推进乡村文化振兴能力不足的新问题凸显出来。因此，"十五五"时期，要从破除体制障碍、工作短板、创新梗阻着手，准确把握农村精神文明建设应对新形势新挑战的能力不足问题，聚焦农村精神文明阵地建设，全方位提升以农村精神文明建设加快乡村文化振兴的能力。

第一，乡村文化振兴支撑载体功能较弱。各地的县级融媒体中心、新时代文明实践中心及其组织服务网络，是农村精神文明建设、文化产品和服务供给、网络舆论宣传的主阵地，但发挥的功能作用明显不能满足乡村文化振兴需要。在内容创作、传播范围和舆情影响力等方面尚难以适应农民群众需求。不少建在村庄的新时代文明实践中心（站、所、点、基地）以及乡村文化广场和设施处于闲置甚至荒废状态。调研发现，一些地方的新时代文明实践场所，设备齐全、设施先进，但担心经常使用容易损坏而被封存，只有开展公共活动或领导视察时才打开，一些地方的图书室、文化室、村史馆等文娱场所，只剩一个"牌子"，室内杂物成堆。

第二，农村基层党组织推动文化振兴能力不足。农村基层党建与精神文明建设融合开展，既是精神文明建设的有效途径，也是抓党建促进乡村振兴的有效抓手。但农村基层党员队伍老化严重，优秀青年后备力量严重不足，平时难以组织起有效的活动，且村"两委"忙于上级交办各种任务，无暇开展精神文明和文化娱乐活动。一些村庄精神文明建设活动应付上级检查、视察时才临时组织，花钱雇人参加、让村组干部扮演群众的现象时有发生。

第三，文化产品和服务供需脱节问题较为明显。一些地方虽然组织开展了教育宣讲、移风易俗、传统习俗、文化展演等精神文明和文化活动，但与农民生活贴合不紧密，农民参与积极性低。农村普遍成立了红白事理事会、制定了村规民约，但发挥实际作用的比较少。一些地方的村规民约没有经过村民讨论，内容比较空泛。一些地方的宣传教育活动内容单一，只是播放视频、发放资料，并没有融入农民生活。一些地方不顾农民心理诉求，对陈规陋习缺乏深入调研，没有很好地区分陈规陋习与文化习俗，盲目开展移风易俗活动，引发了农民的排斥反感，造成农民利益受损或加重农民负担。群众性文体活动组织不起来、礼仪教化功能缺位，就使各种"送文化"活动在农村遭遇冷遇。

乡村文化振兴重在常抓不懈，找准实际推动的具体办法，要持之以恒深入推进移风易俗，更要不断巩固和提升阵地作用，坚守历史耐心绵绵用力、成风化俗。只有尊重农民合理的利益诉求，寻求融入农民生产生活，才能通过说教、科普、示范等引导农民养成文明风尚。因此，"十五五"时期要在巩固拓展农村精神文明建设成果的基础上，在乡村文化产品和服务的高质量供给上着力用力，通过进一步深化改革激发基层党组织以及各种组织载体、设施场所的功能作用，健全完善乡村文化振兴的长效机制，实现农村精神文明建设、乡村文化振兴与中国特色农业农村现代化的深度融合。

三 "十五五"时期加强农村精神文明建设的推进路径

加强农村精神文明建设是推进农民现代化的应有之义，可以避免在推进乡村全面振兴工作中"见物不见人""重物不重人"的倾向。以农业农村现代化开创中国式现代化新局面，必须继续把新时代农村精神文明建设作为全面推进乡村振兴"塑形铸魂"的重大任务和战略举措，以筑牢农村思想政治和意识形态阵地，提高农民群众的道德文明素质和科学文化素养，为加快农业农村现代化注入持久的强劲动力。"十五五"时期加强农村精神文明建设工作，要顺应农民现代化规律和发展诉求，适应推进乡村全面振兴的新要求，采取综合性、系统性举措，夯实党建阵地、丰富文化供给、涵养文明风尚，发挥农村精神文明建设在滋润人心、德化人心、凝聚人心等方面的独特作用，以精神文明和文化振兴催生农民现代化内生动力，全面赋能农业农村现代化，为实现"第二个结合"、丰富中华民族现代文明样态提供强大支撑。

（一）系统部署推进精神文明建设城乡融合

把精神文明建设城乡融合纳入城乡融合发展工作统筹考虑，充分利用新时代文明实践、公共文化服务体系的城乡组织体系和服务网络建设成果，加快推动精神文明和文化事业的县域城乡一体布局、协同发展，使城乡居民在县域内实现公共文化产品和服务的质量均等供给，让农民群体方便快捷地获得优质文化产品和服务。要尽快明确精神文明建设城乡融合的目标、原则和方向，科学规划精神文明建设城乡融合推进机制和城乡文化事业融合发展路径，促进文化资源下乡、文化产品进城、文化服务城乡共享，释放农村文化资源潜能并激发农民的文化创造活力。破除以城带乡促进乡村文化振兴的体制机制障碍，以数字乡村建设支撑网络服务互通、场所设施共建、文化活动互动等，通过数字平台、新媒体新媒介促进"城市文化下乡"和"乡村文化进城"的双向奔赴，畅通城乡文化要素自由流动和平等交换渠道，构建互动、互补、互融的城乡文化资源要素新格局。以社会主义核心价值观为引领，建立城乡统一的新时代文明实践标准，统筹安排贯穿城乡的主题教育、志愿服务活动，倡导科学、理性、健康的生活方式，提升城乡居民的精神品格和思想道德素养。以公共文化服务标准化建设，助推城乡公共文化服务均等化，建立省（市、区）—市—县—乡镇（街道）—村（社区）文化公共服务标准，明确投入标准、服务内容和服务质量。以城乡文化人才一体建设为抓手，健全城乡文化人才下沉、结对、培养和激励机制，促进城乡文化要素双向循环流动。坚持文化资源要素向乡村倾斜与盘活乡村文化资源相结合，持续深化城乡一体的群众性文明实践、文明培育、文明创建，让城市文明与乡村文明各美其美、交相辉映，共同创造人类文明新形态。

（二）创新开展新时代文明实践活动

进一步加强新时代农村精神文明建设，要以实施文明乡风建设工程为抓手，采取符合农村特点、农民群众喜闻乐见的有效方式，创新开展农村文明培育、文明实践、文明创建和文化建设，推动党的创新理论更加深入人心、社会主义核心价值观广泛践行。要持续深入开展社会主义核心价值观宣传教育，创新开展听党话、感党恩、跟党走宣传教育活动，加强文化引领、强化价值认同，建立正面激励机制，发挥典型示范引领作用，把中华传统美德和现代文明观念转化为农民群众的行为习惯。推动新时代文明实践向村庄、集市等末梢延伸，同传承优秀农耕文化结合起来，同农民共同价值理念结合起来，弘扬敦亲睦邻、守望相助、诚信重礼的乡风民风。要注重新形势下农村青少年教育问题和精神文化生活，加大资源投入，完善关心关爱农村留守儿童的工作措施。把基层新时代文明时代中心拓展成农民全面发展的服务中心，为留守儿童、老人等提供日常娱乐学习的场地。同时，推动社会主义核心价值观走入田间地头、融入农民的日常生活，形成有利于培育和践行社会主义核心价值观的生活场景和社会氛围。

（三）扎实推进移风易俗融入农民生活

坚持疏堵结合、标本兼治、因势施策，创新移风易俗工作抓手和载体，广泛普及科学知识和文明理念，坚决反对各种不良风气和陈规陋习，持续培育新时代农民农村新风新貌，把移风易俗变成农民追求全面发展的自觉行动。推动各地因地制宜制定移风易俗规范，完善婚事新办、丧事简办、孝老爱亲等约束性规范和倡导性标准，持续整治人情攀比、大操大办、厚葬薄养、散埋乱葬等突出问题。深入挖掘传统习俗、家风家训等文化载体中传递正能量的思想观念、人文精神、道德规范，推动各地因地制宜制定村规民约，把抵制高价彩礼、厚葬薄养、低俗文化、赌博陋习等内容纳入村规民约。对操办红白喜事的规模、范围、金额等设立标准，纳入乡村治理清单制、积分制范畴，推动党员干部带头承诺践诺。探索兼具农耕文明底蕴与现代文明价值的礼仪制度，推行符合各地农村实际状况的婚丧礼仪规范流程，设立与经济发展阶段相适应的人情标准。发挥村民自治作用，支持红白事理事会耐心劝导农民接受文明风尚，倡导守望相助、以和为贵的行为规范，弘扬孝老爱亲、耕读传家的道德风尚，营造崇尚节俭、不慕虚荣的社会氛围。推进农村高额彩礼问题综合治理，加强对农村适婚群体的公益性婚恋服务和关心关爱，加大对婚托婚骗等违法行为的打击力度。加强养老、婚姻、殡葬等领域公益性基础设施和服务体系建设，探索利用乡镇和村庄的公共活动、综合服务场所，为农民提供普惠性服务。规范农村演出市场，深入整治低俗表演活动。加强农村科普阵地建设，反对封建迷信。发挥村集体经济组织作用，为主动配合移风易俗行动的农民提供创业就业扶持。引导各地健全村民议事会、道德评议会、禁毒禁赌协会、红白事理事会等群众自治组织，形成群众自我教育、自我管理、自我约束的基层治理经验做法。

（四）拓展文化繁荣赋能乡村全面振兴路径

繁荣乡村文化，要推动农耕文明和现代文明要素有机结合，持续实施文化惠民工程，健全提升乡村公共文化服务体系，优化乡村文化服务和文化产品供给机制，让历史悠久的农耕文明在新时代展现独特魅力和风采。加强乡村优秀传统文化保护传承和创新发展，挖掘、唤醒、提振、传承乡村优秀文化，赋予家风家训、民俗民风、农耕文化等新的时代内涵和现代表达。加强对乡村历史文化遗存的保护，重点做好农业文化遗产、农村非物质文化遗产挖掘整理和保护利用工作。坚持农民唱主角，支持乡村自办群众性文化活动，因地制宜新建、改建、修复休闲广场、运动场馆、阅读空间，用好微宣讲、广场电影、文艺演出等群众喜闻乐见的文化载体。广泛开展具有农耕农趣农味且农民群众乐于参与、便于参与的文体活动，务实高效组织村超、村晚、村戏、庙会、村跑、村歌等符合农民需要、喜闻乐见的文化娱乐活动，支持农民利用农家书屋、文化广场、百姓舞台等乡村文化设施自办群众性文化活动，让农民的业余生活、空闲时间丰富多彩起来，以解决农村公共文化服务设施的"沉睡"问题。鼓励各地自主自愿、量力而行举办富有地方特色的传统文化习俗"村赛"，促进群众性文体活动健康发展。培育壮大乡村文化产业，实施文化产业赋能乡村振兴计划、乡村文旅深度融合工程，提升乡村旅游质量效益和农民参与程度，加快数字赋能乡村文化产业，让以农文旅融合发展为主要路径的乡村文化产业成为乡村产业振兴的新动能、新亮点。

（五）建强基层组织提升精神文明领导服务能力

要坚持和加强党对农村精神文明建设的全面领导，充分发挥基层党组织引领农村精神文明建设的战斗堡垒作用，健全优化农村基层党组织设置，确保直接服务农民群众的党组织不弱化。加强农村党员发展工作，注重培养青年后备力量，加大在返乡创业就业青年人员中发展党员力度，优化农村党员队伍结构，壮大农村精神文明建设工作队伍。提高农村基层党组织领导下的红白理事会、村民议事会、道德评议会等群团组织发展质量，建立激励机制广泛开展移风易俗议事协商。同时，完善组织章程和各项制度，发挥农村能人、德高望重人士、婚丧事具体操办人、敬老爱老模范等作用，开展婚丧嫁娶服务、邻里互助活动和道德评议，开展喜闻乐见的文化休闲、敬老护幼活动，营造互爱互助、团结友善的村庄氛围。支持村级组织为农村空巢老人、留守儿童、残障人士等特殊群体开展结对帮扶活动，督促子女自觉承担家庭责任，为困难群众提供有针对性、常态化的志愿服务。引导有条件的地方探索建立移风易俗促进共同富裕的奖励机制，制定"红黑榜"，开展互评亮榜，鼓励有意愿、有能力的农户家庭将节俭办酒节省的部分资金捐赠用于帮扶救济困难家庭或公益事业支出，投入崇学助学、敬老祝寿、拥军优属、扶危救困等社会福利保障及慈善领域。对党员干部婚丧事宜操办、"人情风"赈酒等统一进行规范，纳入县直单位和镇街党风廉政建设、基层治理模式及评先树模等考核内容，引导农村党员干部做移风易俗的倡导者、时代新风的推动者、传播者。

（六）持续夯实农村精神文明建设根基

既要用好组织生活、"宣讲会""大喇叭"、入户宣传等传统手段，也要结合宣传工作出现的新变化，及时应用新的宣传手段，拓展报、网、端、微、屏全媒体矩阵，牢牢占领农村思想政治和道德文化宣传阵地。加大移风易俗主题公益广告投放力度，加强抖音、快手、小红书等各类短视频平台传播作用，精心打造一批有创意、接地气的图解、动漫、视频等融媒体产品，切实提高农民群众对移风易俗改革的知晓率和认同度。建好、管好、用好新时代文明实践中心（所、站、点、基地），探索联动高效运转机制，发挥统筹、协调、引领、推动的阵地作用，努力成为优质文化资源直达基层的支撑载体，发挥传播科学理论的大众平台、丰富文化生活的百姓舞台、培育主流价值的基层堡垒和涵养乡风文明的实践基地等多重功能。加强乡村网络文化引导，抓紧抢占网络空间精神文明建设的主阵地，支持接地气、聚人气、扬正气的网络文化优质内容创作，广泛宣传法律法规和典型案例，发挥警示教育作用，动员社会各界广泛参与，自觉抵制网络空间的陈规陋习和违法违纪行为。积极创制喜闻乐见的短视频、情景剧等，在农民广泛使用的网络平台大力传播。加强网络巡查监督，遏制封建迷信、攀比低俗等消极文化的网络传播，预防农村少年儿童沉迷网络，让违法和不良信息远离农村少年儿童。加大对网站、搜索、视频、直播等各类网络平台，以及各类制作群体的监督监管，建立健全"白名单""黑名单"管理机制，加大对传播制作低俗、虚假、违法内容的处罚力度，开展典型塑造、奖励激励和发展扶持活动，形成网络虚拟空间的正能量激发长效机制。建立健全农村赌博、诈骗、网贷等违法行为监测机制。常态化开展专项整治行动，深入重点地区清查检查、暗访侦查，提升打击整治的主动性和实效性。健全农村扫黑除恶常态化机制，持续防范和整治"村霸"，依法打击农村宗族黑恶势力及其"保护伞"，预防新的黑恶势力成长。加强电信网络诈骗宣传防范。建立镇村宗教工作责任清单，明确部门职责与监管手段，对乱建宗教活动场所、滥塑宗教造像、借教敛财以及非法宗教活动等予以打击取缔。

参考文献

杜志雄、芦千文：《农村精神文明建设的突出问题与对策建议》，转引自魏后凯、杜志雄主编《中国农村发展报告2024——以新质生产力推进乡村全面振兴》，中国社会科学出版社2024年版。

李书磊：《深化文化体制机制改革（学习贯彻党的二十届三中全会精神）》，《人民日报》2024年8月7日。

"十五五"时期乡村人才振兴挑战及对策

曾俊霞[*]

摘　要：乡村人才是乡村振兴的第一资源和战略支撑，是实现农业农村现代化的关键力量。"十四五"时期，中国乡村人才发展迎来了重要机遇期，各类人才队伍建设取得了显著成效，也形成了一批经验做法。尽管如此，乡村人才发展仍面临总量不足、结构失衡、区域差异明显等挑战。对标"十五五"时期乡村人才振兴发展目标，接下来亟须在乡村人才发展的科学认知、法律保障、体系建设、培养投入、政策支持等方面加以提升，为"十五五"时期全面推进乡村振兴提供有力人才支撑。

关键词：乡村人才；农业农村人才；人才振兴

---

[*] 曾俊霞，管理学博士，中国社会科学院农村发展研究所副研究员，主要研究方向为农业农村人才、农村人力资本。

Rural Talent Revitalization Challenges and Countermeasures During the 15th Five-Year Plan Period

Zeng Junxia

Abstract: Rural talent is the primary resource and strategic support for rural revitalization, and the key force in achieving agricultural and rural modernization. During the 14th Five-Year Plan period, China's rural talent development has entered an important period of opportunity, and significant progress has been made in building various talent teams. Nevertheless, rural talent development still faces challenges such as insufficient total quantity, structural imbalance, and notable regional differences. To meet the rural talent revitalization development goals of the 15th Five-Year Plan, it is urgent to enhance scientific cognition, legal protection, system construction, training investment, and policy support for rural talent development, so as to provide strong talent support for comprehensively advancing rural revitalization during the 15th Five-Year Plan period.

Key Words: Rural Talent; Agricultural and Rural Talent; Talent Revitalization

"十五五"时期乡村人才振兴挑战及对策

乡村人才是农业农村现代化建设的第一资源，是推动乡村全面振兴的中坚力量。随着国家乡村振兴战略的实施，人才振兴已成为关键支撑。把握乡村人才发展现状、找准制约因素、提出有效对策，对加快农业农村现代化建设、实现乡村全面振兴具有重要意义。

一 "十四五"时期乡村人才振兴成效

"十四五"时期，随着乡村振兴战略的深入实施，中国乡村人才队伍建设取得一定成效，总体呈现数量稳步增长、结构逐步优化、素质持续提升的发展态势。

（一）乡村人才数量总体增长

"十四五"时期，乡村人才数量总体增长，个别类型人才数量因农业农村人口下降而减少。在农业生产经营人才中，农业农村部相关数据显示，截至2024年，中国农村实用人才超2300万人，其中约八成是高素质农民；新型生产经营服务主体带头人（家庭农场主、农民合作社社长）达到620万人以上。农村第二、第三产业发展人才为主要来源的返乡入乡创业人员累计超过1300万人，推动休闲农业、农村电商、智慧农业等农村新业态蓬勃兴起，为乡村产业振兴注入了创新活力。在农业农村科技人才方面，农业科技研发人员和技术推广人员分别达到7万人和51万人，有效推动农业科技进步贡献率超过63%，助力中国农业科技创新整体迈入世界第一方阵（曾俊霞，2025）。公共服务人才中，随着农村人口减少，乡村教师和村医数量下降，乡村专任中小学教师总量从2020年的243.4万人减少到2023年的195.3万人，但高中专任教师从7万人增加到9.1万人；2023年村卫生室乡村医生共60万人，2020年为74.7万人，减少14.7万人（国家统计局农村社会经济调查司，2024），但村医队伍中执业医师和执业助理医师数量上升达到47.6万人，能为村里老百姓提供专业服务的执证医生占比增加，每千农村居民的村医数提高到2.3人（中华人民共和国国家卫生健康委员会，2022）；社会服务人才如专业社会工作者，以及其他以提供社会服务为主的基层群众性自治组织成员（如村两委人员）、公益慈善和志愿者组织成员，其总人数超过300万人（姚大川、王小兰，2025）。

（二）乡村人才结构不断优化

乡村人才的人力资本水平整体优于行业内劳动力。《新型农业经营主体调研报告》显示，2023年调查的新型农业经营主体负责人平均年龄46岁，50%以上具有高中及以上学历；从事新产业新业态的受访主体，平均年龄为42.5岁，高中及以上学历人员占比达到67.9%，人力资本整体水平高于农业生产经营主体。在农业生产经营人才内部，粮食种植新型农业经营主体，其平均年龄为47.8岁，高中及以上学历占比为47.7%，人力资本水平整体相对最低；但即使如此，和全国种粮劳动力（平均年龄55.1岁，高中及以上学历占比不足10%）相较，仍然占据较为明显的人力资本优势（袁纯清等，2024）。

乡村公共服务人才、乡村治理人才人力资本水平不断优化。以乡村教师、乡村医生为主的乡村公共服务人才，村小学学校专科及以上学历教师比例基本和城市地区持平，村医队伍中执业医师和执业助理医师数量持续上升。以村党支部书记、第一书记、大学生村干部为主的乡村治理人才队伍，一大批本村致富能手、返乡农民工、大学毕业生、退伍军人充实到乡村治理人才队伍中来。乡村治理人才学历明显提升，年轻化趋势明显。以全国村干部为例，2020年全国49.1万个行政村的村"两委"成员平均年龄为42.5岁，下降5.9岁，村"两委"成员高中（中专）以上学历的占74%、提高16.7个百分点；村党组织书记大专以上学历达到46.4%，提高19.9个百分点，平均年龄为45.4岁，下降3.9岁（新华网，2022）。

（三）乡村人才素质稳步提升

乡村人才整体素质能力提升，但与城市人才相较仍有差距。科学素养方面，根据2023年全国公民科学素质抽样调查，乡村居民具备科学素质的比例为9.16%，较2020年提高2.71个百分点，农村居民科学素质增速高于城镇，但仍低于城镇水平（17.25%）（新华网，2024）。数字素质方面，全民数字素养与技能发展水平调查报告（2024）显示，城乡居民数字素养与技能水平协同提升，农村成年人初级及以上水平占比为50.57%，高级水平占比为9.53%，但仍然低于城镇成年人初级及以上水平占比近15个百分点、高级水平占比近10个百分点。职业能力方面，2024年高素质农民中取得职业资格证书的比例达到24.8%，较2020年提高6.5个百分点，具有"一技之长"的乡村人才比例逐渐提高（农业农村部农村社会事业促进司、中央农业广播电视学校，2024）。

二 "十四五"时期乡村人才振兴经验做法

"十四五"时期，各地区各部门积极贯彻落实中央关于加快推进乡村人才振兴的决策部署，在完善政策体系、创新招引机制、加大培育力度、强化统筹使用、健全激励机制和推进考核评价等方面取得积极进展，形成了一批极具地方特色的乡村人才发展模式。以下将主要根据农业农村部"乡村人才振兴经验做法与典型案例"资料，梳理总结各地推进乡村人才振兴的创新做法与实践经验。

（一）完善乡村人才政策体系

2021年，中共中央办公厅、国务院办公厅印发了《关于加快推进乡村人才振兴的意见》，要求各地区各部门结合实际加快推进乡村各类人才建设工作。同年，农业农村部印发《"十四五"时期农业农村人才队伍建设发展规划》，加强农业农村人才队伍建设政策规划引领。各地区在"十四五"时期积极推进乡村人才振兴工作，出台相关法律条例、政策文件以及制定专项规划、设立人才基金等多种方式，构建较为系统的乡村人才政策体系，为乡村人才振兴提供制度保障。山东省出台《山东省人才发展促进条例》，明确要求县级以上人民政府推动乡村人才振兴，并编制《山东省"十四五"时期人才发展规划》，把乡村人才作为开发重点。四川省由省委组织部等七部门联合印发《乡村人才振兴五年行动实施方案（2021—2025年）》，统筹实施重点人才项目。重庆市制定《推进全市乡村人才振兴若干措施》和《乡村人才振兴行动实施方案（2025—2030年）》，建立健全引育人才的长效机制。安徽省出台《关于加强农村实用人才队伍建设的若干措施》，从人才培养、团队建设等方面明确12条支持举措。海南省出台《关于推进海南自由贸易港乡村人才振兴的十条措施》，结合自贸港建设特点推进乡村人才工作。新疆编制《自治区人才发展"十四五"时期规划》，印发《关于加强和改进新时代人才工作的实施意见》，为人才发展提供政策指引；并设立了100亿元人才发展基金，保障"八大产业集群"人才建设，农业产业人才占据四席（粮油、棉花、绿色有机果蔬、优质畜产品）。此外，甘肃、黑龙江、江苏等省份也相继出台加快推进乡村人才振兴的实施意见，形成了全国范围内推进乡村人才振兴的政策网络。

（二）创新乡村人才招引机制

在"十四五"时期，中央和各地积极创新乡村人才招引机制，形成了多元化的人才招募、引进模式。中央财政累计投入近26亿元开展农村订单定向免费医学生培养，招生规模从2010年的5000人提高到2023年的6150人，为中西部地区农村医疗卫生机构培养输送了8.2万名本科定向生，平均为每个乡镇卫生院招收储备了3名全科医生（中华人民共和国国家卫生健康委员会，2024）。一些省份开展了本省份村医选拔引进地方实践，如江苏近5年为农村培养定向生近万人；贵州实施"免试注册"乡村医生行动，开展"贵州省乡村医生千人需求计划"，招录1000名医学专业人员到村卫生室工作。科技人才方面，安徽深化科技特派员制度，2022年选认科技特派员9152人，服务行政村覆盖率达81.36%，计划到2025年总量突破万人，实现行政村全覆盖。在青年人才引进方面，海南实施服务基层人才"蓄水池"工程，"十四五"时期选派约5000名高校毕业生到基层服务；山西通过乡镇事业编制招聘方式，为每个村引进年轻大学生，"十四五"时期实现1.9万个村全覆盖。江苏发起"共绘苏乡"规划师下乡活动，已有近千名规划师服务乡村振兴一线，实现市县全覆盖。此外，甘肃着眼人才培养源头，2025年将省内院校涉农专业招生计划比例提升10%以上。这些措施形成了多方位、多层次的乡村人才招引体系。

（三）加大乡村人才培育力度

"十四五"时期全国实施高素质农民培育计划，推介101所涉农人才培养优质院校，培育约300万名高素质农民，培训10万名农村实用人才带头人；开展农村创业创新带头人培育行动，打造约1500个农村创业创新园区和孵化实训基地，培育10万名农村创业创新导师和100万名带头人。各地积极探索乡村人才培育新模式，形成了多层次、多领域的人才培养体系。在学历教育方面，江西省创新实施"一村一名大学生工程"，采取"政府出钱、大学出力、农民受益"模式，累计投入3.5亿元，培养7.2万名"不走的农民大学生"。河南省依托省农业广播电视学校成立河南省新型职业农民培养项目办公室，在全省遴选30个职业院校作为培养基地，发挥全省教育口涉农职业院校和农口农广校两大系统人才培养资源协同优势，通过"农学结合、弹性学制、送教下乡、进村办班"模式开展农民中职学历教育，自2017年以来，累计投入资金 4100 万余元，培养农民中职学员 10000 余人。在基地建设方面，广东省构建了多层级的农民职业培育基地网络，包括 100 个省级综合类、165 个省级实训基地、327 个市县级培训基地，其中 5 所院校入选全国示范基地。在专项培训方面，浙江省截至 2023 年已累计培育农创客超 4 万名，平均每名农创客带动 18 名农民就业。在专业人才培养方面，河北创新推出"农村金融服务专员"制度，从三级金融机构选派专员，设立"金融支农协理员"，打造覆盖农村金融服务的本土化、专业化人才队伍；甘肃为每个乡镇培养 3—5 名社会体育指导员骨干，带领群众科学健身。

（四）强化乡村人才统筹使用

各地积极创新人才使用管理机制，推进义务教育教师"县管校聘"改革和科技、卫生等领域人才"县管乡用"制度，破解人才流动障碍。广西柳州积极推动教育领域"县管校聘"，通过考录招聘、待遇保障、职级晋升等方面给予政策倾斜，优化县域教育资源配置，2021 年基层偏远地区教师较上年增加 596 人。重庆市在医疗卫生领域实施"县聘乡用""乡聘村用"，要求各区县"县聘乡用"人员不低于当年招聘执业医师总数的 80%；同时建立校长教师轮岗交流常态化机制，将到乡村学校、薄弱学校任教 1 年以上的经历作为申报高级教师和特级教师的重要条件。浙江省 2024 年启动基层医疗卫生人才"县聘乡用、乡管县育"创新实践行动，计划到 2027 年实现全省卫技人员有序流动 1000 人次以上，创新岗位聘用和编制使用机制，破解基层人才培养瓶颈。这些做法有效促进了人才向基层一线合理流动，优化了人才资源配置。

(五) 健全乡村人才激励机制

各地通过完善待遇保障、创业扶持等措施，不断健全乡村人才激励机制。在基层人才待遇方面，江西省对最边远乡村教师每月额外发放1200元津补贴，贵州黔东南州将村医政府补助由2016年的人均600元提升至2020年的人均1317元，部分县达到每月2000元，并为村医缴纳养老保险和医疗责任险。在职称评定与补贴方面，宁夏对获得高级、中级职称的高素质农民分别给予6000元、3000元奖补，截至2025年已有587人获得农民职称；安徽对参加学历教育的高素质农民提供奖助学金，支持其参加城镇职工养老保险并给予财政补贴。在创业扶持方面，广东将返乡创业一次性资助提高到1万元，同时投入9.7亿元专项经费支持青年投身乡村振兴；江苏推出"新农菁英贷"，为农村创业青年提供免抵押、低利率贷款，到2022年累计放款77.5亿元惠及1.3万人，淮安市专门推出针对退役军人的"军功贷"等金融产品。在补贴奖励方面，苏州市在全国率先推出新型职业农民社保补贴政策，至2020年底已向2456名农民发放补贴3112万元；句容市组织开展"十佳新型职业农民"评选、乡土人才技能大赛等活动，其中"十佳"农民每人给予10万元的奖励。这些激励措施，为乡村人才发展提供了一定保障，增强了人才扎根基层、建功乡村的积极性。

(六) 推进乡村人才考核评价

各地积极深化乡村人才职称制度改革，创新认定评价机制。

山东省将评价重点放在业绩贡献和示范带动作用上，截至2023年有9063人获得新型职业农民职称；同时在基层教育、卫生、农业等领域建立"定向评价、定向使用"制度，推行基层职称"直评"，对工作满10年、20年、30年的乡镇事业单位专技人员，申报相应职称时不受岗位结构比例限制。2019年，江苏在全国率先建立乡土人才职称评价制度，制定专门资格条件，截至2022年已有1266名乡土人才获得正高级、高级职称，数千人获得初级、中级职称；苏州市累计认定的10619名新型职业农民中，大专以上学历占64.5%，45岁及以下占69.4%，人才队伍素质不断提升。四川省成都市对农业职业经理人实行分级认定和考核管理，每年分别开展高级、优秀、"十佳"和初级、中级农业职业经理人认定或评选；截至2022年已为18402名农业职业经理人认定颁发了《农业职业经理人证书》。这些改革举措创新了人才评价标准，畅通了职业发展通道。

三 "十五五"时期乡村人才发展面临挑战

当前中国乡村人才振兴面临诸多挑战。从总量看，人才供给难以满足乡村全面振兴需要；从结构看，专业技术人才和高层次人才紧缺，人才类型分布失衡；从区域看，东中西部发展不均衡，部分地区人才流失严重。同时，人才培养存在短视化倾向，法律保障不足，培养体系不够健全等问题，亟须系统谋划、综合施策，为乡村振兴提供坚实的人才支撑。

（一）乡村人才队伍总量仍然不足

乡村人才总量不足，无法满足乡村全面振兴需要。《国家中长期人才发展规划纲要（2010—2020）》指出到2020年，全国人才资源占人力资源总量的比重目标值为16%，基本满足经济社会发展需要。截至2023年底，中国常住乡村人口约4.77亿人，其中乡村就业人员总量约2.7亿人。农业劳动力方面，全国从事第一产业的劳动力约1.69亿人。如果以乡村就业人员总量2.7亿人计算，乡村人才总量应为4320万人；如果以第一产业劳动力1.69亿人计算，农业生产经营人才总量应为2704万人。2024年，农业农村实用人才数量为2300万人，主要包括农业生产经营人才、农业科技推广人才、村两委干部等。因此，从农业农村实用人才数量来判断，还未能达到国家中长期人才发展规划纲领目标，也未能达到乡村振兴人才需求目标。再看农业科技推广人才数量，发达国家每万名农业人口中有100名农业技术人员（孙好勤、邵建成，2006），以此推算农业科技人才数量应为169万人，远高于当前实际数量。再看乡村医生数量，德国等发达国家每千人口医师数超过4人，按此计算，当前乡村医生数量应为190万人，也远高于当前实际数量。当然考虑到乡村人口未来持续减少，乡村人才需求绝对数量也会相应减少，即便如此，当前乡村人才供给数量无法满足实际需求是不争事实。如广西发布的乡村振兴促进条例实施情况的报告中明确指出人才总量不足，农科毕业生预计年缺口达3万人以上。

（二）乡村人才队伍结构表现失衡

乡村人才在结构方面还存在较大的失衡现象。乡村人才类型分布存在偏差，经营管理、医疗卫生、科技文化、社会服务等专业技术人才尤为紧缺。如甘肃发布的乡村振兴促进条例实施情况的报告中明确指出乡村规划、农业科技、教育医疗方面的人才短板最为严重。人才层次失衡，高层次、创新型人才严重不足，基层一线实用技能型人才老龄化严重，领军型、带动型人才与基础支撑型人才比例严重失调。专业领域错配方面，农业生产经营人才大部分集中在传统种养殖专业，而种业、智慧农业、农产品加工等关键领域人才严重不足，休闲农业、农村电商等新业态缺口巨大，供需矛盾突出。农业农村科技人员中，单一学科背景占比高，跨学科复合型人才占比少。专业背景上，作物学、植物保护、畜牧兽医等传统学科人才占比更多，而农业信息化、智慧农业、生物技术、生态农业等新兴交叉学科人才占比较少。教育领域，部分学科如音乐、美术、体育、信息技术等专业乡村教师尤为短缺，偏远地区情况更为严峻，有的乡镇甚至没有一名专职的副科教师。医疗领域，乡村医生专业结构单一，全科医生多，专科医生少，基本医疗服务能力有限，难以满足多层次医疗服务需求。

（三）乡村人才发展区域差异明显

"十四五"时期，乡村人才区域分布差异依然明显。东部地区乡村人才总量最多，类型最广泛，素质能力最强。以高素质农民为例，《2024年全国高素质农民发展报告》数据显示，东部地区2023年高素质农民中高中及以上学历占比最高为72.7%，获得国家职业资格证书占比最高为26.4%，接受过农民培训的占比最高为94.5%。西部地区乡村人才总量较少且招募难度较大，专业领域较窄，整体素质相对较弱。2021年贵州黔东南州向社会公示招录136名医学专业人员到村卫生室工作，仅招录到27名，其中1名已经辞职。西部地区2023年高素质农民中获得国家职业资格证书占比最低为23.9%，西部地区公民具备科学素质的比例最低为11.5%，比最高的东部地区低出近5个百分点。东北地区乡村人才流失态势最为严重，人才集聚水平相对偏低，尤其是青壮年高素质人才较为缺乏。黑龙江虎林市每年有800名左右本地户籍高校毕业生，有意愿留在家乡的仅占20%，加之受编制、身份、年龄及调任年龄、专业技术等级等条框制约，近3年招录的426人已流出91人，其中专业技术人才35人，占比近40%。中部地区乡村人才状况相对稳定，素质能力和年龄结构相对均衡。东部沿海地区与中西部地区人才密度差距明显，一些国家乡村振兴重点帮扶县人才不足问题尤为突出。如对比《江苏省"十四五"时期全面推进乡村振兴加快农业农村现代化规划》和《云南省乡村振兴战略规划（2018—2022年）》可知，江苏省农村义务学校专任教师本科以上学历比例2020年已达80%，2025年目标值为85%，而云南省2020年为65%，两省相差较大。

（四）乡村人才成长科学认知不足

乡村人才成长科学认知不足已成为制约乡村人才振兴的"瓶颈"。乡村人才成长是一项系统工程，具有周期长、基础性强的特点，需要从长期角度进行系统化投资，深刻把握人才成长规律，进行科学设计和持续投入。然而，当前乡村人才培养普遍存在急功近利、短视化倾向，未能充分认识和尊重人才成长的内在规律。乡村人才培养常被简化为短期项目制实施模式，缺乏长效机制设计。各类培训项目往往一年一规划、一年一实施，难以形成连贯培养体系。项目实施中追求"短平快"效应，重量化指标达成，轻质量成效评估，用"人头数"代替"人才质"的现象普遍。一些地方片面追求培训规模和覆盖率，忽视培训内容与乡村实际需求的匹配度，导致人才培养资源投入产出效率低下，难以形成可持续的人才供给机制。

（五）乡村人才发展法律保障不足

中国尚未建立一套完整的、专门的乡村人才培养的制度安排和法律法规，现有相关乡村人才培养的法规层次较低，各种形式的乡村人才培养机构的法律地位难以从中获得有效统一的保护和支持，与中国农业大国的地位不相符，与乡村振兴的人才振兴需求不相符。中国乡村人才培养的法律保障体系存在明显缺位。首先，国家层面缺乏专门针对乡村人才发展的基本法律，现有的《中华人民共和国乡村振兴促进法》《中华人民共和国农业法》《中华人民共和国农业技术推广法》等法律对人才培养的规定较为原则和笼统，尤其缺乏系统性、专门性的规范乡村人才培养责任、激励、监督和其他一些有效保障措施的规定。其次，现有法律法规在乡村人才权益保障、发展空间、职业待遇等方面的条款不足，涉农法律法规中关于人才权益保障的条款占比非常低，缺乏可操作性，难以从根本上使乡村人才培养走上规范化、法治化的轨道。最后，配套政策不健全，很多省份出台了专门的乡村人才政策文件，但多为指导性文件，以软性鼓励为主，缺乏刚性约束力，实质性、可落地的支持政策较少。乡村人才培养单纯依靠临时性政策支持是严重不足的，仅靠地方性的政策支持也是远远不够的。

（六）乡村人才综合培养体系不畅

乡村人才包含各行各业，涉及众多部门，从大"三农"视角看，乡村人才培养体系面临跨部门协调的系统性挑战。农业农村、教育、科技、人社等部门政策横向整合不够，缺乏协同配套和良性互动，在乡村人才培养领域，跨部门联席会议制度效果不佳。高等院校、职业院校的人才培养与乡村产业需求脱节，科研成果转化为乡村发展动能的通道不畅。以农业生产经营人才为例，不同部门政策之间存在割裂，农业农村部门侧重技能培训，教育部门负责学历教育，人社部门管理职业资格认证，三者之间缺乏有效衔接，部门协调困难增大，工作效率受损，人才培养速度和质量均受到影响。不同部门之间既有工作分工，但由于体系不畅，分工不严，工作之间又有重叠。以乡村人才评价标准为例，在不同部门之间尚未完全统一，各部门对农村人才的定义、评价和认定标准不一致，影响人才发展通道的畅通和激励机制的有效性。此外，乡村人才在不同行业的培养机构资源分配不均衡，高等院校、科研院所、农业推广机构、农民教育培训机构等不同主体的培育资源未形成合力，优质教育资源难以充分下沉到乡村。

乡村人才主要在农业领域，但即使在农业农村部门内部，从小"三农"视角来看，乡村人才培养面临的统筹协调问题同样存在。乡村人才培养缺乏长期系统设计，各部门之间的培养培训工作交叉重叠情况较多，重短期项目式培训，农技推广、种植养殖、农产品加工、乡村旅游等不同专业领域的培训缺乏统筹规划和资源整合，难以培养适应现代农业产业融合发展的复合型人才。人才梯队建设不完善，对新型职业农民、农村实用人才、农业科技人才、乡村治理人才等不同类型人才的分层分类培养目标模糊，发展路径设计缺乏系统性和连贯性。现有不同司局负责的几个主要乡村人才培养项目，如"高素质农民培育计划""新型经营主体耕耘者振兴计划""乡村产业振兴带头人培育'头雁'项目"虽然各有侧重，但在实施过程中存在重叠交叉和政策碎片化问题，缺乏系统性规划和长效机制。

四 "十五五"时期乡村人才振兴发展目标

"十五五"时期，着眼于农业农村现代化、乡村振兴建设工作，应基本建成规模充足、结构合理、素质优良、充满活力的乡村人才队伍，形成各类人才有效支撑农业农村发展的新格局，为全面推进乡村振兴、加快农业农村现代化提供强有力的人才支撑和智力保障。

（一）乡村人才供给持续增加

农业农村实用人才规模不断扩大，人才总量达到发展规划要求的16%以上，高素质农民队伍持续壮大，农业科技人才力量显著增强，乡村教师、乡村医生等公共服务人才配置更加优化，乡村治理人才队伍进一步充实，人才供给更加有效，基本满足乡村振兴和农业农村现代化需求。

（二） 乡村人才结构逐步优化

加快培育种业、智慧农业、农产品加工等关键领域和休闲农业、农村电商等新业态紧缺人才。大力发展农业信息化、生物技术、生态农业等新兴交叉学科复合型人才。着力补齐医疗卫生、科技文化、社会服务、乡村规划等专业技术人才短板，提升乡村教育各学科和医疗服务专科人才供给水平。培育一批高层次创新型领军人才，优化领军型、带动型人才与基础支撑型人才比例结构。

（三） 乡村人才区域布局不断改善

东部地区巩固人才优势，带动中西部地区协同发展。中西部地区人才总量显著增加，人才专业领域不断拓展，整体素质明显提升。东北地区遏制人才外流趋势，青壮年高素质人才比例稳步提高，人才集聚效应逐步显现。国家乡村振兴重点帮扶县尽快补齐人才短板，缩小区域间人才发展水平差距。

（四） 乡村人才机制环境明显优化

构建系统完备的乡村人才发展政策体系和法律保障体系，制定专门的乡村人才发展基本法律，完善人才权益保障、激励约束等制度安排。建立长期稳定的人才培养投入机制，健全质量导向的考核评估体系。强化人才成长规律研究，创新人才培养模式，形成可持续的人才供给长效机制。打造有利于人才成长的良好环境。

(五) 乡村人才培养体系更加健全

建立农业农村、教育、科技、人社等部门协同联动机制，形成资源整合、优势互补的人才培养格局，构建多层次、分类别培养体系，统一人才评价标准，实现技能培训、学历教育、职业资格认证等有效衔接。优化配置高等院校、科研院所、农业推广机构等培育资源，推动优质教育资源向乡村下沉。加强农业农村部门内部统筹，系统设计高素质农民、农业科技人才、乡村治理人才等不同类型人才分层分类培养路径。整合农技推广、种植养殖、农产品加工、乡村旅游等培训资源，培育适应现代农业产业融合发展的复合型人才。

五 "十五五"时期乡村人才振兴重要举措

"十五五"时期是全面推进乡村振兴、加快农业农村现代化的关键阶段。乡村人才振兴作为乡村振兴的关键支撑，必须系统谋划、精准施策。为了破解乡村人才发展的关键瓶颈，应深化乡村人才发展认知、完善法律保障制度、加强培养体系建设、创新投入机制、构建全面支持政策，从而为推动乡村高质量发展提供坚实的人才保障和智力支持。

(一) 深化乡村人才发展科学认知

政府决策层应将乡村人才培养视为战略性、基础性工程，摒弃短期政绩导向，确立人力资本长期投资理念。加强科研院所对乡村人才发展的规律性认知研究，提高服务于乡村人才政策制定和执行的科学指导能力。继2011年《农村实用人才和农业科技人才队伍建设中长期规划（2010—2020年）》以来，还没有针对乡村人才出台中长期规划。国家发展改革委、农业农村部等部门可联合出台《乡村人才振兴中长期规划（2026—2035年)》，明确分阶段培养目标和路径设计，摆脱项目制思维束缚，构建稳定持续的人才培养机制。

（二）完善乡村人才法律保障制度

"十五五"时期推进乡村人才振兴纳入立法进程，将乡村人才培养作为国家法定责任，明确政府、市场、社会在乡村人才培养中的责任义务，规范乡村人才培养机构建设与管理，保障乡村人才合法权益。同时，将乡村人才发展内容纳入《中华人民共和国乡村振兴促进法》《中华人民共和国农业法》等相关法律修订过程中，增强法律条款的针对性和可操作性。各省份应制定"乡村人才发展条例"等地方性法规，明确乡村人才界定标准、培养渠道、评价机制和激励措施。相关部门应出台配套规章制度，形成上下衔接、内容协调的乡村人才法规政策体系。将乡村人才法律保障纳入国家人才发展规划，并在乡村振兴考核评价体系中增加乡村人才法治建设指标，推动各地加快相关立法进程。

（三）加强乡村人才培养体系建设

借鉴韩国"新村运动"推进过程中的统筹协调经验，加强乡村人才培养体系一体化建设进程。在国家层面设立国家乡村人才发展委员会，负责统筹乡村人才发展重大决策和部署，并统筹协调农业农村部、教育部、科技部、人社部等相关部门的乡村人才培养工作，解决部门间利益冲突和职责交叉问题，形成政策合力。各部门建立部际联席会议制度，定期研究解决乡村人才发展中的重大问题，各部门根据自身职能，分工协作，共同推进乡村人才培养工作，并最终形成由中央统筹、地方落实、各方参与的协同推进格局。在农业农村部内部，打造"乡村人才培养一张网"，建立统一的乡村人才信息平台和培训管理系统，推进乡村人才培养等重点项目整合，避免重复培训和资源浪费。尊重乡村人才的自身成长与自我选择需要，为乡村人才提供多渠道、多路径、多阶段的培养资源和必要支持。

（四）创新乡村人才培养投入机制

建立中央和地方共同负责的乡村人才培养财政投入保障机制，逐步提高乡村人才培养经费占涉农资金的比例，确保乡村人才培养投入与乡村振兴要求相适应。设立国家乡村人才发展基金，重点支持乡村人才培训基地建设、师资队伍培养、精品课程开发和实训设施完善等基础性工作。拓宽融资渠道，建立政府引导、市场运作、社会参与的多元投入机制，鼓励金融机构、农业企业、社会组织等参与乡村人才培养，逐步降低政府投入占比，提高社会投入比例。创新资金使用方式，在一定地区尝试推行"人才培养券"制度，将部分培训补贴资金直接发放给培训对象，由其自主选择培训机构和课程，增强培训针对性和有效性。建立健全乡村人才培养投入绩效评价体系，实施培训机构绩效评价制度，增强培训机构之间的良性竞争，建立与培训质量和效果密切挂钩的资金拨付机制，定期开展绩效评价，提高资金使用效益。

（五）构建乡村人才全面支持政策

健全乡村人才工作补贴政策，强化乡村公共服务人才差异化薪酬制度，继续提高基层教师、医生、文化工作者等公共服务人才工资待遇，逐步缩小城乡收入待遇差距。加强乡村潜在人才的待遇水平，在人才成长初期，为他们提供丰富有效的咨询、指导等支持，吸引并留下更多的潜在人才，助力他们成长为显性人才。建立乡村企业吸纳就业奖补机制，对吸纳大学生、返乡农民工就业的乡村企业给予社保补贴和岗位补贴。强化创业支持，实施分层分类的乡村创业支持政策，简化申请程序，建立"一站式"服务平台，提高政策可及性和便利性。创新金融服务，推动知识产权质押贷款、人才信用贷款等金融产品创新，建立乡村人才创业融资担保体系。改革评价激励机制，建立符合乡村特点的人才评价标准，突出实践能力和创新贡献，完善乡村人才职称评定制度，建立乡村人才荣誉制度，提高乡村人才社会地位和影响力。

参考文献

《党旗在基层一线高高飘扬｜为全面推进乡村振兴夯实筑牢战斗堡垒——全国村"两委"换届工作顺利完成》，新华网，http：//www.news.cn/politics/2022-05/22/c1128673745.htm，2022年5月22日。

《关于政协第十四届全国委员会第二次会议第02037号（教育事业类184号）提案答复的函》，中华人民共和国国家卫生健康委员会，https：//www.nhc.gov.cn/wjw/tia/202408/b880a5fqqfbe407c1adc0/a4dde13560.shtml，2024年8月28日。

国家统计局农村社会经济调查司编：《中国农村统计年鉴（2024）》，中国统计出版社 2024 年版。

《国家卫生健康委员会 2022 年 7 月 14 日新闻发布会文字实录》，中华人民共和国国家卫生健康委员会，https：//www.nhc.gov.cn/xcs/c100122/202207/52728e0424d2d8d27f104/5422c8c.shtml，2022 年 7 月 14 日。

农业农村部农村社会事业促进司、中央农业广播电视学校编：《2024年全国高素质农民发展报告》，中国农业出版社 2024 年版。

《数说第十三次中国公民科学素质抽样调查结果》，新华网，https：//www.news.cn/science/20240416/ebe2fb4890394c31877f54 49372ba960/c.html，2024 年 4 月 16 日。

孙好勤、邵建成：《农业科技人才队伍建设与政策研究》，《中国农学通报》2006 年第 9 期。

姚大川、王小兰：《乡村振兴社会服务人才：概念内涵与培养路径》，《中国农业资源与区划》2025 年 3 月 13 日（网络首发）。

袁纯清：《新型农业经营主体调研报告》，《农村工作通讯》2024 年第 8 期。

曾俊霞：《为乡村全面振兴培育壮大人才队伍》，《经济日报》2025 年 4 月 20 日。

"十五五"时期推进数字乡村建设的思路与对策

崔　凯[*]

摘　要："十四五"时期中国数字乡村建设的顶层设计逐步完善，数字技术应用场景不断丰富，农民参与数字乡村建设的水平持续提升，乡村数字化转型与乡村全面振兴协同发展格局正加快形成。现阶段数字乡村建设在基础设施布局、数据要素共享、资金投入效率、技术应用成本和农民数字素养等方面还面临诸多问题和挑战。面向"十五五"时期，要以打造数字乡村建设高质量发展格局为主要目标，遵循因地制宜、政策协同、试点引领和共建共享的推进思路，突出包容性发展的价值理念，聚焦数据要素配置、城乡设施协同、数字技术赋能、完善便民服务、优化传播模式等方面明确推进路径，重点围绕规划指导、接入条件、数据价值实现、全产业链转型、投入保障体系、数字化人才优育、农民参与等方面出台针对性措施，持续推进数字乡村建设。

关键词："十五五"时期；数字乡村；高质量发展；农民参与

---

[*] 崔凯，管理学博士，中国社会科学院农村发展研究所副研究员，主要研究方向为农业现代化与数字乡村。

The Strategies and Approaches for Advancing Digital Rural Development during the 15th Five-Year Plan Period

Cui Kai

Abstract: During the 14th Five-Year Plan period, the top-level design for China's digital rural development has been gradually improved, the application scenarios of digital technologies have been continuously enriched, and the level of farmers' participation in digital rural development has been continuously enhanced. The coordinated development pattern of rural digital transformation and comprehensive rural revitalization is accelerating to take shape. At present, digital rural development still faces many problems and challenges in terms of infrastructure layout, data element sharing, efficiency of capital investment, cost of technology application, and farmers' digital literacy. Looking forward to the 15th Five-Year Plan period, the main goal should be to build a high-quality development pattern for digital rural construction. We should follow the promotion ideas of adapting measures to local conditions, policy coordination, pilot-led approaches, and shared ownership, highlight the value concept of inclusive development, focus on aspects such as data element allocation, coordinated urban-rural facilities, digital technology empowerment, improvement of convenient services, and optimization of communication models, and clearly define the promotion paths. We should focus on introducing targeted measures in areas such as planning guidance, access conditions, realization of data value, transformation of the entire industrial chain, guarantee system for investment, cultivation of high-quality digital talents, and farmers' participation. We should vigorously and continuously promote digital rural development.

Key Words: 15th Five-Year Plan; Digital Countryside; High-Quality Development; Farmers' Participation

"十五五"时期是全面推进乡村振兴、建设数字中国的攻坚期，也是数字技术革命与传统产业数字化转型纵深推进的交汇期。作为乡村振兴的战略方向和数字中国建设的重要组成，数字乡村建设承载着驱动农业全要素生产率跃升、激发乡村内生发展动力、消弭城乡数字鸿沟的使命。数字乡村建设的持续推进，将不仅为破解"大国小农"发展困境提供技术方案，更为培育农业新质生产力提供关键动力。持续推进数字乡村建设，顺应农业农村数字化变革趋势，对于加快生产要素创新性配置，推动乡村发展范式转型，重塑农业农村现代化发展动力等，都有积极的战略意义。报告立足"十四五"时期发展重点和面临问题，明确"十五五"时期的建设目标和思路框架，形成推动数字乡村建设高质量发展的路径与措施，以期为乡村全面振兴构筑可持续的数字发展基础。

一 "十四五"时期数字乡村建设的主要成效

"十四五"时期中国数字乡村建设取得重要进展，数字乡村建设的战略框架不断完善，政策保障更加有力。数字技术应用场景日益丰富，乡村数字经济的增长效应不断释放。农民更加广泛地参与到数字乡村建设过程中，城乡数字鸿沟加快弥合，乡村数字化转型与乡村全面振兴协同发展格局正加速形成（见图1）。

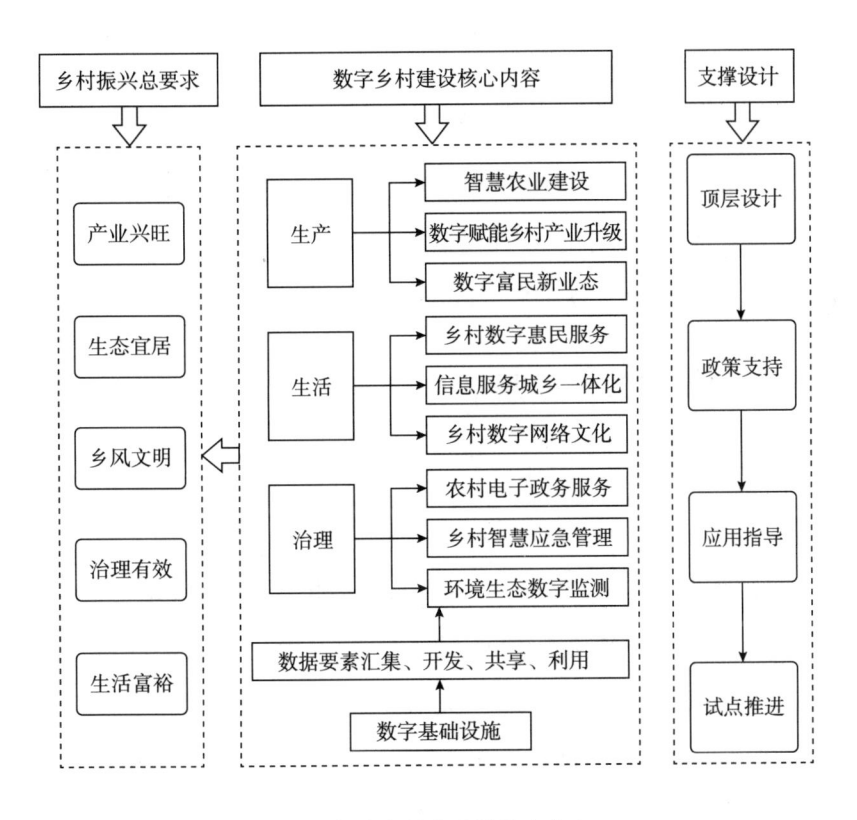

图1 数字乡村建设的基本内容

（一） 数字乡村建设的顶层设计逐步完善

"十四五"时期关于数字乡村建设的政策统筹和多级协调能力不断提高，指导意见和工作要点进一步细化。一是形成整体谋划。2022年中央网信办、农业农村部等十部门联合印发《数字乡村发展行动计划（2022—2025年）》，设定了2025年的行动目标和八大重点任务，对"十四五"时期数字乡村发展做出系统性部署。二是明确年度计划。中央网信办联合有关部门陆续多年出台数字乡村发展工作要点，结合每年乡村振兴的重点工作来细化行动计划，将数字乡村建设目标落实到每年的具体任务中。三是完善建设标准。《数字乡村建设指南1.0》《数字乡村建设指南2.0》陆续出台，明确了数字乡村建设的原则、框架、内容和方法等，并结合典型案例树立发展样板，为各地推进数字乡村建设实践提供参考。系列规制和政策的出台，表明数字乡村建设始终得到国家层面的高度关注，顶层设计逐年不断健全。

（二） 数字技术应用的场景不断丰富拓展

"十四五"时期，中国数字乡村基础设施建设不断完善，乡村数字经济新业态蓬勃发展，农业农村数字化转型初见成效，数字乡村发展环境持续优化。一方面，伴随5G、大数据、物联网、人工智能等在农机作业、电商销售、远程指导、数据库建设等领域得到应用示范，智慧农业、无人农村、云农场等试验示范积极开展，农业全产业链加快升级，农产品供应链体系逐步实现数字化改造，"数字文旅""智慧旅游"等第一、第二、第三产业融合模式不断涌现。另一方面，随着数字技术加快应用和普及，对农信息传播体系日趋完善，远程教育、医疗等服务进一步发展，公共数字文化服务提档升级，乡村"三资"管理数字化持续推进，乡村治理手段和方式不断升级。数字乡村建设中多元应用场景的持续生成，在产业发展、资源保护、公共服务、文化传播、乡村治理等领域，起着越来越积极的作用。

（三）数字乡村试点示范探索日趋深入

中国坚持以点带面、先试先行的做法来推进数字乡村建设，于"十四五"时期开展试点工作，取得良好的示范引领效果。2020年和2024年两批国家数字乡村试点相继部署，形成了一批具有特色的发展样板，挖掘出系列可复制、可推广的典型模式。各地也结合资源禀赋积极开展区域试点，探索不同条件下数字乡村发展路径和模式，浙江率先启动建设数字乡村引领区，多个东西部省份协作开展数字乡村建设行动，在乡村产业合作、劳务对接、人才交流资源互补等方面探索发展路径。总体上看，试点地区的信息基础设施建设、农业生产信息化、数字治理效能等均高于全国平均水平（中国信息通信研究院，2024），其典型做法为数字赋能产业振兴、文化振兴、组织振兴等提供了经验启示。

（四）农民参与数字乡村建设的水平持续提升

农民是乡村建设的主体，数字乡村建设要确保农民能够充分参与和共享数字红利。农业农村部、中央网信办等有关部门面向农业经营主体开展专题培训，有效提升农民手机应用、电商经营、村务管理等多方面的应用技能。各地积极探索政产研合作发展新模式，组织人才下乡开展数字技能培训，结合村民微信群、线上村务平台等，增强农民对数字产品和服务的了解。中国农村地区互联网普及率由 2020 年的 55.9%[①]提升至 2024 年的 67.4%[②]。每年返乡入乡创业人员达上千万人，其中半数以上在农村电商、乡村旅游等领域就业创业，农村网络零售额由 2020 年的 1.79 万亿元增长到 2023 年的 2.49 万亿元（中华人民共和国商务部，2022；2024），农民在生产、生活和管理等方面不断融入乡村数字化转型进程中，数字素养不断提升。

二　推进数字乡村建设面临的主要问题

结合"十四五"时期数字乡村建设的成效，农业农村数字化转型起步顺利。然而，围绕数字设施、数据要素、资金投入、数字技术、数字素养等领域来看，现阶段数字乡村建设仍面临着数字配套设施落后、数据要素利用和共享程度不足、数字化项目投入产出效果不优、数字技术应用适应性不高、农民数字素养有待提升等诸多挑战，需要在"十五五"时期尽快出台和落实相关措施进行回应。

（一）乡村数字配套设施布局滞后

数字乡村发展方案的实用性和可操作性不足，部分偏远农村地区仅有基本的通网条件，即使配备了数字平台及监测设备，也多存在稳定性差、功能简单、使用及维护少等问题，较难兼容生

[①] 笔者根据《中华人民共和国 2020 年国民经济和社会发展统计公报》相关数据整理。
[②] 笔者根据《中华人民共和国 2024 年国民经济和社会发展统计公报》相关数据整理。

产、文化、管理等不同层面的数字化应用。一些数字乡村项目在建成后，设备老化、系统故障、运营不善等问题未能得到及时解决，缺乏社会资本的持续投入运作和有效的后续运维管理指导，数字技术、产品、服务等对乡村发展的支撑作用不强。同时项目建设中，数字基础设施运维、数字设备管理、数字化应用监管、数据信息安全保护等方面的制度有待完善，尤其是后期绩效奖惩机制不健全，影响数字乡村项目建设的积极性。

（二）数据要素互通和共享待提升

各地数字乡村建设实践中还存在数据资源整合共享不足、数据市场建设分散等问题，数据要素价值潜力尚未有效激活。一是区域间农业农村大数据基础建设进度存在差异，平台系统管理运营模式也不统一，影响了数据要素的互联互通，产生"数据孤岛"现象，难以满足农业农村发展对于数据要素利用的需求。二是数据标准规范缺失，包括数据采集、分析、管理、共享等方面的技术标准及统筹管理机制缺乏，造成数据采集不精确，数据整合与管理存在困难，数字资源体系不完善等现象。三是数据安全、隐私保护和技术伦理等问题逐步显现，制约了各类建设主体对数据资源进行开发利用，更无法形成有效合力，难以提供更为全面而精准的决策方案。

（三）项目投入和应用效果不匹配

大部分地区数字乡村建设资金主要由财政拨款支持，社会资源参与较少，基于市场化手段的持续运营机制不畅通，难以充分调动投资主体积极性，投入效果大打折扣。从实际来看，部分地区在数字化项目建设过程中存在系统性、针对性不足的问题，缺乏前瞻性和长远的整体布局意识，导致项目建成后使用率不高，造成资源浪费。一方面，数字乡村建设往往以局部应用为主，基础设施主要面向基本上网需求，部分领域的技术应用还较为初级，呈现低端化和同质化技术供给。另一方面，缺乏对地方特色产业的了解，尤其对农民现实需求和发展性需求挖掘不足，应用场景贴合度不够，包括农业龙头企业通过产业融合的对农带动作用有待加强，具有数字赋能潜力的技术创新产品及服务转化能力有待提升等，导致农民参与度不高、获得感不强。

（四）技术应用成本的不适应性

现阶段农业生产数字化设备的应用还较为局限，硬件设备采购和软件服务使用等方面的成本较高，中小型农业经营主体无力承担，包括智能灌溉系统、无人机植保设备、大数据管理平台等数字设备，多应用于大型农业企业和东部地区的大型家庭农场、专业合作社等。对普通农户而言，购买和使用数字农业设备的成本过高，农业大数据分析、电商平台销售等方面的软件服务也需要持续投入资金，还面临高昂的运营维护成本。虽然各级都出台诸多支持政策，但难以从根本上解决农户的资金压力，许多农户仍依赖传统生产方式，无法享受到数字技术带来的便利。在广大农村地区普遍推开数字乡村建设，还面临相当大的阻力。

（五）农民数字素养差距和专业人才缺乏

数字乡村建设的成效最终反映在农民主体上，受网络设施条件、技能普及程度和教育水平差异等影响，多数农村居民以社交、娱乐等基础信息服务和产品应用为主，对在线教育、医疗、数字农业平台等高层次数字应用的掌握不足，数字技术应用水平普遍较低，数字素养不足，导致数字产品推广的实际效果不强。同时，农村群体内部存在数字化发展不平衡、不充分问题，尤其在农村空心化和人口老龄化背景下，老年农民对数字技术的接受能力较弱，对虚假信息的辨识防范能力不足，信息利用的意识和能力欠缺。此外，既懂农业农村情况又掌握信息技术的复合型人才不足，农业技术推广人员的数字技术使用能力有待提升。

三 "十五五"时期推进数字乡村建设的目标与思路

加快数字经济，推动各领域的数字化转型，已成为抢占未来科技制高点，重塑国家竞争力的战略举措。面向"十五五"时期，大数据成为基础性战略资源的作用将更加凸显，呈现数字化转型从单点突破向全域协同深化的趋势。大力支持数字乡村建设，将为推进农业高质量发展，加快乡村全面振兴注入更加强劲的动力。结合以上发展机遇和面临形势，谋划"十五五"时期数字乡村建设的目标和基本思路，并提出建设理念。

（一）目标

通过"十五五"时期的发展，到2030年，数字乡村建设取得突破性进展，数字乡村建设扶持政策和标准体系基本确立，形成大批示范效果和带动能力较强的区域试点，涉农数据要素的利用程度显著提高，农业农村大数据应用场景不断拓展，数字技术深度融入农民生活，农民广泛参与至数字乡村建设过程中，数字化赋能乡村产业发展、乡村建设和乡村治理的程度不断增强。数字乡村建设高质量发展格局初步形成，有力驱动农业现代化，支撑农村基本具备现代生活条件，促进农民共同富裕，为加快建设农业强国和数字中国，提供有力保障。

第一，城乡数字基础设施普及程度持续缩小。到2030年，农村互联网普及率达75%，乡村4G网络质量全面提升，5G网络应用覆盖范围不断扩大。农村智能手机、网络电视、平板电脑等数字设备的消费量和普及水平明显增长，乡村传统基础设施加快数字化改造，新型基础设施更加普及。

第二，农业全产业链数字化转型更加深入。"十五五"时期，农业生产经营数字化转型深入推进，智慧农业建设取得明显成效，智慧农业标准体系基本建立，在重点地区、重要领域、关键环节得到广泛应用。到2030年，农业生产信息化率达到35%左右，农产品网络零售额占农产品总交易额比重达20%以上，乡村数字经济发展水平达到新高度。

第三，农民数字素养与数字技能整体水平不断提升。"十五五"时期，农民使用智能设备、软件等各类数字化产品的效能不断提升，在线医疗、教育、保险等数字化服务在农村地区的普及水平稳步提高。以数字技术为纽带，形成一批示范性强、带动效果突出的新型农业经营主体，培育一批高素质实用型人才典型。

第四，数字赋能乡村治理和公共服务的领域不断拓展。"十五五"时期，以党建为引领，以数字化手段为支撑，村级事务网上运行和在线发布的乡村治理形式不断完善，大部分示范类村庄能够接入各类大数据运营平台开展业务，数字赋能乡村治理和公共服务的场景更加丰富。乡村治理数字化水平大幅提高，数字公共服务更加普惠便捷，数字文化更加繁荣。

（二）思路

1. 因地制宜，分类推进

依据不同农村地区数字化水平和产业特征来设置发展战略，东部发达地区可率先探索涉农数据使用标准化流程，重点突破数据要素市场化配置与全产业链融合创新，中西部地区要优先在特色农业领域部署数字化场景，通过加快构建县、乡、村三级数字化服务体系，打通数字服务下沉通道。粮食主产区要加快智能农机装备的应用，大力推广智慧农业等，推动生产效率与资源利用率的系统性提升。

2. 政策协同，持续深入

突出数字乡村建设服务于乡村全面振兴的重点工作，将数字乡村建设纳入乡村全面振兴评价工作中，推进数字乡村建设与农业农村发展战略间的有机衔接。各地要积极探索数字乡村专项政策，制定区域性实施细则，并与中央政策精准衔接，致力于重点打破部门间壁垒，尽快推动涉农数据标准互认、平台接口互通、项目资金统筹等，破解数据要素流动的制度性障碍。

3. 试点引领，逐步推广

对具备转型条件的地区，围绕生产、治理、服务、生态、文化等不同领域，通过多部门协同和规划设计，明确空间功能定位，寻求与各类园区、示范区等试点共建的发展空间，推动技术方案和实施目标的动态匹配，打造要素贯通、布局合理、功能完备的数字乡村示范区，促成以点带面的协同发展格局，避免"千村一面"的数字乡村建设同质化困局，实现数字技术与乡村全面振兴过程的深度耦合。

4. 多元参与，共建共享

完善政府引导、市场主导、社会参与的协同推进机制，鼓励各类市场主体在数字乡村建设和运营模式等方面开展创新。始终把促进农民农村共同富裕作为数字乡村建设的出发点和落脚点，积极营造信息开放共享的氛围，探索推动技术适配与制度激励相结合的补贴形式，激活农业龙头企业、农民专业合作社、家庭农场、专业大户等新型农业经营主体采纳数字技术的主动性，让广大农民成为数字乡村建设的参与者、受益者。

（三）建设理念

1. 以新型基础设施普及为基础保障

推进数字乡村建设的基础在于打造可靠、互通、融合的新型基础设施。应聚焦城乡数字鸿沟消弭与要素流动效率提升两个维度，重点推进网络设施向村庄深度延伸、传统基础设施向数字化转型，加快形成支撑乡村全要素数字化的基础能力。综合考虑人口、区位、经济发展水平等因素实施差异化的基础设施布局策略，同步推进传统领域基础设施的数字化改造，确保数字服务全域可达。强化新型基础设施运营和管护，健全动态监管和评估体系，筑牢数字技术的应用基础。

2. 以数字技术与应用场景的深度融合为内容

以实际需求为导向，加快数字技术与粮食安全、特色产业、生态保护等领域的深度结合，推广部门应开展技术适配性事前评估，推进数字技术由单点应用渗透至生产经营管理服务的全过程。重点培育融合性场景，开发环境感知与自适应调控功能，优化决策支持。立足各地园区和基地等载体开展技术熟化与场景适配实验，形成可扩展、可复制的应用场景，提升不同类型数字乡村建设模式的适应性，奠定区域推广的环境基础。

3. 以包容性发展为价值取向

加快数据要素与传统生产要素的结合，建立健全数字乡村发展成果共享机制，破解数字红利增长与包容性分配机制不健全的矛盾，使农民真正参与到数字价值链的增值过程中。构建数字服务可及性保障体系，针对老年农户、小规模经营者等特殊群体开发低门槛的数字技术应用方案。大力提升农民数字素养，重点培育兼具农业生产管理经验与数字技术应用能力的复合型新农人。用好传统媒体资源，主动整合优质媒体资源，形成有公信力和影响力的本地涉农类媒体，推动健康思想和先进文化在农村地区的普及。

4. 以适应新质生产力发展为本质要求

围绕数字化驱动过程中，农业新质生产力跃迁的需求。在制度供给层面，深化数据要素市场化配置改革，建立农业农村数据确权、流通、交易制度框架，激活数据要素价值。以数字化为驱动力，积极推动改革创新和优化制度供给，探索数字技术应用水平与政策支持力度相挂钩的激励机制，率先在数字乡村先行示范区开展产权数字化交易等试点工作，进一步推动乡村治理模式从经验驱动向数据驱动转型，不断释放农业农村领域的新质生产力发展潜能。

四 "十五五"时期推进数字乡村建设的路径与重点举措

基于"十五五"时期数字乡村建设的目标和思路，围绕资源要素、基础设施、技术赋能、普惠服务、对农传播等方面，设计"十五五"时期推进数字乡村建设的实现路径，并围绕八个方面提出主要举措，以促进数字乡村高质量发展，加快实现数字红利在农村地区的普惠均等。

（一）推进路径

1. 优化要素配置，健全数据要素开发利用体系

构建数据资源体系，探索搭建由政府、企业、社会组织等多元化主体参与的涉农数据大数据平台，完善省、市、县、镇、村五级数据收集共享体系，推动政府各部门、科研机构对相关涉农政务、科研数据的积极公开与共享。加强数据资源挖掘与开发，以农户需求为导向、以经营主体特征为参考进行有针对性的数据采集、加工、处理，提高涉农数据资源的利用效率，为农民提供更有针对性的数据服务。建立起涉农数据资源安全管理制度与具体措施，针对涉农数据资源使用和共享建立技术安全标准，构建数据安全防护体系，稳固数据安全防线。

2. 夯实发展基础，推进城乡数字基础设施互联互通

强化数字城乡一体化设计，推动各地智慧城市规划、数字乡村规划与其他规划"多规合一"，促进城乡生产、生活、生态空间的信息化协同。充分考虑不同农村地区的需求，以"一体化设计、同步实施、协同并进"为主线，建立城乡资源共享、协同一体的农业农村大数据平台体系，夯实数字化发展基础。统筹推进城乡网络通信等新型基础设施建设，加快农村水利、水利、能源、交通、农产品冷链物流等传统基础设施的数字化改造，推动城乡基础设施从连接走向共享。

3. 加快技术赋能，强化应用场景的示范带动作用

充分发挥高等院校、农业科研院所、农业科技企业等创新主体作用，针对不同农村地区的需求特点，加强共性技术攻关，鼓励各类服务商参与到针对乡村的数字技术产品开发中。适应乡村老龄化趋势，降低农民参与数字化治理的技术门槛，最大限度地提升不同群体参与数字化应用场景的能力。面向农村居民多元诉求，探索符合农村特点和规律的数字化应用场景，以数字化创新提升农村"智治"水平，提高村级治理效率与治理诉求应对的灵敏性。

4. 面向便民普惠，健全数字化乡村治理体系

探索多种类型的综合服务平台建设，探索数字技术赋能基本

公共服务均等化的有效方式，提升公益性服务的高效性和便捷性。深化政府、企业与公共服务部门间的合作，整合农业信息资源，面向农村居民提供新闻资讯、科技动态、专家指导、社交互动等在线服务，实现农村教育、医疗、信贷、保险等的便捷化，推动在线化公共服务普及。以基层党建引领乡村数字化治理，提高基层党组织与村民间的信息资源共享水平，发挥好党员服务群众的作用。

5. 重视农民需求，开发精准对农传播手段

重视农民群体的信息需求和在线表达，优化农村地区信息传播体系，推广低成本、易用的服务系统和终端。充分利用融媒体资源，整合新闻资讯大数据，做强主流媒体，宣传推广优质网络文化，提升政务、舆情、资讯、知识等有效信息的覆盖广度。注重"互动参与式"的信息传播渠道建设，搭建信息需求收集和反馈平台，加强各级部门联动和村庄互动，强化农村居民对数字技术、产品、文化的认识，提升对农信息传播可及性。

（二）重点举措

1. 强化整体设计与指导

着眼于解决数字农业农村发展的基础性、关键性以及公共性的核心问题。建立省、市、县、镇、村五级协调机制，通过部门协同、上下联动、有机衔接的工作模式，在省市级层面出台奖励措施和激励方案，统筹推进数字农业农村建设工作。鼓励各地结合自身实际完善和改进建设标准，选择重点品种、产业和领域，对数字技术的研发、运营、管理等具体操作规程进行梳理，形成统一技术流程，出台易实现、可操作性特点的实施细则和指导方案。完善评价与考核体系，就数字基础、数字技术、数字产业、数字生活、数字治理等方面，设计科学的评价方式和评价程序。根据数字乡村建设的目标任务和实施周期，建立长期监督机制，分阶段细化考核内容与建设任务。

2. 完善数字化接入条件

将农村5G基站、物联网设施纳入乡村基础设施优先发展目录，保障电脑、手机、新媒体、移动客户端等作为互联网工具的接入。推进城乡之间网络基础设施的均等化，加快智能化基础设施的城乡共享，加强城乡数据中心、人工智能、区块链等新型基础设施的统筹规划和部署。有条件的社区和城乡接合部要提前部署5G网络，深入开展电信普遍服务补偿试点工作，推动农村及偏远地区网络建设，尽快实现新基建在农村边远地区和相对贫困地区的覆盖。依托数字乡村建设，可以在交通、文化和公共服务等领域先行先试，搭建智能信息服务平台，实现民生服务、村务治理、社会治安等领域的数字化、智慧化。探索和优化基于"智慧水利""智慧电网""智慧物流"等实现基础设施升级的实施方案。

3. 创新数据要素价值实现形式

立足数字乡村海量多源大数据对于有序共享、合规交易的要求，鼓励发展贴近乡村产业发展、乡村治理等业务需求的产业化数据服务商，加快培育能提供数据集成、数据经纪、数据保险、数据托管等服务的第三方专业服务机构，通过奖励、补贴等方式，鼓励平台企业、社会组织等主体共享相关涉农数据，提高涉农数据资源的利用效率，有序释放乡村数据要素价值。针对农业产业发展重点领域、重点环节开展技术攻关与技术示范，强化云计算、大数据、区块链、移动互联、人工智能、虚拟现实等前沿技术的创新应用，建立以经营主体需求为导向的数字技术开发模式，开展智能感知、模型模拟、智能控制等技术及软硬件产品的集成应用和示范，孵化推广一批典型模式。

4. 推进农业全产业链数字化转型

鼓励各地以特色优势农产品为基础，构建涉及数据采集、应用、共享等方面的标准体系，加快整合各个产业环节和品类的大数据，打造具有竞争优势的主导产业。探索由当地政府、平台企业、本地农业龙头企业，中小企业等共同开展农业全产业链建设的推进机制，制定政府购买服务、服务外包、项目代建等具体措施，引导社会资本投向农业数字化项目，带动乡村生态、文化、旅游等产业的整体开发。围绕生产、加工、流通、销售等环节，以数字技术为手段优化市场主体职能，借助平台企业的技术、数据、渠道等优势，强化当地农业龙头企业促进中小企业转型和带动农户增收的作用。

5. 构建多元投入保障体系

各地可以根据自身的实际情况，设立数字农业农村发展引导基金、基础设施建设基金、科技攻关基金、宣传推广培训基金等，从而提升数字农业农村转型积极性、加快数字农业农村基础设施升级改造、强化数字农业农村技术装备支撑以及促进数字农业农村应用落地。支持大数据平台、数据资源体系建设，为符合条件的物联网、传感器、智能监控等数字化设备提供补贴，为吸引数字人才返乡就业创业提供支持，完善创新补贴、贷款等扶持手段。探索市场化投资运营模式，采用特许经营、股权合作、政府购买服务等方式，推动政府和社会资本合作，引导工商资本、金融资本等投入数字乡村建设。

6. 大力培育数字化人才

鼓励农技推广部门、信息化企业、平台运营商充分发挥现代农业远程教育传播优势与社交网络平台，培育一批具备互联网思维和信息化应用能力强的"新农人"。围绕人工智能、物联网、大数据服务、电子商务等领域，在地方高校、职业院校中设立专门课程和专业。加大数字农业宣传推广力度，创新农货线上销售模式，提升农户对短视频、直播等自媒体认知能力和应用水平。面向不同类型的农村人群，重点是村干部、新型农业经营主体、农村实用人才等，制订数字化专项学习与培训计划，重点提高数字技术应用和管理水平。加大专业化人才的引进，支持打造一批数字乡村运营和管理团队。

7. 优化农民参与机制

加强党建引领，实施党员干部服务群众的网格化建设，发挥制度优势拉近干群关系，带动村民积极投身于数字乡村建设的各个领域。以合作社等经营主体为载体，推动产销环节的数字化转型，提高农民组织化程度。在数字乡村规划制定、项目实施过程中，尊重并充分发挥农民的首创精神，吸引村民代表、乡村能人、乡村工匠、返乡大学生等参与数字乡村建设项目规划设计，引导农民积极参与到农村电商、电商直播等新产业新业态中，鼓励农民运用数字化手段主动参与村级公共事务的政策制定、活动实施、过程监督和成果分享，做到问需于民、问计于民，切实维护农民的根本利益。

参考文献

《2023年中国网络零售市场发展报告》，中华人民共和国商务部，https：//cif.mofcom.gov.cn/cif/html/upload/20240313102933492_2023%E5%B9%B4%E4%B8%AD%E5%9B%BD%E7%BD%91%E7%BB%9C%E9%9B%B6%E5%94%AE%E5%B8%82%E5%9C%BA%E5%8F%91%E5%B1%95%E6%8A%A5%E5%91%8A.pdf，2024年3月13日。

《中国农村电子商务发展报告（2021—2022年）》，中华人民共和国商务部，https：//cif.mofcom.gov.cn/cif/html/upload/20221026141940687_%E4%B8%AD%E5%9B%BD%E5%86%9C%E6%9D%91%E7%94%B5%E5%AD%90%E5%95%86%E5%8A%A1%E5%8F%91%E5%B1%95%E6%8A%A5%E5%91%8A%EF%BC%882021-2022%EF%BC%89.pdf，2022年10月26日。

《数字乡村发展实践蓝皮书》，中国信息通信研究院，http：//www.caict.ac.cn/kxyj/qwfb/bps/202406/P020250212565568181137.pdf，2025年2月12日。

生态环境篇

"十五五"时期耕地保护和利用面临的挑战及出路

马翠萍　殷博厚[*]

摘　要：保护好和利用好耕地是保障中国粮食安全的根本要求。"十四五"时期，中国耕地数量变化实现了"扭亏为盈"，但耕地质量下降问题尚未得到有效改善。进入"十五五"时期，中国耕地保护与利用面临着：一是近期可开发利用后备资源数量和质量不高；二是耕地与水资源空间错配；三是土壤退化面广且程度深；四是耕地用途转换收益差异大等多重挑战。据此，"十五五"时期，中国耕地保护应以守住数量，守好质量，管住用途为目标，构建耕地保护质量数量生态三位一体格局；其间，要树立底线思维、"以水定地"原则、公平原则、"谁保护、谁受益"原则。重点任务包括：一是通过开源和节流双渠道守住耕地数量；二是通过改造升级已有耕地和严把补充耕地验收关口提升耕地质量；三是通过建立耕地用途监测体系，管住耕地用途。为了更好实现"十五五"时期耕地保护和利用目标，建议加强

---

[*] 马翠萍，管理学博士，中国社会科学院农村发展研究所副研究员，主要研究方向为土地经济与制度；殷博厚，经济学硕士在读，中国社会科学院大学硕士研究生，主要研究方向为土地经济学。

耕地保护立法建设；建立健全常态长效监管机制；建立"以奖代补+考核激励+横向利益补偿"的利益调节机制；推动耕地保护数智化转型；树立耕地资源永续利用的大局观。

关键词：耕地保护和利用；"十五五"时期；面临挑战；对策建议

Problems and Countermeasures for the Protection and Utilization of Arable Land in the Tenth Five-Year Plan Period

Ma Cuipin Yin Bohou

Abstract: Protecting and utilizing arable land is fundamental to guaranteeing food security in China. During the 14th Five-Year Plan period, while the quantity of arable land in China "turned a deficit into a surplus", the decline in arable land quality has not been fundamentally reversed. During the Tenth Five-Year Plan period, China's protection and utilization of arable land was faced with the basic national dilemma of low quantity and quality of recently exploitable reserve resources, spatial mismatch of arable land and water resources, and extensive and deepening soil degradation, faced with the difficulty of reconciling the interests of arable land protection and utilization. and the dilemma of subjective interests such as unclear responsibility of the main body of arable land protection. Accordingly, during the Tenth Five-Year Plan period, the protection of arable land in China should be aimed at keeping the quantity, keeping the quality and controlling the use, and establishing the principles of bottom-line thinking, water-based land use, fairness and equity, and the principle of "whoever protects, whoever benefits". Emphasis should be placed on: increasing the quantity of arable land, improving the quality of arable land, and arranging the use of arable land in an orderly manner. In order to better realize the goals of arable land protection and utilization in the Tenth Five-Year Plan period, legislation on arable land protection should be strengthened; Establishment of a sound regular and long-term regulatory mechanism; establishment of an interest-adjustment mechanism of "award in lieu of subsidy + assessment incentive + compensation for horizontal interests"; promotion of the digital transformation of arable land protection; Establish a big-picture view of the sustainable utilization of arable land resources.

Key Words: Arable Land Protection and Utilization; Tenth Five-Year Plan Period; Facing Difficulties; Countermeasures and Recommendations

耕地是中国最为宝贵的资源，中共中央、国务院始终将耕地保护作为统领农村土地工作的出发点和落脚点，并采取一系列硬措施保护耕地和合理利用耕地，不断夯实粮食安全根基。

一 中国耕地资源保护和利用现状

"十四五"时期,党中央持续深入推进耕地保护和合理利用工作,通过修订实施《中华人民共和国土地管理法》(以下简称《土地管理法》)、《中华人民共和国土地管理法实施条例》(以下简称《土地管理法实施条例》),新颁布实施《中华人民共和国黑土地保护法》(以下简称《黑土地保护法》)、《中华人民共和国土壤污染防治法》(以下简称《土壤污染防治法》),部署《全国国土空间规划纲要(2021—2035年)》《中共中央办公厅 国务院办公厅关于加强耕地保护提升耕地质量完善占补平衡的意见》《逐步把永久基本农田建成高标准农田实施方案》等一系列政策措施,实施全域土地综合整治、高标准农田建设工程、黑土地保护工程、耕地土壤污染治理和修复工程,农田水利骨干工程等硬举措,稳固守住耕地保护红线,改善耕地质量,为"十五五"时期耕地保护和利用奠定了坚实的基础,创造了具有重要意义的良好开端。

(一)"十四五"时期中国耕地总量变化"扭亏为盈",耕地总量持续快速减少得到阶段性缓解

总体来看(见图1),进入2000年以来,依据耕地总量20亿亩为节点,中国耕地呈现三个阶段显著变化,即2000—2008年,耕地稳定18.0亿—20.0亿亩,且在其间呈现持续下降态势;2009—2017年,中国耕地数量稳定在20亿亩上;自2019

"十五五"时期耕地保护和利用面临的挑战及出路

年耕地数量跌破 20 亿亩，但稳定在 19 亿亩上。

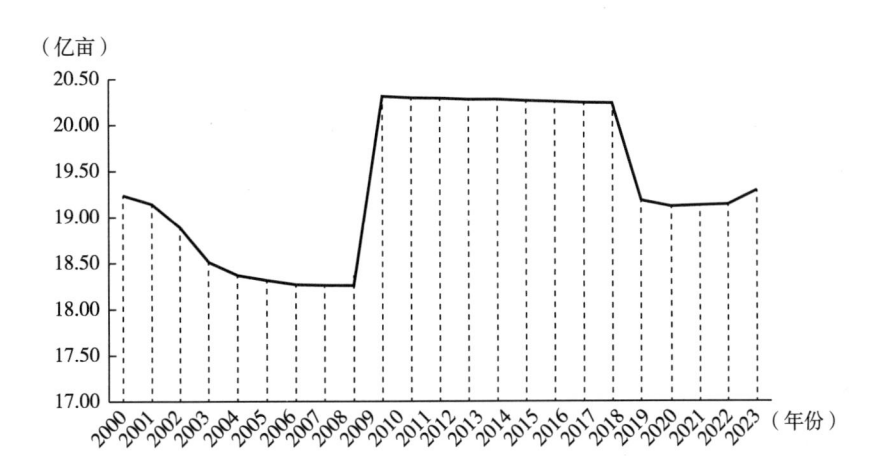

图1 2000—2023年耕地总量变化情况

资料来源：《国家统计年鉴》。

分阶段来看，耕地总量持续快速减少得到阶段性缓解。近十年（2013—2023年）与上一个十年（2001—2011年）相较，中国耕地减少数量收窄。2013—2023年中国耕地减少数量为0.98亿亩，显著低于2000—2011年耕地减少1.14亿亩的数量。2023年全国耕地面积与第三次全国国土调查时相比，耕地总量增加1120.4万亩。全国耕地持续多年减少的态势已被遏制。

"十四五"时期，中国耕地总量变化"扭亏为盈"。自2009年开始中国耕地总量持续下降，耕地变化均为减少，但在2021年中国耕地面积首次止减回增120万亩。2022年、2023年中国耕地面积持续增加（见图2），耕地面积实现"三连增"，且增加绝对量跃升，三年累计净增1758万亩。统计数据显示，2022年度中国耕地面积19.14亿亩，到2023年增加到19.29亿亩，耕地面积恢复到2000年水平①。值得一提的是，2023年中国耕地面积是"南北双增"。南方省份净增加耕地面积739万亩，其中，秦岭淮河以南地区耕地净增加210.5万亩。

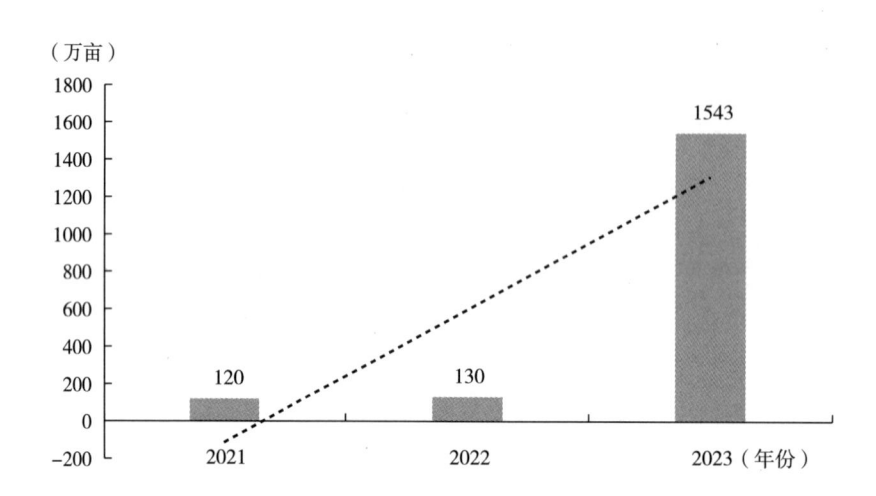

图2 2021—2023年全国耕地面积三连增情况

资料来源：自然资源部第三次全国国土调查数据。

（二）中国耕地质量有提升，优质耕地资源占比增加

基于农业农村部2014年与2019年《关于全国耕地质量等级情况的公报》构建的评估体系，2014年全国耕地质量平均等级为4.41等（全国耕地质量等级由高到低可划分为1—10等），历经五年发展，至2019年该数值提升至4.76等，实现0.35个等级单位的跃升。其中，评价为1—3等（耕地基础地力较高）的耕地面积、4—6等（农田基础设施条件相对较好）的耕地面

---

① 2023年度全国国土变更调查成果显示，全国共有耕地192913万亩，2000年192365万亩。

"十五五"时期耕地保护和利用面临的挑战及出路

积占耕地总面积比重分别为 31.24%、46.81%，相较 2014 年耕地质量调查时期，高质量耕地面积均有所提高。基础地力相对薄弱的 7—10 等耕地在 2019 年占全国耕地总面积的约 1/5，较 2014 年基准调查期数据下降 6 个百分点。但需要指出的是，"十四五"时期，难以或不宜长期稳定利用耕地数量还是比较多的。第三次全国国土调查数据显示，相较第二次全国国土调查，10 年间，全国有 880 余万亩 25 度以上坡度的林地被开垦成了耕地，导致目前全国累计有 4800 余万亩 25 度以上坡耕地（不含梯田）（刘国洪，2024）。除此之外，中国还有相当一部分耕地位于河道、林区、自然保护区范围内，或者面临沙化、荒漠化等侵害，从长远来看，对这些耕地的利用是极其不稳定的。

二 "十五五"时期中国耕地保护和利用面临的挑战

"十四五"时期，中国耕地保护和利用成效及政策举措为"十五五"时期耕地保护和利用奠定了坚实的基础，创造了良好开端。但随着乡村振兴战略持续推进，城镇化的加速发展，中国耕地保护和利用面临较大挑战。一方面，建设用地的刚性需求，对中国耕地数量保护带来的压力持续增大；另一方面，中国耕地资源补充面临着后备资源数量有限、质量不高，水资源和耕地资源错配等多重因素影响，深刻困扰着中国耕地补充数量和质量。除此之外，近年来较大的耕地资源用途转换利益差，土地资本化的显化，进一步加大了守住耕地用途的难度。

（一）近期可开发利用耕地后备资源①数量有限、质量不高，推高了耕地资源开发和利用成本

近期可开发利用耕地后备资源数量有限且质量不高是"十五五"时期补充耕地面临的基本国情。一是近期可开发利用耕地后备资源占耕地后备资源总量的四成且分布不均衡。从两次全国耕地后备资源调查来看，依据2016年末发布的全国耕地后备资源调查成果，中国耕地后备资源（涵盖可开垦与可复垦土地）总量为8029.15万亩②（中华人民共和国自然资源部，2016）。对比"十五"时期1.13亿亩的调研数据，十年间，耕地后备资源总量减少近3000万亩。考虑水资源承载能力等限制性因素，经综合评估，当前全国具备近期开发利用条件的耕地后备资源仅为3307.18万亩，占耕地后备资源总量的41.1%。二是耕地后备资源质量不高，分布零散。一方面，中国耕地后备资源中76.5%的土地为荒草地和盐碱地（见图3）。另一方面，后备耕地资源地块面积小，分布零散。第三次全国国土调查数据显示，中国耕地后备资源总面积中图斑面积小于300亩的占近三成（中华人民共和国自然资源部，2016），零散分布的土地资源（5197.08万亩）占后备资源总量近七成（64.7%）。在近期可开发利用耕地后备资源中，71.6%的耕地资源（2366.92万亩）呈零散分布状态，集中连片的耕地后备资源总量仅为940.26万亩，这意味着，耕地资源开发利用面临着较高的经济成本与技术挑

---

① 耕地后备资源是指在现有自然及经济技术条件下，通过开发、复垦或整理等土地整治措施能够转化为耕地的土地资源。从类型来看，全国耕地后备资源主要包括荒草地、盐碱地和裸地等。

② 其中，可开垦地占比为96.6%，可复垦土地资源占比为3.6%。

战。三是中国耕地后备资源在省际分布不均衡。例如，中国东部11个省份耕地后备资源之和仅占全国的1/10，平均下来，每个省份不足10万亩。也就是说，未来东部地区省份在省域内实现占补平衡的难度还是比较大的。

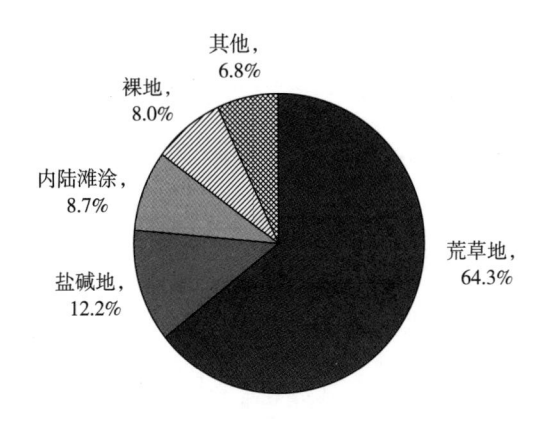

图3　全国耕地后备资源构成

资料来源：《全国耕地后备资源特点分析》，中华人民共和国自然资源部，https://www.mnr.gov.cn/dt/zb/2016/gd/zhibozhaiyao/201806/t20180629_1964638.html，2016年12月28日。

（二）水资源和耕地资源空间错配，深刻影响中国耕地资源合理布局

水资源是影响耕地分布的重要因素。中国水资源呈现典型的"南多北少、东多西少"的分布特征。相较之下，目前中国耕地则高度集中在水资源相对匮乏的北方地区和西部地区[①]，如第三次全国国土调查数据显示，2019年中国东北地区和西部地区耕地面积占全国耕地面积比重的一半以上（51.1%），该形势是耕地重心近年来不断北移的结果。从两次国土调查对比数据来看，

---

① 将经济区分为东部、中部、西部和东北地区。其中东部地区耕地面积占全国耕地面积17%，中部地区耕地占21.9%，西部地区占37.7%，东北地区耕地占23.4%。

10年间,"胡焕庸线"以西地区耕地面积净增2990.57万亩。从降水量看,位于半干旱区（年降水量在200—400毫米）及干旱区（年降水量在200毫米以下）耕地面积增加了4447.7万亩,其中干旱区增加耕地面积占64.5%。进一步拉长时间线,2013—2023年东北三省和新疆、内蒙古、西藏等6个省份新增耕地面积9563万亩。同期,水资源相对丰富的南方地区或者"胡焕庸线"以东地区耕地面积持续减少。如相较第二次全国国土调查,10年间,"胡焕庸线"以东地区耕地面积净减少14278.10万亩,从2013—2023年秦岭淮河以南15个省份耕地面积大量减少（中国人大网,2024）。从降水量看,位于湿润（年降水量在800毫米以上）、半湿润地区（年降水量在400—800毫米）耕地,较第二次全国国土调查时减少15735.23万亩,其中耕地面积减少最多的位于湿润地区,占近八成（79.15%）。整体来看,中国耕地面积东减西增,耕地分布中心有继续北移趋势。值得注意的是,中国东北和西部地区耕地有效灌溉面积占该区耕地面积低于全国平均水平的27个百分点和2个百分点,这意味着两个地区耕地的抗旱能力是较差的,要防范过度耕种给水资源利用和生态保护带来新的挑战,极易诱发水土流失、土地沙化等生态退化问题,对区域生态环境造成不可逆影响。

（三）土壤退化涉及耕地面积广且程度深,加大耕地质量提升难度

中国土壤质量退化[①]表现形式非常多样化,如耕层变浅、有

---

① 由于风蚀、水蚀、冻融侵害,造成土壤流失、有机质下降,农药化肥不合理施用所带来的土壤板结、酸化。

"十五五"时期耕地保护和利用面临的挑战及出路

机质含量偏低、水土流失、土壤盐渍化、土壤酸化、土地沙化等。例如，2008年农业农村部的调查结果表明，中低产田合计占当时全国耕地面积的七成左右（徐明岗等，2016）。经过近十年的耕地质量提升，在"十三五"时期，中国耕地土壤有机质含量不足1%的面积仍占26%，整体有机质含量低于同期欧洲同类土壤的50%。较40年前降低了10—15个百分点（沈仁芳等，2018）。耕地基础地力对粮食生产的贡献率在52%左右，显著低于发达国家20—30个百分点。中国土壤退化涉及耕地面积广，包括东北地区、西南地区，以及粮食主产区，且在全国层面呈现典型区域特征，如耕地酸碱化表现为"南酸北碱"的典型特征。近30年来，中国21.6%的耕地出现严重酸化，其中主要集中在湘赣粤等红壤地区，新疆、内蒙古等地区土地盐碱化、沙化严重。东北黑土区由于农药化肥不合理施用，除造成土壤流失、有机质下降外，典型的是"土壤板结"问题突出。除此之外，东北黑土区还面临着60余万条侵蚀沟而且发展速度大于治理速度（宁晶，2025）。与此同时，中国还有大约1亿亩的设施农业农地由于长期封闭的环境和过量的投入，耕地面临着酸化、次生盐渍化、板结和土传病害等退化问题（彭升华，2024）。在没有突破性技术攻关下，耕地土壤退化很难在短期内得到根本性改善。

除此之外，无论是耕地占补平衡还是建设用地增减挂钩，建设用地占用的基本为水田等优质耕地，而补充耕地往往是质量较差的耕地。"优出劣进"普遍存在。位于一年多熟制地区、湿润—半湿润地区耕地较第二次全国国土调查时分别减少2亿亩、1.6亿亩。第三次全国国土调查数据显示，2019年位于一年多熟制地区、湿润—半湿润地区的耕地较第二次全国国土调查时大幅度减少。例如，从熟制来看，位于一年三熟制、一年两熟制地区的耕地（占全国耕地的52.1%）较国土二调时减少19732.99万亩，减少近7个百分点。

（四）耕地用途转换收益差异显著，加大守住耕地用途的难度

无论是耕地用途"非粮化"还是"非农化"，其动力来自向耕地要收益。一方面，造林种树和种果种茶种桑等成为耕地减少的第一诱因。受"非粮化"利益驱使，耕地大量转向种植经济价值更高的林地或者园地。第三次全国国土调查数据显示，耕地转为设施农用地、集中流转耕地发展林果业和渔业是这时期耕地减少的重要原因。其中，耕地地类减少[①]第一大诱因是农用地地类间的转换。统计数据显示，2009—2019年，中国累计有1.8亿亩25度以下坡度的耕地被用于植树（包括2度以下坡度的平原耕地面积达6200余万亩），10年间耕地的主要转化方向为林地，转移面积约1.12亿亩。另一方面，耕地"非农化"口子很难堵住（见图4）。2001—2010年，中国耕地减少1.59亿亩，其中建设用地占用耕地0.34亿亩，占贡献率的21.4%。2009—2019年，全国建设用地面积净增加12852.23万亩，"胡焕庸线"以东地区建设用地净增加面积是以西地区的近3倍。根据自然资源部督查情况反馈[②]，随着乡村振兴和城乡融合发展，"十四五"时期，耕地被占用发展如乡村旅游（如田园综合体项目、现代

---

① 除此之外，还包括建设占用、灾毁、生态退耕、农业结构调整等原因。
② 2006年中国建立国家建立土地督察机构，以例行督察、审核督察、专项督察为主题的核心业务体系。

"十五五"时期耕地保护和利用面临的挑战及出路

观光农场项目）和"景观工程"（如侵占耕地"挖湖造景"、生态公园）占用破坏耕地的情况突出、设施农用地（如旅游景区永久性设施）和临时用地（如"大棚房"①）占用耕地的情况非常普遍。部分省份在各类产业园区、开发区建设及城市市政道路工程中，出现了较为突出的未批先建等问题。此外，多地调查显示，乱占耕地建房、违规在永久基本农田超标准建道路绿化带或种草皮等问题禁而不绝。

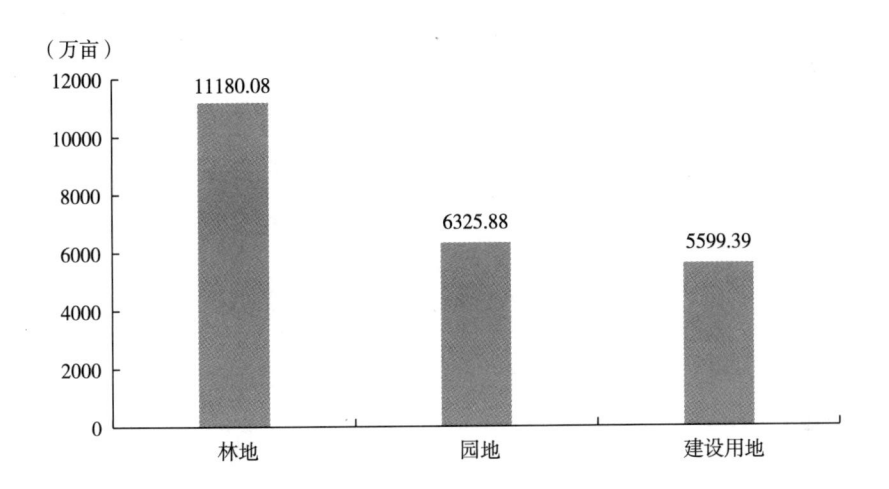

图4　2009—2019年耕地净流出情况

资料来源：中华人民共和国自然资源部、国务院第三次全国国土调查领导小组办公室编：《第三次全国国土调查数据报告》，地质出版社2023年版，第108、109页。

值得注意的是，现阶段耕地撂荒近年来有所好转，但不容乐观。撂荒耕地是指具备种植条件，但受自然地力、社会经济、政策制度等多方面因素影响，连续闲置、荒芜超过一年未用于种植

---

① "大棚房"，就是以设施农业或农业园区为名，违法违规占用耕地甚至永久基本农田，用于建设非农设施，或从事非农经营的行为。

农作物的耕地。中国社会科学院农村发展研究所中国乡村振兴综合调查项目（China Rural Revitalization Survey，CRRS）2020年与2022年追踪村庄土地撂荒情况调查显示（见表1、表2），中国土地撂荒情况近年来有所好转，但是撂荒耕地占耕地面积仍在6%以上。特别是丘陵、山区、半山区耕地撂荒情况要显著高于平原地区，2022年两者差异达到5.5个百分点。

表1　　　　　2020年、2022年调查村庄撂荒情况

年份	村庄个数（个）	有撂荒事实的村庄个数（个）	撂荒面积（公顷）	耕地面积（公顷）	撂荒面积/耕地面积（%）
2020	300	83	34102	356174	9.57
2022	308	59	12776	196395	6.51

资料来源：CRRS2020、CRRS2022。

表2　　　　分地势2020年、2022年调查村庄撂荒情况

	2020年		2022年	
	平原	丘陵、山区、半山区	平原	丘陵、山区、半山区
村庄个数（个）	18	65	5	54
撂荒面积（亩）	3740	30363	360	12416
耕地面积（亩）	55644	300530	22435	173960
撂荒面积/耕地面积（%）	6.7	10.1	1.6	7.1

资料来源：CRRS2020、CRRS2022。

三　"十五五"时期耕地保护和利用目标、思路及重点任务

综上所述，"十四五"时期多措并举的耕地保护策略为"十

"十五五"时期耕地保护和利用面临的挑战及出路

五五"时期耕地保护奠定了扎实的基础,也为接下来保护和合理利用耕地提供了方向和思路。同时也要看到,"十四五"时期耕地保护一些老问题没有得到根本纾解,又面临一些新的问题,这些新老问题交织共同影响着"十五五"时期耕地保护和利用工作。据此,接下来这一阶段,中国耕地保护要坚持问题导向、结果导向,在重点任务上发力,狠抓工作落实,守住中国耕地数量,守好中国耕地质量,管住耕地用于粮食种植用途。

(一) 耕地保护利用目标及工作思路

耕地不仅要保护得好,还要利用得好。中国耕地保护的目标是确保耕地总量不减少、质量有提升、用途不改变(见表3)。更具体地讲,一是确保到2030年耕地保有量在18.25亿亩以上,其中永久基本农田保护面积不低于15.46亿亩,确保耕地总量安全。二是稳健提升耕地质量。到2030年累计建成12亿亩并改造提升2.8亿亩高标准农田。到2035年,力争将具备条件的永久基本农田全部建成高标准农田,累计改造提升4.55亿亩,新增高效节水灌溉面积1.3亿亩。

表3　　　　　　　　耕地保护和利用中长期目标

建设内容	2025年	2030年	2035年	资料来源
耕地保有量		耕地保有量保持在18.25亿亩以上(约束性);永久基本农田保护面积不低于15.46亿亩(1.03亿公顷)		《国务院关于印发全国国土规划纲要(2016—2030年)的通知》

续表

建设内容	2025年	2030年	2035年	资料来源
高标准农田	累计建成10.75亿亩并改造提升1.05亿亩	累计建成12亿亩并改造提升2.8亿亩高标准农田	2035年,力争将具备条件的永久基本农田全部建成高标准农田,累计改造提升4.55亿亩,新增高效节水灌溉面积1.3亿亩	《全国高标准农田建设规划(2021—2030年)》《国务院关于印发全国国土规划纲要(2016—2030年)的通知》

中国耕地保护和利用的总体工作思路是充分发挥有效市场和有为政府的组合作用，坚持市场在资源配置中的决定性作用，综合运用好利益激励和管控手段，充分调动各级政府、集体经济组织和农户保护好和利用好耕地的积极性和主动性，从而实现耕地数量、质量、生态"三位一体"保护格局。

（二）耕地保护和利用的原则

耕地保护是一项系统工程、长期工程，因此各级政府应牢固树立群众观念、战略眼光和全局意识，在耕地保护和利用中坚持以下原则：

第一，树立底线思维原则。严格落实国土空间规划管控要求，严守耕地红线底线，控制非农建设占用耕地以及农地的内部转换，确保耕地数量不减少、质量有提升、生态保护红线保持稳定、种植用途不改变。

第二，坚持耕地开发利用与资源环境承载能力相匹配原则。耕地布局优化应牢固树立"以水定地"的理念。宜耕则耕，宜林则林，宜草则草。逐步调整不符合水资源环境承载力的耕地资源布局。通过审慎有序推进南方省份部分流失优质耕地的恢复进

"十五五"时期耕地保护和利用面临的挑战及出路

程,可有效缓解北方地区的水资源压力与生态负荷。

第三,公平原则。落实党中央关于主产区、主销区、产销平衡区要饭碗一起端、责任一起扛的要求,建立以省域耕地总量动态平衡为核心的占补平衡新机制。对于因耕地资源匮乏无法在本县域内落实永久基本农田补划和耕地净增加量的,可按规定跨区域调剂。

第四,"谁保护、谁受益"原则。对承担耕地保护的村级集体经济组织给予奖励,奖励资金专款专用,耕地保护以奖代补资金主要用于耕地"非农化""非粮化"整治、农田基础设施管护与修缮、地力培育、耕地质量提升、耕地保护管理、新增耕地后续管护、"田长制"建设等与耕地保护相关的支出。

(三)"十五五"时期中国耕地保护和利用的重点任务

"十五五"时期,中国耕地保护重点应在守住数量、守好质量、管住用途上下大力气。针对耕地保护呈现的重点和难点问题,如黑土变"瘦"、变"薄"、变"硬"问题,土壤酸化问题、盐碱化,耕地重金属污染等突出问题,鼓励从国家层面或者地方层面结合区域耕地实际存在的问题,采用试点、治理示范区形式,先行先试,重点突破打造一批综合施策样板,探索建立一套行之有效、可复制可借鉴的工作推进机制。大体来看,要重点做好以下几项工作,如图5所示。

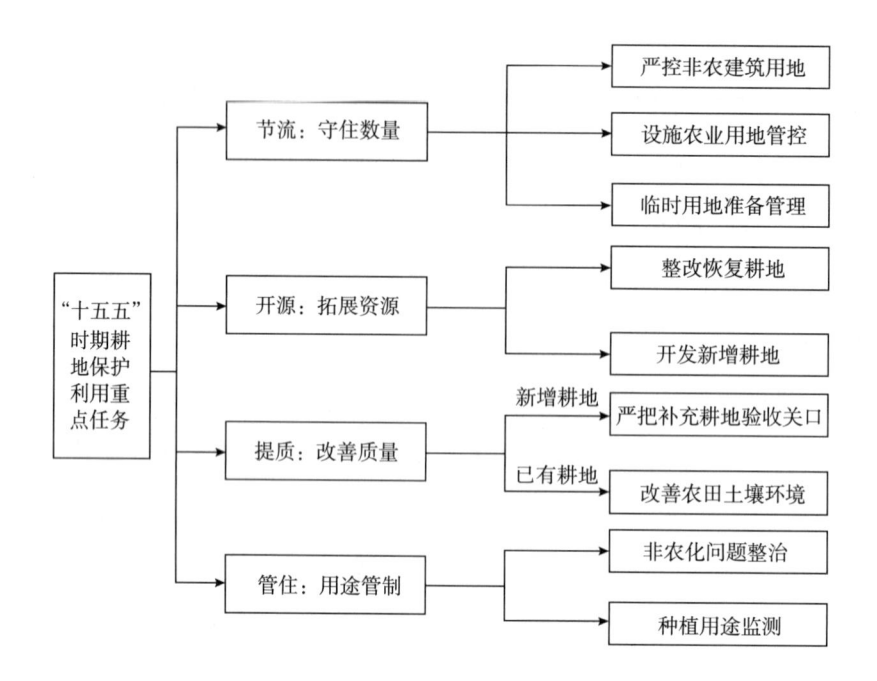

```
                                          ┌── 严控非农建筑用地
                          ┌─ 节流：守住数量 ─┼── 设施农业用地管控
                          │                 └── 临时用地准备管理
                          │
"十五五"                   │                 ┌── 整改恢复耕地
时期耕  ───────────────────┼─ 开源：拓展资源 ─┤
地保护                     │                 └── 开发新增耕地
利用重                     │                    新增耕地 ┌── 严把补充耕地验收关口
点任务                     ├─ 提质：改善质量 ─┤
                          │                    已有耕地 └── 改善农田土壤环境
                          │
                          └─ 管住：用途管制 ─┬── 非农化问题整治
                                            └── 种植用途监测
```

图 5　"十五五"时期耕地保护利用重点任务

1. 节流：从源头上遏制耕地流出

从严控制非农建设占用耕地。一是严格落实耕地占补平衡管理。贯彻落实《自然资源部　农业农村部关于改革完善耕地占补平衡管理的通知》，将非农建设、造林种树、种果种茶等各类占用耕地行为统一纳入耕地占补平衡管理，全面推进耕地年度总量平衡按照"以进定出、以补定占"的要求，建立实施以省域耕地总量动态平衡为核心的占补平衡新机制。各地可因地制宜建立农村土地用途转换负面清单制度，明确禁止转换的情形，清单之外允许依法依规转换用途。二是严格控制设施农业建设用地规模。对于辅助设施用地，应严格按照作物种植设施用地、畜禽水产养殖设施用地标准合理确定，严禁占用永久基本农田，少占或不占耕地，对确需占用部分耕地的，需严格落实耕地"占补平

"十五五"时期耕地保护和利用面临的挑战及出路

衡"。引导设施农业使用非耕地,鼓励利用"四荒"资源。三是严把临时用地准入关口。对管线等工程需要临时占用耕地或永久基本农田的,严格履行专家论证程序,科学合理编制"土地复垦方案",通过耕作层土壤剥离再利用工程技术措施,减少对耕作层的破坏,努力把粮食种植损失降到最低。

2. 开源:补充耕地资源应以整改恢复为主,新增耕地为辅

针对耕地后备资源不足等问题,应综合实施全域土地综合整治、城乡建设用地增减挂钩、未利用地开发利用等政策工具,多措并举拓宽补充耕地来源。其间,耕地补充应按照先难后易顺序逐渐纳入。

第一,分类有序做好耕地"非农化""非粮化"整改恢复工作。第三次全国国土调查结果显示,全国有8700多万亩可恢复为耕地的其他农用地,相当一部分位于一年两熟、三熟区域,光热水土条件较好。对这部分农用地要按照先难后易、先大后小的顺序,优先、依法有序纠正"非粮化"问题,如优先将从坡度低于25°土地中流出的园地、林地、草地等其他农用地恢复为耕地。在耕地"非粮化"整改过程中,要结合产业发展实际、作物生长周期等设置必要的过渡期;对于1.66亿亩可以通过工程措施恢复为耕地的农用地,如对于临时用地复垦,农村乱占耕地建房问题清理整治,要有序组织实施,扎实推进耕地恢复治理工作。此外,加大批而未供、供而未用土地清理盘活力度。对于复垦耕地要严格验收和管护。依据"土地复垦方案"和《土地复垦质量控制标准》等规范严格验收,确保复垦质量达标。在后期使用过程中,要明确管护责任主体,定期开展巡查检查,杜绝复垦地块撂荒和违法占用等现象发生，确保复垦土地长期有效利用。

第二，积极拓展新增耕地。稳妥有序开发未利用地，统筹各类宜耕的非耕地作为补充耕地来源。对于耕地后备资源不足地区，应依托全域土地综合整治，综合运用耕地占补平衡、城乡建设用地增减挂钩等政策工具，大力实施提质改造和耕地集中连片整治。重点通过土地平整归并田坎、开发残次林、园地等非耕地、实施垦造水田等，不断增加耕地面积；将未利用地、低效闲置建设用地以及适宜恢复为优质耕地的其他农用地一并作为补充耕地来源；同时推进撂荒地复垦，鼓励和引导新型经营主体流转复耕代种。

3. 提质：改造升级已有耕地+严把补充耕地验收关口

提升耕地质量需要强化科技贡献，加大对土壤侵蚀防治、土壤改良培肥技术的科技成果转化，改善耕地本底质量。

第一，对新增耕地：严把补充耕地验收关口。建立统一的补充耕地质量鉴定方法和标准，健全补充耕地质量验收制度，强化补充耕地质量刚性约束。对符合条件的补充耕地要及时划入永久基本农田加以保护和提升利用。

第二，对已有耕地：改善农田土壤环境。重点加强区域耕地质量提升，如加强北方旱田、东北黑土区保护性耕作，提高南方丘陵地带酸化土壤、盐碱耕地、重金属污染土壤改良提升；采取激励措施推动撂荒地复垦复；实施全域土地综合整治，配套建设基础设施，规整田地，打造高产稳产农田。对那些处于生态脆弱区、耕地在25°坡地以上，以及无法长期稳定利用的耕地，应逐步调出永久基本农田，并允许地类变更，用于解决乡村产业发展用地供给不足难题。

4. 管住：加强耕地用途管制

贯彻落实《中共中央 国务院关于加强耕地保护和改进占补平衡的意见》《自然资源部 农业农村部关于改革完善耕地占补平衡管理的通知》精神，加强耕地用途管制，加大对"大棚房"、侵占耕地"挖湖造景"、乱占耕地建房等"非农化"问题的处置，坚决遏制耕地"非农化""非粮化"。同时，加强耕地用于种植基本农作物管理，因地制宜确定基本农作物目录，开展耕地种植用途动态监测，保障耕地优先用于粮食生产。

四 "十五五"时期加强耕地保护利用的对策建议

习近平总书记对耕地保护工作作出一系列重要指示批示，为保护好和利用好耕地提供了根本遵循。"十五五"时期，各级政府应深刻领悟习近平总书记关于耕地保护的重要论述精神，深入贯彻落实党的二十大和党的二十届二中、三中全会有关耕地保护的要求，综合运用管控性、激励性措施手段，守住耕地数量，守好耕地质量，管住耕地用途。

（一）加强顶层制度设计：加强耕地保护立法建设

耕地保护应坚持"有法可依、有法必依、执法必严、违法必究"的方针。"十四五"时期，为加强耕地保护立法建设，颁布实施《黑土地保护法》《粮食安全保障法》，颁布《土壤污染防治法》等法律法规，修订了《土地管理法》《土地管理法实施条例》，完善了耕地占补平衡制度，为中国耕地保护建立了严密的制度体系。但我们也应深刻意识到耕地保护是一项系统工程，长期工程，随着外界环境的变化，又会新的问题，叠加一直存在的老问题，给耕地保护带来较大压力。因此，"十五五"时期，应加强顶层制度设计，堵住制度漏洞，填补制度空白，为全方位保护好和利用好耕地保驾护航。一是完善耕地保护的法律法规建设。如加快推进耕地保护和质量提升法立法进程。加快推进《耕地保护法（草案）》等实施进程。完善耕地撂荒治理实施细则或执行指引。二是建立统一的补充耕地质量鉴定方法和标准。完善补充耕地质量验收办法，强化质量刚性约束。三是有序开展耕地轮作休耕。

（二）建立健全常态长效监管机制：压实耕地保护责任体系

构建市、县、乡、村四级田长+网格员耕地保护模式，自上而下压实耕地保护监管责任。

第一，织密市、县、镇、村四级基本农田保护安全网，自上而下压实耕地保护责任。从压实各级领导干部耕地保护政治责任入手，构建四级田长制建立一级抓一级、层层抓落实的耕地保护机制。建立耕地保护"党政同责、严格考核、一票否决、终身追责"的制度。耕地保护的重点、难点和关键都在底层，因此在基层应开展耕地保护网格化监管，建章立制"明责任"，实行镇、村两级田长、网格员定期巡田制度。

第二，完善土地执法监管共同责任制。加强相关部门间的协作配合，形成强大合力。建立联合执法机制。属地镇街（区）、自然资源、综合行政执法等部门密切合作，共同开展违法违规用地专项整治行动。对发现的违法违规用地行为，依法严肃查处，该拆除的坚决拆除，该复耕的及时复耕，绝不姑息迁就。通过联合执法，形成强大的震慑力，有效遏制违法违规用地行为的发生。

第三，严厉打击违法占地。始终保持执法监察高压态势，对新增违法违规占用破坏耕地"零容忍"，对新增乱占耕地建房、违建"大棚房"、擅自改变耕地用途、违法占用耕地进行"非农化"建设等行为进行严肃查处和严厉打击。发现问题按照督促整改恢复、行政处罚、刑事处罚的顺序推进，首要目的是恢复耕地原状。同时，强化考核监管。加强在库项目日常监管，积极开展市级"回头看"工作，对已整改和历史入库项目开展实地核查，并将疑似存在灌溉水源不充足、后期管护不到位等问题的项目反馈给县（区）进一步核实确认，确保项目入库指标真实。

（三）完善耕地保护激励机制：建立"以奖代补+考核激励+横向利益补偿"的利益调节机制

为更好地保护和利用耕地，应运用市场手段，构建完善国家、省（市、区）、市、县四级耕地保护补偿激励机制，通过"普惠性补偿+考核激励+有偿调剂"等方式，充分调动各级政府、农村集体经济组织以及广大农户保护耕地的主动性和积极性。一是建立耕地保护以奖代补①机制。坚持"谁保护、谁受益"的原则，设立耕地保护专项激励补偿资金，对承担耕地保护的村级集体经济组织给予奖励。奖励资金应主要用于耕地保护与质量建设，如整治耕地"非农化"、"非粮化"、地力培育、新增耕地及后续管护等，调动相关主体保护耕地的积极性。同时，对于耕地保护不力的给予通报批评，对存在违法违规占用耕地现象较多、整改懈怠的乡镇、村集体取消补贴或者做出实质性的处罚，起到警示作用。二是建立耕地保护考核激励机制。在市级层面，建立耕地保护评价指标体系，对在耕地保护工作中表现突出的县（市、区）给予奖励，奖励形式可以是资金，也可以是建设用地指标。奖励建设用地指标不超过新增耕地面积的10%。新增建设用地计划指标直接兑现给耕地保护工作突出的县（市、区）、镇（乡）。三是横向利益补偿机制。对那些因耕地后备资源匮乏确实无法在本县域内落实永久基本农田补划和耕地净增加量的地区，可按规定在省级层面实施跨区域有偿调剂。在国家层面，建立粮食产销区省际横向利益补偿机制，充分调动地方政府保护耕地积极性。

（四）提高耕地保护和利用的科技运用能力：推动耕地保护数智化转型

推动耕地保护数智化转型，包括运用高清遥感影像、卫星定位、无人机、地理信息系统等先进技术与管理手段，构建耕地保护源头防控、常态监管、末端激励机制。一是运用遥感卫星监测

---

① 耕地保护以奖代补资金，是指采用资金激励方式，鼓励和支持基层开展耕地保护工作发放的财政资金，包含普惠性资金和激励性资金。

技术、无人机等数字智能化手段，加强耕地和永久基本农田日常监管。综合利用动态巡查排查、耕地卫片监督系统、群众举报等方式，全方位、动态监测监管耕地变化情况，对违法违规占用耕地、污染耕地做到"早发现、早制止、早查处"。二是对土壤酸化和重金属污染区域开展联合攻关修复工作。鼓励科研院校联合开展防风固沙、土壤改良、地力培肥等科学研究和技术攻关，鼓励科研成果推广应用，确保耕地资源永续利用。三是综合运用先进技术，大力发展节水农业。到2030年，全国节水灌溉面积占农田灌溉面积的85%以上，农田灌溉用水有效利用系数提高到0.6以上。

（五）强化耕地保护意识：树立耕地资源永续利用的大局观

"十四五"时期国家自然资源督察发现违法违规重大典型问题时呈现的问题主要包括一些市县政府及其部门非法批地、违法征地、主导推动违法占地；地方政府及部门责任落实不到位，非法批地、监管不力、管理职责不落实等问题。导致地方政府采取变通做法，虚假整改、整改质量差问题。据此，各级政府要充分认识耕地保护的极端重要性，树立严守耕地红线的大局观，坚持节约和保护并重。同时，建立五级书记抓责任落实的工作机制。二是提升群众保护耕地的意识。针对农村乱占耕地建房现象，强化群众宣传引导，利用网络、标语、媒体、组建专业宣讲团等形式，将耕地保护政策"进集市、进社区、进学校、进村级"，开展耕地保护法律法规的宣传教育，多渠道、多途径向全市广大人民群众进行宣传教育，提升群众保护耕地的意识，引导群众从

"要我保护"到"我要保护"的观念转变，主动作为。

参考文献

蔡运龙：《中国农村转型与耕地保护机制》，《地理科学》2001年第1期。

陈江龙等：《农地非农化效率的空间差异及其对土地利用政策调整的启示》，《管理世界》2004年第8期。

杜志雄等：《进一步深化农村改革，完善强农惠农富农支持制度——权威专家研究阐释2024年中央经济工作会议和中央农村工作会议精神》，《中国农村经济》2025年第2期。

冯起等：《统筹推进西北地区盐碱地综合治理利用：现状、挑战与对策建议》，《中国科学院院刊》2024年第12期。

《关于耕地保护工作情况报告的意见和建议》，中国人大网，http://www.npc.gov.cn/c2/c30834/202501/t20250117_442462.html，2024年12月24日。

李冰强、张小康：《耕地保护补偿制度的定位反思与规范重构》，《中国土地科学》2024年第3期。

刘国洪：《国务院关于耕地保护工作情况的报告——2024年12月22日在第十四届全国人民代表大会常务委员会第十三次会议上》，中国人大网，http://www.npc.gov.cn/npc/c2/c30834/202412/t20241223_441882.html，2024年12月22日。

刘腾、胡象明：《生态文明视域下耕地保护政策的演进逻辑与成效检视》，《中国人口·资源与环境》2024年第11期。

宁晶：《黑土地保护还需久久为功》，《中国自然资源报》2025年3月10日。

彭升华：《多方发力治理退化耕地》，《经济时报》2024年11月19日。

《全国耕地后备资源调查还价数据成果》，中华人民共和国自然资源部，https：//www.mnr.gov.cn/dt/zb/2016/gd/zhibozhaiyao/201806/t20180629_1964637.html，2016年12月28日。

沈仁芳等：《藏粮于地、藏粮于技战略实施中的土壤科学与技术问题》，《中国科学院院刊》2018年第2期。

魏后凯等：《进一步全面深化改革，开创高质量发展新局面——权威专家研究阐释党的二十届三中全会精神》，《中国农村经济》2024年第9期。

徐明岗等：《我国耕地质量状况与提升对策》，《中国农业资源与区划》2016年第7期。

学钦：《全国耕地后备资源8029万亩》，《人民日报》2016年12月29日。

于法稳等：《土壤健康视角下实现粮食安全的绿色之路》，《南京农业大学学报（社会科学版）》2025年第1期。

张露、罗必良：《"三位一体"耕地保护：背景、目标与策略选择》，《江汉论坛》2024年第11期。

《全国耕地后备资源特点分析》，中华人民共和国自然资源部，https：//www.mnr.gov.cn/dt/zb/2016/gd/zhibozhaiyao/201806/t20180629_1964638.html，2016年12月28日。

"十五五"时期农业水资源可持续利用问题及对策

包晓斌　孙　涵[*]

摘　要：水资源作为农业生产的基础投入要素，是保障国家粮食安全的重要支撑。提高农业用水效率，促进农业水资源可持续利用，是推动农业高质量发展的现实需求。本报告基于"十四五"时期中国农业水资源利用状况，指明农业水资源可持续利用存在的主要问题，包括农业水资源总量约束加剧、农业水资源利用效率较低、农业节水潜力释放不平衡，农业节水设施保障能力不足，农业水价机制改革滞后、农业用水组织化和服务网络薄弱。在分析农业水资源利用趋势的基础上，对农业水资源利用的主要指标进行预测，明确"十五五"时期农业水资源利用的目标和重点任务，并从优化配置农业水资源、推进农田水利设施建设、健全农业节水制度体系、加强农业水资源利用的组织创新、提升农业水资源节约利用能力等方面，提出"十五五"时期农业水资源可持续利用的对策。

---

[*] 包晓斌，农学博士，中国社会科学院农村发展研究所研究员，主要研究方向为资源与环境经济、生态经济、农业绿色发展；孙涵，中国社会科学院大学博士研究生，主要研究方向为农业农村绿色发展。

"十五五"时期农业水资源可持续利用问题及对策

关键词：农业水资源；节水灌溉；水资源利用效率；"十五五"时期

The Issues and Countermeasures of Agricultural Water Resource Sustainable Utilization during the 15th Five-Year Plan Period

Bao Xiaobin　Sun Han

Abstract：The water resource serves as a fundamental input for agricultural production and an important support for ensuring national food security in China. Enhancing agricultural water use efficiency and promoting the sustainable utilization of agricultural water resource are actual requirement for advancing high-quality agricultural development. Based on the situation of agricultural water resource utilization during the 14th Five-Year Plan period, the main problems in achieving sustainable utilization of agricultural water resource are shown in this paper, including the intensifying constraints on the total volume of agricultural water resource, lower water resource utilization efficiency, the unbalanced release of agricultural water-saving potential, the insufficient capacity of water-saving infrastructure, the lagging reform of the agricultural water pricing mechanism, and the weak organizational structure and service network for agricultural water utilization. By analyzing the trends of agricultural water utilization, this paper forecasts key indicators of agricultural water resource utilization and clearly defines the objectives and priority tasks for agricultural water utilization during the 15th Five-Year Plan period. To ensure the sustainable utilization of agricultural water resource during this period, the countermeasures are proposed by means of optimizing water resource allocation, advancing the construction of agricultural water conservancy infrastructure, improving the institutional systems for agricultural water-saving, strengthening organizational innovation of agricultural water resource utilization, and enhancing water-saving capabilities in agricultural production.

Key Words: Agricultural Water Resource; Water-saving Irrigation; Water Resource Utilization Efficiency; 15th Five-Year Plan Period

在中国农业现代化深入推进的关键阶段，非农用水占比逐年提高，农业水资源利用面临总量与强度约束叠加的严峻挑战。农业用水占全国总用水量的比例常年达到60%以上，与发达国家相较，农业水资源利用效率仍有较大的差距，每立方米水的粮食产出量也远低于发达国家。在保障粮食安全与推进"碳达峰碳中和"目标实现的战略交汇期，需要在满足农业用水需求的同时，提升农业水资源利用效率，优化水资源配置，缓解水源短缺形势，促进农业水资源可持续利用，确保国家水安全，推动农业可持续发展。

一 "十四五"时期农业水资源利用的评价

近年来,中国农业水资源利用取得阶段性成效,农业用水量与用水强度得到有效控制,节水技术逐步推广,节约用水的成效逐步显现。然而,在农业生产规模扩大与极端气候频发的影响下,农业用水问题仍旧突出。一方面,农田水利基础设施仍存在明显短板,灌溉系统运行效率较低。另一方面,农业用水效率整体偏低,水资源浪费现象尚未根本遏制。此外,现行节水制度体系不完善,制约农业水资源可持续利用能力的进一步提升。

(一)农业水资源利用的成效

"十四五"时期农业水资源利用成效初步显现,中国在灌溉技术创新和水资源管理优化等方面持续推进,农业用水效率不断提升。节水政策强化、现代灌溉技术推广与农业生产方式转型协同推进,推动农业用水总量稳步下降,资源利用效能增强。

1. 农业用水量趋稳,用水强度下降

全国农业用水量整体上经历波动下降的态势,2023年农业用水量达到3672.4亿立方米,较2000年下降2.9%,虽较"十三五"时期末(2020年)略有回升,但总体趋于稳定,如图1所示。这表明中国节水成效已经初步显现,但农业刚性用水需求仍较强。农业用水量占全国总用水量的比重达到62.18%，较2000年下降6.65个百分点。

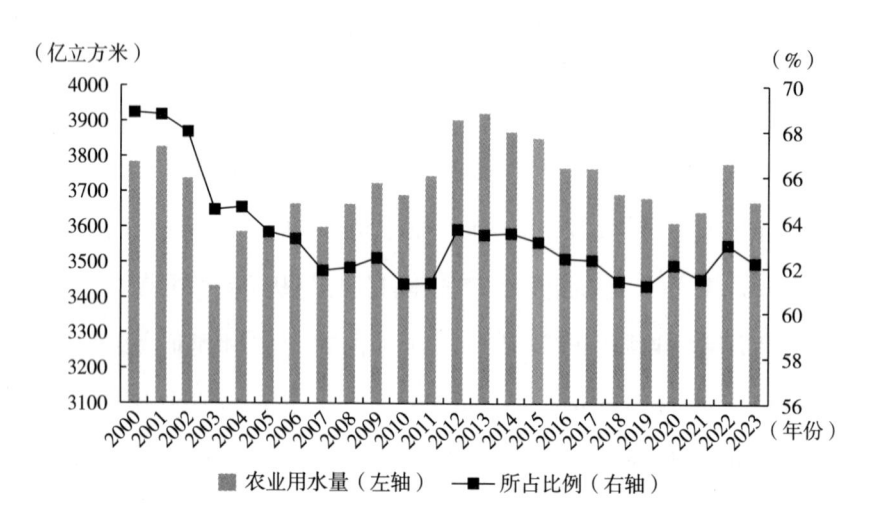

图1 全国农业用水量及其占总用水量的比例

资料来源：《中国水资源公报》（2000—2023年）。

农业用水强度呈现下降的态势，全国耕地实际灌溉亩均用水量由2020年的356立方米降至2023年的347立方米，累计降幅2.53%，实现每亩节水9立方米，农业节水政策在实际生产中的实施效果初步显现。

2. 灌溉效率提升，农业节水技术体系增强

"十四五"时期，国家加快推进农田水利现代化与高效节水灌溉工程建设，灌溉水利用率持续提升。农田灌溉水有效利用系数由"十三五"时期末（2020年）的0.565上升至2023年的0.576。灌溉系统水资源损失率显著降低。

全国高效节水灌溉面积稳步扩大，已达到 4.1 亿亩，占灌溉面积比重持续上升。黑龙江、河南、山东、河北、吉林、内蒙古、辽宁等地作为粮食主产区，通过推广节水控灌、智能水阀控制等技术，实现节水和增产的协同。东部沿海地区则通过财政补贴与设备更新，推动高效灌溉向设施农业和高值作物领域拓展，形成多样化节水格局（陈晨，2024；宋洪远、彭洁锞，2025）。

国家陆续发布涵盖水稻、小麦等 14 类主要农作物的灌溉用水定额国家标准，覆盖全国 88% 的粮食作物和 85% 的油料作物种植面积，为农业节水效果评估和灌溉计划制定提供科学依据。同时，水资源计量体系得到优化，全国大中型灌区基本完成取水计量设施的建设，5 万亩以上大型灌区建立在线监控系统，构建国家、省（市、区）、灌区联动的智能监控网络，为农业水资源精细化治理提供数据基础（陈晨，2024）。

3. 农业水价机制基本形成

农业水价机制建设自 2004 年启动以来，经历政策引导、试点探索和体系构建等阶段，为"十四五"时期的深化改革奠定基础。2004 年，《国务院办公厅关于推进水价改革促进节约用水保护水资源的通知》印发，首次明确农业水价改革方向。此后，国家发展改革委、水利部分别于 2005 年和 2007 年发布文件并启动试点，规范水价管理，探索可行经验。2014 年，深化农业水价综合改革试点在全国范围展开，覆盖 27 个省份 80 个县，为机制体系建设提供有力支撑。2016 年，《国务院办公厅关于推进农业水价综合改革的意见》发布，明确提出建立健全农业水价形成、精准补贴与节水奖励、工程建设与管护、用水管理四项机制，初步确立改革总体框架（刘啸、戴向前，2023）。

"十四五"时期，农业水价机制取得显著成效。截至2023年底，已经有超过9亿亩农田累计实施农业水价综合改革，改革完成水平稳步提升，农业水价制度体系基本形成。全国农业水价综合改革不断深化，农业水价精准补贴、用水管理、动态调整等机制不断健全。农业水价体系逐步优化，将供水成本、水资源稀缺属性和节水激励机制综合纳入考虑。中央以及地方财政分配水利发展资金，以切实减轻农民负担，激励节水行为。农业水价动态调整机制逐步开展，部分地区逐步探索适应市场机制和成本变动的水价动态调整机制（陈晨，2024）。

4. 区域农业用水控制取得初步成效

从空间分布来看，全国农业用水呈现西高东低的空间格局，2023年西部地区农业用水量达到1505.6亿立方米，占全国农业用水总量的41.0%，西部地区农业用水总量较高，农业灌溉对区域水资源形成较大压力。中部地区农业用水量达到1197.5亿立方米，占比为32.6%。东部地区农业用水量则为969.3亿立方米，占比仅为26.4%，农业用水量持续下降，节水成效显著，如图2所示。

从动态变化看，西部地区农业用水量2015—2020年下降5.5%，但2020—2023年反弹6.7%。中部地区农业用水波动上升，2023年农业用水量相较2020年增长2.6%，调整压力凸显。相较之下，东部地区农业用水量呈持续下降趋势，2015—2023年累计降幅达13.4%，节水技术推广成效相对领先。

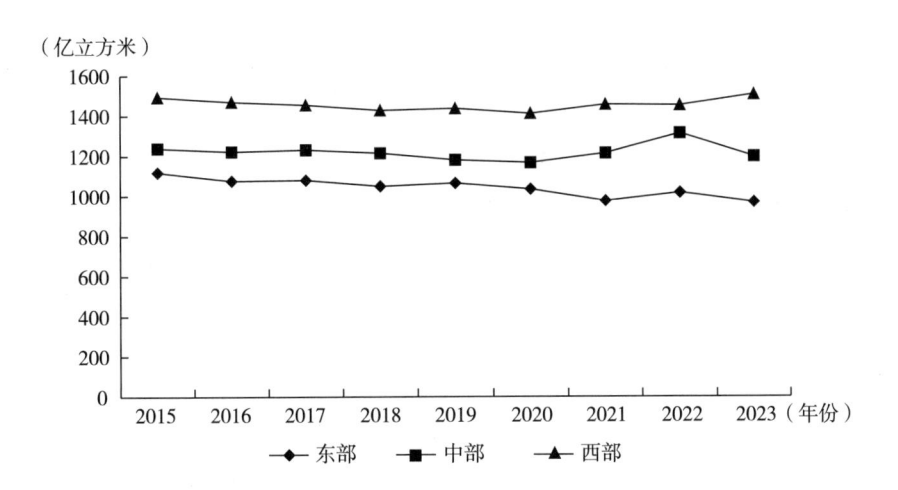

"十五五"时期农业水资源可持续利用问题及对策

图2 东部、中部和西部地区总农业用水量

资料来源:《中国水资源公报》(2000—2023年)。

从省域层面来看,农业用水的空间差异更加显著。2023年省域农业用水量极差达到561.1亿立方米,其中新疆农业用水总量为563.6亿立方米,是青海(16.7亿立方米)的33.7倍。黑龙江农业用水总量为259.4亿立方米、广东农业用水总量为197.5亿立方米。而农业用水较少的省份主要集中在直辖市,如北京(2.5亿立方米)、天津(9.4亿立方米)、上海(13.7亿立方米),如表1所示。

表1　　　　　　　　各省份农业用水量变化　　　　　　单位:亿立方米

	2015年	2016年	2017年	2018年	2019年	2020年	2021年	2022年	2023年
北京	6.4	6	5.1	4.2	3.7	3.2	2.8	2.6	2.5
天津	12.5	12	10.7	10	9.2	10.3	9.3	10	9.4
河北	135.3	128	126.1	121.1	114.3	107.7	97.1	100.4	100.7
山西	45.1	46.7	45.5	43.3	43.8	41	40.8	40.5	37.8

续表

	2015年	2016年	2017年	2018年	2019年	2020年	2021年	2022年	2023年
内蒙古	140.1	139.2	138.1	140.3	139.6	140	137.5	143.4	154.1
辽宁	88.8	84.9	81.6	80.5	80.7	79.6	77.2	75.2	74.6
吉林	90.2	91.1	89.8	84.4	81.5	83	79.9	76.6	77.4
黑龙江	312.5	313.8	316.4	304.8	274.2	278.4	289.2	273.8	259.4
上海	14.3	14.5	16.7	16.5	16.9	15.2	15.3	17.2	13.7
江苏	279.1	270.8	280.6	273.3	303.1	266.6	246.2	285.8	240
浙江	84.7	81	80.9	77.1	72.4	73.9	73.3	73.4	73.1
安徽	157.5	158.6	158.2	154	150.2	144.5	144.1	175.7	148.2
福建	93.3	84.2	91.2	87.5	83.7	99.7	99.8	97.2	97.6
江西	154.1	154.2	156.3	160.7	162.5	161.9	167.3	194.5	169.2
山东	143.3	141.5	134	133.5	138.2	134	115.8	122.7	128.1
河南	125.9	125.6	122.8	119.9	121.8	123.5	115	135.5	118.6
湖北	158.1	137	148.1	153.8	155.6	139.1	177.7	195.7	189.7
湖南	195.2	195.1	193.7	194.5	191.7	195.8	199.9	220	197.2
广东	227	220.5	220.3	214.2	208.5	210.9	204.2	198.7	197.5
广西	201.7	198.3	195.8	196.4	189.9	186.9	189.6	190	182.5
海南	34.4	33.1	33.3	32.6	34.2	33.4	34	33.9	32.1
重庆	25.8	25.5	25.4	25.4	25.2	29	28.7	27.5	25.5
四川	156.7	155.9	160.5	156.6	154.5	153.9	158.6	164.8	162
贵州	54.3	56.4	58.9	61.2	61.7	51.8	62.1	63.1	60.3
云南	104.6	105.2	108.5	107.2	106.4	110	112.1	111.5	113.9
西藏	27.2	26.9	26.9	27	27.2	27.4	27.3	27.1	27.6
陕西	57.9	57.6	58.2	57.1	55.1	55.6	54.6	57.5	55
甘肃	96.2	94.7	92.3	89.2	86.5	83.7	82.6	82.3	91.4
青海	20.9	19.9	19.2	19.3	18.9	17.7	17.5	17.1	16.7
宁夏	62	56.3	56.7	56.7	59.6	58.6	56.9	53.6	53
新疆	546.4	533.3	514.4	490.9	511.4	496.2	527.9	513.9	563.6

资料来源：《中国水资源公报》（2000—2023年）。

（二）农业水资源可持续利用存在的问题

1. 农业水资源总量约束加剧

当前，农业水资源供需矛盾日益加剧，已成为制约中国农业可持续发展的关键挑战之一。尽管中国水资源总量位居世界前列，但受地理区位和气候条件影响，水资源时空分布极度不均，区域性与季节性缺水问题长期存在。北方地区仅占全国水资源总量的20%，却承载着约60%的粮食生产任务，导致华北、西北等主产区地下水超采严重，水资源透支风险持续上升（徐勇等，2024）。

在农业用水占全国总用水量60%以上的背景下，工业化和城镇化进程助推工业和生活用水的刚性需求增长，农业在水资源配置中的优先级逐步下降。同时，实行河湖生态流量红线管理，生态用水的刚性约束显著增强，进一步压缩农业用水空间。

2. 农业用水效率偏低

近年来，中国农田灌溉水有效利用系数显著提升，但仍显著低于国际先进水平。以色列的农田灌溉水有效利用系数高达0.87，美国、法国、澳大利亚等国家普遍达到0.6以上，而中国农田灌溉水有效利用系数平均水平仍处于0.58以下，中国整体灌溉效率提升潜力较大（耿思敏等，2022）。

一方面，传统灌溉方式在农村地区仍占主导地位，漫灌、洪灌等粗放式用水方式依然存在，农户节水意识薄弱，节水技术采纳率偏低，难以形成系统性的推广与示范效应。明渠式输水在多数灌区仍占较大比例，导致渗漏损失严重，输水效率低下。另一方面，农业灌溉管理仍以经验驱动为主，灌溉管理粗放。尽管部分灌区已经开展农业水资源智能平台试点建设，但覆盖范围有限，系统集成度和实用性不足。气象气候、土壤湿度、作物需水量等关键信息未能实现高效集成和动态更新，导致精准灌溉决策响应滞后，灌溉时机与灌水量难以精准匹配作物实际需求，严重制约农业水资源利用效率的提升，也降低农业生产系统的韧性。

3. 农业节水潜力释放不平衡

中国农业节水成效呈现显著区域差异，节水潜力释放程度不均衡。总体上看，东部地区率先实现农业用水负增长，节水型农业初步形成。受农业种植结构调整、高效节水灌溉技术推广以及耕地面积压减等多重因素影响，东部地区农业用水量持续下降，节水潜力逐步释放。

相较之下，中西部地区农业用水反弹明显，节水推进相对滞后。2023年西部地区农业用水量较"十四五"初期（2020年）增长6.7%。中部地区农业用水量较2020年增长2.6%。从省域层面看，新疆、黑龙江、宁夏等省份农业用水比重超过80%，对区域生态系统及工业、生活用水造成一定程度挤压。部分地区种植结构与水资源承载能力不匹配，在水资源短缺背景下仍然大面积种植水稻、玉米等高耗水作物，耐旱作物推广缓慢，农业用水刚性持续增强，水资源压力加剧。

以京津冀为代表的重点地区农业节水效果突出，例如，河北省通过产业结构优化、灌区布局调整以及高效节水技术运用，农业用水占比已由2015年的72.3%下降至2023年的54.0%，农业节水取得显著成效。但是，全国层面农业节水推进仍面临政策协同不足、区域统筹缺位的问题。

4. 农田水利设施保障能力不足

中国农田水利短板仍较为突出，农田水利基础设施老化严重，大量灌溉工程建设于 20 世纪，长期运行导致渠道破损，泵站设备陈旧，部分设施已难以维持基本灌溉功能，系统运行效率偏低。新建和更新改造工程推进缓慢，部分地区农田灌溉对气候以及自然降水的依赖度仍然偏高，水利调控能力明显不足。

农田水利设施运行与管理机制滞后，多数小型农田水利设施仍由村集体或农户分散管理，管护力量薄弱。灌区末端渠道配套工程建设滞后，难以实现灌溉用水精准调控，造成水资源利用效率较低。当前专业化、社会化的管护服务体系尚未建立，水利工程全生命周期管理机制有待健全，难以满足现代农业对精准灌溉的现实需求（王刚、王迪，2023）。

5. 农业水价机制改革滞后

作为调节水资源配置与引导农户节水行为的重要手段，农业水价改革进展明显滞后。当前农业水价设定缺乏因地制宜原则，对区域经济发展水平、作物种类、水资源紧缺程度等因素考虑不足，整体机制缺乏弹性，分类定价不明晰，难以真实反映用水成本和供水管理需求，削弱水价对农户节水行为的激励作用。

各地农业水价改革进程不均衡，区域间实施差异显著。具备较完善的灌溉工程基础、健全运维体系与财政支持能力的试点地区农业水价改革推进相对较快，初步形成成本分摊、计量计价、奖补联动等机制，呈现显著示范效应。而经济基础薄弱、农田水利设施老化严重的非试点地区，仍面临渠道老化、计量设施缺失、末级渠系运行效率低下等问题。

农业水价改革涉及设施改造、制度建设、维护管理等多个环节，对资金支持的依赖程度较高。然而，当前农业水价改革的资金投入总量不足，资金渠道不均，保障机制不健全。部分地区特别是非试点区域，缺乏稳定的财政支持路径与中长期项目安排，导致改革措施推进力度有限，基础配套设施改造和后续运行管理难以持续开展。同时，现有资金分配向试点集中的倾向明显，覆盖面有限，资金审批链条较长，难以适应不同地区水价机制建设的差异化需求。

6. 农业用水组织化程度低和服务网络薄弱

当前农业灌溉以小农户分散决策为主，灌溉行为依赖个体经验，缺乏统一的组织保障与协同机制。多数地区尚未建立水资源统筹利用与调配平台，农业用水决策缺乏计划性与系统性，资源协调水平较低。

农业节水服务体系明显滞后，技术培训和技术指导覆盖率较低，特别是在灌溉计划制订、节水设备运维、灌溉调度等环节缺乏专业支持。县域水利技术推广站点人员不足、设备短缺，节水技术供给体系尚不健全，服务网络难以下沉到农业生产末端。部分灌区节水工具利用率偏低，设备难以正常运行，农户使用意愿和能力有限，节水效益未能有效体现。

"十五五"时期农业水资源可持续利用问题及对策

二 "十五五"时期农业水资源利用的形势与目标

(一)"十五五"时期农业水资源利用面临的新形势

进入"十五五"时期,农业水资源利用将面临外部气候压力增强与内部发展方式转型的双重挑战,整体进入精准化、智能化和绿色化深度融合的新阶段。

1. 气候变化加剧农业用水不确定性

全球气候变化的影响日益深化,极端天气事件发生频率上升,降水的时空分布不均衡程度加剧。中国北方地区长期面临降水减少与蒸发量增加的双重压力,干旱化趋势加剧,地下水超采问题依然严峻。南方地区则呈现降水极端化趋势,洪涝灾害频发,区域水资源调控难度加大。气候异常也影响农业种植周期与作物结构布局,传统种植模式需要适应性调整,导致农业灌溉需求日益复杂,水资源配置的精准性与弹性调控要求同步上升。

2. 农业水资源管理加速迈向数字化与智能化

物联网、大数据、人工智能和遥感技术加快赋能农业水资源管理,推动其从经验驱动向数据驱动转型。用水监测、调度、评估、预警等环节逐步实现数字化与自动化,提升水资源动态调控与风险应对能力。部分重点灌区已初步建立数字孪生灌区系统,水利信息平台与气象、土壤等监测系统实现联动,为农业用水科学决策提供有力支撑。

3. 高效节水灌溉技术深入推广

农业灌溉方式正在由传统粗放型向精准节水型快速升级。高效灌溉技术的应用范围不断扩大，亩均用水量持续下降，灌溉用水效率稳步提升。各地因地制宜推进节水模式集成，调整高耗水作物布局结构，实现水资源与农作制度的精准匹配，增强节水技术的系统协同效应。

4. 非常规水资源利用程度不断提高

在常规水资源供给压力不断加大的背景下，农业领域对非常规水资源的利用水平不断提升。微咸水、再生水、雨水和洪水等多种新型水资源得到重视和应用，成为缓解地表水和地下水紧缺局面的有效补充，推动农田用水来源多元化（孟瑞芳等，2024）。

（二）"十五五"时期农业水资源利用预测

在"十五五"时期农业水资源刚性约束持续的背景下，建立以用水总量控制、水资源利用效率提升和资源配置效益增强为核心的农业水资源利用指标体系，具有重要战略意义。这一体系不仅是农业高质量发展的核心支撑，也是落实国家节水优先方针和推动农业绿色转型的关键抓手。结合当前农业发展趋势、节水技术进展和政策导向，预计到2030年，农业水资源利用的核心指标包括农业用水量、农业用水强度和农田灌溉水有效利用系数将达到新的目标。

"十五五"时期农业水资源可持续利用问题及对策

1. 农业用水总量控制

农业用水总量控制不仅是实现农业绿色发展的基础要求,也是保障国家水安全、生态安全的重要举措。"十四五"时期,国家加快推进农业用水总量与强度双控机制,通过优化农业生产布局、提升灌溉精准度、推广农业用水智能化调控等措施,有效提高水资源利用效率。预计进入"十五五"时期,这一趋势将进一步强化。

近年来,中国农业用水量总体趋稳,近五年年均下降率为0.11%。考虑到耕地面积基本保持稳定,农业用水结构持续优化,农业用水总量预计将延续下降态势。按照当前趋势测算,到2030年,全国农业用水总量预计将控制在3650亿立方米以下。

2. 农业用水强度下降

"十四五"时期以来,高标准农田建设、水肥一体化技术推广和农业种植结构调整协同推进,促使亩均灌溉用水量持续下降,农业用水强度不断降低。预计进入"十五五"时期,伴随农业现代化的深入发展,水资源利用效率将进一步提升。

近年来,中国农业用水结构持续优化,用水强度稳步下降。2023年,中国耕地亩均用水量为347立方米,较2020年下降约2.52%,近五年年平均下降率为0.99%。据此推算,到2030年,亩均灌溉用水量将降至330立方米以下。

3. 灌溉效率提升

自"十三五"时期以来,得益于灌溉工程改造和水利基础设施建设，中国农田灌溉水有效利用系数稳步提升。"十四五"时期，节水型农业制度改革深入推进，近五年农田灌溉水有效利用系数增长率达到0.79%，灌溉效率进入整体提升阶段。

进入"十五五"时期，随着数字化、智能化技术在农业水资源管理中的广泛应用，节水灌溉体系加快构建，农田灌溉水有效利用系数持续提高。预计到2030年，农田灌溉水有效利用系数有望突破0.60，区域间灌溉效率差异进一步缩小，节水效益更趋显著。

三 "十五五"时期农业水资源可持续利用的重点任务

"十五五"时期是资源与生态环境保护的加快推进期，必须贯彻落实生态文明建设和绿色发展的要求，瞄准重点区域，突出实际问题，明确农业水资源利用的重点任务，服务于2030年的经济社会发展目标，提升中国农业生产韧性，推动形成资源利用节约高效、生态环境良好的农业现代化发展格局（李国英，2024）。

（一）全面实行农业用水总量和强度双控

"十五五"时期，继续实施农业水资源红线管理，确立农业水资源开发利用控制红线，通过地表水、地下水和非常规水的优化配置，最大限度地满足农业用水需求。加强农业用水全过程管理，完善省（市、区）、市、县三级行政区域农业用水总量和用水强度控制指标体系，建立重点区域和关键环节的节水强制性标准，保障农业用水安全。开展农业用水精细化管理，科学合理确定灌溉定额，编制粮、棉、油、糖、果树、蔬菜、牧草等主要农作物灌溉用水定额，建立农业用水定额体系，为开展农业用水总量配置、水资源论证、取水许可审批等提供重要依据。

在地下水超采地区，削减地下水开采量，以华北地区为重点，严控开发规模和强度，加快推进地下水超采区治理。制定实施区域地下水超采综合治理方案，严格执行地下水禁采限采管理，强化地下水水量和水位控制，实施河湖地下水回补，强化地下水动态监测。

（二）全面提升农业水资源利用效率

制定科学合理的灌溉方案，加快节水技术引进，强化田间节水设施建设，加大粮食主产区、严重缺水区和生态脆弱地区的节水灌溉工程建设力度，全面推广渠道防渗、低压管道输水、喷灌、微灌、滴灌、水肥一体化、集雨补灌等节水灌溉技术。强化农业节水的科技支撑，改进水肥协同、智慧灌溉等技术装备，有效减少水分的蒸发和流失，降低农田灌溉水损失。完善灌溉用水计量设施，避免过度灌溉（张旺等，2023）。

分区域规模化推进高效节水灌溉，以粮食生产功能区和重要农产品生产保护区为重点，完成高效节水灌溉建设任务，加大严重缺水区和生态脆弱区高效节水灌溉工程建设力度。完善区域农业水网布局，优化水量调度和水量调配，加强现有大中型灌区骨干工程续建配套节水改造，强化小型农田水利工程建设和大中型灌区田间工程配套。

（三）挖掘区域农业节水潜力

农业是实施国家节水行动的重点和节水潜力所在，应推广高效节水农业模式，加快农业高效节水体系建设，促进农业用水方式变革，统筹推广工程节水和农艺节水措施，完善农田灌排基础设施。在华北、西北等旱作区，建立高标准旱作节水示范区，辐射带动旱作节水农业技术应用（吴勇等，2021）。在半干旱、半湿润偏旱区，强化提升降水利用率，完善降水高效利用设施，建设农田集雨、集雨窖等设施，推进地表水过度利用和地下水超采区综合治理。

根据区域水资源条件和市场需求，优化调整农作物种植结构，增加低耗水和耐旱作物种植比例，选育推广耐旱农作物新品种，严格限制高耗水农作物种植面积，实行适水种植、量水生产。发展集雨节灌，增强蓄水保墒能力。严格限制开采深层地下水用于农业灌溉，在华北地下水严重超采地区，实施轮作休耕，适度退减灌溉面积。

（四）有效增加节水灌溉面积

加快实施一批灌区的现代化改造，持续补齐灌溉工程基础设施短板，优先把大中型灌区建设成高标准农田。完善灌溉工程管护运行机制，推进工程标准化管理，推动工程安全良性运行。坚持以水定地，严格执行节水灌溉标准，实施精准灌溉，科学布局新增灌溉水源。结合国家水网工程建设，在水土资源条件良好的地区，新建一批节水型的灌区，扩大节水灌溉面积，提高灌溉保障率，增强农业抗旱能力和综合生产能力，进一步夯实国家粮食安全的水利基础。

（五）持续推行农业水价综合改革

建立农业水价多元化形成机制，稳步推进农业终端水价制度，终端水价由国有水利工程农业用水价格和末级渠系维护费组成。在考虑用水方承受能力的基础上，分级制定农业水价，在实行农业用水定额管理的基础上推行分档水价，减少农业用水浪费。末级渠系维护费的征收可以使用水方与管水方共同承担维护工程良性运行的成本，保障工程正常运行（王蔷等，2023）。

依据不同地区、作物类型和用水方式，合理设置差异化农业水价。根据水资源的稀缺程度和用水效率，制定农业基本水价。对采用节水技术的农业给予适当优惠，以激励高效用水（冯欣等，2022）。继续开展农业水价综合改革推进现代化灌区建设试点，在水资源短缺的地区，设定较高的农业水价，以有效引导农民合理使用水资源。在水资源丰富的区域，适度降低水价，以支持当地农业发展。

四 "十五五"时期农业水资源可持续利用的对策

"十五五"时期，中国总体经济规模将持续扩大，农业农村现代化仍将持续推进。如何将农业水资源保护与经济社会发展更好地融合，充分发挥其在农业经济增长中的作用，就需要转变农业水资源利用方式，优化水资源配置，提高农业水资源保护水平，挖掘农业节水潜力，保障国家农产品安全，提升中国农业的国际竞争力。

（一）优化配置农业水资源

加强农业水资源高效利用工程建设，包括西北地区旱作节水农业工程、京津冀地区地下水超采治理工程等。在西北地区、东北地区西部、黄淮海地区等，实施高效节水项目。在水资源过度开发地区，实施地表水过度开发和地下水超采区治理项目。坚持突出重点、整体推进，开展连片综合治理，推动跨流域调水和区域统筹管理。通过区域间水资源调配、建设小型蓄水设施以及生态补水工程，科学调整农业水资源的分布格局。在水资源丰沛地区修建小型蓄水池、拦水坝等设施，以供干旱季节使用，保障农业用水需求。持续推进节水灌溉的重点工程，完善农田水网建设。推进农业水资源分区管理，制定水资源严重短缺和超载地区名录。根据不同区域的水资源条件和农作物生长需求，实现水资源的最大化利用和农作物产量的稳步提升。

（二）推进农田水利设施建设

加快推动农田水利设施建设与水资源储备，加强现有水利设施的维护和升级，减少资源损耗。实施县域、灌区等系统性节水改造，改造升级现有灌溉设施，对大型灌区进行续建配套与现代化改造，同时兼顾中型灌区的节水改造需求。开展末级渠系改造及渠系配套设施建设，打通农田灌溉"最后一公里"。强化田间节水设施建设，全面推广节水灌溉技术，特别在干旱和水资源紧张的地区实施喷灌、滴灌、水肥一体化等高效灌溉方式，提升灌区的灌溉效率与节水能力。落实农田水利设施长效管护机制，提高节水灌溉工程管护水平。完善灌溉用水计量设施,为精准测度水量提供依据。东部地区应加快农业节水技术和设备的研发创新和集成应用,加强农田水利设施的建设与管护。中部地区应引进农业节水技术,持续推进节水灌溉工程建设。西部地区应强化农业节水政策实施,推进灌区现代化建设。

(三) 健全农业节水制度体系

"十五五"时期,需要进一步整合现有农业水资源政策,健全灌区分类型政策供给体系,合理定位各项政策工具作用,创新配套政策,强化政策的组合调控,形成政策合力。综合运用行政、法治、市场、技术等多种手段,完善农业水资源管理制度,强化不同区域不同农作物灌溉制度。落实水资源刚性约束制度和节约用水条例,健全农业节水制度体系。建立切实可行的农业用水分配制度,合理分配灌溉用水户用水权,推进农业水资源使用权确权,科学核定取用水户许可水量。探索流域、地区、用水农户等多种形式的农业水权交易,在满足自身用水情况下,对节约的农业用水量进行有偿转让。对用水总量达到或超过区域总量控制指标,可通过水权交易满足新增用水需求。培育农业用水权交易市场,以规范水资源分配并灵活调配,明确责任权属和水权转让机制,减少区域之间的用水矛盾。建立受水区节水成效与调水指标挂钩机制,以水权回购、节水设施购置奖补等多种形式奖励农业节水用水农户。深化农村水利工程产权制度改革,开展农村水利设施清产核资,把相关水利设施量化为村级组织和农民资产和股权。深化农业水价综合改革,完善农业水价形成机制。建立农业节水标准定额体系,持续推广"节水贷""取水贷"等绿色金融服务。

（四）加强农业水资源利用的组织创新

培育农业节水专业化社会化服务队伍，完善节水灌溉服务网络。强调不同相关利用主体参与，建立农业用水精准补贴与节水激励机制。强化农民用水协会作用，增强节水服务保障，探索供水、排水、节水和水处理回用等一体化运行、一站式托管服务和水系统整体集成优化。搭建节水供需对接与交易平台，制定激励政策，引导农户采用节水灌溉方式，增强其自主节约水资源的意识，积极参与用水管理，降低农业生产对水资源的压力。建立农业节水目标责任制，实行严格水资源管理制度考核，完善水资源督察和责任追究制度，将资源节约作为约束性指标纳入政绩考核，组织编制水资源资产负债表。构建农业水资源管理督察体系，对资源行政主管部门责任目标履行情况开展逐级督查，强化对制度执行情况的监管。严格落实属地管理主体责任，制定责任清单，对发现的问题进行严格问责，确保制度执行和责任落实到位。

（五）提升农业水资源节约利用能力

构建多元化农业水资源利用的投入机制，增加节水灌溉设施的投资，拓宽农业水资源利用的投融资渠道，吸引更多社会资本参与农业水资源利用工程建设。综合统筹政府财政资金，推进政府与社会资本合作。充分发挥政府财政资金的保障作用，通过以奖代补、购买服务等形式，调动各类农业经营主体、社会化服务组织和专业化企业参与的积极性。探索建立农业节水灌溉专项基金，创新农业水资源利用的投融资模式。

加强农业水资源利用的监测，构建农业水资源利用的监测网络。聚焦重点区域、重点水源和农作物，推动农业水资源数据共建共享。加强水资源交易监管，规范交易平台建设。建立农业水资源预警机制，对灌溉用水、地表水和地下水动态变化进行实时监控，定期评价农产品产地水安全状况。运用现代信息技术，构建智慧灌区平台，通过实时监测、数据分析与智能决策，促进农田灌溉自动化、灌溉方式更加高效精准，提高灌区的信息化管理水平。

参考文献

陈晨：《全国已建成大中型灌区 7300 多处，今年农业灌溉面积超 4 亿亩——粮食安全水利基础不断夯实》，《光明日报》2024 年 6 月 11 日。

冯欣等：《中国农业水价综合改革历程、问题和对策》，《中国农业资源与区划》2022 年第 3 期。

耿思敏等：《从国内外对比分析看我国用水效率水平》，《水利发展研究》2022 年第 8 期。

李国英：《为以中国式现代化全面推进强国建设、民族复兴伟业提供有力的水安全保障》，《水利发展研究》2024 年第 3 期。

刘啸、戴向前：《对深化农业水价综合改革的若干思考》，《水利发展研究》2023 年第 11 期。

孟瑞芳等：《京津冀平原非常规水资源利用前景分析及其生态环境效应》，《中国地质》2024 年第 1 期。

宋洪远、彭洁锞：《我国农业发展"十四五"回顾与"十五五"展望》，《社会科学辑刊》2025 年第 1 期。

王刚、王迪:《农业现代化与生态文明建设的协同发展》,《农业经济》2023年第9期。

王蔷等:《农业水价形成机制的建构与检验:以四川武引灌区为例》,《中国农业资源与区划》2023年第3期。

吴勇等:《中国节水农业成效、形势机遇与展望》,《中国农业资源与区划》2021年第11期。

徐勇等:《我国农业地区"十五五"时期总体布局调整建议》,《中国科学院院刊》2024年第4期。

张旺等:《发展节水产业是推进中国式现代化的有益探索》,《水利发展研究》2023年第11期。

"十五五"时期农业发展全面绿色转型的目标、重点及对策

于法稳　林　珊[*]

摘　要：农业发展全面绿色转型是"十五五"时期重大战略任务之一，也是实现乡村生态振兴的重要路径和关键举措。报告深入剖析了"十四五"时期在生态资源保护、生产环境优化、系统功能提升及产品绿色供给等方面取得的显著成效，并据此明确提出了"十五五"时期农业绿色发展的具体目标。围绕着目标的实现，阐述了提升农业气候韧性、提高资源利用效率、改善农业生产环境、促进农业科技创新、强化绿色理念宣传、完善政策制度体系等重点领域。基于上述分析，报告从加强农业基础设施建设、聚焦生态资源高效利用、提升耕地土壤质量与健康水平、加强农业科技创新成果转化应用、强化公众绿色发展理念与意识、完善农业绿色发展政策机制体系等多个维度，提出了"十五五"时期推动农业发展全面绿色转型的对策建议。

关键词："十五五"时期；农业绿色发展；全面绿色转型

---

[*] 于法稳，管理学博士，中国社会科学院农村发展研究所研究员、生态经济研究室主任，主要研究方向为生态经济学、生态治理、农业农村绿色发展；林珊，管理学博士，青岛市社会科学院助理研究员、中国海洋大学管理学院博士后，主要研究方向为农业绿色发展、海洋生态经济。

The Goals, Key Points and Countermeasures of Comprehensive Green Transformation of Agricultural Development during the 15th Five-Year Plan Period

Yu Fawen　Lin Shan

Abstract: The comprehensive green transformation of agricultural development is one of the major strategic tasks during the 15th Five-Year Plan period, and it is also an important path and key measure to achieve rural ecological revitalization. The special report analyzed achievements in ecological resources, production environments, system functionalities, and product supplies during the 14th Five-Year Plan, and outlined goals for agricultural green development in the 15th Five-Year Plan period. Based on this, it proposed countermeasures and suggestions for achieving a comprehensive green transformation. During the 15th Five-Year Plan period, agricultural development will be promoted through various aspects, including strengthening infrastructure construction, optimizing the utilization of ecological resources, improving the health of arable land and soil,

"十五五"时期农业发展全面绿色转型的目标、重点及对策

enhancing the application of scientific and technological innovations, raising public awareness of green development, and refining the policy mechanism system.

Key Words: the 15th Five - Year Plan Period; Agricultural Green Development; Comprehensive Green Transformation

推进农业绿色发展，是加速农业现代化进程、确保农业可持续发展的关键步骤，对于维护国家食物安全、资源安全及生态安全具有深远的战略意义。党中央、国务院围绕农业绿色发展作出了一系列重大决策部署，并出台了《关于创新体制机制推进农业绿色发展的意见》。农业农村部、国家发展改革委、科技部、自然资源部、生态环境部、国家林草局六部委联合印发了《"十四五"时期全国农业绿色发展规划》，为推动农业绿色发展提供了根本指南。"十四五"时期，中国农业绿色发展虽取得初步成效，但仍面临资源利用效率低、农业面源污染严重、生态退化加剧及农业气候韧性不足等突出问题。为贯彻落实《中共中央 国务院关于加快经济社会发展全面绿色转型的意见》，农业农村部印发了《关于加快农业发展全面绿色转型促进乡村生态振兴的指导意见》《农业农村部关于加快农业发展全面绿色转型促进乡村生态振兴的指导意见》印发，为"十五五"时期实现农业发展全面绿色转型提供了遵循。

推进农业发展全面绿色转型，不仅是一项复杂的系统工程，更是一项需要长期努力与坚持的艰巨任务。在全球气候变化背景下，"十五五"时期农业发展全面绿色转型面临的挑战愈发严峻。本报告依据"十四五"时期中国农业绿色发展的成果，明

确了"十五五"时期农业绿色发展的目标，识别了全面绿色转型的关键点，并提出了具有针对性的对策建议。

一 "十四五"时期农业绿色发展的成效

根据《中国农业绿色发展报告（2023）》，中国农业绿色发展指数从2015年的75.19提升至2022年的77.90，表明"十四五"时期中国农业绿色发展取得了显著成效。这一成效主要体现在资源质量效率的提高、生产环境质量的改善、农业生态系统功能的完善以及农业生态产品供给能力的提升。

（一）生产资源质量效率逐渐提高

农业绿色发展的核心在于保护耕地土壤质量和灌溉水质，这是确保农产品质量的基础。"十四五"时期，高标准农田建设和黑土地保护利用等措施的实施，有效提升了耕地质量，全国耕地平均等级提高至4.76，与"十三五"时期相比，上升了0.35个等级。新增高效节水灌溉面积6000万亩，用水方式进一步优化，农田灌溉水有效利用系数达到0.57，同步实现节水增粮增效，提高了水资源利用效率。

（二）农业生产环境质量逐渐提高

农业面源污染是影响农业生产环境质量的重要原因。"十四五"时期，有机肥替代化肥、病虫害绿色防控、测土配方施肥及水肥一体化等措施的推广，大幅提升了化肥农药的利用效率。

经科学测算，2024年中国水稻、玉米、小麦三大粮食作物化肥利用率为42.6%，比2022年提高1.3个百分点；根据《中国农业绿色发展报告（2023）》数据，2022年中国水稻、玉米、小麦三大粮食作物农药利用率为41.8%，与发达国家差距进一步缩小。

农作物秸秆综合利用得到高度关注，全国秸秆综合利用率稳定在88.0%以上，农用为主、多元利用的格局基本形成；畜禽粪污综合利用率达到79.4%，实现了由治到用的转变。通过推广加厚地膜和生物可降解地膜，推进地膜科学使用回收和农药包装物回收处理，废弃农膜和农药包装物回收处置率分别达到80.0%和78.9%。

（三）农业生态系统功能逐渐完善

在推进农业绿色发展中，通过生态修复和保护、生物多样性保护等一系列有效措施，不断完善农业生态系统结构和功能。保护修复森林草原生态等措施有效增强了农业生态系统的稳定性，提高了生物多样性；东北黑土地保护利用面积新增1亿亩，退化农田治理面积新增1400万亩，黑土地和退化耕地等得到了有效修复和保护。

低碳技术和设备的推广应用显著降低了主要农产品的温室气体排放强度，推动农业向低碳转型。同时，农业用能效率得到提升，增强了农业减排固碳和应对气候变化的能力。

（四）农业生态产品供给逐渐加强

农业生态产品发展不平衡不充分的问题突出，难以满足人民群众日益增长的美好生活需要。针对这一问题,"十四五"时期国家采取了一系列措施,实现了农业生态产品供给能力的有效提升。发布多项农业国家标准和行业标准,推进现代农业全产业链标准化试点基地建设,扩大农业标准化覆盖率。

据《2023年有机食品统计数据》,截至2023年,中国有机农产品获证单位总数为1359家,获证产品总数为4822个,其中种植业有机农产品获证单位有2282家,认证面积仅为200.71万亩。此外,2023年《绿色食品统计年报》显示,2023年中国农林及加工产品类绿色食品认证产品有51616个,畜禽类产品有2062个。

二 "十五五"时期农业发展全面绿色转型的目标

"十四五"时期,中国农业绿色发展取得显著成效,但仍面临一些突出问题亟待解决:一是农业生产水土资源利用效率偏低,可持续利用压力依然严峻;二是农业生产环境有待提升,工业、生活和农业面源污染尚未得到根本性治理;三是农业生态系统多样性保护未受充分重视,应对气候变化及衍生灾害能力薄弱;四是农业生态产品供给能力不足,难以满足人民日益增长的美好生活需要;五是农业生产减排固碳效应尚未得到应有的重视,并采取有效措施加以实施。

在"十四五"时期成效的基础上,围绕着农业水土资源利用、农业生产环境改善、农业生态系统保护、农业生态产品供给以及农业生产减排固碳等方面,提出"十五五"时期的目标。

"十五五"时期农业发展全面绿色转型的目标、重点及对策

（一）水土资源高效利用目标

提高水土资源利用效率，是农业绿色发展的重要内容之一。尤其是中国水资源、耕地资源短缺，更需要依靠农业科技创新，发展农业新质生产力，着重保障水土资源质量，提高利用效率。严守18亿亩耕地红线，着重提升耕地质量，"十五五"时期争取全国耕地质量等级平均达到4.4级及以上，显著提升耕地土壤健康水平，优化气候变化适应型耕地利用结构，全面有效增强耕地产出的稳定性。

农业用水总量需控制在合理区间，农田灌溉水有效利用系数需提升至0.6及以上。应坚持因地制宜、因作物施策，于适宜区域积极推广高效节水灌溉技术，扩大高效节水灌溉面积，以实现水资源的精细化管理及高效利用。

（二）农业生产环境改善目标

实现农业生产环境改善目标，重点围绕化学投入品的使用、农业废弃物的资源化以及绿色生产技术的采用等方面。一方面持续推进化肥、农药控量增效，"十五五"时期实现水稻、玉米、小麦三大粮食作物化肥、农药利用率均达到45%以上。畜禽养殖废弃物综合利用率稳定在85%以上，实现养殖废弃物的无害化处理和资源化利用。实施兽用抗菌药使用减量化行动，推广替代产品，"十五五"时期规模养殖场实施养殖"减抗"行动比例达到65%以上。废弃农膜回收率达到90%以上，推广使用可降解农膜，基本解决农膜残留污染问题。同时，加大秸秆综合利用力度，实施分区域、分时段、分品种的秸秆焚烧管控，精准划定

禁烧区，并严格执行禁烧规定。"十五五"时期，秸秆综合利用率保持在88%以上。此外，强化统防统治，整合生物防治、理化诱控及高效低风险农药等绿色防控手段，推动其与统防统治的深度融合。同期，主要农作物绿色防控覆盖率达到60%以上，水稻、玉米、小麦三大粮食作物统防统治覆盖率达到50%以上。

（三）生态系统修复保护目标

农业气候韧性的高低在很大程度上取决于农业生态系统的结构与功能。为此，应根据生态学规律和原则，因地制宜实施生态修复和保护，并确定农业生产系统修复保护目标。一方面通过生态修复和保护措施，实现农业生态系统生物多样性的显著增加，更好地维持农业生态系统的稳定性和生态平衡。另一方面通过加强对森林、草原、湿地等自然生态系统的保护和修复，提高生态系统的服务功能，为农业生产系统提供安全屏障。

（四）农业生态产品供给目标

增强农业生态产品供给能力，旨在满足人民日益增长的美好生活需要，成为"十五五"时期农业绿色发展的核心目标。在实现农业生产环境改善的基础上，规范绿色、有机、地理标志农产品认证市场，实现绿色、有机、地理标志农产品认证数量持续增长，根据农业农村部发布的数据，农产品质量安全例行监测总体合格率稳定在98%以上。同时，严格农产品销售市场的监管，实现绿色农产品市场占有率显著提高，满足消费者对高品质农产品的需求。

(五) 农业生产减排固碳目标

"十五五"时期,建立健全农业应对气候变化监测预警体系,提高农业生态系统应对气候变化的能力。加强农业基础设施建设,旨在提升农业抗灾减灾能力,从而有效减轻气候变化对农业生产的不利影响。同时,扩大绿色生产技术推广应用范围,实现主要农产品温室气体排放强度在"十四五"时期基础上有所降低,农业生产过程中的碳排放得到有效控制。此外,还将推广低碳农业技术,发展生态循环型农业,以充分发挥并增强农业生态系统的碳汇能力。

三 "十五五"时期农业发展全面绿色转型的重点

尽管"十四五"时期农业绿色发展取得了明显成效,但相对于人民日益增长的美好生活需要,推进农业发展全面绿色转型需要解决的问题依然很多,面临的形势依然严峻。实现"十五五"时期农业绿色发展目标,应围绕着如下几个重点领域采取有效措施。

(一) 提升农业气候韧性,应对气候变化

近年来,气候变化加剧了暴雨、干旱、洪涝、飓风等极端气候事件的频发与强度。尤其是暴雨和洪涝,可能会导致农作物受损甚至绝收,同时还会引发土壤侵蚀,破坏土壤结构,降低土壤肥力。此外,气候变暖还导致病虫害频发、农作物生长周期变

化，对农业生产造成冲击，并引发一系列生态环境问题。在"十五五"时期乃至未来更长时期，保障国家粮食安全和重要农产品的稳定供给，将面临更加严峻的气候挑战。因此，应采取多种有效措施，提升农业气候韧性，提高农业生态系统应对气候变化的能力。

近年来，气候变化已成为常态，并表现出越来越多的不确定性。这导致气候风险持续攀升，特别是温度、降水等生态要素的变化，无疑将深刻影响作物生长区域、周期、产量及质量，使农业生产稳定性面临巨大挑战。基层调研发现，当前农业气候韧性薄弱，难以有效应对气候变化。农业基础设施配套不完善，且技术创新在应对气候变化方面滞后。此外，对提升农业气候韧性的重要性认识不足。洪涝、干旱等极端天气将严重影响农业生产，导致产量下降，危及国家粮食安全。

（二）提高资源利用效率，破解资源约束

对耕地资源而言，随着工业化和城镇化的快速推进，优质耕地被占用的趋势短期内难以实现根本性扭转。在18亿亩耕地红线约束下，通过多项政策性、技术性措施补充的耕地，数量上虽有所平衡，但质量上仍有差距。同时，部分地区耕地过度开发及长期不合理利用问题依然存在，如过量施用化肥农药、种植强度过高等，导致土壤肥力下降、结构破坏、健康恶化等耕地质量退化等问题，影响了耕地的可持续生产能力。这不仅影响农作物的产量和品质，还威胁到国家粮食安全的根基。此外，近年来，受农产品价格、农资价格等因素的影响，耕地撂荒现象从局部扩展到整体，从区域蔓延到全国，呈现出"燎原"之势：从城郊延

伸到乡村，从山区下移到平原，从贫瘠地块蔓延到肥沃地块。这不仅造成了耕地资源的极大浪费，还严重威胁到国家粮食安全和重要农产品的稳定供给。

对水资源而言，中国水资源时空分布不均，北方地区水资源匮乏，而农业用水占总用水量的比重较高，且农业用水效率低下，大水漫灌等传统灌溉方式依然盛行，导致水资源被大量浪费。据《中国水资源公报（2023）》显示，2023年中国农业用水量为3672.4亿立方米，占用水总量的62.2%；耕地实际灌溉亩均用水量为347立方米。在部分干旱地区，农业用水短缺与浪费现象并存，严重制约了农业绿色发展。一些本应采用节水技术的地区，却仍坚持传统灌溉方式，致使水资源低效利用且浪费严重；如华北平原等井灌区，过度开采地下水用于农业灌溉，引发地面沉降等一系列生态问题。除此之外，工业企业、城乡生活以及农业生产对水资源造成一定的污染。污水灌溉不仅损害农产品的品质，还危害耕地土壤的健康。

（三）改善农业生产环境，夯实安全基础

良好的农业生产环境是农业绿色发展的基础，也是农业生态产品生产的保障，两者相互依存、相互促进。从生产视角看，农业绿色发展离不开健康的生态环境，耕地土壤的健康状况更是农业生态产品品质的决定性因素。从环境视角看，农业绿色发展模式及技术的应用，又会直接影响农业生产环境系统的健康水平。

众所周知，化肥、农药的过量使用是农业面源污染的主要来源之一。农业生产经营主体为追求产量和收益，往往盲目增施化肥、农药，进而引发土壤污染、水体富营养化及农产品质量下滑

等一系列问题。《2023年中国生态环境状况公报》显示全国土壤污染加重趋势已得到初步遏制，农用地安全利用率达到91%，土壤环境状况总体稳定，但农业生产中仍存在诸多问题。一方面，化学投入品过量使用仍普遍存在，尽管污染物排放量有所减少，但耕地土壤污染物存量仍在持续累积。另一方面，部分地区养殖污染物的直接排放以及工业"三废"的排放，进一步加剧了土壤污染问题。这些问题不仅影响了耕地质量，也对国家粮食安全构成了潜在威胁。

（四）促进农业科技创新，提升支撑能力

农业科技创新尤其是农业绿色生产技术创新，是农业发展全面绿色转型的有效支撑。农业生产经营主体采用绿色生产技术，虽会增加成本并短期内降低产量，且优质产品未必能获得高价，从而影响其经营性收入。依据环境规制的相关要求，农业生产经营主体若采取污染防治措施，也会增加其生产投入成本。例如，农药包装废弃物回收处置的环保设施尚不完善，亟须专业设施进行妥善处理。

农业绿色科技研发需要大量资金投入，但目前中国在农业绿色科技研发方面的投入相对不足，导致一些关键技术和装备研发进展缓慢，无法满足农业绿色转型的需求。与发达国家相较，中国在农业绿色技术创新方面存在较大差距，如在精准农业、农业废弃物资源化利用、农业生态修复等领域的技术水平有待提高。此外，农业绿色科技成果转化机制不健全，产学研合作松散，致使众多绿色科技成果难以转化为实际生产力。科研机构的研究成果与农业生产实际需求脱节，农民和农业企业对绿色科技成果的

接受度和应用能力较低。同时，缺乏有效的技术推广服务体系，使得绿色科技成果难以在广大农村地区得到广泛应用。

随着"藏粮于技"战略的实施，中国在种质品种、农机装备、信息技术等领域有重大突破，科技创新为粮食安全的绿色之路提供强劲动能。农业科技进步贡献率从2012年的54.5%提高到2023年的62.4%；作物良种覆盖率超过96%；农作物耕种收综合机械化率达到73%。然而，当前农业科技领域仍面临严峻挑战。首先，关键领域自主创新能力薄弱。核心种源、大型智能农机装备等对外依存度高，"卡脖子"问题亟待破解，企业自主研发能力亟待加强。其次，科技创新成果转化应用效能低下。成果转化率和实际贡献率"双低"，与市场需求衔接不畅，不仅造成宝贵科研资源浪费，更严重制约了粮食生产潜力的挖掘和农业安全底线的筑牢。

（五）强化绿色理念宣传，提升主体意识

在农业生产实践中，部分农业生产经营主体或因传统观念的束缚，或因文化水平的局限，对绿色发展理念认知不足、重视不够，这直接导致了他们在生产实践中缺乏主动采纳绿色生产技术的积极性。事实上，农业生产经营主体追求经济收益的最大化，可能是导致他们习惯于传统农业生产方式的主要原因。作为农业全面绿色转型的核心主体，亟须内化绿色发展理念，以驱动其决策与生产行为转变。

"绿水青山就是金山银山"发展理念是在把握时代发展的历史阶段性特征、立足共产党环保理念和实践经验的基础上形成的，为农业发展全面绿色转型提供了重要的思想指引。为此，应

通过包括新媒体在内的各种有效途径，全面、深入、系统地宣传"绿水青山就是金山银山"发展理念及其丰富的内涵，提升全社会的认知水平以及运用能力，更好地指导农业发展全面绿色转型。特别是，宣传应着重提升地方政府决策者的决策、管理和服务能力。

（六）完善政策制度体系，保障成效持续

农业发展全面绿色转型的根本目的在于，全面提升农业生态产品供给能力，全面改善农业生产环境质量。然而，中国农产品质量安全管理涉及农业、卫生、市场监管、环境等多个部门，易导致管理重叠和环节缺失。农产品质量安全管理弱化，尚未形成系统性的农产品质量安全管理机制，缺乏针对性的具体控制措施。同时，农产品质量安全标准不统一，多部门制定的农产品质量安全标准缺少层级间有效对接，标准化水平较低。农产品质量分级标准体系存在定位模糊、部分类别标准重叠交叉、另一些类别标准缺位等问题。农产品质量安全标准的实施能力较弱，多数农产品没有地方化质量安全标准，缺乏标准化示范区，标准化建设资金扶持力度不足。

农产品质量安全监管基础薄弱，部分农产品尚未纳入风险监测和监督抽查范围。农产品市场的监管存在疏漏，对于冷藏、冷链、分装及运输等农产品整体流通过程的监管力度明显不足。基层监管力量薄弱，加之质量安全监督主体不明确，导致一些外地农产品的零售经营尚未被纳入常规监管范畴。农产品质量安全监管制度不完善，难以开展农产品全过程的覆盖监管。大多数生产企业与合作社没有专业的质量监管人员，无法落实监管任务。一

旦农产品发生质量安全事件，信息回溯和风险排查工作便显得尤为困难，难以及时发现农产品中存在的质量安全隐患，更无法准确锁定引发安全事件的责任主体。

四 "十五五"时期实现农业发展全面绿色转型的对策

"十五五"时期，实现农业发展全面绿色转型是一项具有复杂性及艰巨性的系统工程。为此，应在绿色发展理念指导下，采取有效措施加以推动，以更好地实现"十五五"时期乃至更长时期农业绿色低碳发展的目标，推进农业现代化，助力农业强国建设。

（一）加强基础设施建设，提升农业应对气候变化的能力

基础设施建设是提升农业发展气候韧性与农业生产系统抵御自然灾害能力的核心路径。实践表明，排水系统、水库蓄水设施、灌溉渠道以及生态防护林体系、信息化设施等基础设施建设与优化，是筑牢气候韧性农业发展基础，提升农业发展气候韧性、降低自然灾害损失的关键举措。

第一，系统完善农田水利基础设施。近年来，基于保障国家粮食安全的战略考虑，全国范围内实施了高标准农田建设。截至2023年底，全国累计建成超过10亿亩高标准农田，建成各类田间灌排渠道1000多万公里、小型农田水利设施2700多万处，显

著提升了农田的抗灾减灾能力。这在大灾之年有效缓解了粮食减产，在小灾之年保障了稳产，在无灾之年则有力支撑了粮食增产，进一步夯实了粮食安全根基。高标准农田的建设为全国粮食产量连续9年稳定在1.3万亿斤以上，迈向1.4亿斤台阶提供了重要支撑。为此，以高标准农田建设为重要抓手，不断完善农田基础设施防御体系，尤其是水利设施建设，应将灌溉设施与排涝设施系统谋划，同步规划、同步实施、同步验收，确保"旱能灌、涝能排"，在适宜区域做好地下水、地表水利用设施的连通，为气候韧性农业发展提供坚实的设施保障，实现农业生产系统产能水平的持续保持。

第二，因地制宜恢复农田林网体系。坚持实事求是、因地制宜原则，应在农业生产，特别是粮食生产重点区域，恢复农田林网，强化农田防护林体系，为气候韧性农业构建稳固的生态安全屏障。为此，应依据各区域气候及自然生态条件的科学分析，结合农业生产实际需求，恢复并建设农田林网，构建完善的农林生态经济复合系统，充分发挥农田防护林的多重生态服务功能，从而全面提升农业应对气候变化的能力。

（二）聚焦生态资源利用，提高农业水土资源的利用效率

耕地资源、水资源是粮食生产最基本的生态要素之一，是筑牢粮食安全的根基。"十五五"时期，应聚焦资源效率的提高，采取更加严格的管理制度，保护耕地资源、水资源数量的同时，更需要采取更加有效的技术措施、生态措施，改善耕地土壤质量、灌溉用水水质，为保障国家粮食全方位安全奠定坚实的资源

"十五五"时期农业发展全面绿色转型的目标、重点及对策

基础。

第一，始终严守耕地保护红线，提升耕地土壤健康水平。中共中央、国务院一再强调加强耕地保护，严守18亿亩耕地红线，确保粮食安全。在快速工业化、城镇化过程中，耕地占用的态势短期内难以根本扭转。因此，必须实施最严格的耕地保护制度，严格控制工业化、城镇化对优质耕地的占用，特别是要严格控制违规占用耕地的行为，针对一些地方存在的肆意扩大"拆村并点"范围占据大量优质耕地的现象，应开展专项督察。同时，应将耕地资源保护作为中央生态环境保护督察的重要内容，以此提升基层党委、政府的责任感，也是对基层决策形成的一种震慑。此外，应细化各级党委、政府耕地保护的责任清单，并建立领导干部任期耕地保护责任制，形成溯源追责机制。另外，采取有效措施，提升耕地土壤健康水平。耕地土壤健康是粮食和重要农产品数量安全和质量安全的根本保障。迫切需要将土壤健康上升为国家战略，并实施土壤健康国家战略的宣传行动、普查评价行动、培育行动等一系列国家行动。同时，农户、种植大户、农场主、农民合作社和农业企业等生产经营主体，是推动土壤健康行动最关键、最直接的主体，他们的认知水平、发展理念、决策行为和生产方式直接影响土壤健康水平。应采取有效措施，激发农业经营主体参与土壤健康行动的积极性，确保战略和行动真正落地到田间地头，融入粮食生产的实践中。同时，实施耕地质量保护与提升行动，推广增施有机肥、深耕深松、轮作休耕等技术，提高土壤肥力和耕地质量。

第二，优化水资源管理，因地制宜推广节水技术。实行水资源总量和强度双控行动，加强水资源统一调配和管理，保障水资

源的可持续利用。坚持因地制宜、因作物制宜原则，科学识别节水灌溉技术适宜区域范围，适度推广高效节水灌溉技术，如滴灌、喷灌、微灌等，提高农业用水效率。加强农田水利设施建设和维护，完善农田灌溉配套体系，已成为当前农业发展的关键。根据最新数据统计，全国农田水利基本建设投资、农民投劳、土石方量和机械台班数量均超额完成年度计划，这表明了农田水利设施与排涝设施、电力设施的配套工作得到了有效推进。同时，农田水利规划与区域灌区规划的融合，也确保了水利建设的科学性和前瞻性。此外，还应注重水资源的保护，防止工业企业、城乡居民生活以及农业生产带来的水污染，高质量保障农业用水安全。

（三）提升耕地土壤健康，夯实农业绿色发展的生态基础

土壤健康是指土壤微生态系统在维持自身生命活力的前提下，为动植物提供丰富的营养，维持较高产能水平的能力；同时，通过系统韧性、功能发挥抵御外界扰动，实现低碳目标的能力。"十五五"时期，应基于农业科技创新，发展农业新质生产力，全面提升耕地土壤健康水平，夯实农业绿色发展的生态基础。

第一，加强农业面源污染防控，降低面源污染物的流量，减少进入耕地土壤的污染物。实施化肥农药控量增效行动，真正将测土配方施肥、绿色防控技术和统防统治的技术措施落实到位，发挥应有的作用。推广种养结合循环生态农业，提升畜禽废弃物资源化水平；创新机制，综合施策促进农膜、农药包装物回收和

资源化。

第二，推进土壤污染治理与修复。开展土壤污染状况调查和监测，建立土壤污染防治体系。加大对土壤污染修复技术的研发和应用，针对不同类型的土壤污染，采取物理、化学、生物等修复措施，推进受污染耕地安全利用和治理修复。加强对工业"三废"排放、农业投入品使用的监管，防止新的土壤污染产生。

第三，依靠科技创新及推广提升耕地土壤健康水平。依据耕地土壤微生态系统特性，采取相应技术保持系统韧性。为此，应构建完善的农业技术推广体系，结合区域实际和气候特点，科学评估推广区域，制定合理方案。利用中医药技术提升耕地土壤健康，探索健康或质量导向的农业新模式，建立规范标准，确保中医药应用安全，助力土壤健康。

（四）加强应用科技创新，筑牢农业绿色发展的支撑体系

技术支撑体系是现代农业发展的重要基石。以科技创新培育农业新质生产力，夯实技术支撑体系，是实现农业绿色发展的内在要求。需要特别指出的是，在"十五五"时期，面对气候变化带来的严峻挑战，包括极端天气事件频发和农业生态系统风险增加，农业的全面绿色转型将更加依赖于科技创新，以增强农业生态系统的气候适应性和韧性。

第一，要以创新手段，实现农业关键核心技术攻关。聚焦生物育种、农机制造、智慧农业等重点领域，强化关键核心技术的创新，占领农业发展的高地。特别是，在极端气候频发的背景下，种业科技创新显得尤为重要。通过研发具备高抗逆性、适应

性和品质性的种子，以及利用智能育种技术，可以显著提高作物在极端天气条件下的生长态势和稳定性。同时，积极开展适应极端气象条件（耐高温、耐涝渍、耐低温等）的种质资源保护与利用，加快建设现代化的种质资源库，从根本上提升农业发展气候韧性，高质量应对气候变化下的极端天气造成的影响。

第二，强化农业机械创新，逐步提升农业机械化、设施化、智能化水平，破解资源禀赋制约，不断提高土地产出率、劳动生产率和资源利用率，为提升农业发展气候韧性提供支撑。为此，政府应增加对农业绿色科技的研发投入，并出台相关政策，鼓励企业、高校和科研机构积极参与，共同推动农业绿色科技的发展。强化农业绿色科技研发平台建设，整合各方科研资源，推动国家、地方科研机构及高校、企业的联合攻关，力求在关键技术和装备上取得突破，确保这些技术和装备能高度契合区域特点，有效应对气候变化。

第三，重视农业技术推广体系的建设。需加大新技术推广力度，将农业科技成果转化为实际生产力，促进农业新质生产力的发展，从而增强农业发展的气候韧性。进一步细化农业技术标准，综合考虑自然地理环境、气候特征及社会经济发展水平等因素，构建适应气候变化的地区差异化农业技术模式。建立一支对农业有情怀、对农民有情感、对农村有情愫的专业人才队伍，为提升农业发展气候韧性提供智力保障。

（五）强化公众绿色发展意识，营造社会共同关注的氛围

"十五五"时期农业发展全面绿色转型是全社会的共同责

任,尤其是生态优先绿色发展已成为经济社会高质量发展的根本遵循。为此,应全面强化公众的绿色发展意识,营造绿色发展的社会氛围。一方面,加强宣传教育与培训,提升农业生产经营主体的绿色发展意识。不同区域农业发展全面绿色转型的重点既有共性,也具有明显的差异性,应依据各区域实际情况,精选宣传培训方式,强化农民生产经营主体对绿色发展理念及技术的掌握,提升其认知与理解,从而激发其主动采用绿色生产方式的积极性。另一方面,鼓励新型农业生产经营主体开展绿色农业示范创建,发挥其在农业绿色发展中的引领带动作用;同时,依据需求强化新型农业生产经营主体的管理培训,提升其经营管理及绿色发展能力。

在强化农业生产经营主体培训的基础上,政府及相关部门应着力强化绿色发展理念的学习与应用,切实提升其主体能力,服务农业绿色转型。同时,围绕农业发展全面绿色转型及其重要性,采取多元形式广泛宣传,提升公众认知,营造全社会共同关注的良好氛围。

(六)完善政策机制体系,保障农业绿色发展的可持续性

完善的政策机制体系是农业发展全面绿色转型取得成效并实现可持续性的重要保障。

第一,建立健全政策制度体系。农业发展全面绿色转型内容丰富,涉及领域广泛,需要在现有政策制度体系的基础上,制定和完善推进农业发展全面绿色转型、实现农业绿色低碳发展的专项政策。财政补贴、税收优惠及金融信贷等方面应加大对农业绿

色低碳发展领域的支持力度，同时，需因地制宜引导社会资本进入，并强化对其行为的监管。此外，通过与金融保险部门的协作，充分发挥监管结果的作用，促进社会资本承担相应的生态责任。

第二，建立农业大灾保险制度。农业保险在抵御农业自然灾害方面具有重要的保障作用。为此，一是应进一步全面落实政策性农业保险制度，降低农业发展全面绿色转型中的风险。特别是要进一步扩大中央财政补贴的农业保险范围，深化和拓宽农业保障。二是应建立农业大灾保险制度，为农业发展全面绿色转型过程中遇到的灾害提供保障，助力其更好地实现恢复。这不仅有助于保障粮食安全和重要农产品供给，还能稳定和增加农业经营主体的收入。

第三，完善生态补偿机制。生态补偿是生态环境保护中一项较为有效的制度安排。通过成本收益核算，以生态保护成本和生态产品价值的评估结果来确定最终的补偿标准。考虑培育健康耕地土壤及增加生态农产品供给能力，需创新生态补偿机制，不应仅限于生态农产品供给，而应拓展至培育健康耕地土壤的行为。同时，开展生态补偿绩效评价。无论是纵向还是横向生态补偿，均需要开展绩效评价，尤其要考察生态补偿是否有效激发了相关主体培育健康土壤的自觉行为。例如，常州天目湖流域通过生态补偿案例，实现了生态产品生产及其价值转化能力的提升，并通过一系列措施改善了生态环境，提高了生物多样性。

参考文献

代明慧、于法稳：《气候变化背景下农业绿色发展能力提升研究》，

"十五五"时期农业发展全面绿色转型的目标、重点及对策

《中州学刊》2024年第4期。

金书秦等：《中国农业绿色转型的历史逻辑、理论阐释与实践探索》，《农业经济问题》2024年第3期。

李翠霞、许佳彬：《中国农业绿色转型的理论阐释与实践路径》，《中州学刊》2022年第9期。

李周：《中国农业绿色发展：制度演化与实践行动》，《求索》2022年第5期。

林珊、于法稳：《新质生产力驱动农业绿色发展的路径研究》，《东北农业大学学报（社会科学版）》2024年第5期。

王红梅：《供给侧改革与我国农业绿色转型》，《宏观经济管理》2016年第9期。

于法稳、林珊：《碳达峰、碳中和目标下农业绿色发展的理论阐释及实现路径》，《广东社会科学》2022年第2期。

于法稳、林珊：《新型生态农业发展的突出问题、目标重塑及路径策略》，《中国特色社会主义研究》2022年第Z1期。

于法稳、代明慧：《土壤健康：提升生态农产品供给能力的根本》，《社会科学辑刊》2024年第3期。

于法稳：《农业领域新质生产力的生态内涵及发展方式》，《人民论坛·学术前沿》2024年第10期。

于法稳：《气候韧性农业：内涵特征、理论阐释及推进策略》，《中国特色社会主义研究》2024年第6期。

于法稳：《实现我国农业绿色转型发展的思考》，《生态经济》2016年第4期。

于法稳：《习近平绿色发展新思想与农业的绿色转型发展》，《中国农村观察》2016年第5期。

于法稳:《新时代农业绿色发展动因、核心及对策研究》,《中国农村经济》2018年第5期。

于法稳:《新时代生态农业发展亟需解决哪些问题》,《人民论坛·学术前沿》2019年第19期。

于法稳等:《农业绿色现代化的内涵特征、战略目标及实践推进》,《学术研究》2025年第1期。

于法稳等:《土壤健康视角下实现粮食安全的绿色之路》,《南京农业大学学报(社会科学版)》2025年第1期。

张斐男:《生态现代化视域下中国绿色农业之路——以"北大荒"生产生活实践为例》,《南京工业大学学报(社会科学版)》2024年第6期。

张林秀等:《从系统科学视角探讨农业生产绿色转型》,《农业经济问题》2021年第10期。

郑玉雨等:《全面推进农业绿色转型的丰富内涵与实现路径》,《中国农业资源与区划》2024年第6期。

朱俊峰、邓远远:《农业生产绿色转型:生成逻辑、困境与可行路径》,《经济体制改革》2022年第3期。

"十五五"时期农村生态环境治理问题及对策

柳获 孟媛[*]

摘　要： 农村生态环境治理是生态文明建设的重要内容，更是加快建设农业强国、实现可持续发展目标的关键支撑。"十四五"时期，农村污染防治成效显著，人居环境质量明显改善，生态保护与修复协同推进，农村生态环境治理取得良好成效。"十五五"时期，随着美丽中国建设和乡村振兴战略的深入推进，农村生态环境治理面临新的阶段性任务和更高质量发展的要求。然而，农村生态环境治理在自然生态环境、农业生产环境、农村生活环境方面依然形势严峻，面临资金支持力度仍需加大、治理技术模式尚待规范化、治理水平区域不平衡的问题突出、生态文化理念需要强化等挑战。"十五五"时期，农村生态环境治理需要坚持系统治理，聚焦重点领域，强化技术支撑，创新治理模式。应加强顶层设计，建立健全长效机制；加大资金投入，构建多元化融资体系；规范技术模式，着力提升治理效能；强化政

---

[*] 柳获，经济学博士，中国社会科学院农村发展研究所编辑，主要研究方向为农业农村政策、环境经济、自然资源管理；孟媛，中国农业大学硕士研究生，主要研究方向为农业经济、资源环境经济学。

策落实，提升区域治理能力；加强宣传教育，增强生态文化理念。

关键词：生态环境治理；农村人居环境；绿色发展；"十五五"时期

Issues and Countermeasures of Rural Ecological Environment Governance during the 15th Five-Year Plan Period

Liu Di　Meng Yuan

Abstract: Rural ecological environment governance is an important component of ecological civilization construction, and even more so, a critical pillar for accelerating the building up of agricultural strength and achieving the Sustainable Development Goals. During the 14th Five-Year Plan period, rural pollution prevention and control has achieved remarkable results, with notable improvements in human settlements quality and collaborative promotion of ecological protection and restoration, resulting in positive outcomes in rural ecological environment governance. During the 15th Five-Year Plan period, with the in-depth promotion of the construction of the building of a

"十五五"时期农村生态环境治理问题及对策

beautiful China and the rural revitalization strategy, rural ecological environment governance faces new phased tasks and requirements for higher quality development. However, rural ecological environment governance still faces grim situations in terms of natural ecological environment, agricultural ecological environment, and rural living environment. Nevertheless, rural ecological environment governance continues to face severe challenges in terms of natural ecological environments, agricultural production environments, and rural living environments. During the 15th Five-Year Plan period, rural ecological environment governance needs to adhere to systematic governance, focus on key areas, strengthen technical support, and innovate governance models. We should strengthen top-level design and establish a sound long-term mechanism; increase capital investment and build a diversified financing system; standardize technical models and enhance governance efficiency; strengthen policy implementation and improve regional governance capabilities; strengthen publicity and education and enhance ecological cultural concepts.

Key Words: Ecological Environment Governance; Rural Human Settlement Environment; Green Development; The 15th Five-Year Plan Period

在乡村振兴战略全面推进的进程中，农村生态环境治理的重要性越发凸显。农村生态环境是生态文明建设的重要组成部分，是加快建设农业强国、实现可持续发展目标的关键支撑。"十四五"时期，中国农村生态环境治理取得积极成效。进入"十五五"时期，随着美丽中国建设和乡村振兴战略的深入推进，农村生态环境治理面临新的阶段性任务和更高质量发展的要求。基于此，本报告系统梳理农村生态环境治理的主要成效，深入分析当前农村生态环境治理面临的形势和挑战，并提出相应对策措施，以期为推进"十五五"时期农村生态环境治理提供参考依据。

一 "十四五"时期农村生态环境治理成效

"十四五"时期，为深入贯彻习近平新时代中国特色社会主义思想，国家系统部署农村生态环境治理工作。在政策引导下，相关部门分类施策，推动农村污染防治、人居环境质量改善与生态修复协同推进，农村生态环境治理取得了明显成效。

（一）农村污染防治成效显著

"十四五"时期，中国农村生态环境治理在污染防治方面取得了显著成效。通过开展土壤和地下水污染源头预防工程、土壤和地下水污染风险管控与修复工程、农业面源污染防治工程、农村环境整治工程，打好污染防治攻坚战。实施土壤镉等重金属污染源头防治行动，严格重金属排放监管，在23个省份划定210多个区域，整治完成2300多家涉镉等重金属的企业，支持地方实施400余个土壤污染源头防治项目（中华人民共和国生态环境部，2024）。《中国生态环境状况公报》显示，2023年全国土壤环境风险得到基本管控，土壤污染加重趋势得到初步遏制，农用地土壤环境状况总体稳定，土壤重点风险监控点重金属含量整体呈下降趋势。生态环境部推动1.6万余个行政村环境整治和800余个较大面积农村黑臭水体治理（黄润秋，2025），截至2024年6月底，全国已完成较大面积农村黑臭水体治理3400余个，完成"十四五"时期规划目标任务的80%以上（中华人民共和国生态环境部，2025）。

（二）人居环境质量明显改善

"十四五"时期以来，全国新增完成行政村环境整治6.7万个，农村生活污水治理（管控）率达到45%以上，卫生厕所普及率达到75%左右，生活垃圾收运处置体系覆盖自然村比例超过90%，农村人居环境显著改善，生态宜居美丽乡村建设取得新进步。一是垃圾治理项目运行良好。完善分类收集、转运和处理体系，截至2024年末，全国生活垃圾得到收运处理的行政村比例稳定在90%以上，资源化利用水平显著提高。二是农村污水治理成效显著。"十四五"时期以来，在政策支持、社会资本投入以及村民参与等多方的共同努力下，污水处理效率不断提升，切实改善了农村居民的生活环境，不少村庄以"小管网"连接"大民生"，废水变肥水，污水化清流。三是厕所革命稳步推进。无害化卫生厕所全覆盖，厕所革命与生活污水处理设施同步建设，改善农村卫生条件。四是村容村貌得到提升。全国95%以上的村庄开展清洁行动，农村从普遍脏、乱、差转变为基本干净整洁有序。通过实施村庄清洁行动和绿化美化工程，农村地区的公共空间得到有效整治，村容村貌焕然一新。《2024年中国自然资源公报》显示，全国村庄绿化覆盖率达到了32%，生态宜居的美丽乡村建设目标逐步实现。

（三）生态保护与修复协同推进

"十四五"时期，中国坚持保护优先、自然恢复为主，开展山水林田湖草沙一体化保护和修复工程（以下简称山水工程），推进大规模国土绿化行动，在水土流失治理、山水林田湖草沙一体化修复、重点区域治理以及生物多样性保护等方面取得了重要进展（陈盛等，2021）。全国水土流失持续呈现面积强度"双下降"、水蚀风蚀"双减少"的良好态势。与2023年相比，2024年全国水土流失面积减少了2.57万平方公里，减幅约0.98%，全国水土保持率达到72.83%（中华人民共和国水利部，2025）。"十四五"时期以来，山水工程累计完成生态修复面积超过500万公顷，安排中央财政补助资金530亿元。生物多样性保护取得积极成效，栖息生存环境稳步改善。通过加强重要生态功能区、水源涵养区和生物多样性热点区域保护，生态系统的完整性和稳定性得以提升。

二 "十五五"时期农村生态环境治理面临的形势

"十五五"时期研判农村生态环境治理面临的形势，是科学推进相关工作的重要前提。农村生态环境治理在自然生态环境、农业生产环境、农村生活环境等方面仍然面临严峻形势。

（一）自然生态环境治理面临严峻挑战

在水环境方面，水资源短缺、水污染治理和饮用水安全等问题突出。一是水资源短缺现象。人多水少、水资源时空分布不均是中国的基本水情。中国每公顷耕地所占有的径流量仅为世界平均值的80%，人均水资源占有量仅为世界平均水平的35%，存在"总量不足"和"分配不均"的问题，属于典型的水资源短缺国家。二是水污染治理难题。"十四五"时期水污染治理取得一定成效，但部分区域水环境质量改善基础仍不稳固，农村地区水污染问题突出，农业面源污染治理难度大。随着工业化、城镇化进程加快，农村地区的水体易受工业废水排放、农药化肥流失以及生活污水的影响，地表水和地下水受到污染。三是饮用水安全问题。饮用水安全是农村供水的生命线，直接关系到广大人民群众的身体健康和生活质量。根据2024年水利部公开的数据，中国农村自来水普及率已提升至94%，较2019年增长12个百分点，超额完成"十四五"时期规划目标（王浩，2025）。但是，农村饮水安全工程建设需要加强，2023年，农村千吨万人集中式生活饮用水水源监测的10219个断面（点位）中，8607个断面（点位）全年均达标，占84.2%，存在提升空间，水源地保护问题依然需要重视（于法稳，2021）。

在土地环境方面，土壤污染问题和区域水土流失问题仍然存在。一是土壤污染问题。土壤污染监测和修复等问题面临严峻形势，2023年，全国土壤环境风险得到基本管控，土壤污染加重趋势得到初步遏制。全国农用地安全利用率达到91%，2024年，生态环境部会同多个部门制定的《土壤污染源头防控行动计划》要求，到2027年，土壤污染重点监管单位隐患排查整改合格率达到90%以上，受污染耕地安全利用率达到94%以上，土壤污染源头防控工作存在一定挑战。二是区域水土流失治理效果仍需

565

提升。根据2024年全国水土流失动态监测数据，从重大国家战略区域看，京津冀地区、长江经济带、粤港澳大湾区、长江三角洲区域一体化发展规划区、黄河流域生态保护和高质量发展规划区等重大国家战略区域水土流失状况好转，水土保持工作仍需稳步推进。从重点关注区域看，三北地区（东北、华北北部和西北地区）、《中华人民共和国青藏高原生态保护法》适用范围和三江源国家公园水土流失面积减幅分别为0.73%、0.76%和0.69%，低于全国平均减幅，需要高度重视。

在林草湿荒方面，生态资源保护与环境治理面临重重挑战。

第一，森林资源保护有待加强。一是森林总量不足，全国共有林地28369.57万公顷，全国森林面积2.47亿公顷，森林覆盖率超25%，远低于全球31%的平均水平，人均森林面积仅为世界人均水平的1/4；质量不高，中国森林蓄积量206.76亿立方米（新华网，2025）。二是森林结构不均，存在空间分布不均、林龄结构不均、树种类型单一的问题。三是森林破坏现象依然存在，部分地区非法采伐、过度开发、乱砍滥伐的问题时有发生。四是生态系统服务潜力尚未充分释放，森林在水源涵养、碳汇调节、生物多样性保护等方面具有重要作用，蕴含着巨大的生态系统服务价值尚未充分实现。

第二，草地退化问题突出。一是草地退化情况仍广泛存在，"十四五"时期，中国草地持续退化已初步遏制，但仍有约70%的草地处于不同程度退化状态，草原保护修复任务还十分艰巨（胡璐，2021）。二是"重地轻草"导致草地占用，部分省份违规将高标准农田规划在林地、草地等禁建区内，导致草地原生结构被破坏、生态调节能力减弱、生物栖息地丧失（中国气象农业频道，2024）。三是草原有害生物治理能力不足，草原生态系统抵御力下降，生物防控与生态调控能力不足，鼠虫害、毒草入侵等生物干扰问题尚待解决。

第三，湿地面积萎缩、功能退化严重。2013—2021年，累计安排中央财政资金168.55亿元，实施湿地保护项目3400多个，新增和修复湿地80余万公顷，指定国际重要湿地达64处，湿地保护修复工作进入新发展阶段（国家统计局，2022）。根据第三次全国国土调查及2020年度国土变更调查结果，全国湿地面积约5634.93万公顷。受人口活动、产业开发、气候变化等多重因素叠加影响，湿地生态系统稳定性面临严重威胁。

第四，荒漠化防治任务艰巨。荒漠生态系统自身极其脆弱，气候变化和不合理的人类活动导致毗邻地区的土地发生荒漠化，沙尘暴等灾害加剧。矿产开发、能源建设、交通设施等在荒漠地区的活动，若管理不当，易造成地表扰动和植被破坏。第六次全国荒漠化和沙化调查结果显示，全国荒漠化土地面积为257.37万平方公里，沙化土地面积为168.78万平方公里（新华网，2022）。荒漠化治理任务艰巨，需持续加大投入。

（二）农业生产环境治理任重而道远

化肥与农药减量难度大。一是农药化肥施用量大。一方面，施用总量大。根据农业农村部与国家统计局数据显示，2023年，全国农用化肥施用量（折纯）为5022万吨，农药使用量为115.5万吨。与过去相比虽有所减少，但庞大的基数依然给农村生态环境带来不小压力。另一方面，单位面积施用量大。化肥单位面积施用量远超国际公认的225千克/公顷的安全上限，部分地区的化肥施用量甚至达到600千克/公顷以上；单位面积农药施用量约为世界平均水平的2.5倍。化肥农药施用量大容易导致土壤污染和地力下降。二是利用率仍有提升空间。较低的化肥农药利用率意味着大部分化肥农药未被农作物有效吸收利用，而是通过各种途径进入土壤、水体和大气，对地下水和地表水造成污染，对土壤生态系统造成破坏，还可能通过食物链对人类健康构成威胁。尽管"十四五"时期各地各级农业农村部门积极开展化肥减量化行动，推动科学施肥增效，中国化肥农药施用量呈减少趋势，但是，利用效率仍然存在较大提升空间（张博、梅莹莹，2023）。2024年中国水稻、玉米、小麦三大粮食作物化肥利用率为42.6%（李栋，2025），相较于2022年的41.3%，提高了1.3个百分点。但这一数据反映出化肥利用效率整体仍处于较低水平，化肥高效利用的推进工作仍面临诸多挑战。

畜禽养殖废弃物处理体系仍需优化。一是无害化处理不到位。畜禽养殖过程中会产生大量的粪污，这些粪污含有大量的有机物和有害物质，如果不做无害化处理，直接排放到环境中，会对周围的环境造成严重污染。粪便发酵腐熟不当，易造成环境污染；动物饲料中添加的重金属元素，会通过畜禽粪便进入环境，成为重金属污染的主要来源；粪肥中有害物质、寄生虫卵、细菌病毒等流入水源后，还会造成水污染。根据《第二次全国污染源普查公报》，水污染物排放量为化学需氧量1000.53万吨、氨氮11.09万吨、总氮59.63万吨、总磷11.97万吨，其中，畜禽规模养殖场水污染物排放量占比分别为60.45%、67.63%、62.05%、67.17%。二是资源化利用率不高。农村畜禽粪污是十分重要的资源，有机肥市场虽潜力巨大，却因缺乏明确条款约束而显得混乱不堪；畜禽粪污有机肥行业的技术发展相对滞后，核心技术缺失导致化肥利用率低下。虽然国家出台一系列政策措施指导畜禽养殖场（户）科学建设沼气池、堆肥场等粪污资源化利用设施，但是，不少地区粪污综合利用率不足60%，部分养殖场资源化利用设施形同虚设，大量中小散养户仍将废弃物直接倾倒。

秸秆综合利用率较低。一是秸秆综合利用模式推广不足。尽管近年来中国秸秆治理产业链规模不断扩大，秸秆饲料化、肥料化、燃料化、基料化等多元化利用模式具有广阔前景，但由于技术推广不足、农民认知度低以及配套政策支持力度有限，这些利用模式的推广效果尚未达到预期。二是秸秆焚烧污染仍然存在。秸秆焚烧是农村地区空气污染的重要来源之一。尽管"十四五"时期以来国家和地方政府加大了秸秆禁烧的监管力度，但在一些地区，尤其是经济欠发达地区，焚烧现象依然屡禁不止。2023年，卫星遥感共监测到全国秸秆焚烧火点14241个（不包括云覆盖下的火点），主要分布在黑龙江、吉林、内蒙古、山西、湖北、辽宁、山东、河南等省（区）。其中，东北地区（包括黑龙江省、吉林省、辽宁省及内蒙古自治区赤峰市、通辽市、呼伦贝尔市、兴安盟）火点共计9838个，占全国火点总数的69.1%。

农膜和农药包装废弃物回收率低。农膜和农药包装废弃物随意丢弃的现象普遍存在，导致土壤污染、水污染以及农业生态系统的破坏。此外，由于回收成本高、农民环保意识不足以及缺乏有效的经济激励措施，农膜和农药包装废弃物的回收率仍然较低，难以实现资源循环利用和生态环境保护，农村地区"白色污染"问题依然突出。《2023中国生态环境状况公报》显示，农膜回收率稳定在80%以上，回收率并不高。根据2024年《中国农村统计年鉴》数据显示，中国农膜使用量2015年达到峰值260.36万吨之后，实现了持续递减，2022年递减到237.5万吨，但是在2023年上升到241.6万吨。

（三）农村生活环境治理仍存在短板

农村生活污水处理存在难点。一是生活污水收集难，处理效率低。部分农村地区地域广阔，人口居住分散，地形地势复杂，这给污水收集管网的建设和维护带来很大困难，生活污水难以实现收集处理。二是处理能力不足。尽管治理率有所提升，但仍有大量农村地区未完成生活污水治理工作，特别是经济欠发达地区，污水处理设施覆盖率低，污水处理能力有限。三是技术适用性欠佳。一些地方盲目引进城市污水处理技术，忽视了农村地区特有的地理条件和社会经济状况，导致技术不适应实际情况，影响了治理效果。四是运维管理缺失。部分地区即使建成了污水处理设施，由于缺乏专业的运营管理人员和技术支持，后续的维护和管理工作往往不到位，影响了设施的长期稳定运行。

生活垃圾治理水平较低。一是分类流于形式。垃圾分类政策在部分农村地区落实不到位，居民垃圾分类意识薄弱，分类设施闲置或利用率低。二是收运处置体系不完善，农村生活垃圾收运处置体系尚未全覆盖，偏远地区存在垃圾随意倾倒现象。三是处理设施建设落后。相较于城市，农村地区的垃圾处理设施（如焚烧厂、填埋场）建设相对落后，处理能力远不能满足需求。一些适合农村特点的小型化、低成本的垃圾处理技术推广不够，导致很多地方仍依赖简单堆放或简易填埋方式处理垃圾。四是垃圾资源化利用效率低，技术推广不足，回收利用体系尚未健全，大量可回收资源未能有效利用，造成资源浪费。

厕所革命推进状况不均衡。一是改厕工作推进缓慢。部分地区改厕进度滞后，覆盖率较低，难以满足农村居民对卫生厕所的需求。二是形式主义问题严重。改厕模式不规范、质量不达标的问题较为突出。部分地区为完成改厕任务而忽视实际使用效果，导致部分厕所建成后闲置或无法正常使用，使用率不高。三是改厕工作重建设、轻管护的问题也亟待解决。改厕的后续管护机制不健全，粪污处理设施维护不到位，难以形成完整的粪污处理链条。粪污资源化利用不足，沼气等资源化利用模式未能有效推广，粪污处理与农业循环利用衔接不紧密，进一步加剧了农村环境污染问题。

三 "十五五"时期农村生态环境治理面临的挑战

农村生态环境治理不仅整体形势严峻，而且在多个领域面临挑战，具体包括资金支持力度仍需加大，治理技术模式尚待规范化，治理水平区域不平衡问题突出，生态文化理念需要强化等。

（一）资金支持力度仍需加大

一是资金投入总量存在缺口。农村生态环境治理需要大量的资金支持，目前的资金投入与实际需求差距明显。农村生态环境治理涉及面广，从垃圾处理、污水处理到农业面源污染防治等多个领域，所需资金庞大。而农村地区财政普遍紧张，难以满足治理资金需要。二是基础设施投入不足。基础设施建设和维护需要大量资金投入。农村地区由于地理分散、经济条件限制等因素，农村生态环境基础设施建设滞后。许多地方缺乏必要的污水处理设施、垃圾收集系统等。部分地区"重建设、轻管护"现象十分严重，已建成的设施可能因后续运维投入不足而难以持续发挥效能。三是资金来源渠道有限。当前农村生态环境治理资金主要依赖政府财政投入，渠道相对单一。政府财政资金有限，难以满足农村生态环境治理的长期需求。社会资本参与农村生态环境治理的积极性不高，主要原因在于农村生态环境治理项目公益性强、回报周期长、政策风险高。虽然各地在探索多元化资金筹措机制，但效果尚不明显。

（二）治理技术模式尚待规范化

一是缺乏统一的规范标准。农村生态环境治理技术模式多样，但缺乏统一的技术规范和标准。目前，农村生态环境治理技术模式缺乏统一规范，各地在技术选择和应用上差异较大。在生活污水处理方面，不同地区采用的技术五花八门，有的地方简单照搬城镇污水处理模式，未考虑农村生活污水排放分散、水量不稳定等特点，导致处理效果不佳（于法稳，2019）。二是区域适用性问题。许多治理技术未充分考虑不同地区的气候、地理地貌、经济社会等差异，出现"水土不服"的情况（张静，2017）。部分治理技术在实验室条件下表现出色，但在实际应用中由于地域、气候等因素的影响，可能无法达到预期效果。三是技术研发与推广体系不完善。技术研发分散，缺乏系统性整合。高校、科研院所、企业等研发主体各自为政，导致技术重复开发，资源浪费，同时缺乏针对农村特点的技术创新。农村生态环境治理技术的推广体系存在缺陷，导致新技术难以有效推广到农村地区。基层农技推广站所力量薄弱，专业人才匮乏，难以承担起技术推广的重任。

（三）治理水平区域不平衡的问题突出

一是政策落实和治理能力存在差异。不同地区对农村生态环境治理政策的落实情况不同。一些地方政府在农村环境整治工作中，存在形式主义现象，没有真正将政策落到实处。不同地区的治理能力和人才队伍存在差距，一些地区缺乏专业的治理人才，基层环保部门力量薄弱，机构虚设、人员短缺、经费紧张等问题突出，使治理能力受限，难以有效推进农村生态环境治理工作（李桂花、杨雪，2023）。二是生态环境治理投入差异较大。东部地区经济发展水平高，在农村生态环境治理方面的资源相对充裕。如一些东部沿海省份，能够投入大量资金建设先进的垃圾处理设施、污水处理厂等。而中西部地区，尤其是经济欠发达的农村地区，资金、技术、人才都相对匮乏（郝兆印等，2024）。三是自然条件与生态敏感性不同。中国的地理环境多样，不同的自然条件和生态敏感度要求不同的治理策略。例如，山区和平原、干旱区与湿润区面临的农村生态环境问题存在明显差异，需要具有针对性的解决方案，这增加了治理的复杂性和成本。

（四）生态文化理念需要强化

一是农民生态意识淡薄。部分农民对生态环境保护的重要性认识不足，在农业生产和日常生活中，存在许多破坏生态环境的行为（鞠昌华、张慧，2019）。现代农业技术提高了生产效率，农民在农业生产中过度依赖化肥和农药，忽视了有机肥料和生物防治方法的应用，造成了土壤退化和水源污染，导致农业生态环境压力增大。二是宣传教育不足。农村地区在生态文化理念的宣传教育方面存在明显不足。生态环境宣传教育工作多集中在城市和发达地区，在农村地区的覆盖面不足，部分农民无法接触到相关知识。相关宣传活动形式单一，缺乏针对性和实效性。三是乡村文化传承中的生态智慧还未得到充分挖掘。农耕文化作为中华优秀传统文化的重要组成部分。传统农耕文化中的人与自然和谐共生理念、生态循环农业模式，蕴含着丰富的生态智慧。这些智慧是农民在长期农业生产实践中总结出来的，体现了对自然规律的深刻理解和尊重。但是，现代农业技术的大规模应用对传统农耕方式产生冲击，这些宝贵的生态文化遗产逐渐被遗忘，其教育意义和实践价值没有得到充分发挥。

四 推进农村生态环境治理的目标、思路与对策

"十五五"时期是中国推进乡村全面振兴、建设美丽中国的关键阶段，针对农村生态环境治理面临的严峻形势和主要挑战，应明确主要目标，厘清基本思路，制定对策措施，确保农村生态环境治理工作持续有效推进。

（一）主要目标

"十五五"时期农村生态环境治理需要以筑牢绿色生态屏

障，加快农业发展全面绿色转型，建设宜居宜业的美丽乡村为主要目标。

第一，守护绿水青山，筑牢生态屏障。自然生态系统质量和稳定性不断提高，生态产品供给能力显著增强，国家生态安全屏障更加牢固，生态状况持续好转。在水环境方面，建立健全农业节水增效制度体系，2030年全国水环境质量总体改善，水生态系统功能初步恢复。在土地环境方面，加强土壤污染源头防控，到2030年，受污染耕地安全利用率达到95%以上；持续推进坡耕地治理和淤地坝工程，重点防治地区水土流失得到全面治理。在林草湿荒方面，到2030年，森林覆盖率达到25%左右，森林蓄积量达到190亿立方米；稳定草原数量、提高草原质量、盘活草原存量，推动草原高水平保护；湿地保护高质量发展格局初步建立，湿地生态系统功能和生物多样性保护明显改善；完成沙化土地治理任务1.86亿亩，沙化土地封禁保护面积9000万亩，全国67%的可治理沙化土地得到治理。

第二，推动绿色发展，促进转型升级。推行农业废弃物减量化、资源化、无害化，加强对农业面源污染治理的监测评估，实现资源的循环利用与生态环境保护。《农业农村部关于加快农业发展全面绿色转型促进乡村生态振兴的指导意见》（以下简称《意见》）指出，到2030年，三大粮食作物化肥利用率达到43%以上，主要农作物绿色防控覆盖率达到60%以上，三大粮食作物统防统治覆盖率达到50%以上；畜禽粪污综合利用率达到85%；秸秆综合利用率保持在88%以上。根据农业农村部历年来的相关数据资料进行趋势预测，"十五五"末期有望实现甚至超标准完成《意见》制定的目标任务。

第三，打造宜居环境，建设和美乡村。对于农村生活垃圾治理，要实现农村垃圾分类处理常态化管理，责任清晰、运行稳定、资源高效的治理体系得以构建。对于农村生活污水治理，以污水减量化、分类就地处理、循环利用为导向，因地制宜实施治理管控，梯次推进农村生活污水治理。《美丽乡村建设实施方案》提出，到2027年和2035年，全国农村生活污水治理率分别达到60%和85%。对于农村厕所革命，因地制宜扎实推进农村厕所革命，农村厕所建设管理制度不断完善，实现农村厕所革命与生活污水治理有机衔接，鼓励联户、联村、村镇一体处理。

（二）基本思路

农村生态环境治理需要以习近平生态文明思想为根本遵循，坚持"绿水青山就是金山银山"理念，学习运用"千万工程"经验，注重"人与自然和谐共生"，深入学习贯彻党的二十届三中全会精神，将生态文明建设贯穿于农村生产、生活、生态各领域，不断提升农村生态环境治理水平。

第一，坚持系统治理，完善制度体系。以生态文明制度体系为核心，加强法律规章制度的有机衔接，深化中央生态环境保护督察、河湖长制等制度，加强部门协同合作，形成系统治理格局（沈满洪，2024）。统筹自然生态、农业生产和农村生活等多方面，推动构建从山顶到海洋的保护治理大格局。

第二，聚焦重点领域，实施精准攻坚。加强对森林、湿地、草原等自然生态系统的保护和修复，实施生态保护工程。扎实做好农业面源污染治理，推进农药化肥减量和农业废弃物的资源化利用。持续改善农村人居环境，推进厕所革命、生活污水治理和生活垃圾无害化处理。建立健全农村生态环境监测体系，加强对农村饮用水水源地、土壤、空气等环境要素的监测。

第三，强化技术支撑，推动科技赋能。加大科技投入，研发推广应用先进的环境监测、污染治理和生态修复技术，利用信息技术提升治理效能。开展智慧监测，运用卫星遥感、物联网构建天地一体化监测网络，实现污染问题溯源与生态风险预警。推进技术下沉，加强县域、乡镇农业生态技术推广中心的建设，重点推广节本增效、环境友好的实用技术。

第四，创新治理模式，激发基层活力。建立政府引导、市场参与、村民自治的多元治理体系，形成可持续治理机制。深化学习运用"千万工程"经验，加强农村基层党组织建设。创新生态产品价值实现机制，引导社会资本参与农村生态环境治理。健全多元参与的共建共享机制，将人居环境整治的措施等纳入村规民约，激发内生治理动力。

（三）对策措施

全面推进乡村振兴、实现农业农村现代化，必须将加强农村生态环境治理作为关键着力点。当前农村生态环境治理面临的形势依然严峻，为深入推进农村生态环境治理工作，本报告提出如下对策措施。

第一，加强顶层设计，建立健全长效机制。一是优化政策法规体系。深入学习运用"千万工程"经验，将农业农村生态环境治理与农村生态文明建设、美丽乡村建设相结合，制定长远规划，明确生态环境治理的重点领域、路线图和时间表，确保治理工作有章可循。加强政策引导与法规保障，加大对破坏农村生态环境行为的处罚力度。二是完善治理责任体系。明确县、乡、村三级在生态环境治理中的职责，推动环保职责清单化、流程制度化。强化生态环境部门统筹协调能力，建立跨部门、跨层级的协同治理机制（黄锡生、李旭东，2024）。开展农村生态环境治理成效分级分类考核，科学评价各地治理成效，同时，应考虑区域差异，避免"一刀切"的评价方式。三是健全设施运维管护机制。在生态环境治理基础设施运维管护方面，充分发挥村级环保设施运维主体作用，可通过政府购买服务、村集体运营、第三方托管等方式，实现设施的常态运维，探索"财政补助+农户适度付费"的运维模式。四是建立全民参与机制。将生态治理与村规民约、乡村积分制、道德评议等机制相结合，激发村民自治力量，鼓励农民参与生态环境治理，推动共建共治共享（苏毅清等，2024）。推动生态保护与农民利益相结合，如发展生态农业、乡村旅游业，探索生态产品价值实现机制，增强群众的获得感，提高参与积极性。五是开展智慧化治理。加快农村环保基础设施的信息化升级，推动"智慧环保"在乡村落地。试点生态监测预警系统、水质在线监控、农村污染可视化平台，提升精细化监管能力。推进农村生态环境治理的精准化、智慧化监管，实现农业农村数字化与绿色化协同发展（金书秦、韩冬梅，2020）。

第二，加大资金投入，构建多元化融资体系。一是加大财政投入力度。中央和地方财政应增加对农村生态环境治理资金投入，确保资金投入稳定增长。优化资金分配结构，向中西部地区和重点治理领域倾斜，缩小区域治理差距（陈帅等，2024）。二是探索多元化融资渠道。鼓励发行绿色债券、绿色信贷等金融产品，吸引社会资本参与农村生态环境治理。推动政府与社会资本合作（PPP）模式，通过特许经营、购买服务等方式，引导社会资本投入。三是优化资金使用效率。加强项目储备和前期准备工作，建立全面的项目评估体系，确保项目必要性、可行性和环境效益得到充分考量。提高项目谋划质量，聚焦重点区域和关键问题，避免资金分散和浪费。引入第三方监管和评估机制，委托专业机构对资金使用和项目进展进行监管，确保资金精准投放和高效使用。四是激发社会资本参与潜力。建立稳定的投资回报机制，对社会资本参与的项目，给予财政补贴、税收优惠等政策支持，提高投资回报率。探索排污权交易、碳汇交易等市场化机制，为社会资本提供收益渠道，形成多元共治格局。

第三，规范技术模式，着力提升治理效能。一是制定统一的规范和标准。相关部门应尽快制定农村生态环境治理技术的统一规范和标准。组织专家团队，针对农村常见的生态环境问题，如生活垃圾处理、污水治理、农业面源污染防治等，制定详细的技术规范和操作指南。明确不同技术的适用范围、工艺流程、建设标准和运行维护要求等，为各地选择和应用治理技术提供依据。二是加强技术的区域适应性研究。加大对农村生态环境治理技术区域适应性的研究力度。科研机构和高校应结合不同地区的特点，开展针对性技术研发和改进。针对北方寒冷地区，研发适合低温环境运行的污水处理技术；对于山区农村，研发适合分散式处理的垃圾处理技术。三是完善技术研发和推广体系。鼓励高校、科研院所、企业等研发主体加强合作，针对农村特点开展技术创新，研发低成本、易维护、高效率的治理技术。完善农村生态环境治理技术推广体系。利用现代信息技术，搭建农村生态环境治理技术推广平台,及时向农民传递技术信息。加强对基层农技人员的培训,使其掌握最新的生态环境治理技术(朱琳等,2014)。建立区域适应性技术示范基地,在不同地区设立示范点,展示和推广适合当地的治理技术。

第四,强化政策落实,提升区域治理能力。一是强化政策落实与治理能力建设。建立严格的政策落实监督机制,定期对各地农村生态环境治理政策的执行情况进行检查与评估,及时收集基层意见和建议,为政策调整和完善提供依据。加大对农村生态环境治理人才的引进和培养力度,建立多层次、多渠道的人才培养体系。通过高校、科研机构等渠道,培养一批具有专业知识和实践经验的治理人才;加强对现有基层环保人员的培训和教育,提高其业务能力和综合素质。二是强化政策倾斜与区域联动。一方面,中央政府应对农村生态环境治理基础薄弱的地区加大支持力度,特别是向中西部地区和经济欠发达地区倾斜。另一方面,推动区域联动协作。鼓励东部发达地区通过项目共建、技术援助、人才培训等方式,支持中西部开展农村生态环境治理。对于跨区域的生态环境问题,应建立联合治理机制,如在生态功能区、重点流域建立"共保联治、共享共治"的协作平台,共同制定治理方案并组织实施。三是制定差异化治理方案。根据区域生态功能定位、地理条件、经济发展水平等因素,探索差异化的农村生态环境治理路径。加强地理环境与生态敏感性研究,针对不同地区的地理环境和生态敏感性特点,开展深入细致的研究工作,为制定具有针对性的治理策略提供科学依据。

第五,加强宣传教育,增强生态文化理念。一是充分挖掘生态文化智慧。强化生态文化理念,尤其是借鉴中华优秀传统文化中的生态智慧，意义极其深远。应深入挖掘农耕文化和乡村文化传承中的生态智慧，总结提炼出具有现代价值的生态文化理念。发挥非政府组织的作用，动员社会力量共同参与生态文化挖掘与建设。二是将现代技术与传统智慧相结合。探索将传统生态农业实践（如间作、轮作、混养等）与现代农业科技相结合的方式，促进资源循环利用，减少环境污染。鼓励科研机构研究并开发基于传统生态智慧的新型环保技术和产品，推动绿色产业发展。三是强化生态文化教育和宣传。利用现代传媒手段，如直播平台、社交媒体、短视频等，开展生态文化宣传活动，提高公众对生态文化的认识和认同。在学校教育和社会培训中融入中华传统文化中的生态智慧内容，将生态文化理念纳入教育体系，通过开设相关课程、举办生态文化活动等方式，培养青少年的生态意识。四是建立生态文化示范点。选择一些具有典型代表性的乡村，建立生态文化示范点，通过展示农耕文化和乡村文化传承中的生态智慧、推广绿色产业模式等方式，发挥示范点的带动和辐射作用，推动生态文化理念在更广泛的乡村地区传播和实践。

参考文献

《7月例行新闻发布会答问实录》，中华人民共和国生态环境部，https://www.mee.gov.cn/ywdt/xwfb/202407/t20240729_1082870.shtml，2024年7月29日。

陈盛等：《关于"十四五"农村生态环境治理的思考》，《环境保护》2021年第1期。

陈帅等：《国家重点生态功能区转移支付的效应评估——基于经济发展、公共服务供给与生态环境治理视角》，《中国人口·资源与环境》

2024 年第 10 期。

《多地审计揭示高标准农田建设中的乱象》，中国气象农业频道，http://weather.agri.cn/a/gaobiaozhunnongtian/20241030/4332.html，2024 年 10 月 30 日。

郝兆印等：《"两山论"：人地关系理论的中国实践与时代升华》，《中国人口·资源与环境》2022 年第 3 期。

胡璐：《"十四五"时期我国将实施退化草原修复 2.3 亿亩》，新华网，https://www.xinhuanet.com/2021-08/20/C_1127780934.htm，2021 年 8 月 20 日。

黄润秋：《深化改革创新奋力笃行实干高质量完成"十四五"生态环境保护目标任务——在 2025 年全国生态环境保护工作会议上的工作报告》，《中国环保产业》2025 年第 1 期。

黄锡生、李旭东：《迈向一体化：自然资源治理的模式转向探究》，《中国特色社会主义研究》2024 年第 5 期。

金书秦、韩冬梅：《农业生态环境治理体系：特征、要素和路径》，《环境保护》2020 年第 8 期。

鞠昌华、张慧：《乡村振兴背景下的农村生态环境治理模式》，《环境保护》2019 年第 2 期。

李栋：《逐年提高！2024 年我国三大粮食作物化肥利用率 42.6%》，人民网，http://finance.people.com.cn/n1/2025/0115/c1004-40402459.html，2025 年 1 月 15 日。

李桂花、杨雪：《乡村振兴进程中中国农村生态环境治理问题探究》，《哈尔滨工业大学学报（社会科学版）》2023 年第 1 期。

沈满洪：《生态文明制度建设：理论阐释、演进趋势与路径选择》，《中国农村经济》2024 年第 10 期。

"十五五"时期农村生态环境治理问题及对策

《生态环境部土壤司有关负责同志就〈美丽乡村建设实施方案〉答记者问》，中华人民共和国生态环境部，https：//www.mee.gov.cn/ywdt/zbft/202501/t20250120_1100957.shtml，2025年1月20日。

《生态文明建设深入推进　美丽中国引领绿色转型——党的十八大以来经济社会发展成就系列报告之十五》，国家统计局，https：//www.stats.gov.cn/zt_18555/zthd/lhfw/2023/fjxsd/202302/t20230227_1918908.html，2022年10月8日。

苏毅清等：《制度路径融合激活农村生态环境治理集体行动的机制——基于嵌套制度体系分析框架》，《中国农村经济》2024年第7期。

王浩：《2024年农村自来水普及率达94%——全国4.1万座小水电站基本落实生态流量》，《人民日报》2025年2月21日。

王立彬：《我国人工林保存面积、草地面积均居世界第一》，新华网，http：//www.xinhuanet.com/politics/20250314/ac88c67af030428c978bb1a5740ac147/c.html，2025年3月14日。

严赋憬：《我国荒漠化和沙化土地面积持续减少》，新华网，www.news.cn/politics/2022-12/30/c_1129246199.htm，2022年12月30日。

于法稳：《"十四五"时期农村生态环境治理：困境与对策》，《中国特色社会主义研究》2021年第1期。

于法稳：《乡村振兴战略下农村人居环境整治》，《中国特色社会主义研究》2019年第2期。

张博、梅莹莹：《全面推进乡村振兴视域下的农村生态环境治理：政策演进与路径选择》，《南京农业大学学报（社会科学版）》2023年第2期。

张静：《补齐农村生态环境治理"短板"》，《人民论坛》2017年第25期。

《中国水土保持公报（2024年）》，中华人民共和国水利部，http：//www.mwr.gov.cn/sj/tjgb/zgstbcgb/202503/t20250321_1729021.html，2025年3月21日。

朱琳等：《农村人居环境综合整治技术管理政策不足及对策》，《生态与农村环境学报》2014年第6期。

"十五五"时期农村防灾减灾的总体思路与对策

胡晓燕　刘翰云[*]

摘　要： 农村防灾减灾工作是中国防灾减灾工作的重点和难点。"十四五"时期，中国农村防灾减灾取得一定成效，主要体现在农村防灾减灾制度逐渐完善、农村防灾减灾基础设施短板逐步改善、农村灾害监测预警能力提升、农业防灾减灾得到倾斜支持等方面。但农村防灾减灾还仍有不少短板，"十五五"时期主要面临气候变化可能带来自然灾害频发且复杂性增加、农村基础设施防灾能力不强、农村防灾减灾应急管理体系不完善、农村防灾减灾科技支撑不足、农民防灾意识与救助技能不足等挑战。基于此，本报告从农村防灾、减灾、救灾三个核心环节提出农村防灾减灾的对策建议。

关键词： 农村；"十五五"时期；防灾减灾

---

[*] 胡晓燕，经济学博士，中国社会科学院农村发展研究所助理研究员，主要研究方向为生态经济、农村环境研究。刘翰云，东北财经大学经济学院硕士研究生，主要研究方向为生态经济、农村经济研究。

◆◆ 中国农村发展报告(2025)

Overall Thoughts and Countermeasures for Rural Disaster Prevention and Mitigation during the 15th Five-Year Plan Period

Hu Xiaoyan Liu Hanyun

Abstract: Rural disaster prevention and mitigation work is a key and challenging aspect of China's overall disaster prevention and mitigation efforts. During the 14th Five-Year Plan period, China has achieved certain results in rural disaster prevention and mitigation, mainly reflected in the gradual improvement of rural disaster prevention and mitigation systems, the gradual improvement of infrastructure deficiencies in rural disaster prevention and mitigation, the improvement of rural disaster monitoring and early warning capabilities, and the tilted support for agricultural disaster prevention and mitigation. However, there are still shortcomings in rural disaster prevention and mitigation. During the 15th Five-Year Plan period, the main challenges include the possibility of frequent and more complex natural disasters due to climate change, the weak disaster prevention capacity of rural infrastructure, the imperfect rural disaster prevention

"十五五"时期农村防灾减灾的总体思路与对策

and mitigation emergency management system, insufficient technological support for rural disaster prevention and mitigation, and the insufficient disaster prevention awareness and rescue skills of farmers. Based on this, this report proposes countermeasures and suggestions for rural disaster prevention and mitigation from the three core aspects of rural disaster prevention, mitigation and relief.

Key Words: Rural Areas; the 15th Five-Year Plan; Disaster Prevention and Mitigation

党的十八大以来，中国公共安全水平和治理能力得到显著提升，但也要清楚认识到中国是世界上自然灾害最为严重的国家之一，各类灾害事件仍易发频发（史培军，2023）。随着全球气候变化，极端天气频次更多、强度更大、不可预见性更强，给人民的生命财产安全和生产发展带来严峻考验，也无疑成为实现中国现代化目标的一大严峻挑战。党的二十大报告指出"坚持安全第一、预防为主，建立大安全大应急框架，完善公共安全体系，推动公共安全治理模式向事前预防转型"。党的二十届三中全会审议通过的《中共中央关于进一步全面深化改革、推进中国式现代化的决定》继续就完善公共安全治理机制作出战略部署。

农村是中国防灾减灾的前沿阵地，也是防灾减灾的薄弱之地。因长期的城乡二元结构分化，农村基础设施建设和公共服务水平弱于城市，农村居民的防灾意识不强，因此农村是中国防灾减灾的重点。农业是与自然环境联系最为紧密的产业，也是受自然影响最直接的产业。因此，农村防灾减灾工作的重要性和紧迫性愈加凸显。中国农村主要灾害包括气象灾害（洪涝/干旱等）、地质灾害（地震/泥石流等）、生物灾害（病虫害/动物疫情等）、事故灾害（火灾/生产安全事故等）三大类。2024年中央一号文件提出"加强气象灾害短期预警和中长期趋势研判，健全农业防灾减灾救灾长效机制"。2025年中央一号文件进一步强调"加强农业防灾减灾能力建设"。《乡村全面振兴规划（2024—2027年）》指出"加强农业生产防灾减灾救灾能力建设，加强农业气象灾害监测预警防控，实施动植物保护工程，健全农作物病虫害防治和动物防疫体系"。

一 "十四五"时期中国农村防灾减灾的成效

"十四五"时期，中国农村防灾减灾工作取得了一系列成效。这一时期，国家高度重视农村防灾减灾体系建设，将其作为保障农村经济社会稳定发展、维护农民生命财产安全的重要举措，通过多部门协同、全方位施策，农村地区抵御自然灾害的能力得到了全面提升。《国家防灾减灾救灾委员会办公室应急管理部发布2023年全国自然灾害基本情况》显示，与近5年均值相比，虽然倒塌房屋数量、直接经济损失分别上升96.9%、12.6%，但受灾人次、因灾死亡失踪人数和农作物受灾面积分别下降24.4%、2.8%和37.2%。2023年水土流失治理面积达到16272.4万公顷，比"三十五"时期的平均值增加23.6%[①]。相较"十三五"时期，"十四五"时期我国农作物受灾面积大幅度减少、绝收面积也呈下降趋势，粮食安全得到良好保障（见图1）。

---

① 笔者根据《中国农村统计年鉴（2024）》相关数据计算得到。

"十五五"时期农村防灾减灾的总体思路与对策

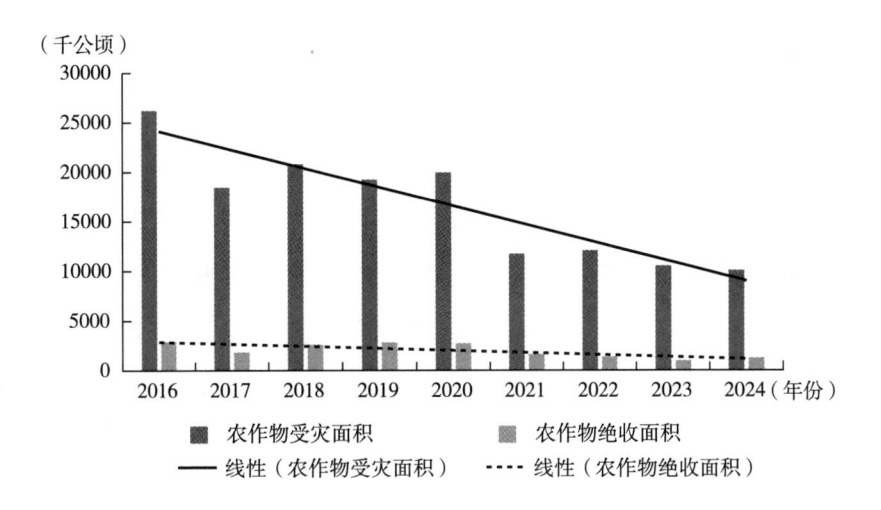

图1 2016—2024年中国农作物受灾面积和绝收面积

资料来源：笔者根据国家统计局相关数据绘制。

（一）农村防灾减灾制度逐渐完善

应急管理部等相关部门在"十四五"时期积极作为，出台了一系列针对农村防灾减灾的政策文件。2022年应急管理部等部门联合印发《"十四五"时期应急物资保障规划》《关于强化气象预警和应急响应联动工作的意见》《关于加强基层防范应对极端暴雨工作的指导意见》《关于贯彻落实2022年中央一号文件精神 深入推进农村应急管理工作的意见》，从顶层设计层面为农村防灾减灾工作指明了方向。2023年农业农村部应急管理部等部门印发《因灾倒塌、损坏住房恢复重建救助工作规范》《科学抗旱春管夺夏季粮油丰收预案》等，形成了详细的灾后重建、农业防灾减灾政策措施体系。同时，2024年发布了国家标准《基层减灾能力评估技术规范》，修订完善《国家自然灾害救助应急预案》，指导农村在灾害发生时能够迅速、有效地开展救助工作。且多次召开全国农业防灾减灾夺秋粮丰收工作推进视频会，对当年秋收可能面临的流行性病虫害、防汛等灾害提前做出防灾预警（中华人民共和国农业农村部，2022；2024）。此外，研究起草加强基层应急管理能力建设的意见，并积极推进农村乡镇（街道）、村（社区）基层应急管理标准化建设。通过明确基层应急管理的职责、流程和标准，确保在灾害来临时，基层组织能够迅速响应，有序开展防灾减灾工作，极大地提高了农村防灾减灾工作的执行力和效率。

（二）农村防灾减灾基础设施短板逐步改善

加强防汛抗旱水利设施建设。在防汛抗旱方面，充分发挥自然灾害防治工作部际联席会议机制作用，积极配合水利部门牵头实施防汛抗旱水利提升工程。这一工程成效显著，提升大江大河干流及大湖Ⅰ级至Ⅲ级堤防达标率，为洪水的有效防控提供了有力保障。同时，实施病险水库除险加固，这些加固后的水库在应对近年来重大汛情中发挥了关键的拦洪、削峰作用，大大降低了下游农村地区的洪涝灾害风险。2024年，全国水利建设完成投资1.35万亿元，实施水利项目4.7万个，规模化供水工程覆盖农村人口比例达到65%（魏弘毅、唐诗凝，2024），农村防汛抗旱保障程度和管理水平持续提升。推进高标准农田的建设，为中国农业抗旱提供了重要保障。2024年全年新建和改造提升高标准农田超过8000万亩、统筹发展高效节水灌溉超过1000万亩（曾震宇，2025）。

加固农村地震易发区房屋设施。支持实施农村地震易发区房屋设施加固工程，会同有关部门组织制定详细的工程方案。大力推广农村房屋设施抗震实用技术，通过举办培训班、现场示范等方式，让农民了解并掌握抗震加固技术。2019—2021年在完成农村民居抗震加固112.7万处的基础上，继续统筹项目、政策、资金支持农村抗震加固工程实施，提高农村房屋在地震中的稳定性，减少地震灾害造成的人员伤亡和财产损失。自2019年起5年，安排资金2923.65亿元，支持农村危房改造和校舍加固，累计完成376.8万农户危房改造和抗震改造（中国人大网，2024），全面提高自然灾害防治能力。

建设应急物资储备与避难场所。应急管理部编制实施《"十四五"时期应急物资保障规划》，制定应急物资保障体系建设重点任务清单。在农村地区，优化省级以下救灾物资储备布局，支持农村多灾易灾地区救灾物资储备库建设，确保在灾害发生后，救灾物资能够及时、充足地供应到受灾农村地区。同时，制定了《乡村应急避难场所设计规范》，指导规范农村地区应急避难场所建设，为受灾群众提供安全的临时避难空间。

（三）农村灾害监测预警能力提升

组织开展了第一次全国自然灾害综合风险普查工作。全面获取全国地震灾害、地质灾害、气象灾害、水旱灾害、海洋灾害、森林草原火灾等灾害致灾要素等数据。通过普查，推动农村住宅和非住宅建筑等承灾体信息调查，开展农作物灾害风险评估，为农村开展防灾减灾提供了数据支撑。

建设信息化监测预警系统。依托自然灾害监测预警信息化工程，建设了灾害综合监测预警会商研判、防汛抗旱态势分析、防灾预警"一张图"等信息系统。这些系统整合了气象、水文、地质等多方面的监测数据，通过大数据分析和智能算法，实现了对农村自然灾害的实时监测和精准预警。同时，依托基层灾害信息员队伍开展灾害风险隐患信息快速报送工作，及时组织多部门联合滚动会商研判灾害风险，及时发布风险提示，为农村地区的防灾减灾赢得宝贵时间。2024年，气象部门联合农业农村部累计发布农业气象灾害风险预警48期，助力小麦赤霉病发生面积缩减41.6%，干热风预警助力冬小麦减灾增收约30亿斤（中国气象局，2025）。

打通灾害预警信息发布"最后一公里"。应急管理部与国家广电总局联合印发相关文件，将应急广播"村村响"建设纳入应急管理体系。目前，许多农村地区已实现应急广播全覆盖，通过大喇叭、手摇报警器、敲门通知等多种手段，将灾害预警信息及时传递到每一户农民家中，解决了灾害预警"最后一公里"问题。

（四）农业防灾减灾得到倾斜支持

资金支持与及时响应。农业农村部每年安排中央农业生产救灾资金30亿元左右，补助地方重大病虫害防治防控、农业灾害预防和灾后恢复生产等工作，为农村农业生产的恢复和发展提供了有力的资金保障。2024年，农业防灾减灾和水利救灾资金总计88.78亿元，为推动农村防灾减灾事业改革发展提供了坚实财力保障[①]。同时，应急管理部在农村受灾地区及时启动应急响应，加大救灾款物支持力度，用于保障受灾群众的基本生活，包

---

① 笔者根据"2024农业防灾减灾和水利救灾资金"计算整理。

括提供食物、住所、医疗救助等。

建设农业防灾减灾人才队伍。农业农村部加强农业防灾减灾人才队伍库建设，在面对重大自然灾害时，能够迅速组织专业人才提供技术支持。例如，2021年针对河南罕见极端洪涝和北方严重秋汛，首次组织全国农技中心、中国农科院等单位派出专家下沉重点县提供"一对一"指导服务。这些专家深入田间地头，为农民提供农作物灾后恢复、病虫害防治等方面的技术指导，帮助农民减少灾害损失，尽快恢复农业生产。

探索农业灾害保险机制。近五年，中国农业保险保费收入年均增长16.2%，保持较快发展势头。农业保险保费收入从2007年的51.84亿元增至2024年的1521亿元，提供的风险保障从2007年的1126亿元增至2024年的5万亿元（央视网，2025）。同时，支持各地探索开展巨灾保险、政策性农房保险、灾害民生综合保险等保险产品。这些保险产品为受灾群众提供了灾害风险保障，在一定程度上减轻了农民因灾遭受的经济损失。例如，在一些试点地区，农民购买了农业巨灾保险后，当遇到严重自然灾害导致农作物大面积减产时，能够获得相应的保险赔偿，降低了农业生产的风险，保障了农民的收入稳定。

二 "十五五"时期农村防灾减灾面临的主要挑战

"十五五"时期，中国农村防灾工作面临着诸多严峻挑战，这些挑战不仅关系到农村居民的生命财产安全，更对农村地区的可持续发展、国家粮食安全产生深远影响。深入分析这些挑战，对于制定针对性的防灾减灾策略具有重要意义。研究发现，"十五五"时期中国农村防灾面临着气候变化可能带来自然灾害频发且复杂性增加、农村基础设施防灾能力不强、农村防灾减灾应急管理体系不完善、农村防灾减灾科技支撑不足、农民防灾意识与救助技能不足等主要挑战。

（一）气候变化可能带来自然灾害频发且复杂性增加

随着全球气候变化，中国农村地区自然灾害的发生频率和强度呈现上升趋势。中国巨灾损失仍居世界前列，未来发生重大地震、洪水、台风、地质等灾害的可能性有所增加（史培军，2025）。气象灾害如暴雨、洪涝、干旱、台风、寒潮等越发频繁，且极端性增强。以暴雨洪涝为例，短时间内的强降雨常引发山洪、泥石流等次生地质灾害，对山区农村造成巨大破坏。在一些农村地区，近年来因暴雨洪涝导致农田被淹、房屋受损、基础设施毁坏的情况屡见不鲜。尤其是灾害多发区与贫困人口聚集区的叠加区，是中国生态系统高脆弱性地区，也是对自然灾害抵抗力弱的地区（张磊，2021）。

同时，不同类型自然灾害之间的关联性和叠加效应日益显著。地震可能引发山体滑坡、堰塞湖等次生灾害，干旱之后容易暴发森林火灾，多种灾害的交织使得农村防灾形势更为复杂。农村地区生态环境相对脆弱，长期的农业生产活动、不合理的土地开发等因素，进一步削弱了农村生态系统对自然灾害的缓冲能力，增加了灾害发生的风险和损失程度。

（二）农村基础设施防灾能力不强

农村房屋建筑抗灾性能差。"十四五"时期虽然对一些农村地震易发区房屋设施进行加固，但农村的大量农村房屋建设缺乏科学规划和专业设计，多由村民自行建造，未严格遵循抗震、抗风等防灾标准。何春保等（2015）对广东农村地区研究发现，大部分的房屋在选址、勘探、选型、选材、施工、验收等方面普遍存在不足，结构形式单一、施工工艺落后、造价相对低廉、缺乏专业指导等问题是这些房屋没有达到防灾减灾要求的主要原因。房屋结构不合理，材料质量参差不齐，在面对较强自然灾害时极易受损倒塌。在村庄住宅结构中，还有约20%的住宅是非采用混合结构（中华人民共和国住房和城乡建设部，2024），存在一定的受灾隐患。如在一些地震多发的农村地区，许多房屋没有基础加固和抗震构造措施，一旦发生地震，将严重威胁居民生命财产安全。

农村交通、水利等基础设施防灾水平不高。"村村通"政策使得中国农村行政村之间都通了公路，较大人口规模的自然村（组）通硬化路比例也达到85%（中华人民共和国中央人民政府，2021），但农村地区公路普遍存在等级低、路况差的问题，部分道路在山区沿山体修建，缺乏有效的防护设施，在暴雨、泥石流等灾害发生时，道路容易被冲毁、阻断，影响救援物资运输和人员疏散。另外，一些农村水利设施老化失修严重，灌溉渠道渗漏、水库堤坝隐患等问题突出，在洪涝灾害来临时，无法有效发挥防洪排涝作用，加剧了灾害损失。部分地区农村供水工程抵御风险的能力相对较弱，在突发状况下可能出现断水、水质超标等供水风险。部分农村地区电力、通信设施抗灾能力不足，灾害发生后容易中断，影响应急指挥和救援工作的开展。

除此之外，虽然中国高标准农田已累计建设10亿亩，使农作物取得了一定防旱效果，但排涝设施还不足。2023年中国农作物受灾面积为1053.9万公顷。农作物受灾面积中有463.3万公顷为洪涝灾，占2022年洪涝灾面积的135.7%（国家统计局农村社会经济调查司，2024），因洪涝和地质灾害造成直接经济损失2451亿元，为2022年洪涝和地质灾害经济损失的1.88倍，同年因干旱灾害造成直接经济损失206亿元，相当于洪涝和地质灾害造成经济损失的8%（国家统计局，2024）。

（三）农村防灾减灾应急管理体系不完善

农村预警信息传递不够通畅。农村防灾预警是风险灾害管理体系的薄弱环节，主要体现在防灾预警的手段和工具缺乏，是社会治理亟待破解的传统难题（张成岗、孙海琳，2020）。农村地区地域广阔、居住普遍分散，预警信息传播渠道有限。虽然目前已建立了多种预警发布机制，但在一些偏远农村，由于广播设备老化、农村居民没有联网等原因，预警信息难以快速、准确地传递到每一位村民。部分村民获取信息的渠道单一，对新媒体预警信息接收不及时，导致在灾害来临前无法做好充分准备。

农村基层应急管理组织薄弱。农村地区专业应急救援队伍匮乏，主要依靠乡镇干部、村干部和村民自发组织的救援力量。这些人员缺乏专业的救援培训和装备，在面对大型灾害时，救援能力有限。农村应急物资储备不足，种类单一，储备布局不合理，难以满足灾害发生初期的应急救援需求。且物资调配机制不健全，在紧急情况下，物资无法及时送达受灾地区。"十五五"时期，农村居民将进一步市民化，农村社会结构进一步空心化，导致的应急人力短缺。

（四）农村防灾减灾科技支撑不足

灾害监测预警技术应用有限。"十五五"时期，对地震等一些复杂自然灾害的监测预警世界难题需要突破。农村地区灾害监测站点分布稀疏，监测设备老化、技术落后，对自然灾害的监测精度和时效性要求难以满足。在一些偏远山区，气象、地质灾害监测存在空白区域，无法及时获取准确的灾害信息。部分农村地区虽然安装了一些监测预警设备，但由于缺乏专业维护和管理，设备运行不稳定，数据传输不畅，影响了监测预警效果。

信息化技术在农村防灾减灾中的应用滞后。已有研究表明，灾害信息获取是影响居民防灾决策的关键因素之一，充分获取灾害信息能帮助居民判断灾害的可能性和严重性，主动采取正确有效的防灾行为（Kusumastuti et al.，2021）。截至2024年，农村互联网普及率已达65.6%，60岁及以上老年群体中的互联网普及率为52.5%（央视网，2025），即表明仍有半数老年群体无法正确使用互联网等媒体接收信息。农村地区信息化基础设施建设相对滞后，网络覆盖不足，导致在防灾减灾工作中，信息化技术如大数据、云计算、物联网等应用受限。无法实现对灾害风险的实时监测、评估和预警，也难以利用信息化手段开展应急指挥调度和救援资源配置，降低了防灾减灾工作的效率和科学性。

农业防灾减灾技术推广存在困难。针对农业生产的防灾减灾技术，如农作物抗灾品种选育、农业灾害防御技术等，在农村地区推广应用缓慢。一方面，农民对新技术的接受能力有限，缺乏相关培训和示范。另一方面，技术推广服务体系不健全，技术推广人员不足，无法为农民提供及时、有效的技术指导和服务。

（五）农民防灾意识与救助技能不足

农村居民防灾减灾意识淡薄。农村地区农村居民灾害教育参与程度低于城镇居民，农村居民灾害教育参与程度与居民性别、受灾经历和务工经历显著相关（杨小杰等，2022）。许多农村居民对自然灾害的潜在威胁认识不足，存在侥幸心理。在日常生活中，忽视对房屋、基础设施等的防灾维护，不了解灾害发生时的应对方法和逃生技巧。部分农村地区防灾减灾宣传教育工作不到位，宣传形式单一，缺乏针对性和实效性，导致村民对防灾减灾知识知晓率低，尤其是农村老年人和留守小孩更为突出。四川省高县、夹江县、岳池县三县"农户参与政府培训情况"调查数据发现，绝大多数农户没有参加过政府组织的防灾减灾培训（王智等，2025）。父母长期外出务工的学生在洪灾与地质灾害防范、灾后防病得分上均低于普通学生（陈镭等，2021）。

农村居民普遍自救互救能力不足。农村居民普遍缺乏系统的自救互救技能培训，在灾害发生时，不知道如何正确开展自救互救行动，往往错失最佳救援时机。张海波（2015）对江苏省抽样调查发现，农村居民自救互救能力比农村应急体系下延程度、防灾减灾设防水平均弱。由于缺乏组织和演练，农村居民在面对灾害时难以形成有效的自救互救力量，无法在第一时间开展自救互救工作，降低了应对灾害的能力和效果。

三 "十五五"时期农村防灾减灾的总体思路

"十五五"时期是中国全面推进乡村振兴的关键阶段,也是应对气候变化、防范重大灾害风险的重要窗口期。面对日益频发的极端天气和复合型灾害威胁,农村防灾减灾工作需构建系统性治理体系,重点围绕"统筹发展与安全、分类打造韧性乡村、全周期灾害风险管理"三大核心思路,形成现代化防灾减灾模式、筑牢安全屏障。

(一)统筹发展与安全:构建防灾减灾与乡村振兴协同机制

牢固树立"生命至上"的信念。在国土空间规划层面,建立农村灾害风险评估前置机制。对地质灾害易发区、蓄滞洪区等高风险区域,推行动态调整制度,将灾害风险防控纳入村庄规划。例如,在长江中下游洪涝高风险区,需严格限制永久基本农田和建设用地的灾害暴露度,通过土地功能置换实现避险安居。推动农村基础设施"防灾+"改造升级。结合高标准农田建设,实施灌排系统智能化改造,新增防渗渠道,配套建设数字化水位监测站点;在交通领域,重点提升乡村道路抗灾标准,大力提升山区道路边坡防护工程覆盖率。通过"工程硬措施"与"管理软实力"结合,实现农村生产生活设施防灾能力整体跃升。创新农村经济安全韧性机制。推广"农业产业+灾害保险"模式,试点气象指数保险、收入保险等新型险种,目标到

2030年三大主粮作物完全成本保险覆盖率达95%。同步发展灾害适应性农业，在干旱区推广耐旱作物品种，在洪涝区建设"稻渔共生"系统，形成灾害风险对冲的产业韧性。

（二）分类打造韧性乡村：因地制宜打造防灾减灾体系

韧性乡村建设需突破传统工程防御思维，转向多维协同治理。在空间韧性方面，继续加强高标准农田建设与管护、小型水利建设的同时，实施微地形改造，利用村内低洼地建设小型调蓄水面，建设生态滞洪区、小型湿地等，增强村庄自身蓄滞洪能力，也为干旱用水提供储蓄。生态韧性方面，推行"自然为本"的防灾减灾策略。在滑坡易发区建设乔灌草立体防护林带，规划新增生态护坡工程；在沿海台风频发区，恢复红树林生态屏障，建成海洋生态减灾区。同时，将生态修复与碳汇交易机制结合。社会韧性方面，提升基层应急能力。实施网格化应急管理工程升级版，每个行政村配备智能应急终端，组建不少于20人的"第一响应人"队伍，并建立"县—镇—村"三级物资储备网络。到2030年，实现灾害预警信息到户时间及时并实时更新，应急避难场所行政村覆盖率达100%。

（三）全周期灾害风险管理：构建"预防—应对—恢复"闭环机制

建立覆盖灾害全生命周期的防控体系，是提升农村防灾减灾效能的重点。在防灾阶段，加强全国防灾减灾日"5月12日"在农村地区的宣传，通过组织村民观看相关防灾减灾科普片、事故案例警示教育片、安全演习、安全知识竞赛等方式，让安全意识深植百姓心中，提高防灾意识。构建"天地"一体化监测网络，在密切关注国家气象、地质等灾害预警同时，利用无人机巡检、地面传感器、百姓巡查等，实现农村灾害隐患点动态排查。各省份研发农村灾害风险"一张图"平台，集成气象、地质、水文等各类数据，建立风险智能研判模型，力争将灾害预警准确率提升至85%以上。在应急响应环节，推行"情景—应对"预案管理模式。针对农村山洪、干旱等高频灾害，制定差异化处置流程，并通过演练提升实战能力。建立巨灾应急物资"云调度"系统，依托区块链技术实现跨区域物资精准调配，确保灾后短时间首批救援物资到位。灾后恢复需注重系统性修复。第一时间保障村民的生命安全，实施"灾害损失补偿+发展能力重建"组合政策，除传统受灾补助外，设立产业振兴专项基金，帮助受灾农户发展设施农业、农产品加工等韧性产业。

四 "十五五"时期农村防灾减灾能力提升对策

基于"十五五"时期农村防灾减灾面临的主要挑战，从农业防灾、减灾、救灾三个核心环节，就农村防灾减灾提出如下对策建议。

（一）防灾环节：加强防灾意识并提升灾害的应对能力

1. 加强宣传力度，提升农村自然灾害的防范意识

在一些地区，尤其是连续多年未出现自然灾害或者灾害损失较小的地方，政府和农民对农村自然灾害的防范意识有所松懈。一旦出现严重的自然灾害，就容易会束手无策，难以迅速有效地开展减灾救灾行动，从而对农村地区造成严重损失。为此，亟须提升农村自然灾害的防范意识。通过多样化渠道，加强宣传力度，深化对防灾减灾救灾重要性的认识，进一步强化防灾减灾救灾意识。特别是要充分利用"防灾减灾日"这一特殊日期，为广大农民普及农村灾害的常见类型及防灾减灾的基本知识，开展预警、应对等应急避险技能培训，增强农民防灾减灾和自救互救能力。

2. 完善基础设施，夯实农村生产生活系统应对自然灾害的基础

基础设施建设是农村建立防灾减灾救灾长效机制的重要内容。实践表明，农村生活与农业生产的排水系统、水库蓄水设施以及灌溉渠道等基础设施的修建和完善，是提升抗洪抗旱能力、降低自然灾害损失的关键举措。为此，一是坚持以高标准农田建设为重要抓手，与水利设施衔接规划与建设，将农业灌溉设施与排涝设施同步规划建设，确保"旱能灌、涝能排"，在适宜区域做好地下水、地表水基础设施的连通，大幅提高农业应对自然灾害的能力（于法稳，2024）。二是尽快完善农田水利设施主体责任，并建立长效管护机制，确保水利设施的运行效率。同时，充分利用数字技术手段，提升农田水利设施管理信息化水平，为农村防灾减灾救灾提供更加精准、高效的支撑。

3. 强化服务能力，筑牢农村防灾保障

科学的气象服务保障，是农村减灾防灾救灾长效机制的重要一环。为此,一是依托遥感技术、天气预报模型等先进技术手段,提高自然灾害预报的精准度,提前做好预警及实时监测工作,提升农村生产防灾减灾救灾能力和水平。二是充分发挥农业、气象、水利、水文、应急管理等部门的职能职责,加强部门间的协作与沟通。通过定期组织召开气象为农服务会商会议,对年度自然灾害发生概率进行预测预判,并根据会商情况,搭建起气象为农服务联动机制。三是加强农业生产的田间管理。农业农村部派专家组赴重点地区开展防灾减灾调研指导工作,地方政府联合技术人员因地制宜地采取农艺技术措施,如开展地膜栽培等抗旱技术研发与推广,采取滴灌水肥一体化技术措施缓解旱情。

(二)减灾环节:完善预警方案并提升灾害的处置能力

1. 优化完善农村自然灾害的预防预警方案

今后气候变化之下的农村自然灾害风险呈增多趋势,制定一套有效的农村自然灾害预防预警方案是重要前提。为此,一是通过先进科技联合多部门建立完善的农村灾害监测与预警系统,为农村自然灾害的防灾减灾提前预警,便于做好防范。二是科学评估农村自然灾害风险程度,更加精准地识别风险范围,制定相应的风险管理策略和应急预案。三是强化党建引领和组织领导,明确各防灾减灾救灾主体的责任,发挥应急队伍党员干部模范带头作用,确保发生灾害时能快速高效展开行动。

2. 储备丰富完备的自然灾害处置所需物资

应对预警的极端农村自然灾害,必须提前储备充足的物资,做好全面救灾抢险的准备工作，切实确保把人民生命安全放在第一位。统筹规划救灾物资的管理和调拨，确保必备的减灾救灾物资能及时、精准地调拨到灾区。特别是要优先关注自然灾害抢险的重点区域，提前将救灾物资前置，以便在灾害发生时能够迅速投入使用。同时，需加强物资储备和仓储检查，确保物资的种类、数量充足，为抢险救灾提供有力保障。

3. 建立农村风险管理体系

一是不断深入强化农村风险管理理念，逐步健全农村风险监测体系，创新农村风险管理科技支撑体系，提高农业保险的服务成效，并积极参与全球生物安全治理等。同时，建立有效的农村灾害救援机制，提升农村的抗灾减灾能力。二是建立健全农业安全防控体系，加快推进农业农村实现现代化。提升全社会对农业安全是国家长治久安的根基这一重要意识，推动农业产业安全和能力的现代化建设，提高农业风险的防范能力。

（三）救灾环节：健全协同机制并加强农村灾害的应急能力

1. 健全部门间的协同机制

农村防灾减灾救灾应加强应急管理部门和农业农村、水利、气象等部门信息系统的高度互联互通，完善农村灾情会商机制，提升农村灾害应急能力，确保救灾的成效。为此，应在农村灾害应急管理统一指挥下，利用互联网、AI等技术构建应急信息共享平台，实现各部门信息的整合。面对农村灾害，提出精准的应急策略，并充分发挥各部门的专业优势，确保救灾工作快速地开

"十五五"时期农村防灾减灾的总体思路与对策

展。需要特别重视的是,农村防灾减灾救灾长效机制的建立离不开组织管理的协同。在政府的领导下,应建立健全统一的应急管理"一张网"调度指挥信息保障体系,确保灾情信息的及时传达和救灾资源的优化配置。

2. 建立一支专业性强的自然灾害救援队伍

农村灾害救援队伍所具备的专业知识,对于农村防灾减灾救灾长效机制的建立很重要。为此,一是建立一支专家队伍。结合专业性强和精力允许两方面,从应急管理、农业、气象等多个部门挑选并建起一支强大的专家团队,为农村防灾减灾救灾工作提供智力支撑。二是建立一支专业救援队伍。农村防灾减灾救灾是一项极具专业性和挑战的任务,应因地制宜地组建起一支常态化专业应急服务队,通过系统的培训和演练,提高队员们的应急处置能力,提高农村灾害应急处置能力。

3. 完善农业农村灾害保险制度

农业农村保险在应对农村自然灾害中具有重要的保障作用。"十五五"时期,随着农业农村发展面临的自然灾害风险增多的风险,保险将会在更大范围内发挥其保障作用。为此,一是强化政策性农业农村保险制度。包括进一步扩大中央财政补贴的农业保险种类的范围,协同农林牧渔主要农产品生产项目和涉农村财产、农民人身意外伤害保险项目等共同推进,并不断提升赔付水平。二是建立健全农业巨灾保险制度,与现有农业保险制度互补。这一制度的建立,将有助于更好地促进农业生产的迅速恢复,保障农户收入稳定,增强农民对农业的信心,从而更加有力

605

地保障农业再生产的稳定和可持续发展，保障国家粮食安全的稳固。

参考文献

陈镭等：《温州市初中学生应对突发自然灾害防灾素养调查》，《中国健康教育》2021年第4期。

国家统计局农村社会经济调查司编：《中国农村统计年鉴（2024）》，中国统计出版社2024年版。

《国务院关于财政防灾减灾及应急管理资金分配和使用情况的报告——2024年12月22日在第十四届全民人民代表大会常务委员会第十三次议上》，中国人大网，http：//www.npc.gov.cn/npc/c2/c30834/202412/t20241223_441880.html，2024年12月23日。

何春保等：《广东农村地区房屋现状调查及防灾能力分析》，《工程抗震与加固改造》2015年第3期。

《交通运输部发布实施意见促进农村交通高质量发展2025年具备条件建制村基本通物流快递》，中华人民共和国中央人民政府，https：//www.gov.cn/xinwen/2021-06/08/content_5616241.htm，2021年6月8日。

《聚力民生福祉、共享数字福利 乡村数字化跑出"加速度"》央视网，https：//5g.cctv.com/2025/01/21/ARTIepMiIxspKde4gRcRJJgc250121.shtml，2025年1月21日。

《农业农村部部署当前防灾减灾夺秋粮丰收工作》，中华人民共和国农业农村部，https：//www.moa.gov.cn/xw/zwdt/202407/t20240726_6459813.htm，2024年7月26日。

《气象灾害风险预警业务扩展至全国》，中国气象局，https：//www.cma.gov.cn/ztbd/2025zt/20250501/2021060201/202504/t20250422_7016541.

html，2025 年 4 月 17 日。

史培军：《加强国家自然灾害风险评估与区划　保障经济社会高质量发展》，《中国减灾》2023 年第 1 期。

史培军：《完善防灾减灾救灾体系提升巨灾风险防范能力》，《中国减灾》2025 年第 1 期。

王智等：《政府培训对洪灾风险区农户防灾减灾意愿与行为影响研究》，《灾害学》2025 年第 1 期。

魏弘毅、唐诗凝：《为高质量发展持续夯实水利基础——盘点 2024 全国水利"成绩单"》，新华网，https：//www.news.cn/politics/2024/231/7653d09ebdd548a69193201b3e174fd9/c.html，2024 年 12 月 31 日。

杨小杰等：《城乡居民灾害教育参与程度研究》，《农村经济》2022 年第 3 期。

于法稳：《气候韧性农业：内涵特征、理论阐释及推进策略》，《中国特色社会主义研究》2024 年第 6 期。

曾震宇：《农业农村部：2024 年全年新建和改造提升高标准农田超过 8000 万亩》，光明网，https：//digital.gmw.cn/2025－01－20/content_370808545.htm，2025 年 1 月 20 日。

张成岗、孙海琳：《风险韧性构建与可持续减灾战略——打通农村防灾预警的"最后一公里"》，《人民论坛》2020 年第 25 期。

张海波：《农村应急能力评估——基于江苏省的实证研究》，《学海》2015 年第 5 期。

张磊：《韧性理论视角下贫困村灾后恢复重建与灾害风险管理刍议》，《灾害学》2021 年第 2 期。

《中华人民共和国 2023 年国民经济和社会发展统计公报》，国家统计局，https：//www.stats.gov.cn/sj/zxfb/202402/t20240228_1947915.html，

2024年2月28日。

中华人民共和国住房和城乡建设部编：《中国城乡建设统计年鉴（2023）》，中国城市出版社2024年版。

《2024年我国农业保险保费规模全球第一》，央视网，https：//tv.cctv.com/2025/03/04/VIDEWMRT73s4mkxKJBlrnpxVQ250304.shtml，2025年3月4日。

《农业农村部召开全国农业防灾减灾保秋粮丰收工作推进视频会强调抓实抓细秋粮生产和农业防灾减灾千方百计夺取全年粮食丰收》，中华人民共和国农业农村部，https：//www.moa.gov.cn/xw/zwdt/202207/t20220722_6405417.htm，2022年7月22日。

Kusumastuti, R. D. et al., "Knowledge Management and Natural Disaster Preparedness: A Systematic Literature Review and a Case Study of East Lombok, Indonesia", International Journal of Disaster Risk Reduction, 2021, 58.